刑法分则体系的
法理基础与立法完善

余高能 ◎ 著

中国社会科学出版社

图书在版编目（CIP）数据

刑法分则体系的法理基础与立法完善／余高能著．—北京：中国社会科学出版社，2019.7
ISBN 978-7-5203-4793-8

Ⅰ.①刑⋯　Ⅱ.①余⋯　Ⅲ.①刑法-细则-研究-中国　Ⅳ.①D924.304

中国版本图书馆 CIP 数据核字（2019）第 165922 号

出 版 人	赵剑英
责任编辑	梁剑琴
责任校对	周　昊
责任印制	郝美娜

出　　版	中国社会科学出版社
社　　址	北京鼓楼西大街甲 158 号
邮　　编	100720
网　　址	http：//www.csspw.cn
发 行 部	010-84083685
门 市 部	010-84029450
经　　销	新华书店及其他书店
印　　刷	北京君升印刷有限公司
装　　订	廊坊市广阳区广增装订厂
版　　次	2019 年 7 月第 1 版
印　　次	2019 年 7 月第 1 次印刷

开　　本	710×1000　1/16
印　　张	23.25
插　　页	2
字　　数	391 千字
定　　价	128.00 元

凡购买中国社会科学出版社图书，如有质量问题请与本社营销中心联系调换
电话：010-84083683
版权所有　侵权必究

目　录

导言 …………………………………………………………………… (1)
　一　刑法分则体系的研究意义 ………………………………… (2)
　二　国内外研究现状 …………………………………………… (6)
　三　研究思路、主要内容及研究方法 ………………………… (9)
　四　理论应用价值及创新之处 ………………………………… (11)
第一章　刑法分则的特点与分则体系的任务 …………………… (13)
　第一节　刑法分则的特点与任务 ……………………………… (13)
　　一　刑法的调整对象及其地位 ……………………………… (13)
　　二　刑法分则的特点 ………………………………………… (18)
　　三　刑法分则的任务与功能 ………………………………… (18)
　第二节　刑法分则体系的任务 ………………………………… (20)
　　一　犯罪分类的必要性 ……………………………………… (20)
　　二　犯罪分类的标准 ………………………………………… (22)
　　三　犯罪排序及其标准 ……………………………………… (25)
第二章　犯罪分类标准的核心理论 ……………………………… (26)
　第一节　法益理论的深度考察 ………………………………… (26)
　　一　法益的确切含义及属性 ………………………………… (26)
　　二　法益的核心内容：安全、权利、秩序 ………………… (37)
　　三　法益的机能 ……………………………………………… (44)
　　四　违法性的多元论与法秩序的统一性 …………………… (46)
　第二节　犯罪客体理论的深度考察 …………………………… (53)
　　一　犯罪客体的多义性与层次性 …………………………… (53)
　　二　价值客体的层次：法律规范—人格体—利益 ………… (57)
　　三　价值客体之实体内容辨析 ……………………………… (60)

第三节　法益理论与犯罪客体理论之比较……………………(68)
　　　一　基础的一致性：以法律为限定…………………………(69)
　　　二　核心的差异性：利益与社会关系………………………(70)
　　　三　体系之别与价值分野……………………………………(76)
　　　四　法益理论的相对合理性…………………………………(77)

第三章　法益的归属及其类型………………………………………(80)
　　第一节　个人法益……………………………………………………(82)
　　　一　人身权利：人格权的体系及其法律保护………………(83)
　　　二　人身权利：身份权的类型及其法律保护………………(88)
　　　三　政治权利与经济社会权利及其刑法保护………………(90)
　　　四　财产权利及其刑法保护…………………………………(99)
　　第二节　社会法益……………………………………………………(104)
　　　一　社会利益的概念及其范围………………………………(104)
　　　二　社会法与第三法域………………………………………(107)
　　　三　刑法关注的社会利益的主要类型………………………(111)
　　第三节　国家法益……………………………………………………(125)
　　　一　关于国家的基本理论……………………………………(125)
　　　二　国家利益的概念及范围类型……………………………(126)
　　　三　国家利益与社会利益的关系……………………………(128)
　　　四　刑法视野中的国家利益…………………………………(132)
　　第四节　国际社会及全人类共同法益……………………………(138)
　　　一　国际社会共同法益………………………………………(138)
　　　二　全人类共同法益…………………………………………(138)
　　　三　国际社会及全人类共同利益的刑法保护………………(140)

第四章　特定领域犯罪及其立法模式………………………………(141)
　　第一节　经济犯罪与经济刑法………………………………………(141)
　　　一　经济犯罪侵害的法益……………………………………(141)
　　　二　经济刑法的范围及其立法体系…………………………(145)
　　　三　经济犯罪的观念更新与经济刑法的现代化……………(146)
　　第二节　行政犯罪与行政刑法………………………………………(149)
　　　一　"行政"的含义及行政观念的新发展……………………(149)
　　　二　行政犯罪的概念及其分类………………………………(153)

三　行政刑法及其与经济刑法的关系 ……………………… (155)
　　四　行政犯罪的立法模式 …………………………………… (156)
　第三节　军事犯罪与军事刑法 ………………………………… (157)
　　一　军事犯罪的概念 ………………………………………… (157)
　　二　军事犯罪的类型 ………………………………………… (160)
　　三　军事犯罪的立法模式 …………………………………… (161)
　　四　军事犯罪的管辖原则 …………………………………… (162)
　第四节　国际犯罪与国际刑法 ………………………………… (163)
　　一　国际犯罪的概念及其分类 ……………………………… (163)
　　二　中国刑法中的国际犯罪 ………………………………… (167)
　　三　外国刑法中的国际犯罪 ………………………………… (168)
　　四　国际犯罪国内立法的模式 ……………………………… (174)

第五章　刑法分则的宏观设计 …………………………………… (177)
　第一节　刑法分则的模式与风格 ……………………………… (177)
　　一　统一与分立 ……………………………………………… (177)
　　二　简约与精细 ……………………………………………… (179)
　第二节　刑法分则的基本要求 ………………………………… (180)
　　一　内容的完整性与一致性 ………………………………… (181)
　　二　表述的准确性与简洁性 ………………………………… (183)
　　三　用语的专业性与通俗性 ………………………………… (184)
　第三节　犯罪化的实质标准 …………………………………… (185)
　　一　社会危害性理论 ………………………………………… (185)
　　二　社会危害性理论与"危害原则" ……………………… (188)
　　三　法益侵害与"危害原则"及社会危害性理论之比较 …… (190)
　　四　当代危害性原则的内涵扩张与功能转型 ……………… (193)
　第四节　分则体系及个罪设置原则 …………………………… (195)
　　一　犯罪分类的层次性与分类标准的多元化 ……………… (195)
　　二　法益的立法表达及其方式 ……………………………… (197)
　　三　个罪设置原则与法条竞合控制 ………………………… (201)
　　四　犯罪排序标准的多元化 ………………………………… (206)

第六章　刑法分则的微观设计 …………………………………… (208)
　第一节　罪名设置 ……………………………………………… (208)

一　罪名的层级与功能 …………………………………………… (208)
　　　二　确定罪名的原则与方式 ……………………………………… (210)
　　　三　罪名的结构模式 ……………………………………………… (213)
　　　四　选择性罪名的合理设置 ……………………………………… (215)
　第二节　罪状与法定刑设计 ……………………………………………… (220)
　　　一　罪状及其基本类型 …………………………………………… (220)
　　　二　整体的评价要素与情节犯 …………………………………… (221)
　　　三　引证罪状与空白罪状 ………………………………………… (222)
　　　四　法定刑的分类与幅度 ………………………………………… (226)
　第三节　罪刑结构与罪刑适用规则 ……………………………………… (228)
　　　一　罪刑结构的基本形式 ………………………………………… (228)
　　　二　罪刑结构的内部组成 ………………………………………… (229)
　　　三　罪刑适用规则 ………………………………………………… (231)

第七章　中西方刑法分则体系概况及比较 ……………………………… (235)
　第一节　中国刑法分则体系及其沿革 …………………………………… (235)
　　　一　中国历史上的刑法分则体系 ………………………………… (235)
　　　二　中国当代刑法分则体系的沿革与现状 ……………………… (238)
　第二节　西方国家刑法分则体系概况 …………………………………… (239)
　　　一　大陆法系国家刑法分则体系概况 …………………………… (239)
　　　二　英美刑法中具体犯罪的归类 ………………………………… (246)
　第三节　中西方刑法分则体系简要比较 ………………………………… (249)
　　　一　基本理念比较 ………………………………………………… (249)
　　　二　特色内容比较 ………………………………………………… (250)
　　　三　立法技术比较 ………………………………………………… (264)

第八章　中国刑法分则体系的问题与缺陷 ……………………………… (266)
　第一节　刑法观念问题 …………………………………………………… (266)
　　　一　权力强制过度，权益保障不足 ……………………………… (266)
　　　二　强调管理秩序，轻视目标秩序 ……………………………… (267)
　　　三　主动防控不足，整体意识微弱 ……………………………… (269)
　第二节　内容与技术缺陷 ………………………………………………… (271)
　　　一　类罪标准不一，个罪归类不当 ……………………………… (271)
　　　二　法网不够严密，立法漏洞明显 ……………………………… (278)

三　个罪设置混乱，法条竞合严重 …………………………… (283)
　　四　体例风格不一，犯罪排序紊乱 …………………………… (292)
　　五　罪名脱离法典，表述不够严谨 …………………………… (295)
　　六　法条不够简明，用语不够规范 …………………………… (301)

第九章　中国刑法分则体系的更新与完善 ………………………… (311)
　第一节　刑法观念的更新 …………………………………………… (311)
　　一　从国权刑法到民权刑法 …………………………………… (311)
　　二　从管理秩序到目标秩序 …………………………………… (314)
　　三　从被动滞后到合理预见 …………………………………… (315)
　第二节　内容与技术的完善 ………………………………………… (316)
　　一　完善类罪划分，调整个罪归类 …………………………… (316)
　　二　严密刑事法网，弥补立法漏洞 …………………………… (320)
　　三　合理设置个罪，减少法条竞合 …………………………… (324)
　　四　统一体例风格，恰当排列犯罪 …………………………… (329)
　　五　立法明示罪名，力求简洁准确 …………………………… (330)
　　六　规范法条结构，统一分则用语 …………………………… (335)
　第三节　章节设置方案 ……………………………………………… (338)
　　一　章节设置及个罪归类 ……………………………………… (338)
　　二　章节目录建议稿 …………………………………………… (342)

参考文献 …………………………………………………………………… (345)

后记 ………………………………………………………………………… (363)

导　言

《刑法修正案（十）》的颁布进一步凸显了刑法修订的频繁。随着内容的不断扩充，刑法分则越来越庞大杂乱，内部充满了矛盾，章节逻辑混乱、个罪归类不当、法条交错重叠、用语不够规范等问题越来越突出。立法的科学化与合理化直接关乎司法和执法的公正与效率。一部不公正的法律被执行得越严格，其离公正就越遥远；而一部杂乱无章、互相冲突、充满矛盾的法律则不可能被顺利地加以贯彻执行。刑法是所有法律当中于个人而言最为要紧的法律，其科学性和合理性显得尤为重要。面对范围广泛、数量众多的具体犯罪，如何对其进行科学的分类排列以构建合理的刑法分则体系，已成为立法者必须认真对待的问题。

与刑事立法的窘迫状况相随，刑法学亦步亦趋，显得手忙脚乱。而这一切，只能通过使刑法学发展成为一门具有严格的内在逻辑的规范理论才能改变。[1] 刑法的体系化是刑法教义学对立法者提出的更高要求，是回归立法理性的客观需要。[2] 长期以来，关于刑法分论一般理论的研究是整个刑法学中的薄弱环节。刑法分则不能只是罪名的集合与简单归纳，它还应有一定的结构，甚至复杂的结构，才能满足社会发展的需要。刑法分论应克服在表面的、经验的、粗线条的思想观念指导下闭门造车的弊端，以建构科学的刑法典分则体系。[3]

我国刑法分则正面临观念、内容和技术等多方面的重建。陈兴良教授指出，我国刑法修改担负着价值转换与体例调整的双重使命。价值转换是指刑法内容上的突破，通过修改使刑法的价值内容能够适合当前社会的实

---

[1] 李海东：《刑法原理入门（犯罪论基础）》，法律出版社1998年版，"代自序"第16页。

[2] 李翔：《论刑法修订的体系化》，《学术月刊》2016年第2期。

[3] 文海林：《刑法分则结构及其理论基础》，《法学研究》1996年第4期。

际需要；体例调整是指刑法形式上的改进，通过修改使刑法的体例形式更趋完善。刑法价值植根于一定的社会生活，因而社会生活的嬗变必然引起刑法价值的转换，当前中国刑法观念更新的根本内容在于刑法价值取向的民主化。①

一 刑法分则体系的研究意义

刑法分则体系是指刑法分则根据一定的标准和规则，对所规定的各类犯罪及其所包含的各种具体罪名，按照一定次序排列而形成的有机体。② 分则是刑法的原型，刑法分则体系的完善，不仅事关刑法学科体系的完整性，也涉及立法技术的科学化、刑法适用的准确性以及刑法学习的便利性。更重要的是，刑法分则的构造是立法价值的宣示，体现立法对公众的价值导引。编纂内容完备、逻辑严谨、结构合理的刑法典，既是法学界的理想，又是司法机关以及普通民众的愿望。刑法分则体系的科学化，更是刑法理性的必然要求，其研究意义主要体现在三个方面，即对刑法的形式理性、实质理性和技术理性的全面展示。

（一）刑事立法的体系性与刑法的形式理性

"法律越复杂，找法越困难，简化法律的要求就越迫切，于是便编纂法典。"③ 法典是一种专门的立法形式，即按照一定的目的、顺序和层次，对相关法律规范进行排列而形成的一个较为统一的规范整体。"法律之所以可能达成现代意义上的那种特殊专门的、法学上的提升纯化，唯其因为其具有形式的性格。"④ 马克斯·韦伯认为，人们对客观事物的认识必须通过人们自己发明的认识工具才能进行，而人们的认识工具就是人们发明的各种概念和范畴的体系，要使自己所使用的概念条理化、明晰化，精确而严谨；在社会科学领域，概念的混淆和模糊比比皆是，韦伯为此提出了"理想型"作为理解社会现象的工具。⑤ 就刑法而言，分则条文并非界定

---

① 陈兴良：《刑法修改的双重使命：价值转换与体例调整》，《中外法学》1997年第1期。
② 高铭暄、马克昌主编：《刑法学》，北京大学出版社2005年版，第350页。
③ ［美］艾伦沃森：《民法法系的演变及形成》，李静冰、姚新华译，中国政法大学出版社1992年版，第146页。
④ ［德］马克斯·韦伯：《法律社会学》，康乐、简惠美译，广西师范大学出版社2005年版，第28页。
⑤ 姬今铎：《韦伯传》，河北人民出版社1998年版，第55页。

具体犯罪的定义，而是以抽象性、一般性的用语描述具体犯罪类型，① 属于"理想型"。

在法律领域，所谓合理性就是法律法规的体系化和实施法律的程式化，基于抽象阐释意义的法律分析方法，以及由理智控制的司法原则等。② 形式合理性是指实体法和程序的运行不是逐案处理，而是根据一般决定的方法。如在超出理性控制的方法指导下，法律制定者和适用者就会以神谕、先知预言或神明裁判等形式上不合理的方式操作；只要法律制定者和适用者不根据一般的规范行事，而是在具体问题上感情用事，或独断专行，就会产生实质的非合理性。③ 费尔巴哈清晰地阐明了刑法学体系论的教义："任何混乱及不协调都是对理性的侮辱，理性的最高使命是协调与统一……科学的黑暗意味着，对内容不予区分、对不同种类不予分离、对相同种类不予整合、对于科学的各组成部分没有按照逻辑顺序加以编排，其中一部分以另一部分为其前提、根据或通过该部分得以诠释，却没有根据这样的关系将各部分予以逐一排列。"④

"形式理性"要求刑法立法在形式上符合基本逻辑，即刑法典的结构划分合理，不存在交叉或冲突，符合逻辑的自洽性要求；刑法典的条文设置适当，不存在矛盾或重复；⑤ 法律术语的含义明确、统一，不存在含混不清或前后不一。刑事法律体系的内部统一是法律准确适用的前提，科学的刑事立法技术能够大大减少甚至避免刑事法律内部的冲突与矛盾。例如，侵犯人身罪与侵犯民主权利罪是否分列，贪污贿赂罪是否纳入渎职罪，便是对刑法分则形式合理性的考验。再如，信用卡犯罪中所说的信用卡实际上是指银行卡，刑法应当与相关法律部门尽量统一法律用语，减少不必要的误解。

(二) 刑事立法的目的性与刑法的实质理性

实质合理性是指法律制定者和适用者自觉地遵循某种一般的原则，这

---

① 张明楷：《刑法分则的解释原理》，中国人民大学出版社2004年版，"序说" VI。
② 姬今铎：《韦伯传》，河北人民出版社1998年版，第61页。
③ [德] 马克斯·韦伯：《论经济与社会中的法律》，张乃根译，中国大百科全书出版社1998年版，"导论"第23页。
④ 转引自 [德] 埃里克·希尔根多夫《德国刑法学——从传统到现代》，江溯等译，北京大学出版社2015年版，第188页。
⑤ 赵秉志：《当代中国刑法法典化研究》，《法学研究》2014年第6期。

些原则可能是宗教原则，或伦理思想的体系，或理性的观念，或清晰的政策。①"实质理性"要求刑法典在内容的设置上力求全面、科学。首先，刑法典必须有一个合理的立法理念。该理念是整个刑法典的核心，对刑法典的立法起提纲挈领作用。犯罪化与非犯罪化的标准、构成要件设置的目的、法定刑设置的标准等都是刑法目的性或实质理性的体现。贪污贿赂罪与财产犯罪定罪量刑数额的差异，作为对向犯的行贿罪、受贿犯罪与同属对向犯的拐卖妇女儿童罪、收买被拐卖的妇女儿童罪构成要件设置模式的不同，均反映出立法者在保持均衡与区别对待问题上的立场选择。其次，刑法典的立法理念在刑法条文和结构中得到有效贯彻。② 要使罪刑法定原则得到贯彻实施，关键问题是要科学地、具体地把各种犯罪的定罪、量刑落实到分则条文上。如果分则中规定内容不明确、不具体，矛盾多、疑义多，罪刑法定原则就只是形式上的"法"定，实际上还是"人定"。③

刑法分则各章的安排、组织和相互关系，必定是某种立法价值的展现和宣明，体现着立法者的价值取向及对公众的价值导引，④ 正如耶赛克所言，"刑法在某种意义上是我们文化状态最忠实的反映并表现着我们国家占主导地位的精神状态"⑤。刑法分则体系中犯罪类型的划分以及类罪和个罪的顺序如何进行排列，除同类客体和社会危害性程度大小的标准外，还涉及基本的价值诉求问题，即立法者是以保护公民个体价值优先，还是以保护社会或国家价值优先，以及在诸如自由、秩序、公平以及安全等现代法律的基本价值面前，立法者如何对其进行价值优位选择的问题。对类罪与个罪的不同归类体现出刑法分则体系在法益选择与法益衡量上的价值倾向。

（三）刑事立法的技术性与刑法的实用理性

刑法价值是以一定的法典与法条为载体的，立法意图必须有所附丽。

---

① ［德］马克斯·韦伯：《论经济与社会中的法律》，张乃根译，中国大百科全书出版社1998年版，导论第23页。
② 赵秉志：《当代中国刑法法典化研究》，《法学研究》2014年第6期。
③ 赵长青：《略论刑法分则条文的立法改革》，《中外法学》1997年第1期。
④ 刘远、曹希国：《论刑法分则的价值构造》，《中国刑事法杂志》2005年第3期。
⑤ 转引自李海东《刑法原理入门（犯罪论基础）》，法律出版社1998年版，"代自序"第16页。

刑法体例对于刑法价值的实现具有重要意义,而刑法体例调整的目标是科学化。① 有论者认为,狭义的刑事立法技术专指关于法律内部结构和外部结构的形式,法律的修改和废止的方法、法律的系统化以及法律条文的修辞、逻辑结构和文字表达的规则等。但是笔者认为,立法的技术性或实用理性与立法的体系性或形式理性并不相同,两者不容混淆。体系性是基本要求,技术性则是在体系性基础上提出的更高要求。如果说体系性要求能用,那么技术性就是要求好用。

刑事立法的技术性需要解决以下三个方面的问题:第一,精细与粗疏。精细的立法能够带来法律适用的便捷,但由于立法者智识所限,法律无法穷尽实践中所面临的所有问题,难免造成法律适用范围过窄而引发脱法现象。而粗疏的立法或许具备法律适用范围上的优势,能够随新的法律现象作适当的解释予以调整,但解释的弹性往往会造成执法的随意性而影响法治的统一。立法的精细与粗疏影响法律实施的效果,通过研究刑事立法技术,寻求两者契合的最佳坐标是刑事立法活动的重要一环。第二,通俗与高雅。刑法分则条文的制定,既要讲究遣词造句的准确性和规范性,又要从实际出发,充分尊重公民的道德水准、文化语言素养,明确易懂,有利于公民对刑法的理解和遵守,起到增强公民法律意识和推动法治进步的作用,真正做到韩非所说的"设之于官府,布之于百姓"。② 第三,变革与稳定。刑事立法必须随社会的变化而进行适时的修正,而如何在确保刑事立法进步性的前提下又不损及法律的稳定性和连续性,属于立法技术应当解决的问题。从这种意义上讲,刑事立法技术担当了法律进步的重任。③

一般而言,犯罪数额与犯罪情节的界定方式,反映着立法者对刑法的确定性与包容性的平衡能力;罪名的繁简程度、法条竞合的数量多寡,反映立法者的概括能力和逻辑分析能力;普通刑法与特别刑法的适用范围、刑法典与修正案的模式选择、刑法典与司法解释的分工配合,反映立法者对刑法的稳定性与灵活性的平衡能力。就中国刑法分则而言,侵犯人身罪是否进一步细分为侵犯生命、身体健康、名誉隐私等亚类,反映出立法者

---

① 陈兴良:《刑法修改的双重使命:价值转换与体例调整》,《中外法学》1997年第1期。
② 赵长青:《略论刑法分则条文的立法改革》,《中外法学》1997年第1期。
③ 刘文:《我国刑事立法技术的反思与完善》,《黑龙江社会科学》2009年第1期。

章节设置的能力；渎职罪罪名体系的粗疏与细密，反映出立法者个罪设置的能力；分则章、节、条、款、项的层次设置，反映出立法者对各类犯罪的编排组织能力和分则体例的设计能力。

二 国内外研究现状

欧陆刑法中没有分则体系的概念，鲜有对分则结构的系统研究，仅在教科书的结构中反映出犯罪分类的法益三分法，如德国的刑法分则教材[①]、日本的分则教材[②]等。不过，作为刑法分则中犯罪分类的重要标准，法益是欧陆刑法的核心概念，文献资料极为丰富，常见的如《刑法总论》[③]《法益与刑事立法》[④]《法益初论》[⑤]《法益概念史研究》[⑥]等。英美法系虽无严格意义上的刑法典，但英国最为经典的刑法教科书[⑦]对具体犯罪的归类也大致体现了三分法的理念，尽管之后的版本省去了对侵害国家法益犯罪的探讨。

国内关于刑法分论一般理论的研究尚属薄弱环节。截至目前，专门针对刑法分则体系的著作近乎空白、期刊论文不到20篇，且其中不少先于1997年刑法典修订。现有研究主要集中在宏观考量、犯罪分类标准、法益的类型、类罪划分与个罪归类以及立法技术方面的探讨。研究动态上，对法益理论进行介绍和翻译的著作逐渐增多，呈现出从犯罪客体向法益、从社会危害性向刑事违法性的转变；探讨的问题从类罪划分深入到个罪归类与罪名设计，体现出从理念到技术的推进。

宏观层面，文海林高屋建瓴地指出，刑法典分则以整个法律体系为保护对象，其体系是按重要性比例微缩了的法律体系，必须折射出法律体系

[①] Wessels/Hettinger, *Strafrecht Besonderer Teil* 1, 35. Auflage, 2011, C. F. Müller; Wessels/Hillenkamp, *Strafrecht Besonderer Teil* 2, 34. Auflage, 2011, C. F. Müller.

[②] [日] 大谷实：《刑法讲义各论》（新版第2版），黎宏译，中国人民大学出版社2008年版；[日] 西田典之：《日本刑法各论》（第6版），王昭武、刘明祥译，法律出版社2013年版。

[③] Claus Roxin, *Strafrecht Allgemeiner Teil* Band 1, 4. Auflage, 2006, Verlag C. H. Beck München.

[④] 陈志龙：《法益与刑事立法》，法律出版社1997年第3版。

[⑤] 张明楷：《法益初论》，中国政法大学出版社2000年版。

[⑥] [日] 伊东研祐：《法益概念史研究》，秦一禾译，中国人民大学出版社出版2014年版。

[⑦] J. C. Smith, *Smith and Hogan on Criminal Law*, 5th ed., London: Butterworths, 1983.

的个性和结构层次;① 赵秉志指出,"形式合理"要求刑法典的结构合理,不存在交叉或冲突;② 陈兴良认为,我国刑法修改面临价值转换与体例调整的双重使命,其根本在于刑法价值取向的民主化。③ 陈锐从一致性、完全性和简单性出发,详尽指出了刑法分则存在的诸多问题。④

关于犯罪分类的标准,传统理论主张犯罪客体标准,新的理论体系主张法益标准。杨萌敏锐地指出,犯罪客体固然在内容上可以向法益论靠近,但因缺少对刑法进行系统批判的功能,绝不能等同于法益。⑤ 余淦才、胡云腾则大胆地提出行为标准,认为犯罪客体具有复杂性和重合性,不是犯罪的决定性标志,而行为对任何犯罪都具有无可取代的高分辨性,以行为为标准进行犯罪分类可保证分类的准确性。⑥

关于法益的内容及类型,刘远、曹希国将犯罪划分为安全犯、权利犯和秩序犯三种基本类型,主张根据时代需要和本国具体情况确定三者的界线,颇有深意。⑦ 董保华认为,私法以个人利益为本位,公法以国家利益为本位,社会法则以社会利益为本位。⑧ 钱叶芳主张,社会法包括经济法、环境法、劳动法、社会保障法、卫生法、教育法等。⑨ 颜运秋、石新中认为,社会利益与个人利益、集体利益、国家利益四者是并列关系。⑩ 王世洲对于经济秩序说以及超个人法益说等经济犯罪保护法益的主要观点做了很好的归纳。⑪ 周佑勇、刘艳红准确地指出,行政犯罪是行政违法与刑事违法交叉形成的具有双重违法性的行为,⑫ 并主张将行政犯划分为公

---

① 文海林:《刑法分则结构及其理论基础》,《法学研究》1996 年第 4 期。
② 赵秉志:《当代中国刑法法典化研究》,《法学研究》2014 年第 6 期。
③ 陈兴良:《刑法修改的双重使命:价值转换与体例调整》,《中外法学》1997 年第 1 期。
④ 陈锐:《我国现行刑法的体系性问题及解决》,《政法论丛》2015 年第 3 期。
⑤ 杨萌:《德国刑法学中法益概念的内涵及其评价》,《暨南学报》(哲学社会科学版) 2012 年第 6 期。
⑥ 余淦才、胡云腾:《论刑法分则体系的革新与重建》,《中外法学》1992 年第 2 期。
⑦ 刘远、曹希国:《论刑法分则的价值构造》,《中国刑事法杂志》2005 年第 3 期。
⑧ 董保华:《社会法原论》,中国政法大学出版社 2001 年版。
⑨ 钱叶芳:《"社会法法域说"证成——大陆法系和英美法系融合的一个例证》,《法学》2017 年第 4 期。
⑩ 颜运秋、石新中:《论法律中的公共利益》,《中国人民公安大学学报》2004 年第 4 期。
⑪ 王世洲:《德国经济犯罪与经济刑法研究》,北京大学出版社 1999 年版。
⑫ 周佑勇、刘艳红:《行政刑法性质的科学定位(上)——从行政法与刑法的双重视野考察》,《法学评论》2002 年第 2 期。

权力主体行政犯罪、国家公职人员行政犯罪、管理相对人行政犯罪三类。① 李晓明则主张，刑法和行政刑法并立以解决行政执法与刑事司法衔接难的问题。②

学者们关于某些类罪划分及个罪归类的探讨极具说服力。薛瑞麟建议，将侵犯人身权利罪、侵犯民主权利罪及妨害婚姻家庭罪分列三章。③ 孟庆华、李佳芮主张，环境犯罪独立成章，将非国家工作人员贿赂犯罪、职务侵占罪及挪用资金罪纳入贪污贿赂罪。④ 王良顺主张，将走私违禁品犯罪归入危害公共安全罪。⑤ 刘远、景年红主张，将生产、销售假药、劣药、有毒有害食品、不符合卫生标准食品、不符合标准的医用器材和化妆品等从破坏经济秩序罪转入危害公共卫生罪。⑥ 李培泽指出，刑讯逼供罪、诬告陷害罪、报复陷害罪妨害司法活动却被归入侵犯人身权利罪，妨害公司企业管理秩序罪中既涉及公司利益又涉及行政管理。⑦ 熊红文认为，洗钱罪主要妨害司法活动却归入破坏金融管理秩序罪；破坏生产经营罪是对市场秩序的破坏，归入侵犯财产罪不妥；煽动民族仇恨、民族歧视罪伤害的不是个体而是民族的感情，归入危害国家安全罪更合理。⑧

关于立法技术方面的一些论述也颇有见地。文海林认为，法律体系调整的社会关系具有多重层次特性，刑法典卷、编、章、节、条、款、项、目的层次应反映这一特征。⑨ 王文华指出，小章制为追求形式上的对称破坏了犯罪规定内容上的合理性。⑩ 赵长青认为，推理式的罪名缺乏明确性和统一性，司法解释式的罪名徒增中间环节且过于分散，主张采用立法明示式罪名。⑪ 王文华还指出，生产、销售伪劣商品罪与生产、销售伪劣产

---

① 刘艳红：《行政犯罪分类理论反思与重构》，《法律科学》2008年第4期。
② 李晓明：《论刑法与行政刑法的并立》，《法学杂志》2017年第2期。
③ 薛瑞麟：《完善我国刑法分则体系的构想》，《中外法学》1990年第1期。
④ 孟庆华、李佳芮：《重构我国刑法分则体系若干问题探讨》，《河北师范大学学报》（哲学社会科学版）2012年第1期。
⑤ 王良顺：《保护法益视角下经济刑法的规制范围》，《政治与法律》2017年第6期。
⑥ 刘远、景年红：《卫生犯罪立法浅议》，《法学》2004年第3期。
⑦ 李培泽：《刑法分则体系的反思与重构》，《现代法学》1996年第3期。
⑧ 熊红文：《刑法分则个罪分类立法完善研究》，《法治论丛》2010年第5期。
⑨ 文海林：《刑法分则结构及其理论基础》，《法学研究》1996年第4期。
⑩ 王文华：《我国刑法分则研究之考察》，《东方法学》2013年第1期。
⑪ 赵长青：《略论刑法分则条文的立法改革》，《中外法学》1997年第1期。

品罪罪名仅一字之差极易混淆，走私、贩卖、运输、制造毒品罪既是节罪名又是个罪名，不便适用且不合逻辑。薛进展认为，分解式罪刑结构明显优于综合式罪刑结构，一罪多款式结构有助于减少处刑偏差。[1] 张明楷探讨了分则用语的规范化与统一化问题。[2]

总体而言，上述研究敏锐地指出了现行刑法分则体系的若干缺陷，极具价值，但总体而言存在三方面不足：（1）内容零散，碎片化明显，观点纷呈而全局意识稍欠，亟须一定刑法理念与思想的贯通与支撑；（2）缺少比较研究，视野与经验受到极大限制；（3）缺乏对利益类型及法益形成的多学科深度分析。刑法分则调整范围广泛，宜与相关学科紧密结合，力戒闭门造车。

三 研究思路、主要内容及研究方法

本书从刑法分则的特点入手，首先通过对各种犯罪分类标准的利弊分析，论证法益标准的相对合理性，并以法益的主要类型、范围及归属为重点，系统深入地探讨了刑法分则中的犯罪分类问题；然后从宏观的犯罪分类排序和微观的法条设计两个层面提出构建刑法分则体系的原理、原则及规则，并从立法技术和价值取向两个层面上比较世界各主要国家的刑法分则体系，发现各自特色及共同规律；最后在理论分析和立法比较的基础上，对中国现行刑法分则体系进行系统审视，对其存在的问题进行全面梳理研究，找出症结所在，更新观念、清除误区、理顺思路、统一立场，提出相应的立法完善建议和具体方案。

本书的内容主要由七个部分组成。第一部分，刑法分则的特点与分则体系的任务。从刑法的调整对象及其在整个法律体系中的定位角度，揭示刑法分则的基本特点与功能定位，阐明刑法分则体系的任务。第二部分，刑法分则中的犯罪分类标准理论比较。通过比较犯罪分类的行为标准、主体标准、法益标准及犯罪客体标准，尤其是法益理论与犯罪客体理论的深度比较，论证法益标准的相对合理性；并对法益的准确内涵与属性，法益的核心内容、违法性的多元论与法秩序的统一性做深入分析。第三部分，法益的分类及其归属。深入分析法益的主要类型及其归属，包括个人法

---

[1] 薛进展：《刑法分则罪刑结构的立法完善》，《法学》1991年第12期。
[2] 张明楷：《刑法分则的解释原理》，中国人民大学出版社2004年版。

益、社会法益、国家法益及国际法益的概念、范围、主要类型及相互关系。第四部分，特定领域犯罪及其立法模式。聚焦经济犯罪、行政犯罪、军事犯罪及国际犯罪四大特殊领域犯罪的概念、本质、范围、类型、结构及其立法模式。尤其对经济犯罪的侵害法益和立法体系、经济刑法的观念更新、经济犯罪立法模式的现代化、以公共管理为核心的行政观念的新发展、行政刑法的概念及其与经济刑法的关系、行政犯罪的立法模式以及国际犯罪国内立法的模式加以探讨。第五部分，刑法分则的设计理念。宏观层面涉及刑法分则的立法模式与风格、刑法分则的基本要求、犯罪化的实质标准、刑法分则体系构建四个方面，着力探讨社会危害性理论的机能及其缺陷，法益侵害与社会危害性理论以及英美刑法中损害原则的关系，犯罪分类的层次性与分类标准的多元化、法益的立法表达及其方式，个罪设置原则与法条竞合控制以及犯罪排序标准的多元化等问题；微观层面涉及罪名设置、罪状与法定刑设置、罪刑结构与罪刑规范适用规则三个方面，着力分析罪名的层级、功能、确定原则与方式、罪名的结构模式，选择性罪名的合理设置，罪状的基本类型，引证罪状与空白罪状的基本要求，法定刑的分类与幅度，罪刑结构的基本形式与内部组成等问题。第六部分，中西方刑法分则体系概况及比较。主要涉及德国、法国、意大利、西班牙、俄罗斯、日本等国刑法典以及英美刑法对具体犯罪的划分和归类。通过对中、西方刑法分则体系现状的考察，从刑法理念、特色内容、技术体例等方面加以比较，重点探讨了杀人罪、威胁罪与殴打罪、遗弃罪、侵占罪、赃物罪、妨害社会管理秩序罪、危害公共信用罪、赌博罪、危害国家利益罪等特色犯罪。第七部分，中国刑法分则体系的缺陷及其完善。从刑法观念和内容技术两个层面全面分析我国刑法分则体系存在的问题，诸如类罪标准混乱、个罪归类不当，法网不够严密、立法漏洞明显，个罪疏密不均、法条竞合严重，风格体例不一、犯罪排序杂乱，罪名不够准确、文字逻辑混乱，法条不够简明、用语不够规范等，并针对上述问题，就犯罪分类、个罪设置、犯罪排序、章节设置、法条设计及分则用语等方面提出系统化的完善建议与具体的设计方案。

  本书以理论分析和立法比较为主，具体采用以下四种研究方法：（1）法理分析法。主要是对刑法分则立法目的性、体系性与技术性的理性分析，犯罪分类目的与意义的认识论与方法论分析，刑法分则特点以及关于犯罪分类标准的各种理论的利弊分析。（2）多学科分析法。主要是通过对利益与法益类别的政治学、经济学、管理学、社会学与法学分析，更为全面深入地认识各种犯罪类型及其本质。（3）系统分析法。主要是对刑法分则体系的宏观和微观结构及其要素的分析。（4）立法比较法。主要是对刑法分则体系横向的国别比较与纵向的历史比较，重点是对刑法分则体系的逻辑关系分析和价值取向分析。

四 理论应用价值及创新之处

本书具有三方面的学术理论价值。首先，从刑法立法的目的性、体系性、技术性三个方面全方位解读完善刑法分则体系的意义与价值。其次，在深入分析法益类型的基础上，全面系统地对刑法分则体系的合理构建进行研究，避免零敲碎打、顾此失彼。最后，将各国刑法分则体系的立法比较与多学科的理论分析相结合，为刑法分则体系的学术研究拓宽视野、丰富内容、增强理论深度。本书的实际应用价值主要体现在两个方面。首先，推进我国刑法典分则的进一步修改和完善并为其提供决策参考；其次，减少刑法分则的繁杂与混乱，提高刑法解释与定罪量刑的准确性。

本书在思想方面具有三个方面的创新。第一，增强权利意识，弱化管理意识。在对秩序法益的保护中弱化对管理因素的过分强调，逐步实现从管理秩序向目标秩序的转变。第二，深化对犯罪现象的认识。注重犯罪分类的层次性和分类标准的多元化与主从性。第三，注重利益的产生顺序。遵循由基础到派生、由简单到复杂的基本规律，对侵害个人法益与侵害社会法益、国家法益、国际法益等超个人法益的犯罪进行合理排序。

在具体观点上，有七点创新主张。第一，将分则依据法益归属划分为侵犯个人法益、社会法益、国家法益和国际法益的犯罪四编；各编内明确按照同类法益设置各章；各章内依据亚类法益或行为特征统一设节。第二，以"侵犯公民政治权利与经济社会权利罪"取代"侵犯公民民主权利罪"，停止使用含义模糊的"民主权利"一词。修改"侵犯公民人身权利、民主权利罪"，将该章分解为侵犯人身权利罪、侵犯公民政治权利与经济社会权利罪、妨害婚姻家庭罪三章。第三，设置法益突出、层次分明的危害公共利益的犯罪。分解破坏社会主义市场经济秩序罪和妨害社会管理秩序罪，确立危害公共利益罪的九大类：危害公共安全罪、危害公共卫生罪、危害公共安宁罪、危害公共信用罪、破坏经济秩序罪、破坏环境资源罪、危害文化遗产罪、危害公共道德罪、妨害婚姻家庭罪；取消生产、销售伪劣商品罪和走私罪两节，将其中的具体犯罪根据所侵害的法益分别归入相应章节。第四，整合危害国家利益的犯罪，理顺其内部结构。将危害国家利益罪划分为四章：第一章危害国家内部安全罪划分为危害国家政权罪（原危害国家安全罪）、危害国家秘密罪、危害国家权威罪三节；第二章危害国家外部安全罪划分为危害国防利益罪、军人违反职责罪、妨害国家关系罪三节；第三章妨害公共管理罪划分为妨害公务罪、贪污贿赂罪、渎职罪三节；第四章妨害司法罪划分为妨害刑事侦查罪、妨害法庭审判罪、妨害裁判执行罪三节。第五，在传统的三大法益类型之外提出国际法益的概念，主张单独设立完整的危害国际法益罪，以专编集中规定危害国际社会共同法益罪和反人类罪。第六，根据法益标准调整个罪的章节归类。将非法获取国家秘密罪，非法持有国家绝密、机密文件、资料、物品罪，盗窃、抢夺国有档案罪，擅自出卖、转让国有档案罪归入危害国家秘密罪；将侮辱国旗、国徽罪，妨害国边境管理罪等归入危害国家权威罪；将聚众淫乱罪归入危害公共道德罪。第七，摒弃社会危害性标准，确立与犯罪分类层次相适应的多元化犯罪排序标准。篇罪应考虑法益进化形态及其归属、重要性程度；章罪及节罪应根据法益的重要性、法益间的相关性以及部门法的内部结构；个罪在考虑法益重要性的同时，兼顾行为间的内在联系。

　　在研究方法上，本书紧抓刑法分则调整范围广泛性的特点，采取多学科、多角度的研究方法，尽量避免就刑法论刑法的狭窄视野和单一僵化的思维模式。从刑法与其他部门法关系的角度揭示刑法分则体系的基本特征；从法理学的角度探讨作为法益核心内容的安全、秩序、权利等范畴，从民法学的角度分析侵犯人身犯罪与侵犯财产犯罪的结构和体系；从法理学及社会学的角度分析社会利益及危害社会利益的犯罪；从经济法、行政法、行政管理学和公共管理学的角度分析经济犯和行政犯的性质、结构及类型；从政治学、军事法及财税法的角度分析危害国家利益的犯罪；从国际法的角度分析国际犯罪及反人类罪。

第一章

刑法分则的特点与分则体系的任务

第一节 刑法分则的特点与任务

一 刑法的调整对象及其地位

要了解刑法分则的特点,首先应当充分认识到刑法本身的特殊性,即刑法的调整对象,以及刑法在整个法律体系中的位置。

(一) 刑法的调整对象

关于刑法的调整对象,主要存在四种学说。广泛社会关系说认为刑法的调整对象具有广泛性。一般法律部门只调整某一方面的社会关系,而刑法则调整所有其他不能充分保护的各种社会关系。[①] 除了宪法以外,刑法的调整对象最为广泛。有论者指出该学说存在四点不足:(1) 与法理不符。如果说刑法调整广泛的社会关系,这实质上是说刑法没有特定的调整对象,从而否认了刑法存在的必要性。(2) 混淆了刑法的调整对象与刑罚目的两个不同概念。刑法的调整对象是保护个人基本权利和国家、社会基本利益的法律制度,而犯罪的本质是对法律这种法律制度的侵害,刑法通过运用刑罚方法来达到保护法律制度不受侵害的刑罚目的。(3) 混淆了刑法与宪法的关系。宪法的调整对象是广泛的社会关系,即对本国社会关系的各个重要领域都做出原则性规定;刑法调整的范围虽然较为广泛,但并没有对所有的社会关系都进行调整,刑法有独立的调整对象,即法律制度。(4) 与现代刑法的功能不符。在奴隶社会、封建社会法制中,"诸法合体,以刑为主",对违反民事、行政等社会关系的行为,往往采取刑事制裁的方式进行惩罚,刑法对民事、行政等社会关系起到了一定的调节

---

① 杨春洗主编:《刑法基础论》,北京大学出版社1999年版,第42页。

作用。但近现代刑法已与民法、行政法等部门法分离,刑法作为独立的法律部门已经是不可辩驳的事实。① 上述反对观点缺乏说服力:首先,说刑法调整广泛的社会关系,并不意味着刑法没有特定的调整对象,法理上并不存在问题;其次,说刑法的调整对象是法律制度,显然流于表面;最后,现代刑法依然与民法、行政法等部门法有着密切的联系,在调整的社会关系的范围上依然有重合部分,只是调整的手段不同而已。

刑法法律关系说认为刑法具有独立的调整对象,即公民个人与代表社会整体利益的法律秩序之间的关系。② 刑法不是调整个人之间关系的私法,而是调整作为刑罚权主体的国家和作为刑罚权客体的犯罪人之间关系的公法。卢梭早就指出,刑法的确立是基于个人与法律之间不服从与惩罚的关系。刑法的法律关系与其他法律部门并不相同,是调整由犯罪事实而产生的国家与犯罪人之间的权利义务关系,其主体是国家和犯罪人。③ 除此之外,另有论者认为,作为确定刑事法学研究架构的刑事法律关系,其主体应当包含被害人,即应将传统的刑事法律关系——犯罪人与国家的"二元结构模式"改造为犯罪人、被害人和国家的"三元结构模式"。④

重要社会关系说认为刑法的调整对象是社会关系,但并非所有的社会关系,而是具有特殊重要性的社会关系。⑤ 首先,刑法调整的对象是社会关系,而非罪刑关系或者刑事法律关系。犯罪、刑事责任、刑罚以及它们之间的关系是刑法的基本内容。"罪刑关系说""刑事法律关系说"所主张的刑法调整对象是"犯罪与刑罚之间的关系""犯罪人与国家追诉之间的关系",这些关系是刑法的内容,但并不是刑法的主要调整对象。刑法规定了"犯罪、刑事责任和刑罚",但目的是要通过这些规定来调整相应的社会关系。刑法的主要调整对象是社会关系,对罪刑关系、刑事法律关系的调整只是刑法调整社会关系的手段。其次,刑法调整的对象不是所有的社会关系,而是具有特殊重要性的社会关系。社会关系具有广泛性,涵

---

① 刘霜:《刑法调整对象新论》,《云南大学学报法学版》2005年第6期。

② 同上。

③ 杨春洗主编:《刑法基础论》,北京大学出版社1999年版,第42页。

④ 刘贵萍、许永强:《论刑事法律关系"三元结构模式"的建立》,《国家检察官学院学报》2003年第3期。

⑤ 赵秉志、袁彬:《刑法与相关部门法关系的调适》,《法学》2013年第9期。

盖了个人、单位、国家之间关系的所有内容。刑法调整的社会关系既包含了平等主体之间的社会关系，也包含不平等主体之间的社会关系，具有广泛性。但刑法并不调整所有的社会关系，只有那些具有特殊重要性的社会关系，才是刑法调整的对象。主要体现在以下两方面：一是性质上特别重要的权利，例如生命权、人身自由，国家安全、公共安全等；二是侵害程度严重。

多层次关系说主张对刑法的调整对象应进行多层次的剖析。[①] 从表层看，其调整对象是刑事关系，或称为刑法关系、刑事法律关系；从中层看，其调整对象是刑事责任关系；从深层看，其调整对象是政治关系。刑事关系和刑事责任关系是对刑法调整对象的法学认识，政治统治关系是对刑法调整对象的社会认识。对刑法调整对象的本质认识，应该从政治社会的高度来研究刑事责任关系体现的社会内容。从政治社会上看，刑事责任关系体现的社会关系就是国家与犯罪人之间，依照刑法而形成的政治关系或称政治统治关系。

上述各种学说均在一定程度上对刑法的调整对象做了合理的解释和说明，并不存在实质性的冲突。广泛社会关系说表明了刑法调整范围的广泛性；刑法法律关系说强调了刑法的公法属性；重要社会关系说恰当地指出了刑法调整的对象是现实的社会关系而非抽象的罪刑关系，以及刑法对于社会关系的选择性保护；多层次关系说则从法学和政治学两个角度全面深刻地揭示了刑法的多重属性。

(二) 刑法在法律体系中的地位

关于刑法在法律体系中的地位，主要有刑法的从属性和刑法的独立性两种学说。意大利的一些刑法学家认为，刑法不是一个独立的法律部门，刑法只能依附于行政法和民法等法律部门而存在。[②] 从内容上看，刑法没有自己独立的调整对象，因为每一个被刑法规范禁止的行为，实际上都是先已被其他部门法所禁止的行为；从形式上看，刑法没有自己独立的禁止性规范，刑法规范中只有制裁这一部分才真正属于刑法的内容；从功能上看，刑法实际上只具有用刑事制裁来增强其他法律禁止性命令威慑力的作用。

---

① 李颂银：《刑法调整对象新说》，《法商研究》1999年第4期。
② 陈忠林：《意大利刑法纲要》，中国人民大学出版社1999年版，第6页。

从刑法的从属性出发，可以得出这样两个推论：第一，凡是刑法规定为犯罪的行为，必须是其他法律明文规定予以禁止的行为，刑法不能越过其他法律的层次直接将某一不违反任何其他法律的行为上升为犯罪。第二，必须坚持刑法的"必要性原则"（亦称"刑法辅助性原则"或"刑法分散性原则"）。其主要内容是，坚持无必要即无犯罪和刑罚，刑罚的运用只能严格地限制在直接保护公民的基本人权，或通过保护公民享有基本人权必不可少的民主制度、公共资源等来间接地保护公民的基本人权的范围之内。①

刑法的独立性学说认为，刑法与其他部门法律的区别表现在违法行为所可能承担的法律后果不同，而不在于它所调整的社会关系的不同。任何法律规范，只要它是以刑罚为法律后果的，都是刑法规范。对于刑法，只能通过刑罚为联系点而进行定义。"刑法在根本上与其说是一种特别的法律，还不如说是对其他一切法律的制裁。"② 刑法的独立性在实质上即刑法价值的独立性，刑法的权威性系培养公民刑法信仰所必需，而刑法的自足性则以刑法的独立性和权威性为前提，并包含着刑法的协调性内容。刑法的独立性、权威性与自足性这三种刑法精神是相互蕴涵和层层递进的，而其自足性则是其独立性和权威性的最终体现和集中说明。③

刑法的独立性表现在以下方面：首先，刑法拥有独立的规范体系。刑法在文本上有包括总则和分则在内的统一的刑法典，还有单行刑法及附属刑法作补充，可谓结构完整；内容涵盖犯罪、刑事责任和刑罚，涉及几乎所有其他法律所调整的社会关系，还具有一整套的指导思想和原则统摄全部规范，是自成一体的实体法。其次，刑法具有独特的功能和品格。刑法自产生之日起就担负着打击犯罪、保卫社会的职责，现代刑法除了具有一般法律所有的行为规制机能外，还具有特有的法益保护机能和人权保障机能；以特殊的手段调整所有其他法律所调整的社会关系，是除自身之外所有法律的后盾法，是法律体系的保障法。再次，刑法具有独立的历史传统。刑法是随着阶级社会和国家的产生而产生的，随着社会的发展，其他的部门法才逐渐从"刑"法中分离出去。刑法是阶级社会的伴生物，与

---

① 陈忠林：《意大利刑法纲要》，中国人民大学出版社1999年版，第7—8页。
② [法]卢梭：《社会契约论》，何兆武译，红旗出版社1997年版，第99页。
③ 马荣春：《论刑法的独立性、权威性与自足性——基于刑法真善美的新阐述》，《江西警察学院学报》2012年第2期。

阶级社会具有同样长久的历史，并具有自身独立的发展规律、轨迹和历史传统。而且这个独立性远远超越了独立的部门法的独立性意义，具有独立的社会治理工具属性。[①] 最后，刑法拥有专门的配套运行程序。为了保障刑法的有效实施，国家专门制定《刑事诉讼法》以规范刑事案件的侦查、起诉、审理和执行，从而使刑法具有了专门的运行程序。

事实上，法律是由包括刑法在内的各部门法组成的有机整体。当它发挥整体系统功能时，法律时常被称为法律体系。刑法与其他法律部门是互动联系的紧密系统，而不是静止孤立、老死不相往来。刑法分则调整对象依赖于其他法律，刑法以其独特手段而非独立的调整对象区别于其他法律。刑法调整的范围，体现的价值、思想，反映的理念、目的，惩罚手段的运用、掌握的适度等问题，往往与其他法律相同。一个国家的刑法都是建筑于本国其他法律之上的，其他法律的特点、结构就是其刑法结构的雏形，很多刑法问题其实也是其他法律的问题。探求刑法与其他法律的关系，实质上就是找寻刑法的支点和基础。[②]

与法律部门理论不同，法律层次理论认为刑法是法律体系中的一个层次而非部门法。法律调整社会关系的方式和程度不是单一的，因而法律规范必须有所分工，而这种分工使得法律具有了层次性，形成法律层次；法律层次是法律规范在调整社会关系时因方式分工不同而形成的类型，是对法律规范而非法律文件的分类，任何一个法律体系和法律制度中都存在着宪法、礼法、罚错法以及刑罪法四个层次。[③] 宪是法律的精神状态，是法律的灵魂，是法律的法律；礼是人们在社会交往中所要遵循的法定行为规则；罚是对较轻的非礼行为所适用的比刑轻的一种法律制裁；刑是对于严重的非礼行为所适用的最严厉的法律制裁。在法律体系的四个层次中，礼居于中心地位，礼法规范的数量最多，使用频率最高；宪法规范的数量最少，使用频率较低；罚错法和刑罪法的规范在数量和使用频率上应当少于礼，否则就是不正常的。

此外，如果把法律划分为立法法、司法法和行政法的话，刑法作为国

---

① 龚大春：《刑法的独立性与刑事政策刑法化路径》，《江苏警官学院学报》2012年第5期。
② 文海林：《刑法分则结构及其理论基础》，《法学研究》1996年第4期。
③ 参见刘大生《法律层次论》，天津人民出版社1993年版，第5—9页。

家的裁判规范应该以法的安定性为指导原理，基本上属于司法法。[1]

二 刑法分则的特点

由刑法的调整对象及其在整个法律体系中的地位所决定，刑法分则具有以下特点：（1）与法律体系的对应性。刑法典分则体系的宏观建构受国内政治、经济、文化、其他法律等诸多因素影响。其他法律的影响相对刑法典自身内在因素而言属于外因，但它作为一种参照标准，对刑法典分则体系的建构发挥了极为重要的作用。法律体系对于刑法分则的制约，包括宏观、整体的制约和微观、部分的制约。从整体来看，法律体系主要在两个方面制约和影响着刑法典分则的宏观结构：[2] 第一，法律体系是刑法典分则结构的宏观基础。刑法典分则内容是以整个法律体系为保护对象的，因而其体系是按重要性比例微缩了的法律体系。法律体系由宪法及各部门法组成，部门法之下由其分支、子法组成，各分支下又有自己的层次、体系。法律体系的上述结构层次，为建构刑法典分则体系提供了标本。第二，刑法典分则体系以法律体系为蓝本，必然折射出法律体系的结构层次及个性，反映法律体系所体现的规范国家生活各个方面的客观要求。（2）范围的广泛性与内容的复杂性。法律体系的庞大与复杂必然决定了刑法典分则的庞大与复杂。虽然前者是针对一国法律法规整体而言，后者是针对一个部门法而言，两者在规模上和任务上不可相提并论，但在受社会基础的制约这一点上，两者是一致的。作为法律体系的浓缩版，现代刑法分则体系的庞大与复杂是社会发展的必然结果，是不可避免的。应当理直气壮地承认，相对于过去，现代刑法典的结构更为复杂一些，条文数量更多一些，手段措施更丰富一些，立法技术更精巧一些，这些都是贯彻罪刑法定原则的客观反映。[3]

三 刑法分则的任务与功能

刑法分则的具体任务主要有两项，即犯罪设定与刑罚配置。就分则而言，犯罪设定主要是对于罪状的规定，应当遵循法益保护的原则；刑罚配

---

[1] 赵秉志主编：《外国刑法原理（大陆法系）》，中国人民大学出版社2000年版，第4页。
[2] 文海林：《刑法分则结构及其理论基础》，《法学研究》1996年第4期。
[3] 同上。

置主要是对法定刑的规定，应当遵循罪刑均衡的原则。相应地，刑法分则的直接功能是为定罪量刑提供统一而明确的标准。

对刑法规范的性质的理解，决定着包括刑法分则在内的刑法规范的功能。关于刑法规范的性质，中外学者存在较大分歧，大致可以划分为单一属性说、双重属性说以及多重属性说三大类。单一属性说包括审判规范说与行为规范说两种，双重属性说包括行为规范与审判规范复合说以及评价规范与行为规范复合说两种，多重属性说包括行为规范、评价规范及审判规范综合说与审判规范、行为规范及文化规范综合说两种。① 美国刑法学者保罗·罗宾逊认为，刑法典必须将应当以刑罚惩罚保证其实施的行为规则事先告知公众；同时，刑法典必须事后裁决任何违反这些规则的行为。在履行后一种功能时，刑法的主要对象不是一般公众，而是刑事司法系统中受过培训和特别指导的参与人，因而必须有两种不同的刑法典，一部是以公众能够理解和适用的方式来起草的行为法典，另一部是为裁判者、律师、法官和陪审员所制定的更为复杂和主观化的裁判法典。② 要使刑法典能够有效地表达和宣布刑法的行为规则，可读性、可理解性、简明性、清晰性是其核心要求，而通向这一目标的起草规则有五项，即删除有关责任和划分等级的语言，合并重叠之罪，简化正当性抗辩理由，使用简明易懂的语言，可能时顺应公众的观点；要使刑法典能够清晰表达在涉及应追究多大程度责任的复杂审判裁决中的微妙差别，则有六项起草原则，即采用与分析过程匹配的法典结构，包括所有与裁判相关的可清晰表达的规则，尽可能使用一般原则，在理论类似的规定中使用同样的语言，提供意思明确的陪审团裁决，反对"声分离"的情况（即行为规则公开而裁判规则不公开）。③

本书认为，行为规范以及文化规范先于法律规范而存在，包括刑法规范在内的法律规范来源于现实生活，是对行为规范和文化规范的选择性确认与提升。因此，刑法分则规范主要地属于裁判规范，其直接任务和功能就是为定罪量刑提供统一而明确的标准。

---

① 参见杨凯《刑法规范的结构与配置》，法律出版社2004年版，第80—88页。
② 参见［美］保罗·罗宾逊《刑法的结构与功能》，何秉松、王桂萍译，中国民主法制出版社2005年版，第8—9页。
③ 同上书，第209—236页。

第二节　刑法分则体系的任务

刑法分则体系的任务主要涉及两个方面：一是犯罪的类型划分，包括类罪的划分与个罪的划分；二是犯罪的排列顺序，包括类罪的排序和个罪的排序。

一　犯罪分类的必要性

"知识的第一步，就是要了解事物本身。这意味着对客观事物要具有确切的理解；通过有条理的分类和确切的命名，我们可以区分并认识客观物体；……分类和命名是科学的基础。"① 这一论述虽然是针对自然科学而言的，但是同样也适用于社会科学。分类问题在人类活动——从人的心理、生理以及直觉领域到严谨的形式逻辑的科学建构——中都会有意或无意地遇到。在科学中，分类作为整理大量资料、有效缩减信息、制定概念和组织认知活动的手段，在众多方面都具有重大意义；而且也广泛地，经常是不自觉地成为研究者个人的、半直觉的科研创作领域的工具。②"……分类的意义在于，它比之单纯的识别具有更多的内容；因为在分类中，被识别的事物间的关系以分类关系的形式得以表示。这就使得有可能发展起一种具有共同特征的一切性质的分类的形式体系，即以如此一种方式阐明观察到的关系并进行鉴认，从而允许按规则进行推理。"③

类型化思维是人类思维的基本方式之一。只有对特定的现象做出了描述和分类，并给予系统化之后，现代科学才能取得预期的结果。④ 概念没有类型是空洞的，类型没有概念是盲目的，⑤ 类型化的方法是"寻找通过

---

① 林奈：《自然系统》，转引自［美］洛伊斯·N. 玛格纳《生命科学史》，李难等译，百花文艺出版社2002年版，第489页。

② ［俄］М. П. 波克罗夫斯基：《关于分类学体系》，刘伸译，《国外社会科学》2007年第2期。

③ ［美］M. W. 瓦托夫斯基：《科学思想的概念基础——科学的哲学导论》，求实出版社1982年版，第217页。

④ ［德］马克斯·韦伯：《论经济与社会中的法律》，张乃根译，中国大百科全书出版社1998年版，"导论"第12—13页。

⑤ ［德］亚图·考夫曼：《类型与"事物本质"——兼论类型理论》，吴从周译，台湾学林文化事业有限公司1999年版，第119页。

区分事件或活动在一个关系模型中的地位来对它们进行解释"①。类型化的途径是以事物的根本特征为标准对研究对象进行类属划分,"类型"不要求其内涵与所指称客体的特征完全符合,它尽可能多地保留了事物的个别特征,因而较之于抽象概念更接近于生活事实,同时又与具体的、个别的社会现象保持距离。②

类型化思维在法学研究中尤为普遍。"确定的概念在全部法律概念中所占的比重不大,而大多数法律概念或多或少都具有不确定性。"③ 内涵不确定,且外延开放的概念大部分就是类型,只是因其具有高度抽象化的特征而与确定的概念较为接近,因此人们又将其称为类型式概念。④ 日常用语的多义性与案件事实的复杂性,导致法律判断往往具有很大的主观性和不确定性,而类型化思维则可以使这种主观性和不确定性大大降低。

"犯罪是孤立的个人反对统治关系的斗争"⑤,这一论断充分揭示了犯罪与法的关系,也说明了犯罪分类的不可避免。因为法是统治阶级意志的体现,所以犯罪的本质是不法;而法是一个由众多法律组成的复杂系统,作为不法的犯罪相应地也就呈现出其多样性。因此,犯罪分类是不可避免的,并且归根到底是由犯罪的本质所决定的。

刑法分则中的犯罪分类是指依照各种不同的标准或者从不同的角度对法律上所规定的全部犯罪进行的划分或者归类。对犯罪进行分类,不仅为深入具体地研究某一类犯罪现象提供了切实的基础,同时对刑事立法与司法工作也有一定的指导作用。⑥ 刑法分则对犯罪进行分类的目的是为准确认定罪与非罪以及此罪与彼罪提供直接的法律依据,由此目的出发,犯罪分类应当尽可能地揭示各种具体犯罪的本质及其危害性。这既是刑事立法中认识论上的要求,也是司法实践中方法论上的要求。

值得注意的是,犯罪分类不可过于拘泥于形式。确定某种标准并严格

---

① [英]马克·布劳格:《经济学方法论》,黎明星译,北京大学出版社1990年版,第39页。

② 李可:《类型思维及其法学方法论的意义——以传统抽象思维作为参照》,《金陵法律评论》2003年秋季卷。

③ [德]阿图尔·考夫曼、温弗里德·哈斯默尔:《当代法哲学和法律理论导论》,郑永流译,法律出版社2002年版,第186页。

④ 黄茂荣:《法学方法与现代民法》,中国政法大学出版社2000年版,第297页。

⑤ 《马克思恩格斯全集》第3卷,人民出版社1956年版,第379页。

⑥ 李永升:《犯罪分类问题研究》,《犯罪与改造研究》2003年第4期。

依此对犯罪进行分类有其优点,然而它也可能导致某一具体犯罪被归类后,会与其他可能相关的犯罪割裂开来;同时,这种人为的价值选择也使其脱离了原本复杂、生动的文化背景,致使人们不自觉地走入狭隘理解的误区,只在归类之后的范围内分析、审视该犯罪。分类的优越性如此光芒四射以至于这种可能的缺憾常常会被其掩盖,有鉴于此,刑法分则在对具体犯罪进行归类时,应尽量全面地了解个罪并将其与立法背景联系起来,力求科学合理,兼顾全局。①

二 犯罪分类的标准

(一) 行为标准

大多数个罪都是以行为方式为标准所做的分类,尤其是侵犯财产罪一章当中的个罪,无论盗窃罪、抢劫罪,还是诈骗罪,都是以行为方式而非行为主体或行为所侵害的法益所做的分类。其犯罪成立与否,既不问行为人是否一般人还是公职人员,也不论侵犯的是个人财产还是国家财产。财产法益属于非专属法益,侵犯财产罪一章中的绝大多数犯罪,都没有按照法益归属做进一步区分,因为无论个人财产还是国家财产都应得到法律的同等保护。走私罪,生产销售伪劣商品罪,走私、贩卖、运输、制造毒品罪,组织、强迫、引诱、容留、介绍卖淫罪,制作、贩卖、传播淫秽物品罪等节的类罪和个罪仅从罪名上就非常直接地反映出犯罪分类的行为标准。贿赂实际上也是一种行为方式,其行为结构是利用职务或影响力的便利,进行不正当的利益交换。主张扩充贪污贿赂罪,将非国家工作人员贿赂犯罪、职务侵占罪以及挪用资金罪纳入其中②,其实也体现了犯罪分类上的行为标准。

行为标准具有三个方面的优势。③ 首先,行为是罪状的核心内容,具有最广泛的适应性。任何犯罪都有区别于他罪的不同罪状,行为是主客观相统一的枢纽,在任何犯罪中均处于中心地位,是描述罪状的主要依据。通过行为,可以把犯罪的其他构成要件有机地联结在一起。行为总是由一定的主体所实施,并将侵害一定的客体,行为是罪过的外在表现,并与罪

---

① 刘文霞:《刑法类罪体系优化研究》,硕士学位论文,中国政法大学,2008年。

② 孟庆华、李佳芮:《重构我国刑法分则体系若干问题探讨》,《河北师范大学学报》(哲学社会科学版) 2012年第1期。

③ 余淦才、胡云腾:《论刑法分则体系的革新与重建》,《中外法学》1992年第2期。

过的发展和实现相同步；行为必然采用一定的方法、手段，发生于一定的时间、地点，造成一定的危害结果，等等。其次，行为的内容丰富，具有辨别罪质最高的准确性和精确度。借助于行为来描述、分析罪状，最能反映具体犯罪的个性特征。犯罪是具体的、千差万别的，而这种千差万别，主要反映在行为上。犯罪客体具有极大的重合性，多数情况下不能成为犯罪的标志性特征；犯罪主体在绝大多数犯罪中的具有共性，只要具有刑事责任年龄和刑事责任能力的人都可以构成；作为犯罪主观要件的罪过，仅有过失和故意之分，不能充分地反映个罪的差异性。犯罪的千差万别，最终或主要是犯罪行为的千差万别。最后，行为具体直观，易于把握，具有较高的辨识度。犯罪客体过于抽象且带有评价性，主观罪过过于模糊而内隐，唯有行为具体而直观。

当然，行为标准也存在较大的局限性。在一般情况下，行为标准无法揭示和区分同类行为的犯罪在保护法益方面的差异性。例如，走私武器、弹药罪，走私淫秽物品罪，走私文物罪，走私废物罪，走私普通货物、物品罪等罪在行为方式上并无明显区别，但侵害的法益则各不相同；生产销售伪劣产品罪与生产销售假药罪、生产销售有毒有害食品罪之间，盗窃罪与盗窃枪支、弹药、爆炸物罪之间亦是如此。

（二）主体标准

中国刑法中某些章罪是以行为主体作为标准所做的分类，如军职罪、渎职罪以及贪污贿赂罪。西方国家的刑法典中也有此种立法例。如《法国刑法典》分则第三编第二章为"由履行公职的人实施的危害公共行政管理罪"，第三章为"个人妨害公共行政管理罪"。与之类似，《意大利刑法典》分则第二章"侵犯公共管理罪"第一节为"公务员侵犯公共管理的犯罪"，第二节为"私人侵犯公共管理的犯罪"。

主体标准对于某些犯罪而言，具有分类上的明显优势。例如，依照其行为主体，贿赂犯罪可以划分为公职人员贿赂罪和非公职人员贿赂罪。但是对于大多数犯罪而言，主体的特殊性对于犯罪的成立无关紧要，其个体辨识度较低。例如，杀人罪、盗窃罪等。可见，主体标准不具有普遍使用的意义和价值。

（三）客体标准

以犯罪客体作为犯罪分类标准能够揭示犯罪的本质，因而在中国刑法的传统理论中占据主导地位，但是也有一定的局限性。在侵犯财产的犯罪中，把它们侵害的客体看作社会关系是完全正确的，因为在这些场合，犯罪侵害的真正客体不是被财产本身，而是基于所有权而产生的关系；但在其他一些场合，如故意杀人罪中，作为犯罪客体的社会关系却没有显现出来。人的生命是一种生物现象，它本身不能称之为社会关系；如果把它理解为"全部社会关系的总和"，就贬低了作为生物现象的生命的无限价值。①

此外，在犯罪客体分类的场合引用一般客体、同类客体、直接客体这些范畴并不完全正确，因为在哲学上一般、特殊和个别等范畴的相互关系具有不同于一般客体、同类客体与直接客体相互关系的性质。就哲学意义而言，个别不包含在特殊、一般之中，恰恰相反，特殊、一般被认为是个别的一部分。犯罪客体的三分类实际是指另一范畴序列的相互关系，即构成要素、子系统、系统（或者局部与整体）的相互关系。犯罪客体的总和不是一般客体而是某一系统。包含着同类性的形形色色的犯罪客体可以起子系统的作用。个别客体既是犯罪客体系统的构成要素，也是它的子系统的构成要素。对系统、子系统和构成要素的分析是以犯罪客体的层次而不是以犯罪客体的种类为研究对象的。对于层次来说，重要的是对它的纵向关系，即整体与局部关系的评定。② 任何分类都应适合于对象的特点，即解决好可分整体的范围问题。从这一点出发，对犯罪客体所做的另一种分类是按照横向关系将客体分为主要客体、补充客体和选择客体。③

（四）法益标准

根据法益的内容，可以将犯罪划分为各种类型，如侵犯人身权利罪、侵犯公民政治权利及经济社会权利罪、侵犯财产权利罪、危害公共安全罪、危害公众健康罪、危害公共信用罪、破坏经济秩序罪、破坏环境资源罪、危害文化遗产罪、危害公共道德罪、危害国家安全罪、危害公共管理罪、妨害司法罪等。根据法益的主体归属，可将法益分为国家法益、社会法益与个人法益。国家法益是指以国家作为法律人格者所拥有的合法益，社会法益是指以社会整体作为法律人格者所拥有的社会共同生活之公共利益，个人法益是由自然人所拥有，并由刑法加以保护的重要生活利益。④

---

① 薛瑞麟：《俄罗斯刑法研究》，中国政法大学出版社 2000 年版，第 131—132 页。
② 同上书，第 137—138 页。
③ 同上书，第 138 页。
④ 林山田：《刑法特论》上册，三民书局 1978 年版，第 8 页以下。

与此相应，犯罪可分为对国家法益的犯罪、对社会法益的犯罪与对个人法益的犯罪。

法益标准的优势在于抓住利益这一关键要素，透过犯罪行为的各种表象揭示犯罪本质，具有相当的深刻性和高度的涵盖性。不同的行为方式侵害的法益可能相同，例如，故意杀人罪的行为方式不可胜数，但都是对他人生命的侵犯；而同样的行为方式，侵害的法益也有可能不同，例如，依照其所侵害的法益，贿赂犯罪可划分为危害公务廉洁性的贿赂罪（公共部门）与妨害自由竞争的贿赂罪（私营部门）。[1] 法益标准的局限性在于其复杂性、重合性和一定程度上的主观性。例如，抢劫罪和绑架罪都侵害了多重法益，但犯罪归类不同。

三 犯罪排序及其标准

犯罪排序的必要性和重要性主要体现在三个方面。首先，犯罪排序是逻辑思维的基本要求。符合逻辑的犯罪排序可以使刑法分则保持清晰明了，最大限度地避免杂乱无章。其次，犯罪排序是法律学习和司法实践的客观需要。科学合理的犯罪排序不仅有助于刑法学习和适用的准确性，而且可以提高刑法学习和适用的效率。最后，犯罪排序在一定程度上体现着立法的价值取向。

由于犯罪排序建立在犯罪分类的基础之上，因而犯罪排序的标准不可避免地受到犯罪分类标准的影响。国内传统的刑法理论认为，刑法分则中犯罪排序的主要标准是各种犯罪社会危害性的大小；而西方刑法则以法益的类型及其重要性程度作为犯罪排序的主要标准。

---

[1] 参见余高能《比较法视野下中国反贿赂犯罪刑事立法之完善》，中国社会科学出版社2017年版，第83页。

第二章

犯罪分类标准的核心理论

"即使社会生活瞬息万变,在它的背后,总有某种相对不变的因素存在,总有某种带规律性的、相对稳定的东西存在。"[①] 马克斯·韦伯感到有必要创造一整套概念体系,建立起界限分明的术语学,作为深入分析社会现象之间相互关系的前提,他提出的"理想类型"或"纯粹类型"从来没有在历史上存在过,而是人为的构造,类似于几何学的纯粹结构;纯粹的三角形、圆柱或球体是不存在的,但是不利用人为的几何概念,对现实物体的科学分析是不可想象的。[②] 在刑法学的领域,法益概念与犯罪客体概念正是两种不同的理想类型,对两者进行全面深入的比较,是刑法分则体系研究中的一项基础性工作。

第一节 法益理论的深度考察

一 法益的确切含义及属性

(一) 法益的概念及其争论核心

法益(Rechtsgut)即受法律保护的利益和价值。这是从一般法的意义上提出的概念,强调利益的法律保护特征,属于广义的法益概念。中义的法益概念专指刑法法益,即犯罪行为所侵害的刑法法律所保护的利益和价值。狭义的法益概念则是从民法学角度出发对于法益进行的界定,对于法益的间接保护、消极承认、反射性等特征予以强调,即法益是于权利之

[①] 庞树奇、范明林:《普通社会学理论新编》,上海大学出版社1998年版,"新版前言"第1页。

[②] [德]马克斯·韦伯:《论经济与社会中的法律》,张乃根译,中国大百科全书出版社1998年版,导论第12—13页。

外存在的、法律主体享有的受法律保护的利益。① 法益论的思想基础是自由主义，它注重对个人利益的保护，具有重要的系统批判功能，是对抗刑法机能主义的有力工具。一般谈及法益时，专指刑法法益，除非特别说明。

"法益"这一概念最初是西方刑法学者在探讨犯罪本质的过程中，作为"法益侵害说"提出来的。② 法益侵害的思想是19世纪初由毕尔巴模提出的，后经宾丁和李斯特等著名学者的支持，成为德国刑法学界的通说，进而影响了许多资本主义国家的刑事立法和刑法理论。③ 毕尔巴模基于犯罪的现实侵害不是权利，而是反映权力根据（物）或对象的认识，提出侵害社会所保障的财（Gut）或者使其蒙受危险者是犯罪。他认为刑法所保障的各种之财，一部分是自然所赋予，另一部分则是人类社会的发展与市民结合的结果，国家应依靠其权力对于生存在国家中的一切人加以同样的保障。刑法所保护的是普遍意义的法益，而不是个别的权利，任何犯罪都会侵害到法益，但不能说任何犯罪都有被侵害的权利，这是因为法益包容权利，而权利不能涵盖法益。④ 宾丁指出，法益本身没有权利，它对法的共同体来说才有价值，而具有保护利益的目的，防止对其的侵害正是立法者根据规范应给予确保的。⑤ 李斯特认为，"法益是法所保护的利益；所有的法益都是生活利益，个人的或者共同社会的法益，产生这种利益的不是法秩序，而是生活；但法的保护使生活利益上升为法益"⑥。日本学者木村龟二认为，所谓利益归根到底是指被作为有价值的对象（即"财"）或者状态本身。因而可以说，"财"和"利益"只不过是同一概念的客观以及主观的方面。法益所表现出的是用价值的词来代替财产和利益的词。⑦ 不少意大利刑法学家指出，严格地说，作为法律的保护对象的"法益"，并不是这种具有能"满足主体需要的东西"（如具体的财物），

---

① 李岩：《民事法益的证成——以有限理性为视角》，《西南政法大学学报》2008年第1期。
② 杨春洗：《刑法基础论》，北京大学出版社1999年版，第259页。
③ 丁后盾：《刑法法益原理》，中国方正出版社2000年版，第15页。
④ 杨春洗主编：《刑法基础论》，北京大学出版社1999年版，第260页。
⑤ ［日］木村龟二：《刑法学辞典》，顾肖荣译，上海翻译出版公司1991年版，第100页。
⑥ 转引自张明楷《外国刑法纲要》，清华大学出版社1999年版，第55—56页。
⑦ ［日］木村龟二：《刑法学辞典》，顾肖荣译，上海翻译出版公司1991年版，第100页。

而是主体的某种"利益",即某种主体与能满足其需要的东西之间的关系(如主体对财产的拥有或财产所有权)。① 可见,对于法益的理解,西方学者并不一致。有倾向于法益是具体的、有形的,有认为法益并不一定是感官科触及的物体,而是一种思想上可掌握"价值类属"。②

关于法益的诸多观点,主要可以归结为两种,即实体的法益概念(或称范畴的法益概念)和形式的法益概念(或称方法论法益、目的论法益)。实体的法益概念将法益视为刑法保护的客体,法益本身的存在是现实的,先于规范的。在成为刑法所保护的法益之前,人的生命、身体的完整性、对财产的拥有、公共的健康等都是"利益",既现实的某种有积极意义的情况或状态。③ 法益本来就不是偶然性的存在,而是在制定、维持刑法的国家和社会中,根据各种文化传统和现实的必要性,需要由实定刑法来加以保护的生活利益。它依存于人类长期育成的文化,即以其中包摄着道德、宗教、政治、经济、艺术等所有东西的文化为基础。④ 现实论的法益说则主要在刑事政策方面发挥作用,即它可以为立法者选择可罚性行为提供指导。形式的法益概念认为,法益就是刑法规范所追求的目的。人的生命是杀人罪所侵害的法益,而维护人的生命也就是处罚杀人行为的刑法规范所追求的目的;同理,控制武器的流通也既是刑法规范所保护的法益,同时也是该规范所追求的目的。没有法律规范的承认,任何"利益"都不会成为法律所肯定的价值,不会成为法益。法益是法律规范力求实现的结果,即法律的目的。⑤ 方法论的法益说不可能支持某种实质的犯罪概念,因为它本身就只具有纯粹形式的意义。尽管这种观点承认侵犯法益是所有犯罪的共同特征,但由于其将法益等同于犯罪规范的目的,这无异于说犯罪的共同特征就在于它们都是犯罪。这样,人们得到的仍然只是一个形式主义的犯罪概念,尽管这个概念中有了些许目的论的内容。以这种方

---

① 陈忠林:《意大利刑法学纲要》,中国人民大学出版社1999年版,第146页。
② 参见丁泽芸《刑法法益学说论略》,载北京大学《刑事法学论要》编写组编《刑事法学要论》,法律出版社1998年版,第278页。
③ [意] 杜里奥·帕多瓦尼:《意大利刑法学原理》,陈忠林译,法律出版社1998年版,第80页。
④ [日] 大塚仁:《犯罪论的基本问题》,冯军译,中国政法大学出版社1993年版,第11页。
⑤ [意] 杜里奥·帕多瓦尼:《意大利刑法学原理》,陈忠林译,法律出版社1998年版,第79页。

式来理解法益与犯罪规范的关系，代表了一种企图用教条式的方法来诠释刑法规范的倾向。事实上，从刑法使用的角度来解释刑法规范的内容，正是方法论的法益说之所长。①。

对于法益的理解包含三组相互对立的概念，它们构成了学术争论的核心。这三组概念分别是：精神的法益观（ideelle Rechtsgutsauffassung）与现实的法益观（reale Rechtsgutsauffassung），个人法益（Individualrechtsgut）与集体法益（Kollektivrechtsgut），系统内的法益概念（systemimmanentes Rechtsgutskonzept）与超越系统的法益（systemtranszendenter Rechtsgutsbegriff）。② 持精神的法益观的论者将被保护的现实对象或状态抽象为普遍的注意要求或者规范效力，而这些是无法被感知且不可能在因果关系中被改变的。这类法益通常被描述为："受到法律保护的社会秩序的抽象价值""客观的价值""精神上的社会价值""抽象的且只能在思想上才能被把握的价值观"或者是"精神上的注意要求"，等等。在现实的法益观看来，法益就是现实的对象或者状态，也就是现实的存在，它们能够被感知，且能在因果关系中被改变。所谓现实的存在，并非是对"物质的—具体的"诸如人或物这类对象的抽象理解，因为现实并不局限于彼此间毫无关系而存在的物质上的对象的总和。根据这种理解，所有权就不是一个精神上的抽象概念，而是一个现实的、能够在因果关系中被改变的人对物的支配关系。如今，现实的法益观已被广为认可是建立犯罪构成要件的基础。个人法益与超个人法益（Überindividualrechtsgut）划分的依据是法益的享有者。如果法益服务于特定的个人，则被称为个人法益，例如生命、身体的完整性、自由、名誉、所有权等传统法益。如果法益服务于任意多数人，则被称为超个人法益或者集体法益，如国家的存在、民主法制制度、司法、货币的安全、公务的履行，等等。集体法益具有两个特征：第一，共有性，即所有人都能使用集体法益，且不能被排除在外；第二，不可分性，即事实上或者规范上不可能将集体法益进行划分，并按份分给个人。系统内的法益概念又被称为方法的或者系统的法益论。从宾丁开始，在法益论内部就发展出一种实证的观察

---

① ［意］杜里奥·帕多瓦尼：《意大利刑法学原理》，陈忠林译，法律出版社1998年版，第80页。

② 杨萌：《德国刑法学中法益概念的内涵及其评价》，《暨南学报》（哲学社会科学版）2012年第6期。

方式。根据这种观察方式，法益概念只有学理上的解释学的功能，用来对实在法规定的理由进行方法的、系统的分析，即仅仅在解释和运用实在法规定的刑法规范时发挥辅助的功能。系统的法益论不会超越实在法，而只是对由实在法规定的法益体系进行分析。与系统内的法益概念不同，超越系统的法益概念并不满足于纯粹的概念分析功能。除了寻找解释实在法的方法原则，超越系统的法益论同时还努力为刑法规范的制定和批评提供实质标准，尽力完善在特定的社会形态背景下正确地构造和选择刑法保护的法益的标准。

（二）法益理论的困境与出路

传统的法益理论在立法和司法、实体和规范、实质和形式之间周旋，违反同一律而不知觉，并一直存在着形式化有余而实质内涵不足的根本缺陷。[1] 形式的法益理论局限于从实定刑法的角度描述法益，仅仅为利益披上了一件法的外衣，未能界定法益的实质内容，无从揭示法益的内涵，不能回答立法者何以把某种利益评价为刑法上的法益，无法对刑事立法提供理论指导。仅在实定刑法上对法益作纯规范的解释，法益理论将成为实定刑法的追随者，丧失指导刑事立法和批判实定刑法的价值。实质的法益理论把法益描述为刑法保护的共同生活利益，但"共同生活利益"或"共同体利益"是道德术语中最笼统的用语之一，意义颇为暧昧，它与社会危害性理论一样，无法区分刑法与民法等其他部门法，无法区分犯罪与非罪，无法正面界定犯罪的内涵。当法益的概念精神化以至于变得模糊不清时，它便无法起到限定刑罚权的作用。立法者自然会在每一个条款中追寻某种目的，当然就总会有一个法益存在，用法益限制刑事可罚性的努力本来要解决的就只会是一个假问题。[2]

试图将"法"和"利益"这两个差异极大的概念加以协调的法益概念，实际上并没有解决实证主义与规范主义之间的对立，而是以向实证主义屈服而告终。[3] 法益概念的抽象性、模糊性与对集体法益的强调，使其不可避免地陷入一种恶性循环：在刑法规范明文禁止前，人们不可能知道

---

[1] 刘四新、郭自力：《法益是什么——法社会学与法经济学的解答》，《浙江大学学报》（人文社会科学版）2008年第6期。

[2] ［德］克劳斯·罗克辛：《德国刑法学总论》（第1卷），王世洲译，法律出版社2005年版，第14页。

[3] 劳东燕：《危害性原则的当代命运》，《中外法学》2008年第3期。

哪些利益属于刑法保护的对象；直到刑法明文禁止后，人们才能知道哪些属于刑法保护的法益。借助法益概念，一度曾（至少在理论上）局限于惩罚损害个人权利的行为的刑法，如今则覆盖所有国家认为值得用刑罚加以保护的对个人或非个人利益构成威胁与损害的活动。有学者力图从宪法层面揭示法益的实体内容，认为法益是具有宪法意义的利益。然而，除了杀人或故意伤害这种自然犯罪，宪法并未明确规定哪些利益需要刑法保护；即使宪法中的确存在法益规范，这种宪法规范也是广义的刑法规范，从这种规范中寻找法益仍是在"形式的区别中兜圈子"。当然，法益概念并非毫无用处，它象征着刑法应当受到限制的一种信念，至少在形式上使得对刑法进行批判性分析成为可能或使之更加容易，不过其功能或许仅限于此。

法益理论一直忽视利益的层次性，对法益的界定存在"聚焦"不足的根本缺陷；法益理论未能回答哪一层次的利益构成法益，未能回答各种次级群体的专门性利益是否也构成共同生活利益；法益理论的完善必须正视利益的层次性，并同时关注刑法的功能及利益保护范围。[①] 应当结合刑法的目的与任务，在前实定刑法的领域里揭示法益的实体内容，坚持实质的法益论，强调法益是刑事立法的基础，进行法学与社会学、心理学、历史学等学科的跨学科研究，并考虑道德、经济、伦理、政治和哲学等因素；法益理论的充实和完善有赖于在前实定刑法的领域里引入社会学、经济学等"实体"社会科学的知识和理论范式。[②] 在立法领域，应以社会学的初级群体和次级群体范畴、经济学的分工理论和利益分化理论丰富和完善法益理论。在社会学上，社会群体包括像家庭、邻里这样的初级群体（primary group）和政党、社团这样的次级群体（secondary group）。初级群体以直接而密切的人身或人格化关系为纽带，是规模较小的、非专业化的生活群体；次级群体则以共同的非人格化的利益为纽带，是规模更大的专业化的非生活群体。初级群体的原生形态是家庭，家庭是所有其他初级群体以及所有次级群体的基础。初级群体体现了人的自然属性，次级群体则体现了人的社会属性。不同层次的群体具有不同的利益，利益的层次性与社会群体的层次性相对应。霍姆斯

---

① 刘四新、郭自力：《法益是什么——法社会学与法经济学的解答》，《浙江大学学报》（人文社会科学版）2008年第6期。

② 同上。

早在1897年就指出,经济学能够解释法学"想要寻找的结果和得出结果的原因";波斯纳则认为,传统法学不能解释法律的社会本质及效果,仅依赖本学科的知识不足以解决司法系统中的主要问题,应当包容和运用其他社会科学尤其是经济学的成果。

犯罪的本质和法益的内涵应当从犯罪的起源、自然犯罪、法定犯罪与自然犯罪的分化、次级群体与初级群体的分化即分工的发展以及对生存利益的界定中寻找。次级群体是初级群体的衍生,安全是自然生存利益的衍生,法定犯罪是自然犯罪的衍生。只有在初级群体和生存利益的意义上,法益概念才能具有实质的内容,普遍的、规范的社会危害性即犯罪的社会性而非政治意义上的阶级性才能获得合理的解释。①

(三) 法益的确切含义:生存利益

法益的内涵是生存利益。初级群体的利益是以生命为核心的生存利益,生存利益大致可以划分为自然生存利益和社会生存利益,前者包括人身生存利益和财产生存利益,后者是保障自然生存利益的安全利益。安全是对犯罪所侵害的各种秩序之共同本质的高度概括,将安全利益作为社会生存利益可以有效地解释无实害结果的犯罪或犯罪形态。例如,非法搜查或非法侵入他人住宅的行为,即便未实际损害任何物质性利益仍可构成犯罪,因为住宅本身即是人的生存利益,也是集中体现和保障自然生存利益并把个体与外界侵害隔绝开来的核心场所,具有安全保障功能;住宅与人身、食物具有同等的绝对不可侵犯的价值,对住宅的任何侵害既是对自然生存利益的直接侵害,也是对安全的直接侵害或威胁。不应把独立于法律之外的利益和法律创制的权利、法律确认的利益与法律所规定的用以保护利益的权利混同;自然权利是应予保护的利益和应予满足的需要,而法律权利则是用来保护自然权利(利益)的手段。②

利益不等于法益,因为"利益就其本性来说是盲目的、无止境的、片面的,一句话,它具有不法的本能"③。生活利益需要法律的选择性保护,并非所有的利益都可以上升为法益。只有那些经过法律上的利益选

---

① 刘四新、郭自力:《法益是什么——法社会学与法经济学的解答》,《浙江大学学报》(人文社会科学版) 2008 年第 6 期。

② [美] 罗斯科·庞德:《普通法的精神》,唐前宏、庄湘文、高雪原译,法律出版社 2001 年版,第 64 页。

③ 《马克思恩格斯全集》第 1 卷,人民出版社 1960 年版,第 179 页。

择、上升为国家意志、需要由法律加以保护的利益才可以成为法益。法益也并不仅限于法律明文规定予以保护的利益和价值，还包括法律规定以外的，被法律承认的道德上、宗教上和文化上的利益和价值。法益并非是偶然性的存在，根据各种文化传统和现实的必要性，需要由实定法律来加以保护的各种利益，它依存于人类长期育成的文化，即以其中包含着道德、宗教、政治、经济、艺术等所有东西的文化为基础。① 法律不是在凭空创设利益，而是对社会关系中的各种客观利益现象进行有目的、有方向的调控，以促进利益的形成和发展。就质的规定性而言，法律是在社会上占统治地位的阶级在认识和确认其根本利益的基础上，协调社会各种利益并保护被确认为合法利益的手段。确定法益的范围涉及法律上的利益选择问题，是从一定社会经济形态下社会生活的需要出发，以社会上占统治地位的价值观为指导，对多元的客观利益进行判断、评价、权衡和比较，选择有利于统治阶级共同需要和目的的那些利益并予以法律调整和保护。② 在法律和利益的互动关系中，利益是客观的、根本的，法律是被决定的、主观能动的。利益决定着法的产生、发展和运作，法律则影响着（促进或阻碍）利益的实现程度和发展方向。③

刑法是防卫社会的最后手段，刑法的任务是保护人类的共同生活秩序。"最后"意味着所有其他手段都已穷尽，意味着其严厉性无以复加。实定刑法属于形式而非实体的范畴，因而无从对其自身的"最后性"进行界定。刑法的这种"最后性"应与犯罪的本质及刑法的本质、任务、功能直接相关。犯罪是危害性无以复加的行为，犯罪的这种"最后性"源于其所侵害利益的最后性，而这种利益的最后性或曰最后的利益总是首先表现为生命，然后是直接维持生命的食物、服饰、住所等财产，最后是直接保障生命和财产不受侵害的安全。没有任何其他利益高于这些利益，这些利益就是"生存利益"，生存利益是家庭这一初级群体的直接利益。④

法益应该是以实体的内容为主、兼顾形式的概念，指刑法规范所保护

---

① 杨春洗、苗生明：《论刑法法益》，《北京大学学报》（哲学社会科学版）1996年第6期。
② 孙国华、黄金华：《论法律上的利益选择》，《法律科学》1995年第4期。
③ 孙国华：《论法与利益之关系》，《中国法学》1994年第4期。
④ 刘四新、郭自力：《法益是什么——法社会学与法经济学的解答》，《浙江大学学报》（人文社会科学版）2008年第6期。

的利益和价值，是法律对某种物质性、伦理性或精神性东西的肯定性评价。① 法益除一部分是物质性的（如人的生命、拥有的财产等）以外，大部分都表现为观念的形态（如人的名誉、贞操、机密等），即作为一种价值而存在。那些以物质形态而存在的"法益"之所以是"法益"，也绝不仅是因为它们的自然性质，而是由于人们对它们有肯定性评价的缘故。②

　　法益概念之所以存在实体与形式的不同理解，主要在于"法"的概念本身具有多义性。在第二次世界大战后的西方法律思想领域，形成了新自然法学派、新分析法学派和社会法学派三足鼎立的局面。自然法学派强调法律的价值，强调一个正义、公平、理性的理想法作为实在法的楷模，对法律的形成和法律的实际事实不感兴趣。分析法学派自奥斯丁开始，就强调只能对法律规范形式作逻辑分析，认为法律价值不能科学判断，轻视法律的目的。社会法学派则主要从社会生活事实来探讨法律，反对"死法"是金科玉律，认为法的价值在于社会效果。综合法学则认为，今天所需要的是自然法学说中的价值因素和分析法学、社会法学对法律形式和社会事实的现实主义解释的统一，即法律是价值，形式与事实的特殊结合。③ 不同的学派对法的理解及其所采用的研究方法的不同，充分说明了法的复杂性。一般而言，"法"既可以指实定法或实然法，也可以指自然法或应然法，既包含法的概念、规范和规则，也包含法的原则、理念和精神。德文中用"Gesetz"表示实定法而用"Rechts"表示应然法；汉语中则没有专门术语与这些含义一一对应。

　　在法学研究中，学者们经常使用到形式与实质这对概念，但对于"实质"的含义却鲜有界定。在哲学上，似乎找不到"实质"这个概念，只有形式与内容、现象与本质等近似的范畴。从语义上来看，"实"与"名"相对，指实际内容。"实质"指本质，或事物、论点或问题的实在内容；④ "实质定义"指"相对于概念的语词解释（即语词定义）而言，揭示对象本质属性的定义"⑤。可见，"实质"的含义并非单一，它既与

---

　　① ［意］杜里奥·帕多瓦尼：《意大利刑法学原理》，陈忠林译，法律出版社1998年版，第76页。
　　② ［日］木村龟二：《刑法学辞典》，顾肖荣译，上海翻译出版公司1991年版，第100页。
　　③ 参见严存生《新编西方法律思想史》，陕西人民教育出版社1989年版，第220—344页。
　　④ 《辞海》（缩印本），上海辞书出版社1980年版，第1016页。
　　⑤ 同上书，第1018页。

"内容"一词十分接近，又与"本质"一词大体一致。形式与实质的区分，在哲学上大体接近于形式与内容的区分。在日常用语和哲学论著中，形式和内容有多层含义，大致可归纳为以下三层：（1）形式和内容表示外壳或外形和内核。在这层含义上的形式和内容是可以分开存在的。（2）形式和内容表示物种与质料、模型与材料。（3）形式是内容的外部表现，内容是形式的内部根基、依据和实质。在现代哲学中，已不大在第一层含义上使用形式与内容的范畴，即使使用也往往只带有比喻的性质。唯物辩证法讲的内容与形式一般是就第二、三层含义而言的。① 唯物辩证法认为，现实中任何事物都有形式和内容两个侧面，都是内容与形式的统一体。事物的内容是指构成事物的一切要素，即事物的各种内在矛盾以及由这些矛盾所决定的事物的特性、成分、运动的过程、发展的趋势等的总和；事物的形式则是指把内容诸要素统一起来的结构或表现内容的方式。形式和内容的区分是相对的，在一种关系中作为一定内容的形式，在另一种关系中可以变为另一形式的内容，反过来也一样。②

  法益作为一项最高法律原则，作为一种指导性的标准，必然具备抽象性，需要在法律的素材中具体化地加以展开。③ 对于任何一条在合法性方面存在疑问的具体罪刑规定来说，都必须精确地考察它保护的应该是什么，保护的应该是谁，抵御的又应该是什么。只有在这一分析结束的时候，才能认定被法律犯罪化了的举动是否会对个人的自由发展，或者个人自由发展的社会条件造成损害。以下几条准则可以使法益原则的具体化变得相对容易：恣意时纯粹建立在意识形态之上的刑法条文，或者违反基本权利的刑法条文所保护的绝不是法益；不道德的或者值得谴责的举动本身，还不能作为认定成立法益侵害的根据；侵犯自身人格尊严的行为，并不属于法益侵害；只有在因为胁迫而产生了现实的恐惧时，才能认为对感情的保护是对某种法益的保护；对他人有意识的自陷风险予以协助或者支持的行为，并没有侵犯（他人的）法益；在绝大多数情况下，象征性的

---

① 参见李秀林主编《辩证唯物主义和历史唯物主义原理》，中国人民大学出版社1982年版，第202—203页。

② 李秀林主编：《辩证唯物主义和历史唯物主义原理》，中国人民大学出版社1982年版，第185页。

③ ［德］克劳斯·罗克辛：《对批判立法之法益概念的检视》，陈澺译，《法学评论》2015年第1期。

刑法规范不具有法益保护的功能；禁忌并非法益；若保护的对象抽象得无法让人把握，则该对象也不能被看作是法益。此外，如果对某种集体法益的损害，总是同时以某种个人法益受到损害为前提，那就不允许把该集体法益认定为受某一特定规定保护的利益。

(四) 法益的基本属性

法益具有三大属性，即利益性、可保护性以及法律性。① 首先，法益在本质上是一种利益。不仅权利的要素包含利益，法益的要素同样包含利益。利益的主观属性，不是取决于个别人的主观认识，而是取决于一般人的认识，即在一定的社会形式中，某种现象是否属于利益，应当以一般人的认识为基准进行判断，而不能以个别人的认识为基准进行判断。法是普遍适用的规范，法将何种现象作为利益给予保护，取决于这种现象能否满足社会成员生存、发展的普遍需要。确定的过程不可避免掺杂立法者主观选择的因素，所以一部分前实定的利益上升为法益，一部分上升为利益；而剩下没有上升的利益，其中有一部分是应该上升没有上升的，还有一部分是不应当上升但是却上升了，所以人们才借以评价法的善恶，有了"善法"和"恶法"的区分。

其次，法益具有可保护性。从受保护角度来说，法益又被称为保护法益，即法所保护的利益。法益必须是在现实中可能受到事实上的侵害或者威胁的利益；如果不可能遭受侵害或者威胁，也就没有保护的必要。张明楷先生也认同法益的这一属性，"法益必然是在现实中可能受到事实上侵害威胁的利益，如果不可能遭受侵害或者威胁，也就没有保护的必要。而所谓侵害或者侵害的危险都必然是一种事实的或因果的现象。因此，价值和价值观本身不是法益。虽然利益是具有价值的，保护利益也就保护了有价值的东西，但离开了利益的价值则是纯精神的现象，是价值观本身"②。对此有学者称之为法益的因果上的可变更性，即法益必须是在因果关系上可能变动的因素或条件，必须具备可能的、现实的、客观的基础。

最后，法益是具有法律属性的利益。法益必须是和"法"相联系，由法律保护的利益。如果不和法律相联系，充其量只能是利益，而不是法益。在这个问题上要区分确认和创设，法益是确认的，并不是创设的；正

---

① 李岩：《民事法益的界定》，《当代法学》2008年第3期。
② 张明楷：《法益初论》，中国政法大学出版社2000年版，第163页。

如权利一样,权利并不是创设的,法律所作的仅仅是确认已经形成的利益,将其上升到权利的地位。我们常常可以听到人们要求保护某种利益的呼声,表明利益上升到权利需要立法者的认可,同样法益的保护也需要立法者的识别。所以对于立法者来说,要尽量地发现急需上升为权利和法益的那部分利益,适时地将其地位上升。尽量让法成为"善法",更多地确认和保护应该保护的利益。

二 法益的核心内容:安全、权利、秩序

在法学研究和司法推理中,人们常常运用具有多义或不确定含义的术语,从而造成法律体系的混乱。因此,很有必要寻求法律的基本概念,即所谓的法律概念的"最小公分母"。各种社会形态所追求的价值要素往往大同小异,都包括安全、权利及秩序三种类型。[①] 首先,国家、社会是由部分组成的整体(共同体),相应地,为了维护整体(共同体)的存在,就必须保护作为整体性存在的国家、社会的安全,此即一切社会所共求的安全价值。其次,国家、社会这个整体是由个人或人群为表现形式的部分组成的,没有部分就没有整体,而为了维护部分的存在就必须保障作为部分(个人至少是某些个人或人群)的权利要求,此即任何社会都需要的权利价值。最后,为了实现整体的利益目标,实现社会的发展要求,任何社会的统治者都需要维护其管理秩序,此即秩序价值。

安全、秩序是个人与社会国家的一种基本要求,其本身就是一种利益。安全主要满足人们的生存需求,秩序则满足人们对发展的需求。秩序属于利益之一种,因为从个人结合成组织或社会的那一刻起,就需要一种维持组织或社会稳定与发展的秩序,这样才能保证社会不断地进步,因而社会秩序也是满足人和社会需要的,侵害秩序也就是侵害利益。[②] 权利则是对利益的向往、追求、确认与保护,其核心仍是利益。安全的主导逻辑是整体,权利的主导逻辑是部分,秩序的主导逻辑是沟通整体与部分的管理。犯罪是部分对整体的安全诉求、权利诉求或者秩序诉求的最严重侵犯,这种侵犯有两个基本途径,一是部分直接侵犯整体,二是部分直接侵犯部分却间接侵害整体;社会整体是否受到了部分的侵害是区分犯罪行为

---

① 刘远、曹希国:《论刑法分则的价值构造》,《中国刑事法杂志》2005年第3期。
② 丁后盾:《刑法法益原理》,中国方正出版社2000年版,第62页。

与侵权行为的关键。①

（一）安全

作为法律价值的一种，安全对于个人而言，意味着生命、身体、名誉、财产及其他种种自由或权利的免受侵害，对于社会而言则意味着公共生活的安宁与和平。法律意义上的安全可以分为个人的安全、社会的安全或称公共安全和国家的安全：② 个人的安全是个人的基本利益所在，它有助于人们尽可能持久而稳定地享有，如生命、财产、平等和自由等的价值；社会的安全主要指社会的经济制度、社会的生产和建设、社会的公共财产和公共设施以及其他利益等免受侵害；国家的安全包括对内和对外两个方面，对内指社会的安定以及一个掌握国家政权阶级的地位和政权的稳固及免受侵害，对外指主权的独立、领土的完整及免受侵犯。国家、社会的安全是个人安全赖以存在的基础和保障，而社会成员个人的安全，又聚成了整个国家、社会的安全与稳定。

资产阶级首次把洛克等启蒙思想家关于安全的设想写进了法律。法国1793年《宪法》第8条规定："安全就是社会为了保护自己每个成员的人身、权利和财产而给与他的保障。"马克思对此评论道："安全是市民社会的最高社会概念，是警察的概念……整个社会的存在都只为了保证它的每个成员的人身、权利和财产不受侵犯"，并认为安全也与人身自由和财产权一样，是市民社会的另一种人权，是人身（自由）和财产等利己主义的保障。

所有个体在安全利益上存在着一致性，安全的本质即和平共存的秩序，但安全又不是一般的秩序，而是直接保障自然生存利益的秩序。安全不包括与自然生存利益无直接关系的秩序，如次级群体的专门性秩序（学校的内部教学秩序等）和公共生活领域的一般行政秩序或社会秩序。③ 安全是服务于生命、财产、自由和平等的次要的、派生的利益，体现着人的社会性，可称为社会生存利益。刑法分则中危害安全的犯罪，主要是针对国家法益和社会法益的犯罪，如国家安全、公共安全、食品药品安全等。

---

① 刘远、曹希国：《论刑法分则的价值构造》，《中国刑事法杂志》2005年第3期。
② 卢云主编：《法学基础理论》，中国政法大学出版社1994年版，第206—207页。
③ 刘四新、郭自力：《法益是什么——法社会学与法经济学的解答》，《浙江大学学报》（人文社会科学版）2008年第6期。

(二) 权利

在古代汉语中,"权利"一词一般指权势、获利,并不是指与义务相对称的近代意义上的权利。在我国,近代意义上的权利一词是在19世纪末20世纪初西方文化传入后才广泛使用的。我国现在法学作品中对权利、义务概念的解释沿用20世纪50年代苏联法学著作中的解释,就词义而论,这种解释同1949年新中国成立前旧法学作品中的解释大体相当,但与霍菲尔德的解释却有较大差别。① 美国法学家韦斯利·霍菲尔德(Wesley Newcomb Hohfeld)认为"权利"一词包含主张或要求(claim)、特权或自由(privilege)、能力(ability)或权力(power)以及豁免(immunity)四种情形。② 庞德指出,权利的本质是一种"合理的期望",即"一个人可以有以经验、以文明社会的假设或以共同体的道德感为基础的各种合理期望"③。权利概念之要义是资格,虽然这种说法不过是换个字眼,但这种替换对于阐释权利概念大有益处,因为它将注意力集中在权利的来源上。④ 权利实质上就是意志、利益和行为的有机组合体。所谓的"利益"实际上就是已物化了的意志;人对权力的主张和追求实际上就是人基于意志对某种利益的主张和追求,利益与权利紧紧相系,利益本身就是权利的一个要素;行为自由既是利益的表现形式,也是权利的存在方式,是联结利益和权利的媒介。⑤ 权利是由利益的差别和冲突所导向的利益主体的选择活动与外部客观可能性相联结的一种社会关系。⑥

权利,作为人类文明社会所具有的一种实质性要素,既是人的基本价值追求,也是社会文明演化进取的不可少的力量。任何权利的探寻都是人作为主体自我需求与满足的探寻。⑦ 权利一词,可以从多个角度、多个学

---

① 沈宗灵:《对霍菲尔德法律概念学说的比较研究》,《中国社会科学》1990年第1期。
② 霍菲尔德:《司法推理中应用的基本法律概念和其他论文》,耶鲁大学出版社1927年版,第38页。
③ 庞德:《通过法律的社会控制》,第42页。
④ [英] A. J. M. 米尔恩:《人的权利与人的多样性——人权哲学》,夏勇、张志铭译,中国大百科全书出版社1995年版,第89页。
⑤ 程燎原、王人博:《赢得神圣——权利及其救济通论》,山东人民出版社1993年版,第22—29页。
⑥ 同上书,第62页。
⑦ 程燎原、王人博:《赢得神圣——权利及其救济通论》,山东人民出版社1993年版,第1页。

科上使用，如伦理学上的权利（其主要特征是权利与义务的重合）、社会学上的权利（其主要特征是权利与义务的哲理思辨尤其有关人权的思辨），等等①。关于什么是权利，历史上众说纷纭，如洛克、哈耶克、罗尔斯等倡导的"自由说"，康德、哈特等倡导的"意志说"，耶林等强调的"利益说"，梅克尔、布莱克等提出的"法律上之力说"，以及雅维等所谓的"尺度说"，等等。② 尽管人们对权利概念有各种不同的理解，但透过权利现象可以发现构成权利的各个要素或细胞。在这些要素中，最主要的有意志、利益和行为。

权利实质上就是意志、利益和行为的有机组合体。③ 首先，利益既是权利的基础和根本内容，又是权利的目标指向，是人们享受权利要达到的目的（以及起始动机）之所在。所谓权利，实际上就是人们为满足一定的需要，获求一定的利益而采取一定行为的资格和可能性。利益既指物质利益，又包括精神上的利益即道义。所以道义要求或道德上的要求也是权利的基础之一，它们往往以所谓"应有权利"的形式存在和出现，其进一步发展就会成为"现有权利"或"法定权利"。然而这些归根到底仍然是由物质利益所决定的，所以任何权力要求都有一定的功利目的，任何权力归根到底连接着某种权益。④ 其次，行为自由是连接利益和权利的媒介，权利对主体的某种利益的确认，实际上就是一定社会中所允许的人们行为自由的方式、程度、范围、界限、标准。⑤ 再次，权利具有人的主观意志性。权利不是游离于主体而独立存在的一个实体范畴，当我们说权利的时候，表达的是"人的权利"。⑥ 可见，权利既不纯粹是一种实体范畴，又不单纯是一个观念范畴，而一种价值范畴和关系范畴，它是主客观相统一的结果，是客观的内容即利益和主观的形式即意志相统一的结果，这种统一表现为人的行为自由或自由行为。即人们自觉地意识到或认识到了自

---

① 谢晖：《法学范畴的矛盾思辨》，山东人民出版社1999年版，第188页。

② 同上书，第188—189页。

③ 程燎原、王人博：《赢得神圣——权利及其救济通论》，山东人民出版社1993年版，第22页。

④ 吕世伦：《法哲学论》，中国人民大学出版社1999年版，第544—545页。

⑤ 程燎原、王人博：《赢得神圣——权利及其救济通论》，山东人民出版社1993年版，第29页。

⑥ 同上书，第23页

身的正当利益,就要求采取或表现为被社会所允许的一种积极主动的行动去获取它。用通常的语言来表述,就是他可以(或有资格)这样行为或要求别人那样行为,也就是他有这样做或要求别人那样做的权利,而实质上就意味着社会允许他(他有权)享受某种利益——即有权这样做或那样做去获取这些利益。因此,从静态上说权利就相当于利益加意志(价值取向);从动态上说权利就是为一定社会、权威所许可的行为。①

权利是一种类型化的利益,是正当利益的定型化,权利通过法律明定以公示世人。正如张俊浩所言:"权利是不可剥夺的正当利益在法律上的定型化。"② 张文显指出:"权利只是利益的表现与获得利益的手段,而不是利益本身。"③ 权利具有普遍性和明确性,而利益不具有普遍性和明确性。刑法分则中侵犯权利的犯罪,主要是针对个人法益的犯罪,如人身权利、政治权利、经济社会权利、财产权利等。应当将侵犯财产罪修改为侵犯财产权利罪,从而明确该类犯罪所侵犯的是权利而非财产本身。

(三) 秩序

秩序,即"有条理,不混乱的情况";"秩,常也","序,第次其先后大小"④。在最广泛的意义上,秩序指自然界和人类社会发展和变化的规律性现象,某种程度的一致性、连续性和稳定性是它的基本特征。秩序"意指在自然进程和社会进程中都存在某种程度的一致性、连续性和确定性"⑤。秩序总是意味着某种程度的关系的稳定性、结构的一致性、行为的规则性、进程的连续性、事件的可预测性以及人身财产的安全性。⑥ 秩序根植于自然界和人类社会的内部结构之中,自然界和人类社会的内在规律是秩序的本源。⑦

秩序是人类社会生存发展的基本需求之一,在价值目标体系中,它具有工具性价值的性质,为其他价值目标提供现实的条件。安全、正义、平

---

① 吕世伦:《法哲学论》,中国人民大学出版社1999年版,第546—547页。
② 张俊浩:《民法学原理》,中国政法大学出版社2000年版,第67页。
③ 张文显:《法哲学范畴研究》(修订版),中国政法大学出版社2001年版,第307页。
④ 转引自吕世伦《法哲学论》,中国人民大学出版社1999年版,第564页。
⑤ [美] 博登海默:《法理学——法律哲学与法律方法》,邓正来译,中国政法大学出版社1999年版,第219页。
⑥ 张文显:《法哲学范畴研究》(修订版),中国政法大学出版社2001年版,第196页。
⑦ 卢云主编:《法学基础理论》,中国政法大学出版社1994年版,第209—210页。

等、自由等有赖于秩序为之服务。① 利益是适合社会主体存在与发展需要的因素或条件，其中需要是形成利益的自然基础，而安全与秩序作为个人、社会得以生存和发展的基本需要，其实就是利益的具体表现形式。根据秩序的渊源，可将其分为"人造的"（made）秩序与"增长的"（grown）秩序两大类，前者是一种源于外部的秩序或安排，或者被称为一种建构（a construction）或人为的秩序，后者是自我生成的或源于内部的秩序，或者自生自发秩序（spontaneous order）。②

社会秩序指社会中存在着的一定社会的组织制度、结构体系和社会关系的稳定性、有规则性和连续性。社会秩序包括政治秩序、经济秩序、社会生活秩序等。政治秩序主要指阶级统治秩序和国家政治权利的运行秩序；经济秩序涉及社会生产和交换以及社会物质财富的分配和消费的领域；社会生活秩序涉及个人与个人、个人与社会的交往和人们正常的工作、学习、娱乐、休息以及人们的家庭生活诸方面。③ 刑法分则中破坏秩序的犯罪，主要涉及经济秩序（企业秩序、市场秩序、金融秩序等）、公共秩序（社会生活秩序）等。

(四) 三分法的相对性

任何国家、社会都存在着三种基本的价值诉求，即安全、权利和秩序，便由此产生三种基本犯罪类型，即安全犯、权利犯以及秩序犯。安全是保持国家、社会的整体性的价值诉求。自从社会、国家产生之后，立法者最直接、最首要的价值诉求就是维护社会、国家的整体性的存在。安全犯的成立范围和种类日益受到限制。在现代社会，安全的诉求主要表现为政治安全和社会安全。政治安全是一个国家存立的必备条件，包括国家安全、国防安全、军事安全等。因此，各个时代、各个国家都在刑法中规定了对危害国家安全、危害国防安全、危害军事安全等犯罪的处罚。现代国家刑法中普遍规定的内乱罪、国事罪、军职罪等危害政治安全的犯罪类型就是这一要求的反映。而社会安全即公共安全的重要性，在于对社会安全的侵害往往造成不特定或多数人的伤亡，或致使公私财物严重损毁，甚至造成社会动荡。由此，各国刑法亦将危害公共安全的行为类型化为重罪予

---

① 卢云主编：《法学基础理论》，中国政法大学出版社1994年版，第210页。
② [英] 弗里德利希·冯·哈耶克：《法律、立法与自由》（第一卷），邓正来等译，中国大百科全书出版社2000年版，第55页。
③ 卢云主编：《法学基础理论》，中国政法大学出版社1994年版，第211—212页。

以处罚。

权利产生的直接动力是个体对自身利益的追求。社会是由众多个体的人构成的，人的社会性存在是为了更好地实现个体的自我利益。无论社会处于何种结构下，都必须保障组成它的个体（至少是某些个体）的某些基本权利要求，并要随着社会结构进化不断扩大权利主体的范围和权利内容的范围。由此，在共同体内部始终存在着最低限度的权利保障需要，这种权利价值诉求，需要相应的对权利犯的制裁。应当承认，权利是一种部分性价值，侵害权利的行为通常不侵犯整体，但当部分对部分的侵害达到一定严重程度，进而危及整个社会时，部分对部分的侵害就产生了部分侵犯整体的意义，此时的受害人就由个体转向了共同体。惩罚的权力是专属于国家的，因为国家的主权曾经受到了犯罪的侵害，由此就出现了权利犯。与社会整体逐步缩小安全诉求的历史趋势相反，权利价值诉求呈现出逐步扩大的趋势；与此相适应，权利犯在刑法分则的价值构造上就处在越来越重要的地位。

广义地说，任何犯罪都是对秩序的侵害，但这里所讲的秩序与秩序犯，有其特定的含义，是与安全犯、权利犯相对应而言的。[①] 比较起来，安全犯和权利犯是和人们的社会伦理观念紧密相连的，因而能够引起人们的愤慨与不安；秩序犯则不同，它是立法者站在国家立场上，以促进社会发展、提高管理效率为目的，将违反社会发展所必需的秩序条件的危害行为规定为犯罪的立法现象。立法者规定秩序犯的目的是试图在行政行动的效率与遵守法律、维护司法权威两者之间寻找平衡。所以，这类犯罪本质上是妨害社会发展的犯罪，主要包括危害社会经济发展的犯罪与危害社会管理秩序的犯罪。秩序犯的社会伦理特征并不明显，所以秩序犯对社会整体发展的侵害并不一定直接引起人们的愤慨与不安，而是具有强烈的行政取缔性和无被害人的特征。秩序犯的范围是非常广泛的，涵盖了社会生活的方方面面，所以罪种数量往往多于安全犯或权利犯。

上述三种人类基本价值诉求以及与之相对应的三种犯罪类型，只具有相对的意义。例如，危害公共安全的犯罪，它一方面会造成社会的混乱状态，另一方面又侵害个体的人身、财产等权利。这种犯罪究竟应归入安全犯还是权利犯，则取决于一国的社会结构。安全、权利、秩序三者之间如

---

① 刘远、曹希国：《论刑法分则的价值构造》，《中国刑事法杂志》2005年第3期。

何划分、怎样构造，均根源于社会整体结构。从系统思维方法考虑，社会需要从整体上考虑其各种价值诉求之间如何构造才能保持社会的稳定运行。同理，刑法分则的价值构造亦是如此。立法者应根据时代的需要、本国的具体情况，从有利于实现社会幸福最大化的立场出发合理地确定安全犯、权利犯、秩序犯三者之间的界线，并对三者进行系统构造，使刑法的安全价值、权利价值、秩序价值达到最佳契合状态，从而发挥出所需要的特定刑法价值功能。①

三 法益的机能

（一）法益的立法机能

法益理论在立法阶段的机能主要体现在两个方面，即犯罪选择和犯罪分类。犯罪选择机能往往又被称为刑事政策机能，作为立法者选择犯罪行为的标准，直接决定着一国犯罪圈的内容及其大小。美国法学家庞德指出，为了决定法律制度的范围和主要内容，我们必须考虑：（1）开列迫切需要承认的利益清单，并将这些利益一般化后加以归类；（2）选择并决定法律应承认和尽力保障的利益；（3）确定已选择的利益保障界限；（4）保障被承认、界定的利益的法律工具；（5）确立各种利益的评价原则。② 刑法分则实际上正是为我们开出了一份各种重大利益的清单，其中安全、秩序、权利即是这些利益的表现形式。从这个意义上说，刑法正是一部"法益保护法"。刑法以维持社会秩序为终极目的，立法必须选择需要加以保护的利益，将侵害该种利益的行为作为犯罪予以禁止，这种利益就是刑法上的保护法益。虽然犯罪是侵害了所有的社会利益的行为，但刑法所直接保护的法益，如杀人罪中的人的生命、伪造货币罪中的公共信用、妨害执行公务罪中的国家的统治作用，却根据各种犯罪的不同而性质有别。刑罚法规，事先将应当保护的法益加以特定，除了行为主体之外，还将侵害法益的手段、方法、行为状况等规定为构成要件的内容。③

德国历史上涉及法益的最为悠久的争议问题，是成年人之间同性恋举动的可罚性。一直到1969年，这种举动在德国都是受到处罚的。德国政府于1962年为创制新刑法典而拟定的刑法草案，试图保留该举动的可罚

---

① 刘远、曹希国：《论刑法分则的价值构造》，《中国刑事法杂志》2005年第3期。
② 转引自张乃根《西方法哲学史纲》，中国政法大学出版社1993年版，第301页。
③ [日] 大谷实：《刑法讲义各论》，黎宏译，中国人民大学出版社2008年版，第1—2页。

性，而且德国宪法法院也确定这种可罚性是合宪的。但显而易见的是，当行为人在协商一致的情况下，在私人领域内实施这种举动时，该举动并没有损害到任何人的发展自由，也没有以任何的方式对人们自由的共同生活造成干扰。因此，对立法持批判态度的法益概念会提出一个要求，即成年人之间在协商一致的情况下所实施的同性恋行为不可罚。德国的立法者对特别是由刑法备选草案的作者们所带来的改革思潮表示了赞同，并于1969年废除了关于同性恋的罪刑规定。由此可见，只有在刑罚的威吓不是以需要保护的法益，而是以某种纯粹的道德观为其基础的情形中，关于某种举动之当罚性的观念才能以相对较快的速度发生改变。对于针对身体和生命的犯罪行为，对于剥夺自由或者盗窃犯罪来说，观念的变迁会导致该类行为不可罚，这是不可想象的，因为这些犯罪都是以法益为其基础的，而社会无法放弃对这些法益的保护。①

（二）法益的司法机能

法益在司法阶段的机能主要表现为构成要件解释和违法性评价。刑法分则规范的任务之一是对各种具体犯罪加以描述，该任务通过构成要件来实现；分则规范是构成要件的载体，其主体内容便是对构成要件的规定。构成要件相对于具体案件而言仍然是抽象的、概括性的；司法实践中面向具体案件对构成要件加以解释不可避免，而法益则为构成要件的解释提供目的性根据和方向性指导。"有关法益性质的理解，不仅是决定犯罪本质的不可缺少的要素，而且在构成要件的解释中也起着决定性的作用，是决定具体行为是否成立犯罪的标准。"② 法益的构成要件解释机能突出体现在对若干具体犯罪的构成要件从实质上加以解释，以明确罪与非罪、此罪与彼罪的界限。例如，对于以下犯罪所侵害的法益容易产生分歧：诬告陷害罪的法益涉及人身权利和司法作用，伪造货币罪的法益涉及金融秩序与货币制度，假冒专利罪的法益涉及一形式说与多形式说，伪造公文罪的法益涉及公共信用、交易安全、文书机能，遗弃罪的法益涉及人身权利与家庭权利；私自开拆、隐匿、毁弃邮件、电报罪涉及邮电部门的正常活动与公民的通信自由权利等。③

---

① ［德］克劳斯·罗克辛：《对批判立法之法益概念的检视》，陈璇译，《法学评论》2015年第1期。

② ［日］大谷实：《刑法讲义各论》，黎宏译，中国人民大学出版社2008年版，第2页。

③ 参见张明楷《法益初论》，中国政法大学出版社2000年版，第217—235页。

构成要件是违法行为的类型化，与违法性有着十分密切的内在联系，但是违法性评价与构成要件解释的侧重点和任务并不完全相同。构成要件的任务在于确定某个行为违法性的具体类型及确切内容，而违法性评价的主要任务在于将符合构成要件但实质上不具有违法性的行为予以排除，其功能在于出罪。在德国的司法实践中，违法性评价遇到的疑难问题主要涉及成年人之间协商一致的同性恋行为、持有毒品自用、生者器官捐赠、兄妹乱伦、否认历史事实、青少年淫秽物品罪等。从批判立法的法益保护原则看来，为了自用而持有某种毒品的行为不会对其他人造成任何损害，因而是不可罚的；生者的器官捐赠不存在对他人的损害，甚至特别有助于实现公共利益，对该行为加以处罚的规定缺少法益保护方面的根据；否认历史事实的行为如果能够对公共的和平造成破坏，或者是在公共场合或在集会上实施的，就应当受到处罚。①

法益理论解释机能的实现有赖于刑事司法实践中对个案或类罪的法益判定。法益判定的逻辑过程主要包括法益类型识别、法益位阶度量及法益价值量确定。法益类型识别是法益解释机能司法实现的逻辑起点，法益位阶度量是法益解释机能司法实现的价值依据，法益价值量度量是法益解释机能司法实现的技术路线。② 法益的构成要件解释机能和违法性解释机能要求刑法立法对法益尽可能地加以明确表达，以便为司法活动中确定个罪的构成要件及违法性提供方向和依据，明确相应法条的立法目的。

四 违法性的多元论与法秩序的统一性

（一）法益与部门法的划分

就法律的总体而言，法律体系中诸多法律部门共同担当着保护和实现自然人利益、法人利益、国家利益和社会公共利益的任务；但就每一个法律部门而言，不可能毫无主次地平行地保护和实现每一种利益，而只能首先保护和实现一种性质的利益，而后经由法律反射进而实现又一种利益，或间接地实现另一种性质的利益。③ 每一个法律部门的法益只能凸显一种

---

① ［德］克劳斯·罗克辛：《对批判立法之法益概念的检视》，陈璇译，《法学评论》2015年第1期。
② 焦艳鹏：《法益解释机能的司法实现——以污染环境罪的司法判定为线索》，《现代法学》2014年第1期。
③ 李岩：《民事法益研究》，博士学位论文，吉林大学，2007年。

利益目标，并由多种利益目标组成利益保护结构，民事法益、刑法法益以及一般法益的概念由此而生。

民事法益指权利之外而为法律所保护的利益，是一个与权利相对应的概念，属于狭义的法益概念。法律对于民事法益往往持有反面救济的态度，往往不对其内涵、外延做正面规范，保护力度也不如权利的侵权法保护力度大。总体而言，民事法益呈现出弱主体性、弱稳定性及弱保护性的特点。[1] 民事法益的主体性特征较弱。享有民事权利的基本前提是具有民事权利能力，而法益在享有资格上不以民事权利能力为判断标准。针对胎儿和死者所保护的利益，不能是权利，只能是法益，胎儿的生命法益具有前实定性。民事法益的弱稳定性表现在两个方面：一是形式缺乏明确性。权利是一种类型化的利益，是正当利益的定型化，权利通过法律明定予以公示世人；法益是一种未类型化的利益；严格意义上说来，权利也是一种法益，是一种类型化的法益。权利已经被法律所类型化，具有相当的明确性，如物权、债权、知识产权等；而有些法益可以归入具体权利区域，如财产法益、人格法益；而有些法益则不一定能明确归入某一明确权利形态当中。二是内容缺乏普遍性。权利具有共同的标准，法益则不具有普遍性，没有达到多数人认可的程度。现实生活中存在一些分布在具体个人中的正当利益，当某人行使不会对他人造成妨害的利益追求时，虽没有具体权利依据，但法律也没有明确禁止。民事法益的弱保护性表现为法律承认的消极性。权利必须要在法律当中明确得以确认，大陆法系成文法明确权利的内涵、外延、适用、法律后果、救济方式等。法益则不具有法典或者成文法的表现形式，法益的内涵、外延在法律中都没有明确的说明，其存在纯粹是通过对于其侵害的救济得以体现，在没有受到侵害之前，它的表现并不明显，主体也不能积极地予以主张，法益仅仅在被侵害受救济后得以体现。

刑法法益是指受刑法规范保护的利益和价值。与民事法益相比，刑法法益属于广义的法益概念。法益在法的各个领域都以特殊的方法加以保护。而刑法只是通过对严重侵害法益或者侵害重要法益的犯罪科以刑罚的方法加以保护。这种需要以刑法规范进行保护的法益，即为刑法法益的范围。在确定刑法法益的范围时，应选择对于维护统治阶级的统治地位和公

---

[1] 参见李岩《民事法益的界定》，《当代法学》2008年第3期。

共生活不可欠缺的、需要利用以国家强制力为后盾的刑罚方法加以保护的法益。以此为标准，需要刑法加以保护的利益和价值范围广、种类多。例如，国家的安全及主权地位，国家机密、社会秩序的安全与稳定，个人的生命、身体健康、自由、财产、名誉等。同时，随着社会的发展与演进，刑法所保护的法益项目也会有所增减，甚至会从社会伦理性的价值领域扩充到许多技术性的管理领域。①

从一般意义上作最广义的理解，法益是指法律所承认、保障和调整的利益。并不是所有的利益都要进入法律的调整范围，从利益体系中剥离出来由法律加以保护的利益谓之法益，与之相对应的概念是非法利益和法外放任利益。一般法益的概念，不仅应涵盖权利、权力，还应包含除权利之外应受法律保护的其他正当利益。"权利是法律直接承认的私人利益或者是法律承认的私人利益主体赖以谋求利益之手段，权力则是代表公共利益，用以谋求公共利益之手段。"② 其他应受法律保护的正当利益，毫无疑问也属于法益的范畴。在法益的结构中，权利和权力是法益的积极保护形态，法律对它们提供完全、充分的保护；而法律保护的其他正当利益，是已经纳入法律保护范围但尚未上升为权利和权力类型的其他利益，如反射利益、公序良俗所保护之利益等，法律对这种利益提供相对消极的保护，是法益的弱保护形态。③

(二) 违法性的一元论与多元论

科学而精确的违法性概念是恰当适用法律、有效保障权利的前提。违法性之"法"的解释不仅是刑法课题，而且是其他法领域的课题；不仅是违法论的课题，而且是责任论的课题；不仅是各国法学的共同课题，而且是需要根据各国制度背景不同进行比较研究的课题。

根据违法观不同，各国对于违法性之"法"的解释并不相同。德国采用违法性统一论，犯罪论体系甚至是整个法秩序体系中，"违法性"概念是统一的，指对全体法秩序的违反；日本采用违法性相对论，违法性之"法"无法且没有必要统一，刑法上的违法性有别于民法、行政等部门法

---

① 杨春洗、苗生明：《论刑法法益》，《北京大学学报》（哲学社会科学版）1996年第6期。
② [法] 莱昂·狄骥：《〈拿破仑法典〉以来私法的普遍变迁》，徐砥平译，中国政法大学出版社2003年版，第11页。
③ 史玉成：《环境利益、环境权利与环境权力的分层建构——基于法益分析方法的思考》，《法商研究》2013年第5期。

上的违法性，违法论中的违法性有别于责任论中的违法性，构成要件的违法性、违法阻却要件的违法性和作为正当防卫对象的违法行为之违法性也不同。[①] 在违法性统一论下，违法性的解释原理相对简化；而在违法性相对论下，违法性的解释原理大大复杂化。

德国侵权法的理论构成与刑法犯罪论体系相似，损害赔偿义务成立的中心要件是"违法性"，并且"违法性"的内容是"法秩序的违反"。《德国民法》第823条第1款规定"因故意或过失违法侵害他人生命、身体、健康、自由或所有权者，有向他人所受损失进行赔偿的义务"。同条第2款首句规定，"违反了以保护他人为目的的法律，也有同样的义务"。在此，刑法是侵权法的保护法，在与损害赔偿类似的法益被侵害的情况，刑法上的违法性与民法上的违法性在观念上有相通之处。该条第2款中的故意和过失概念也以刑法上故意和过失为根据。《德国侵权法》第826条规定，以违反善良风俗的方法故意造成损害，行为人有赔偿义务，行为对善良风俗的违反也被视为"违法性"的一种形式。日本没有德国这样的理论。日本判例中，以"违法性"概念为理论前提得出判决结论的情况极其少，"违法性"作为客观要件，"过失"作为主观要件这样的体系性安排已经失去了理论上的意义。在行政法领域也能看到德日理论背景的差异。德国有秩序罚的统一法典《秩序违反法》。该法第11条明文规定了与刑法相同的责任要件，且以此为前提，要求确定体系上的违法性概念。与之相反，日本没有《秩序违反法》这样的法律，没有与行政制裁有关的统一观念。以日本的行政制裁手段"过科"为例，通说认为"没有必要有主观的责任条件，可以对形式上违反的行为科处"，实务上也是这么践行的。不仅违法性认识不必要，而且连故意和过失都不必要。在该领域，市民对其行为的"违法性"需要给予注意这一点未必能说是被期待的。在德国，与税法有关的制裁被科处时，无论是作为犯罪行为还是作为秩序违反行为进行处罚，都以"违法性"为前提；但在日本，随着现代各种行政手段的适用，适法行为和违法行为这样的传统区别变得相对化，科处金钱制裁的对象可以是"不被禁止，但是不被希望的行为"，属于违法行为和适法行为的中间范畴，"适法"与"违法"的概念一般不二分，两者的区别不明确，也不要求明确。

---

① 于佳佳：《违法性之"法"的多元解释》，《河北法学》2008年第10期。

(三)"一般的违法性"与"可罚的违法性"

刑法规范在对所规制行为的描述上有两个不同于民法规范的显著特点:一是行为的类型化与定型性,二是对行为既定性又定量。[①] 前者系罪刑法定原则的当然要求,后者是刑法谦抑性、最后手段性使然。中国大陆刑法与德、日都有行为类型化的要求。德、日刑法分则一般仅描述不法类型,而不对不法含量进行要求,即所谓"只定性不定量"。对于没有达到值得动用刑罚的"微量"情形,德、日刑法均选择了通过程序法予以出罪的路径,在实体法上则试图通过"可罚的违法性"理论来解释。中国刑法中不存在一般的违法性与可罚的违法性的两阶段判断,刑法总则但书关于"情节显著轻微,危害不大"的规定,以及刑法分则在罪状中设立的"情节严重""数额较大""情节恶劣"等要求,均属于定性加定量的立法模式。"情节严重"与"情节恶劣"的规定意在表明行为的可罚性,属于"整体的评价性要素"。

可罚的违法性理论主张,犯罪的成立必须以有值得处罚的违法性为必要,刑法的违法行为可以因欠缺值得处罚的违法性而阻却违法。严格的违法一元论不承认可罚的违法性,违法相对论将可罚的违法性概念消解在实质的违法性概念当中。相反,缓和的违法一元论从正面认可这一概念,符合构成要件的行为,在违法性阶段被区分为"可罚的违法"与"不可罚的违法",不具有"可罚的违法",刑法的违法性就被阻却。具有一般违法性而没有可罚违法性的行为,虽不成立犯罪,但可以对其进行正当防卫。阻却违法的事由被分为两种,即正当化事由与阻却可罚的违法性事由。缓和的违法一元论承认构成要件为定性的不法行为类型,在"定性"这一点上,刑民之间具有共通性,这种共通性催生了"一般的违法性"这种刑民各自违法性的上位概念。无论哪一法领域被评价为违法,即具备了"一般的违法性",这种"一般的违法性"打通了整体法秩序,所以该行为被"一元"地评价为在所有法领域违法。由于刑法中可罚的违法性还要考虑定量因素,所以被评价为具有"一般的违法性"的行为仍有可能因为不具有可罚的违法性而阻却刑法上的违法性,这就是对严格一元论的所谓"缓和"。

[①] 王骏:《违法性判断必须一元吗?——以刑民实体关系为视角》,《法学家》2013 年第 5 期。

反对者指出，民法中违法性判断的暧昧不清使其难以为刑法所参照。民法中违法性的概念及地位存在争议，承担民事责任不能与违法等同，侵权法无须将违法性视作一个独立归责要件，其功能可被损害或过错要件吸收，违法性判断极为弱化。即使将其作为独立侵权要件的国家，实务中也尽量回避专门针对违法性进行判断。民法理论对于"民法违法性"的概念、地位以及判断方法无法给出清晰的界定，刑法无从参照，刑民评价难以实现"一元"化。

（四）法秩序统一性的真正含义

法秩序的统一性可以从三个层次来理解，即逻辑的统一性、体系的统一性和目的的统一性。① 所谓逻辑的统一性，是指构成法秩序的诸规范之间在逻辑上没有矛盾，也即如果某一事项为某一个法规范所禁止，那么该事项就不得为另一个法规范所允许。在这个意义上，法秩序所呈现出的逻辑统一性表现为每一个法规范都可以用允许、禁止和命令这三个道义逻辑符号所标识。与此同时，由于允许、命令和禁止这三个道义逻辑符号之间存在相互转换的关系，因此，逻辑表达中的允许、禁止和命令任何一个逻辑形态都可以表征法秩序的统一性。与逻辑的统一性关注法规范之间的无矛盾性以及相互转换性不同，体系的统一性更多地关注法规范之意义与功能及其在整个法体系之中的地位问题。体系统一性要求进一步考量各个规范所表征的价值、所实现的功能是否与整个法秩序所形成的客观价值秩序以及所构想的基本功能相契合，从而厘清整个法秩序所呈现的意义脉络。体系的统一性需考量两个基本的要素：一是某一特定的法规范在法秩序整体中所呈现的意义、价值与功能是否与法秩序的整体旨趣相契合；二是当现行法规范无法涵摄某一社会生活事实时，是否可以从体系的统一性的视角创制新的法规范。法秩序在目的层面的统一性，是建立在对于社会生活事实所造成的领域分化使得体系的统一性不得不将原本铁板一块的法体系划分成诸多不同领域的诸多体系而加以应对的现实要求之上，而这一划分就必然会在诸具体的法律部门之间以及这些法律部门与体系之间产生"罅隙"，从而产生所谓"部门法的真空性"问题。为了解决这一问题，必须考虑到各个部门法所追求的目的的多元性与法秩序整体所追求的目的的统一性之间的内在关联问题，需要透过构想一个法秩序所追求的整体的

---

① 王昭武：《法秩序统一性视野下违法判断的相对性》，《中外法学》2015年第1期。

与统一的目的来"调节"这种多元性的目的追求。而这个统一的目的即是所谓的"客观的真理与正义"之道德价值,这种对于统一性目的的追求构成了与法律产生必然关联的理想性面向。

法秩序统一性的真正含义在于法秩序中的意义一致性。法秩序中意义的一致性是由正义思想所推论而得,它不是逻辑上的,而是评价上的、公理上的一致性。违法是一种价值判断,不同于自然科学的精确判断。在自然科学领域,结论往往唯一,证明方法可以多种,可谓"殊途同归";但是在整体法秩序层面上,很多时候难以对某一行为做出统一的价值评判,必须委诸不同法领域,由不同法领域就其各自固有的立法旨趣进行判断,不但"殊途",而且很多时候不求"同归"。深究其因,正是逻辑推演与价值评判的分野。逻辑学上公理式演绎的体系,并不适用于法学,因为此种体系的前提是作为体系基础之公理的无矛盾性及完整性,而作为法秩序基础的各种评价原则,无论如何都不能满足这两项要求。刑民维护各自立法旨趣契合法秩序统一性之真义。缓和的违法一元论之所以强调一般的违法性,是因为重视法秩序统一性的要求。由于现实的法包含着各种各样的矛盾,没有必要完全消除这些矛盾,只要在法秩序目的必要的范围内、在可能的前提下消除矛盾就够了。各种体系共通之处只在于:其均具有统一及秩序的思想。此处所谓的"统一",指具有单一或多数的中心基准点;所谓"秩序",指所有的陈述具有一贯的关联及逻辑上的一致性。

不同法领域各自有其本质上不同的固有目的。不同法领域的解释学原则上作为具有目的论意义的解释学,为了实现其固有的目的构造,应具有合目的性。正是这种目的的不同,使得不同领域的法解释难免出现矛盾。不同法领域间的一致与刑法违法性是否一元并无绝对的结合关系,刑法有其独立的目的考量,违法性判断空间不必然受制于民法等所谓"前置法"。整体法秩序的一致性,不是"形式上"的一致,而是"实质上、评价上"的一致,即要达到整体法秩序的一致性,就必须先承认不同法领域在形式上会有不一致。整体法秩序的考量系追求不同法领域间的平衡,不同法领域本来各有其违法内涵,因此各种规范的目的及立法旨趣必须重点考虑,基于刑法谦抑性、最后手段性的目的考量,形式上的违法判断矛盾其实符合整体法秩序一致性的评价。因此,刑法的违法判断是相对进行的,未必要与其他法领域在结论上保持"一元"。应在法秩序统一性视野下,以违法统一性为基础进行违法的相对性判断。民法或行政法允许的行为，必然不具有刑事违法性；而民法或行政法禁止的行为，则未必具有刑事违法性。

第二节　犯罪客体理论的深度考察

一　犯罪客体的多义性与层次性

(一) 犯罪客体的多义性

严格地讲，犯罪客体是一个含义需要明确的概念。在中西方刑法中，它有着完全不同的含义。在我国刑法理论中，一般认为，犯罪客体是指刑法所保护的，被犯罪行为所侵犯的社会关系。它是从价值评价的角度，说明犯罪究竟侵害了什么，是对犯罪所侵害的某种利益或价值的描述，而非仅仅对于犯罪事实的客观描述。因此，它是一个实质性的概念，是一个价值评价的范畴。在大陆法系的刑法理论中，犯罪客体的含义与我国有所不同。所谓犯罪客体，是指构成要件内容中的行为对象（行为客体），是与法律所保护的利益，即保护的客体（法益）相区别的，[①] 实际上就是我国刑法学中的犯罪对象。而与我国刑法学中犯罪客体内容相对应的则是所谓的保护客体，即法益。

不仅如此，即使在国内刑法中，犯罪客体与犯罪对象的关系也常常是纠缠不清。正如有论者所言，犯罪客体、犯罪对象、行为对象、行为客体这几个概念，是在我国犯罪构成理论中时常出现，其内涵外延界定不已，几个概念之间的关系又众说纷纭的问题。[②] 导致这种局面的根本原因，在于人们对于犯罪客体的层次性缺乏应有的认识。

从哲学上讲，主体和客体是对人的对象性活动的哲学抽象，人的认识活动及实践活动都是对象性活动，它们由众多要素构成，但最基本的要素则是活动的发出者（人）和活动的指向者、接受者，其他要素都可以归属于这两者中的某一方。主体就是对活动发出者的抽象，客体则是对活动指向者和接受者的抽象。[③] 客体的具体形式很多，有自然客体、人工客体、社会客体、实在客体、观念客体、认识客体、实践客体、价值客体、

[①] ［日］木村龟二：《刑法学辞典》，顾肖荣译，上海翻译出版公司1991年版，第136页。

[②] 陈兴良主编：《刑事法评论》（第1卷），中国政法大学出版社1997年版，第491页。

[③] 李德顺主编：《价值学大辞典》，中国人民大学出版社1995年版，第985页。

评价客体,等等。总之,世界上的任何事物,任何事物的任何方面,任何运动,任何运动的任何环节,只要成为主体需要的对象和活动的对象,它就作为客体而存在,就是客体。① 可见,客体具有客观性、相对性、对象性、受动性和层次性等特点,其外延十分广泛,既可以指物,又可以指人,既可以是实在物或某种事实,又可以是某种抽象的价值或利益。

与自然科学只探求事物的客观实在性不同,在社会科学领域,一切问题都带有价值评价的色彩,犯罪问题更是如此。与人类所有的其他实践活动一样,犯罪首先有其发生作用的自然机制,有作为行为发出者的主体和作为行为接受者的客体。但同时,犯罪又不仅仅是人的自然活动,而是一种反社会的受到否定性评价的具有社会意义的行为,是一种恶行,在犯罪的整个过程及其各个方面都具有价值评价的色彩。因此,对于犯罪,必须从事实和价值两个层面加以认识。陈兴良教授指出:"行为事实是一种纯客观的存在,它只有经过一定的价值评判,才能转化为具有犯罪意义的行为、客体、结果及其因果关系。在我国刑法理论中,行为事实与价值评判者两个层次的问题未加区别,混为一谈,因此,造成了许多理论上的混乱。"② 他主张将主观恶性分为心理事实与规范评价两个层次,前者包括故意、过失等内容,后者包括违法可能性意识、期待可能性、意志自由等内容;将客观危害分为行为事实与价值评价两个层次,前者包括行为、客体、结果、因果关系等内容,后者则指立法者根据一定标准对上述行为事实所作的评价与判断,并对自然行为论(包括因果行为论与目的行为论)与社会行为论的对立以及事实因果关系与法律因果关系、事实性结果与评价性结果的区分作了分析。③ 曲新久教授认为,结果既是一种法律事实,又是一种法律评价。从自然现象的角度讲,结果只能作为一项事实来理解,危害结果就是危害行为对刑法所保护的法益所造成的现实的实际损害。从这一意义上理解结果,则并非所有犯罪都以危害结果的发生作为犯罪的必备要件,据此可以将犯罪划分为行为犯与结果犯。而从现象乃是人的主观显现的角度理解,刑法上的结果应当被作为一项法律评价看待,结果就是行为对刑法所保护的法益所造成的侵害,是行为事实的无价值,法律评价意义上的结果是所有犯罪的必备要件。我国刑法理论或者只承认其

---

① 李德顺主编:《价值学大辞典》,中国人民大学出版社 1995 年版,第 377 页。
② 陈兴良:《刑法哲学》,中国政法大学出版社 1997 年版,第 86 页。
③ 参见陈兴良《刑法哲学》,中国政法大学出版社 1997 年版。

中的一种，而不承认另外一种，或者是将事实领域的结果作为狭义的犯罪结果理解，将评价领域的结果作为广义的犯罪结果理解，并自觉不自觉地试图将两者统一地加以理解，造成了许多不必要的误解与争论。为了将两者加以适当区分，曲新久教授将刑法事实领域的结果称为危害结果，将刑法评价领域的结果称为犯罪结果。① 王作富教授则将结果分为广义的结果与狭义的结果，前者指评价性结果，后者指事实性结果，并认为评价性结果同犯罪的社会危害性有着密切的联系。② 与此相似，在意大利刑法中，犯罪结果被划分为"自然的结果"与"法律意义的结果"。③ 关于事实因果关系与法律因果关系相区分的理论，在英美刑法中比较发达。④

可见，犯罪客体的多义性源于犯罪客体的层次性，应将犯罪客体划分为事实客体与价值客体两个层次。犯罪行为的影响不仅仅及于事实性客体，而且通过对事实性客体的作用进而侵害到人及其利益，危害社会。从这个意义上说，那些为犯罪所侵害的利益以及作为该利益享有者的人（包括自然人和在刑法上具有人格特征的社会国家这类法律拟制），与作为主体的犯罪人也构成了一种主客体的关系，因而也属于犯罪客体。这样一来，在犯罪论中便形成了同一主体（犯罪人）与多个不同层面的客体形成主客体关系的局面。日本学者认为，从行为客体中区分出的保护客体即法益，是根据法律所保护的观念上的对象，是价值上的对象，因而与行为的对象不同。⑤ 今天的意大利刑法学界就普遍认为，犯罪客体一词可以具有两重含义：一是指犯罪行为所侵犯的刑法规范所保护的个人或集体的利益，一是指犯罪行为所直接作用的人或物。前者即为"犯罪的法律客体"，后者为"犯罪的物质客体"。⑥

（二）犯罪的事实客体与犯罪的价值客体的关系

犯罪是人的行为与社会对该行为的评价的统一，对犯罪的认识包括对人的行为的认识（知识性认识）和对人的行为的评价（评价性认识）。

---

① 曲新久：《犯罪概念之解析》，载陈兴良主编《刑事法评论》第 5 卷，中国政法大学出版社 2000 年版，第 240—242 页。
② 王作富：《中国刑法研究》，中国人民大学出版社 1988 年版，第 115 页。
③ 陈忠林：《意大利刑法学原理》，法律出版社 1998 年版，第 120—122 页。
④ 参见张绍谦《刑法因果关系研究》，中国检察出版社，1998 年 4 月版。
⑤ [日] 木村龟二：《刑法学辞典》，顾肖荣译，上海翻译出版公司 1991 年版，第 137 页。
⑥ 陈忠林：《意大利刑法纲要》，中国人民大学出版社 1999 年版，第 145 页。

"知识性认识"（事实认识）与"评价性认识"，"认识"与"评价"，都是意识对客观存在的反映和认识。但是，它们是两种不同类型的反映和认识。虽然两者都以主客体的统一为基础，都以主体尺度与客体尺度的统一为内容，但是各有主从：知识性认识或认知以反映客体本身的规律和尺度为主导内容，它们是客体性认识的过程和结果；评价性认识或评价则以反映主体本身的需要和尺度为主导内容，它们是主体性认识的过程和结果。① 对犯罪的事实客体的认识，属于知识性认识，对犯罪的价值客体的认识则属于评价性认识。

由于知识性认识以反映客体本身的规律和尺度为主导内容，评价性认识以反映主体本身的需要和尺度为主导内容，因而在犯罪构成理论中，中、西方关于犯罪构成的基本要素的认识大体相同，较少分歧，都包括主体、行为、客体、因果关系等内容，但犯罪构成体系却大不相同。究其原因，正是由于认识角度和立场不同，评价主体本身的需要和尺度不同，因而评价方式和结果不同的缘故。

犯罪的事实客体与犯罪的价值客体并非并列或主从关系，而是处于不同的两个层面，两者所指称的，也不是同一事物。事实客体是犯罪行为所直接作用或指向的具体对象，是"物"，一般通过感性认识即可做出判断；而犯罪的价值客体是对犯罪活动的各个方面进行完整认识之后通过理性分析所做出的价值意义判断。事实客体作为一种客观存在的事物，表现的是犯罪行为的外部联系和表面特征，因而能够通过人们的感官被感知，属于现象范畴；而价值客体作为一种被侵犯的社会关系或法益，表现的是犯罪行为的内在联系和本质特征，因而只能通过人们的理性思维才能被把握，属于本质范畴。与作为能够被直接感知的现实的对象物的事实客体不同，犯罪的价值客体是通过各构成要件才能间接地被把握的观念的对象物。作为一种被侵犯的社会关系或者法益，犯罪的价值客体通常不可能受到犯罪行为的直接作用，只能通过犯罪主体的主观意图及各种外化的客观现象才能表现自己。

犯罪的价值客体作为本质范畴，是犯罪主客观要件综合抽象的产物，体现着犯罪的整体性质，犯罪的事实客体则只是作为整体的犯罪现象中的

---

① 李德顺：《价值论》，中国人民大学出版社1987年版，第250页。

一部分。① 两者之间并非完整的现象与本质的关系，而是作为整体的现象中的一部分与整体的本质的关系。犯罪的价值客体并不只是通过事实客体这一孤立的要素体现出来，而是通过由犯罪诸要素所组成的构成要件的整体加以体现。犯罪的事实客体与价值客体的这种关系，在某些具体犯罪中表现得更为明显。比如，贪污罪的犯罪行为是利用职务之便侵吞、窃取、骗取公共财物，事实客体是公共财物，价值客体是国家公务的廉洁性和财产所有权。作为事实客体的公共财物本身在此只能体现价值客体的一部分，即财产权利关系，而不能单独体现价值客体的另一部分即国家公务的廉洁性。作为价值客体的国家公务的廉洁性是通过犯罪主体（国家工作人员）以及犯罪客体方面（利用职务上的便利这一行为特征和公共财物这一犯罪对象）等要件综合加以体现的。

二 价值客体的层次：法律规范—人格体—利益

意大利刑法学家洛克（A. Rocco）认为，犯罪客体可分为形式客体和实质客体。犯罪的形式客体是指主体应当遵守的刑法规范；犯罪的实质客体大致相当于我国刑法所说的犯罪客体，又可分为一般的实质客体和特殊的实质客体两类，分别相当于我国刑法中的共同客体和直接客体。② 本书认为，根据评价标准的不同，犯罪的价值客体可进一步划分为三个层次：第一个层次是法律规范；第二个层次是"人"，即刑事被害人，因为一切犯罪归根到底都是对人的侵犯；第三个层次是人的利益，即受刑法所保护的个人、社会、国家的合法利益，它进一步回答了犯罪侵犯了人的什么这一问题。本书将第一个层次的客体称作形式客体，将第二个层次的客体称作人格客体，将第三个层次客体称作利益客体。

在价值客体的以上三个层次中，由于利益客体最为根本，因而受到人们的普遍关注，而作为形式客体的法律规范和人格客体却为人们所忽视，这是极不正常的现象。首先，在法制社会中，犯罪是与法律紧密相连的，没有法律也就无所谓犯罪可言。犯罪首先是对于法律的侵犯，这一点尽管显而易见，但并非无足轻重。强调法律规范是犯罪的价值客体，是强调法律的权威和重要性，是对法律自身的价值的尊崇。资产阶级古典法学派，

---

① 叶俊南：《犯罪对象研究》，《法学研究》1996年第6期。
② 陈忠林：《意大利刑法纲要》，中国人民大学出版社1999年版，第145页。

如法国的奥托兰（Ortolan）、德国的宾丁（Binding）等学者认为，所谓犯罪客体，就是规定实行或者禁止实行某种行为的法律规范。这一观点被称为法律规范论。依照这种观点，把犯罪客体归纳为表现在生活利益中的法律规范，而这种生活利益是属于主体权利范围的，因而受到法律规范的保护。犯罪侵犯了主体的权利，也就侵犯了保护此种权利的法律规范。所以，法律规范就是犯罪所侵犯的客体。① 宾丁认为，犯罪的本质在于蔑视法规范的要求，即违反法规法性。② 应当说，这些见解都是十分深刻的。其次，对于人格客体的忽视，反映了我们对于人的主体性的漠视。刑法是其他一切法律的制裁和保障，所以犯罪所侵犯的价值客体首先是作为法的载体的法律规范；而制定法律规范的目的在于保护国家、社会和个人的正当权益，因此，利益应当作为犯罪所侵犯的价值客体的又一层次。同时，利益是有归属的，具有主体性。世间万物都是为人服务的，法律也不例外。法律要保护作为主体的人的利益，犯罪行为却要侵害人的利益，人是利益的主体，一旦受到犯罪的侵害，又成为犯罪的客体。认识到人作为犯罪客体的地位，正是为了说明和强调作为利益主体的人的主体性地位。"如果注意到犯罪是行为人与他人的关系，并且这些人是任何社会关系的一个方面，那么结论只有一个：任何犯罪的客体始终是人，而不是别的什么东西。"③ 这里所讲的人，是指法律人，包括具有法律上的主体性地位的国家和社会在内。需要指出的是，作为事实客体或犯罪对象的人，与作为价值客体中人格客体的人不可混为一谈；前者是自然意义或生物意义上的人，而后者则是社会意义上的人。④

在我国刑法中论及犯罪客体，一般指利益客体，它同时也是刑法最为关注的问题。因为对于事实客体，一般没有太大的争议，实际认定中也无太大困难，属于客观的构成要件要素；而价值客体则涉及犯罪的本质问题，往往决定着犯罪的成立与否。在价值客体中，犯罪对于法律客体的侵害和对人格客体的侵害显而易见，唯有利益客体比较复杂，而且最为根

---

① 高铭暄主编：《刑法学原理》（第1卷），中国人民大学出版社1993年版，第478—479页。

② 马克昌：《近代西方刑法学说史略》，中国检察出版社1996年版，第208页。

③ 薛瑞麟：《俄罗斯刑法研究》，中国政法大学出版社2000年版，第131—132页。

④ 余高能：《犯罪客体基本问题之反思》，载贾宇主编《刑事司法评论》第2卷，人民法院出版社2008年版，第88页。

本，因而成为犯罪客体中所要研究的主要内容。至此，犯罪客体的完整结构如图2-1所示。

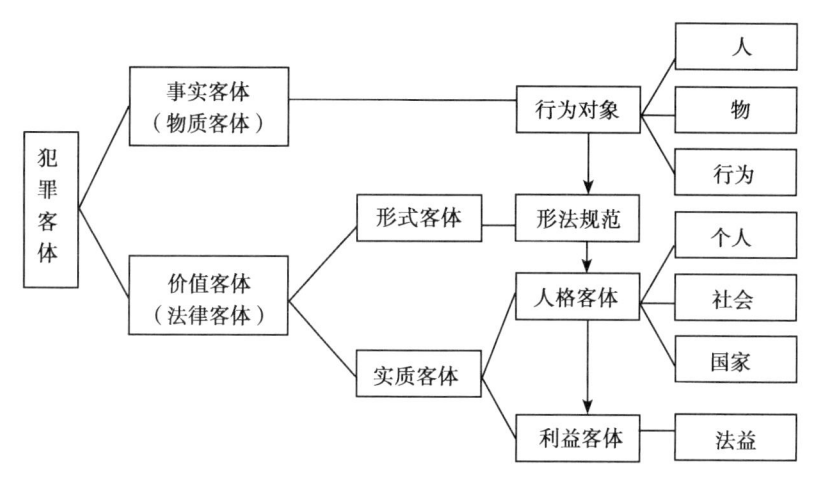

图 2-1 犯罪客体的多层次结构

关于犯罪价值客体中法律规范与利益两个层次的区分，可以从德国刑法理论关于法益保护与规范确证的争论中得到充分的体现。德国刑法学界主流的观点认为，犯罪的本质是对法益的侵害，而雅各布斯（Jakobs）和他的弟子们则主张，刑法保护的不是法益，而是规范的效力。例如，对于杀人罪来说，重要的"不是伤害被害人的肉体，或者消灭他的意识，而是行为隐藏着一种客观化的看法，即认为我们无须去尊重……身体和意识。这一看法对规范……进行了否定。因此，犯罪就是对规范的否认"。据此，受到保护的并不是我们称为法益的那个东西：作为经验性事实的生命，而仅仅是禁止杀人的命令（规范的效力）。"罪行是对规范效力的损害，而刑罚则是对规范效力的确证。"这种观点是以一种夸张的规范主义为基础的。刑罚有助于稳固规范，这一点是确定无疑的，即便说这——与雅各布斯的观点相左——并非刑罚的唯一目的；然而，我们不能为了稳固规范而稳固规范，稳固规范的作用实际上在于防止个人或者社会在将来遭受现实的损害（即法益侵害）。因此，对规范的稳固最终服务于法益保护，如果没有这个目的，它将变得毫无意义。针对雅各布斯的构想，西班牙学者也提出了可供比较的批判。米尔·普伊格（Mir Puig）写道："刑事政策的法益概念认为，只有当某一罪刑规范的功能是保护那些值得保护的价值时，它才具有合法性；而雅各布斯的观点却以某种方式把这一基点颠倒了过来，并且使规范成了本身就具有合法性的、受到刑法保护的对象：规范本来是一种工具，其合法性必须来自它所追求的目的，但现在规范却成了使其自己具有合法性的目的本身。"他明确地警告说，这样一来，法益保护思想所具有的限制作用就会荡然无存。即便是像波莱诺·纳瓦雷特这样与雅各布斯持如此相近立场的学者，也提出了同样的论据："刑法保护法益，就是为了预防对该利益造成侵害，它由此也就确证了作为社会结构之组成部分的规范的权威性。""规范所追求的目的……并不在于保护它自己，而是在于保护它所包含的利益与价值。"[①]

三 价值客体之实体内容辨析

关于犯罪客体的内容即犯罪所侵犯的究竟是什么的问题，实质上是一个如何认识犯罪的本质的问题。由于法律传统和思维方式不同，中外刑法理论存在较大差异。不仅如此，国内刑法界也有多种不同观点，可谓仁者见仁，智者见智。

（一）西方理论与学说

权利说以启蒙主义的人权思想为背景，认为犯罪是侵害他人权利的行为，刑法规范保护的客体是自然法上的权利。国家也具有人格，享有权利，对国家的犯罪也是对权利的侵害。[②]该说在19世纪初期一度成为德国刑法理论中占支配地位的学说，代表人物为费尔巴哈（Anstlm von. Fellerbach）。费氏主张严格区别法与道德、合法性与道德性，犯罪不是违反道德，而是违反法，犯罪是侵害根据法所赋予的权利的行为，犯罪的本质是对权利的侵害。[③]

法益说认为刑法保护的客体是法益。此说于19世纪初期由毕尔巴模（J. M. F. Birnbaum）提出，随后得到宾丁（K. Binding）、富兰克（Frank）、李斯特（V. Lisit）等的继承与发展，以致在德国成为通说。[④]在日本，这一学说得到了平野龙一、中山研一、前田雅英等人的支持，成

[①] ［德］克劳斯·罗克辛：《对批判立法之法益概念的检视》，陈漩译，《法学评论》2015年第1期。

[②] 张明楷：《外国刑法纲要》，清华大学出版社1999年版，第55页。

[③] 马克昌主编：《近代西方刑法学说史略》，中国检察出版社1996年版，第89页。

[④] 马克昌主编：《犯罪通论》，武汉大学出版社1991年版，第1页。

为现在的通说。① 学者们关于法益内容的理解不完全一致，但都是将法益作为保护的客体来把握；根据较为普遍的理解，法益是指根据法律所保护的利益或价值。②

法律规范论认为，所谓犯罪客体，就是规定实行或者禁止实行某种行为的法律规范。依照这种观点，把犯罪客体归纳为表现在生活利益中的法律规范，而这种生活利益是属于主体权利范围的，因而受到法律规范的保护。犯罪侵犯了主体的权利，也就侵犯了保护此种权利的法律规范。所以，法律规范就是犯罪所侵犯的客体。③ 宾丁认为，犯罪的本质在于蔑视法规范的要求，即违反法规范性。④

义务说认为犯罪的本质不是法益侵害，而是义务的违反⑤。这种学说是在纳粹时代由夏弗斯塔因（Friedrich Schaffstein）所展开的。在当时，国家主义得到强调，犯罪是对国家社会共同体的危害，所以，即使没有侵害各个法益，但违反了对社会共同体所负有的义务、人伦的义务的行为，就是犯罪。W. Gallas 也同意这一观点，他指出法益侵害说对许多犯罪不能解释，例如，伪证罪的本质，用法益侵害说就不能说明，而用义务违反说就可以说明。⑥

折中说认为，现在的刑罚法规都是以个人的利益、国家及社会的利益为保护对象，因此，可以将犯罪的核心理解为法益侵害。但是刑罚法规并不只是根据对法益的侵害结果来规定犯罪，许多规定同时重视了法益侵害、威胁的样态。例如，盗窃罪、诈骗罪、侵占罪等。进一步考虑，应当承认犯罪有违反义务的一面，例如，尽管侵害的法益完全相同，但在不纯正的身份犯中，对身份犯的处罚重于非身份犯。于是，犯罪的本质就包含了侵害、威胁样态的法益的侵害、威胁，于是也是对一定的法的义务的违

---

① 张明楷：《外国刑法纲要》，清华大学出版社 1999 年版，第 56 页。

② ［日］木村龟二：《刑法学辞典》，顾肖荣译，上海翻译出版公司 1991 年版，第 100—101 页。

③ 高铭暄主编：《刑法学原理》（第 1 卷），中国人民大学出版社 1993 年版，第 478—479 页。

④ 马克昌主编：《近代西方刑法学说史略》，中国检察出版社 1996 年版，第 208 页。

⑤ ［日］大塚仁：《犯罪论的基本问题》，冯军译，中国政法大学出版社 1993 年版，第 6 页。

⑥ 张明楷：《外国刑法纲要》，清华大学出版社 1999 年版，第 56 页。

反。① 这一学说为日本的团藤重光所提倡，得到了大塚仁等人的支持。

人类情感说由意大利刑事社会学派代表人物加罗法诺所主张。他认为，犯罪不仅是对刑法规范的违反，是一种有害行为，而且是一种侵害被通称为全人类的道德感的行为。他认为，人类基于保存自己的本能，有利己心，基于社会生活的需要，又有利他的情绪。在利他的情绪中，怜悯和正直是最基本的两种道德情绪，违反这种道德情绪的行为，就是自然犯罪。它存在于人类社会之中，不依赖于环境条件或某一时期的特殊情况，也不依赖于立法者的特殊观念。自然犯罪是最明白最严格的提法，它可以说明任何文明社会都不能否认这是犯罪并可以适用刑罚加以抑制的行为。自然犯罪分为两种类型：一种是触犯怜悯之心的犯罪（如谋杀性命的行为）；另一种是触犯正直之心的犯罪（如以暴力抢劫财产的行为）。②

(二) 国内理论及观点

社会关系说源于苏联。1928 年，皮昂特科夫斯基教授在新出版的苏维埃刑法教科书中第一次提出："从马克思主义理论的观点看来，把犯罪客体看作是某个具体阶级社会的社会关系是正确的。"这个理论被公认为是对犯罪客体最科学的表述，几十年来，一直在苏联的刑法论著中占统治地位。1957 年，特拉伊宁在其《犯罪构成的一般学说》中强调指出："按照马克思主义的解释；任何一种侵害行为的客体，都是为了统治阶级的利益所建立起来的社会关系，社会主义的社会关系是社会主义刑法体系中的犯罪客体。"③ 我国刑法继承了这一理论，但在具体表述上，又有两种不同的观点。一种观点认为，犯罪客体是指我国刑法所保护的，而被犯罪行为所侵害的社会主义社会关系。犯罪客体由两个要素组成，即形式表现因素（社会关系）和刑法保护因素。④ 另一种观点认为，犯罪客体是指我国刑法所保护的，而被犯罪行为所侵害或者威胁的社会关系。⑤

社会利益说认为，犯罪客体是指犯罪活动侵害的，为刑法所保护的社会主义社会利益；⑥ 刑事权利说认为，犯罪客体是刑法所保护而为犯罪行

---

① 张明楷：《外国刑法纲要》，清华大学出版社 1999 年版，第 56—57 页。
② 马克昌主编：《近代西方刑法学说史略》，中国检察出版社 1996 年版，第 159—160 页。
③ 何秉松：《刑法教科书》，中国法制出版社 1995 年版，第 115 页。
④ 高铭暄主编：《刑法学原理》（第 1 卷），中国人民大学出版社 1993 年版，第 472 页。
⑤ 马克昌主编：《犯罪通论》，武汉大学出版社 1991 年版，第 112 页。
⑥ 何秉松主编：《刑法教科书》，中国法制出版社 1995 年版，第 120 页。

为所侵害的权利,即刑事权利;① 权益说认为犯罪客体是刑法所保护的权益。权益是特殊的社会关系——法律关系的核心与实质,是犯罪直接指向的目标。刑法所保护的权益和刑法所保护的社会关系的关系是统一而不可分割的部分与整体的关系。它们既有内在联系,又有区别。权益可以反映与表现整个社会关系,两者一个表现犯罪行为侵害标的,一个说明犯罪实质。犯罪是通过直接侵害权益来侵害社会关系的,只有具体的权益是犯罪的直接客体,是犯罪构成的因素。而且,从法律关系的结构看,也只有权益能够成为犯罪的客体。权利义务是法律关系的本质内容,而在权利义务的关系上,义务又是服从于权力的,权益则是法律关系围绕的核心,是权利的目的。决定具体法律关系独特性质的是该法律关系中的权利和这个权力要谋求的利益,任何犯罪都要侵害某种权力或利益。犯罪将它们作为主攻目标也是自然的。②

刑法法益说认为,法益在法的各个领域都以特殊的方法加以保护,而刑法只是通过对严重侵害法益或者侵害重要法益的犯罪科以刑罚的方法加以保护。刑罚的性质和功能决定了刑法所保护的客体具有"不完整性",即只保护那些较为重要的社会生活利益。这种需要以刑法规范进行保护的法益,即为刑法法益。犯罪客体正是刑法法益。③

刑事被害人说认为,犯罪客体是法律权利和利益遭受犯罪行为侵害的,具有人格特征的自然人、单位以及国家和社会,也称刑事被害人。④ 该说认为,犯罪主体社会活动的对象并不是人类之外的事物,而是人类本身即个人和个人的群体——社会。因此,犯罪客体也是人类本身。作为犯罪客体的人不同于作为犯罪主体的人,前者称为刑事被害人,后者称为犯罪人。从人和自然的宏观关系上看,前者属于"自然"的范畴,而后者属于"人"的范畴,前者属于物质世界的范畴,后者属于精神世界的范畴。⑤ 犯罪客体除了受行为侵害这一前提条件外,还要符合哲学上客体本身的概念和特点,要具备哲学上的条件,即犯罪主体与客体之间是对立统

---

① 冯亚东:《理性主义与刑法模式》,中国政法大学出版社1999年版,第207页。
② 赵秉志主编:《全国刑法硕士论文荟萃》,中国人民公安大学出版社1989年版,第149—151页。
③ 丁后盾:《刑法法益原理》,中国方正出版社2000年版。
④ 刘生荣:《犯罪构成原理》,法律出版社1997年版,第119页。
⑤ 同上书,第75页。

一的关系。① 犯罪客体作为与犯罪主体的对应物，还应该具备人格特征，应该是权利和利益的主体，而不是这些权利和利益本身。② 该说进一步将犯罪客体划分为自然人的犯罪客体、单位的犯罪客体、国家和社会的犯罪客体。被害者说认为："犯罪之客体，指犯罪之被害者而言，依通说被害者之义有二，一犯罪之被害人，二被害之法益。"③

构成说认为，犯罪客体本质上是构成的东西。所谓犯罪客体是构成的东西，是说犯罪客体并不是给定的直接作为对象的东西，而是自由运动所设定的东西。犯罪客体的基本含义是自由、权利或秩序；而这些基本含义以及其他关联含义是在单一的意义上相互贯通的。④

（三）对诸理论学说的归类与评价

上述关于犯罪客体实体内容的理论和观点可以划分为三大类：（1）形式主义。进一步分为规范层面和利益主体层面，前者包括法律规范说、权利说、义务说及刑事权利说，后者包括刑事被害人说及被害者说。（2）实质主义。进一步分为三小类，即社会层面（社会关系说）、情感层面（人类情感说）、利益层面（社会利益说、权益说、构成说）。（3）形式与实质相结合。包括法益说、刑法法益说及折中说。

对于犯罪客体之所以会有如此大的争议，归根到底是由人们对犯罪评价的多样性、多层次性所决定的。对于犯罪，从不同的角度、不同的层次和侧面，根据评价者的目的和侧重点不同，可以做出各种不同的评价，诸如社会的、政治的、法律的、情感的评价等。第一，犯罪是一种社会现象，是对整个社会的侵害，因而可以说犯罪客体是社会关系或社会秩序。第二，犯罪是一种法律现象，没有法律的规定就没有犯罪，因而从犯罪与法律的关系角度看，可以说犯罪是对法的侵害，是"不法"，是一种"禁止恶"，犯罪的客体是法律规范。由于法律规范的内容主要是对权利和义务的规定，因而更进一步可以说犯罪是对法律所设定的权利或义务的违反。第三，所有的犯罪都是针对人而言的，因而也可以说犯罪的客体是人。第四，从道德情感的角度看，犯罪是对某一种或几种人类基本情感的侵害，是一种"自体恶"，因而也可以说犯罪的

---

① 刘生荣：《犯罪构成原理》，法律出版社1997年版，第77页。
② 同上书，第126页。
③ 韩忠谟：《刑法原理》，台湾雨利美术印刷有限公司1981年版，第95页。
④ 宋振武：《犯罪客体论》，《烟台大学学报》（哲学版）1999年第1期。

客体是人类情感。第五，从更深的层次，从最终决定社会关系、法律以及人类情感的终极因素看，犯罪是对人所组成的社会的各种利益的侵害，因而可以说犯罪的客体是利益。

法律规范说抓住了犯罪与法的密切联系，具有十分重要的意义。犯罪区别于一般违法行为的主要一点，就在于它对于由各种法律规范所形成和维持的整个法律秩序的破坏。犯罪不仅仅是对于某个特定被害人的侵犯，更主要的是对于包括法律秩序在内的整个社会秩序的破坏，犯罪的受害人是作为整体的法律和整个社会。因此，法律规范说看似简单直观，实则内容丰富且有一定的深度，值得肯定并予以重视，传统刑法理论将其视为形式主义而加以简单否定的态度其实是很肤浅的。该说的不足之处，在于没有能够更进一步对法的目的和实质进行分析，由于法本身是利益冲突的产物，同时也是利益保护的工具，因而与利益说相比，法律规范说还不够深刻。

权利说认为犯罪客体是权利，虽然也把握住了犯罪的一个方面，即对权利的侵害，但是在犯罪中还包含着很多难以说明是权利侵害的部分。[①]即有些犯罪并不是侵害了权利，如对宗教的犯罪、对伦理秩序的犯罪，就没有侵害权利，再如某些国家刑法规定的堕胎罪只能说侵害了刑法保护的人的生命的法益，而不能说侵害了胎儿的权利，因为胎儿还不是权利的主体。[②] 权利也还是法律所保护的利益，因而侵害权利就可以变成侵害法益，相反，法益的侵害却不能因此归结为权利的侵害。[③] 刑法所保护的是普遍意义的法益，而不是个别的权利，任何犯罪都会侵害到法益，但不能说任何犯罪都有被侵害的权利，这是因为法益包容权利，而权利不能涵盖法益。[④] 至于刑事权利说，其狭隘性更为明显，而义务说的不足同样在于其覆盖范围的狭窄。

根据刑事被害人说，犯罪是对人（包括自然人以及社会、国家等具有人格特征的利益主体）的侵害，犯罪客体是人。该说的重要意义在于对作为社会关系主体的人的价值的重视。犯罪归根到底是对人的侵犯，一

[①] ［日］大塚仁：《犯罪论的基本问题》，冯军译，中国政法大学出版社1993年版，第4页。

[②] 张明楷：《外国刑法纲要》，清华大学出版社1999年版，第55页。

[③] ［日］木村龟二：《刑法学辞典》，顾肖荣译，上海翻译出版公司1991年版，第137页。

[④] 杨春洗：《刑法基础论》，北京大学出版社1999年版，第260页。

切法律都是为了保护人而存在的，一切权利和利益都是以人作为主体的。该说的缺陷在于过于一般化，其道理显而易见、不言自明。人们紧接着会进一步发问：犯罪侵犯了人的什么？因此，这种观点不具有根本性和彻底性，而且，"按照该说的这种界定，就无法以犯罪客体为标准对犯罪进行各种深入具体的划分，而这种分类工作时有实际意义的"①。被害者说除了上述问题而外，将被害人与被害之法益加以并列、不分主次，其弊端显而易见。

社会关系说在大的方面无疑是正确的，因为从最广泛的意义上讲，人的一切活动都是社会性的，甚至人本身都是社会性的人，任何人与人之间的关系都具有社会关系的性质，对人的任何侵害都是对社会关系的侵害，但是这种观点也过于抽象化和一般化。"人是社会的动物，因此，它的每一个举动，都涉及某种社会关系，把这样一个无所不包、非规范性的社会关系概念以犯罪客体的形式纳入违法的否定评价内容中，就使得刑事可罚性完全失去了规范评价的意义。"② 社会关系是多层次、多侧面、多区域的，外延上广泛之极，而且社会和关系两者的含义也需要进一步从理论上加以说明。笼统地用社会关系界定犯罪客体，不能揭示刑法规范社会关系的层次和犯罪客体在社会关系中所处的区域，在内涵上是模糊不清的，没有确定性。即便是加上"为刑法所保护""为犯罪行为所侵害"这样的限定词，问题仍然如此。总之，社会关系这个"口袋"太大。虽然此说将具体犯罪侵犯的客体界定为权利、自由、秩序等，但并不是基于总的概念的自觉推论，而主要是根据刑法分则的直接规定。③ 至于说把犯罪客体界定为社会主义社会关系的观点，显然是以偏概全，因为犯罪并非只存在于社会主义国家，任何社会都有犯罪发生。该观点的出发点在于强调犯罪的阶级性，但不幸的是犯了狭隘主义的错误。

人类情感说无疑为人们全面认识犯罪的本质提供了一个新的视角，然而它仍然是不够深刻的，因为人类的道德情感最终仍是由利益所决定的。正如爱尔维修所言："利益支配着我们对于各种行为所下的判断，使我们根据这些行为对于公众有利、有害或者无所谓，把它们看成道德的、罪恶

---

① 宋振武：《犯罪客体论》，《烟台大学学报》（哲学版）1999年第1期。
② 李海东：《社会危害性与危险性：中、德、日刑法学体系的一个比较》，载陈兴良主编《刑事法评论》第4卷，中国政法大学出版社1999年版，第12页。
③ 宋振武：《犯罪客体论》，《烟台大学学报》（哲学版）1999年第1期。

的或可以容忍的。"①

构成说认为犯罪客体并不是给定的直接作为对象的东西，而是自由运动所设定的东西，应当说这一认识有相当的深度，它充分认识到了法所要保护的社会生活利益的多样性及其内在的一致性；但是它并没有对所谓的构成性的东西加以概括，从而给出一个确定的名称。实际上，这一构成性的东西其实就是法益，它包括了自由、权利、秩序等内容，都可以归结为利益。

社会利益说无疑把握住了犯罪客体的实质内容，具有相当的认识深度。但是，它却忽略了一个十分重要的方面，即犯罪与法律的密切联系。毋庸置疑，没有法律就没有犯罪，从相反的角度看，并非所有社会利益都受法律保护，只有那些受到法律保护的社会利益才属于犯罪客体的范围。权益说比社会利益说前进了一步，注意到了犯罪与法律的联系，将作为犯罪客体的利益和法律联系起来，将权益归结为法律关系，具有十分重要的意义。然而该说有两个缺陷：其一，将权利和利益并列并不妥当，因为权利的核心仍是利益，利益比权利更为根本；其二，虽然在论证过程中阐述了犯罪客体与法律之间的联系，但权益这一概念本身并不能明确地表达出这一内容。

法益说比社会关系说更为具体、深刻，也比社会利益说更为准确。首先，并非所有的社会利益都会成为刑法保护的对象，刑法作为所有法律的保障和制裁，只有那些业已受到其他法律保护的上升为法律关系的社会利益才是刑法所保护的对象。其次，它克服了社会利益说无视犯罪与法律的密切联系的固有缺陷，是一个形式与实质相统一的范畴。最后，法益这个范畴本身有相当广泛的涵盖性，完全可以将权利、义务等内容包括在内，比权利说、义务说更为全面。

刑法法益说试图比法益说更进一步，将刑法所保护的对象限定为刑事法律实际保护的利益，而将那些虽然受其他法律保护但不受刑法保护的利益加以排除，其用意是为了更加准确。然而，从法益中分离出刑法法益有无意义？刑法法益与其他法律所保护的利益有无差异？这是主张刑法法益说时必须要回答的问题。刑法是以刑罚为制裁方法的法律部门，是其他一

---

① ［法］爱尔维修：《论精神》，转引自杨春洗《刑法基础论》，北京大学出版社1999年版，第273页。

切法律的制裁和保障，它的调整对象是经过其他法律调整后的法律关系，是对社会关系的二次调整。犯罪所侵犯的，正是通过法律关系所建立起来的法律秩序的整体，也就是说，犯罪是对法律的侵犯。更进一步，犯罪是对法律所保护的利益的侵犯，因为法律的核心就是对利益的调整和保护。据此，刑法法益与其他法律部门所调整和保护的法益并无质的区别，其主要差别仅仅在于保护的方法和强度，将法益区分为刑法法益和非刑法法益（如民法法益、行政法法益等类型）并无多大实际的意义。此外，刑法法益说还要面对一个理论难题，即犯罪与刑法两者不能循环定义，否则就违反了定义概念时的一个基本的原则：属加种差。

第三节 法益理论与犯罪客体理论之比较

"法益说"以及"法益侵害说"是大陆法系刑法理论中关于犯罪本质以及实质违法性最有影响力的学说；"社会关系说"和"社会危害性理论"则是国内关于犯罪客体和犯罪本质最有影响的理论，长期以来一直处于通说的地位。在犯罪客体问题上法益说与社会关系的对立，与在犯罪本质问题上法益侵害说与社会危害性说的对立是密切相关的，可以说是对同一问题从不同角度和层面分析的结果，其中对犯罪本质问题的认识决定和影响着对犯罪客体问题的认识。在我国刑法中理论中，没有采用法益及法益侵害的理论，而是在引入苏联的社会危害性理论的同时，引入了犯罪客体这一独特的刑法概念，使之成为犯罪构成的首要条件。苏联刑法理论否定法益为犯罪客体的理论，认为将法益解释为犯罪客体是唯心主义的，是掩盖犯罪的阶级性和镇压革命者的刑法的本质的。我国刑法理论也基本接受了苏联刑法理论的这一观点，对于法益作为犯罪客体的学说持否定态度。[1]

随着刑法学研究的不断深入，"社会关系说"的缺陷日渐暴露，人们已开始对利益说或法益说进行较为客观的分析和重新思考。在学术研究上，在没有对不同观点作深入分析研究，并与现有理论进行客观比较和全面思考之时，采取简单否定的态度将两者对立起来，作非此即彼的简单推理的做法显然是不可取的。

---

[1] 陈兴良：《社会危害性理论———一个反思性检讨》，《法学研究》2000年第1期。

一 基础的一致性:以法律为限定

在我国传统的刑法理论中,犯罪客体被作为犯罪构成的四大要件之一,其内容被界定为社会关系,而犯罪的本质被归结为社会危害性,犯罪客体与犯罪本质有着十分密切的联系;在大陆法系的刑法理论中,没有犯罪客体这一要件,与之相对应的是违法性这一消极的犯罪构成要件,根据主流的观点,违法性的实质被归结为法益侵害,犯罪的本质也被归结为法益侵害。不难发现,社会关系与法益在中西方犯罪概念和犯罪构成理论中有着极为相似的地位,而这正是我们对之进行比较研究的基础。

在犯罪客体问题上,社会关系说与法益说各有其合理之处,两者并非截然对立关系,而是相互联系,具有一定的同一性。根据国内刑法学的通说,犯罪客体指刑法所保护的,为犯罪行为所侵害的社会关系,这与法益说可以说是不谋而合。因为法益说认为犯罪的本质是法益侵害,即对法律所保护的利益和价值的侵害。两者都限定在法律所保护的范围之内。所不同的是,一个将犯罪客体界定为社会关系,另一个将犯罪客体界定为利益。那么,对于两者孰优孰劣的比较便主要集中在对社会关系和利益的比较上面。正如有学者指出,"对这个问题的研究,应从社会关系和权益两个概念本身的研究入手,进而研究两者之间的关系。纵观现在关于犯罪客体内容的观点,无论社会关系说还是社会权益说,对这两个概念的研究均有待进一步明确和深入,这种研究当是犯罪客体内容研究的基础"[1]。

法益的概念实质上体现了利益从一般社会关系到法律关系的转化。法律是伴随着利益的分化,私有制和国家的产生而产生的,因此,法律与利益是密不可分的,无论任何时代,任何国家的法律都是围绕如何调整和保护一定的利益(主要是统治阶级的利益)而展开的。[2] 但是,利益并不等于法益,并非所有的利益都可以上升为法益,受法律保护,而只有那些经过法律的选择,上升为国家意志,需要由法律加以保护的利益才可以成为法益。利益是社会关系的核心,受到法律保护的利益即上升为法益,从而由一般的社会关系上升为法律关系这种特殊的社会关系。其发展过程如下:社会关系—利益—法益—法律关系。应当说,法益归根到底是一种法

---

[1] 李洁:《论犯罪客体与犯罪对象的统一》,载陈兴良主编《刑事法评论》第1卷,中国政法大学出版社1997年版,第508页。

[2] 杨春洗:《刑法基础论》,北京大学出版社1999年版,第259页。

律关系。

二 核心的差异性：利益与社会关系

(一) 利益的内涵

利益是历史唯物主义的基本范畴，它对研究人和社会，揭示社会现象的本质具有决定性意义。① 利益左右着人类的行为，是人类一切社会活动的动因；个人、阶级、阶层、集团、政党、民族、国家乃至整个人类的一切，都与利益密切相关，都能从利益中得到说明和解释。马克思指出，"人们奋斗所争取的一切都同他们的利益有关"，"把人与社会连接起来的唯一纽带是天然必然性，是需要和私人利益"②；"每一既定社会的经济关系首先表现为利益"③，"政治权力不过是用来实现经济利益的手段"④；即便是人类的思想意识也和利益密切相关，因为"'思想'一旦离开'利益'，就一定会使自己出丑"⑤。利益也是一个与刑法息息相关的问题，是研究犯罪乃至刑法学的一个基本范畴。宏观现象上犯罪可以说是利益冲突最为强烈的表现形式之一，而刑法乃至运用刑罚方法也是调整这种利益冲突的一种方法，两者归根到底，要统一到利益中来。⑥

关于利益，人们往往觉得司空见惯，其含义不言自明；然而事实恰恰相反，越是熟悉的东西越缺乏必要研究。国内目前对利益问题的研究还很薄弱，关于利益的含义分类地位等基本问题，尚未有十分清晰而统一的认识。但是，这并不影响利益本身作为犯罪客体的客观性。一般认为，利益就是好处。⑦ 利益，"一般指人们为了满足生存和发展而产生的各种需要，是由社会客观条件决定的，并存在于具体的社会关系之中"⑧。美国法学家庞德将利益定义为某种要求或欲望，"它是人类（以个人、团体、社会或相互关系的形式）希望得到满足的东西"⑨。法国哲学家霍尔巴赫认为，

---

① 丁后盾：《刑法法益原理》，中国方正出版社 2000 年版，第 34 页。
② 《马克思恩格斯全集》第 1 卷，人民出版社 1960 年版，第 82 页。
③ 《马克思恩格斯全集》第 3 卷，人民出版社 1956 年版，第 209 页。
④ 《马克思恩格斯全集》第 4 卷，人民出版社 1958 年版，第 250 页。
⑤ 《马克思恩格斯全集》第 2 卷，人民出版社 1957 年版，第 103 页。
⑥ 丁后盾：《刑法法益原理》，中国方正出版社 2000 年版，第 33—34 页。
⑦ 《辞海》（缩印本），上海辞书出版社 1989 年版，第 1955 页。
⑧ 沈宗灵主编：《法理学研究》，上海人民出版社 1989 年版，第 58 页。
⑨ 参见章乃跟《西方法哲学史纲》，中国政法大学出版社 1993 年版，第 301 页。

"所谓利益，就是每一个人根据自己的性情和思想使自身的幸福观与之联系的东西；换句话说，利益其实就是我们每一个人认为对自己的幸福是必要的东西"①。

关于利益的内部结构及其发生机制，存在多种观点。有学者指出，所谓利益，就是一定的客观需要对象在满足主体需要时，在需要主体之间进行分配时所形成的一定性质的社会关系的形式。利益范畴有以下五个基本构成要素：需要——形成利益的自然基础；社会关系——构成利益的社会基础；社会实践——形成利益的客观基础；人的需要对象——形成利益的实际内容；人的欲求——形成利益的主观因素。将上述五种要素统一起来的，正是构成利益的社会基础——社会关系。社会关系不仅是创造现实需要对象的必不可少的条件，还是把需要主体和需要客体联系起来的中介②。另有学者认为，利益过程的完成离不开需要、活动、关系、属性这四个要素。其中需要是主体和客体关系的一种悬缺状态，活动是建立或创造主体和客体关系的以生产劳动为基础的社会实践，社会实践不仅建立或创造主体和客体的关系，而且以自身的活动维持这种主体和客体的关系，以及因这种关系的存在而使主体和客体各自获得的属性。并非任何一种需要的满足都是利益。利益之为利益的第一条件，首先是属于人；其次，若没有人和人之间的社会关系，便无所谓利益，利益范畴并不意味着一切主体和客体的关系，而是意味着人和人之间的主体和客体的关系，即互主体性关系和间主体性关系。其中互主体性关系是一种主体和主体彼此之间直接互相设定为主体和客体的关系，是一种包含两种方向的主体和客体关系于一身的关系；其中，一种主客体关系以另一种主客体关系为前提，两者互为条件。间主体性关系是主体和主体之间以固定的客体对象物作为中介而产生的关系。③第三种观点认为，利益是"主体（包括个体、群体、社会构成等）同能帮助他们存在和发展的环境之间的肯定性关系，是主体、主体需要和满足需要的资源等三因素的有机统一"④。利益主体是利益的享受者，它包括个体、群体、社会构成等；主体需要产生于主体与外界环境的互动，是主体的不平衡状态，它表现为主体对外在环境的依赖，追求

---

① 转引自吕世伦《法哲学论》，中国人民大学出版社1999年版，第231页。
② 王伟光：《论利益范畴》，《北京社会科学》1997年第1期。
③ 叶蓬：《利益范畴之我见》，《现代哲学》1999年第3期。
④ 谢邦宇：《行为法学》，法律出版社1993年版，第87页。

与环境交换（包括取得所需资源和排除自身不平衡因素），实质在于图取恢复和维护主体的平衡，或不断达到新的平衡。主体需要所指向的对象，是外在于主体的，能够满足主体需要的物质和非物质财富，或称资源，它包含于自然环境和社会环境之中。①"需要本身作为活动的内在条件，只是一种否定的，即贫困和匮乏的状态；只有与客体会合……才能获得自己肯定的特征。"②某种需要一定产生于现实环境，但现实环境在引起主体产生需要的同时，并不一定就提供了满足这种需要的现实条件。③

还有人认为，所谓利益，就是指在一定社会形式中由人的活动实现的满足主体需要的一定数量的客体对象，包括五项要素：（1）利益的自然基础（或主观前提），即引起利益范畴的需要；（2）利益的社会基础（或社会性质），即赋予需要及满足过程以社会形式的社会生产关系；（3）利益的实物内容，即满足需要的客体对象或者社会劳动成果；（4）利益的社会内容，即人的活动；（5）利益的质的规定性和量的规定性。④有论者认为，将利益定义为客体对象不够准确，因为有些利益不一定表现为客体对象，如人的内心的安宁、国家安全、和平等，因而主张利益是适合社会主体存在与发展需要的因素或条件，具有主体性、客观性、和社会性三个特征，并提出利益关系的概念，认为利益关系是人们在社会生活中形成的具有一定利益内容的社会关系，是一定的社会主体间的社会关系的具体表现。⑤

以上可见，利益是一个社会范畴，而且具有复杂的形成过程、内部结构和作用机制。正如马克思所指出，即使是"私人利益本身已经是社会所决定的利益，而且只有在社会所创造的条件下并使用社会所提供的手段，才能到达；也就是说，私人利益是与这些条件和手段的再生产相联系的。这是私人利益，但它的内容以及实现的形式和手段则是由不以任何人为转移的社会条件决定的"⑥。利益作为价值关系的社会形式，是人们社会生活中的一种基本关系内容。

---

① 谢邦宇：《行为法学》，法律出版社 1993 年版，第 85—86 页。
② 同上书，第 85 页脚注 3。
③ 同上书，第 86 页。
④ 苏宏章：《利益论》，辽宁大学出版社 1991 年版，第 21 页。
⑤ 吕世伦：《法哲学论》，中国人民大学出版社 1999 年版，第 232 页。
⑥ 《马克思恩格斯全集》第 46 卷（上），人民出版社 1979 年版，第 102—103 页。

(二) 社会关系的内涵

马克思指出："社会关系的含义是指许多个人的合作"①，"生产关系总合起来就构成为所谓社会关系，构成为所谓社会，并且是构成一个处于一定历史发展阶段上的社会，具有独有的特征的社会"②。可见，社会关系是人们在共同的社会活动过程中所结成为以生产关系为基础的一切相互关系的总称。人类生活是一种群体性的共同生活，从一开始就相互联系，结成一定的社会关系，这些社会关系及人们的共同行为构成人们的社会生活，构成社会。社会关系是和人、人类社会一同产生的，是人类社会的重要因素，是人类社会存在的根本条件之一，没有人与人之间的相互关系，就不存在人们的社会生活，人的一切规定性都体现在社会关系之中，任何个人都在社会关系的"网"中生活，在社会关系中占据一定的位置，离开社会关系，任何人都不可能生存。③ 人的本质，"在其现实上，它是一切社会关系的总和"④。社会关系不仅构成人的本质，而且也是人的存在形式。社会的任何个体，只有在社会关系中才能内化社会的文化价值规范，形成自己的社会特质；只有在社会关系中的社会个体，才能使自己的社会特质外化和对象化，使自己的需要得到实现。人的生存和发展的一切活动，都是在社会关系中发生的。⑤

社会关系具有不同的层次、结构、类型。形式社会学者冯·维塞认为，一切社会关系都分为结合关系（接近、适应、同化、合一）、分离关系（竞争、对立、斗争）和混合关系。横山宁夫在此基础上将社会关系分为结合关系（和睦、协作、共同、强制）、对立关系（反感、竞争、斗争、敌对）和统治关系（忠诚、依赖、序列、隶属）。⑥ 列宁则指出："社会关系分为物质关系和思想关系。思想关系只是不以人们意志和意识为转移而形成的物质关系的上层建筑，而物质关系是人们维持生存的活动的形式（结果）。"⑦ 物质关系中最基本的是生产关系（包括生产、分配、

---

① 《马克思恩格斯全集》第3卷，人民出版社1956年版，第33页。
② 《马克思恩格斯全集》第1卷，人民出版社1960年版，第363页。
③ 程继隆主编：《社会学大辞典》，中国人事出版社1995年版，第275页。
④ 《马克思恩格斯选集》第1卷，人民出版社1972年版，第187页。
⑤ 谢邦宇：《行为法学》，法律出版社1993年版，第84页。
⑥ 程继隆主编：《社会学大辞典》，中国人事出版社1995年版，第275页。
⑦ 《列宁选集》第1卷，人民出版社1972年版，第18页。

交换、消费关系），生产关系是决定其他社会关系的最简单和最原始的关系。思想关系包括政治关系、法律关系、道德关系、宗教关系等。物质关系和思想关系常常是彼此交融在一起的，如家庭关系、邻里关系、民族关系、干部群众关系、上下级关系、军民政治关系、公共关系等，既包括物质关系，又包括思想关系。① 与此不同，社会心理学、社会学和管理学则十分重视人际关系的研究，认为人际关系是物质关系和思想关系的直接体现。社会学家孔德认为社会静力学研究社会组织也就是研究普遍的社会联系，马克斯·韦伯把社会行为理解为社会关系，爱尔乌特等许多社会学家则直接地指出社会学可以解释为对人类关系的研究。② 由此可见，社会关系是一个具有多层次、多侧面、多学科特点的含义宽泛而不易确定的概念。

（三）利益与社会关系的联系

社会关系与利益并非两个截然对立或相互矛盾的范畴，而是具有密切的内在联系。一方面，社会关系离不开利益。人们不论在什么条件下，以什么样的方式发生各种联系，但他们进行各种合作的目的不是别的，而是为了满足自身的利益要求，正是由于这样的利益要求才能把人们联系起来，使人们结成各种关系。换句话说，社会关系实际上就是人们之间的利益联系，这种联系构成了社会关系的实在内容。正因为这个缘故，我们想要了解社会关系，就必须分析人们的利益。③ 社会关系是一种主体需要的相互满足或单方满足关系，利益的互补或补足结构，恰恰构成了社会关系的实际内容。任何现实社会关系的组成或变更，都是利益构成的形成和变化。④

任何社会关系都表现为利益关系。首先，经济关系（生产关系）表现为利益关系。经济关系是人们在社会生产、交换、分配中结成的具有经济内容的关系。人类的社会生产的目的是追求经济利益，经济利益是人类生存与发展的基础。利益是人类生产的动力，人类对物质财富的需要是无限的，而人类已创造出来的财富是有限的，这种矛盾构成了人类社会生产的内在动力。交换是主体之间的利益交换，通过交换，双方都从对方那里

---

① 程继隆主编：《社会学大辞典》，中国人事出版社1995年版，第275页。
② 同上。
③ 谢邦宇：《行为法学》，法律出版社1993年版，第85页。
④ 同上书，第88页。

得到自己需要的财富，而分配是利益的分配。因此，利益关系贯穿于经济关系的各个环节之中，是社会经济关系的具体表现。其次，政治关系表现为利益关系。政治关系最直接的动因是追求政治权力，政治上的争权夺利构成了人类社会中最残酷的利益冲突，任何政治斗争都是利益之争。政治关系的存在方式是各阶级的政治利益即政治权力的分配。最后，个人与组织，个人与社会，个人与国家之间的关系也是利益关系。一定的经济利益和政治利益落实到一定的主体上，便有个人利益、集体利益、社会利益和国家利益之分。这些利益关系是经济关系和政治关系的具体化，从而也是经济利益关系、政治利益关系落实在不同主体上的表现。[1]

另一方面，利益离不开社会关系。首先，人的利益是在一定的社会关系中产生的。其次，任何利益都以一定的社会关系为形式，即使是在人以自然环境为其资源环境的情况下也是这样，这不仅是由于自然环境随着科学的发展越来越被纳入社会运动的过程，成为社会关系的客体，而且更主要的是由于人的存在和发展过程就是社会性的。利益三要素的结合，需要别人的帮助与配合，至少需要他人的不妨碍。这就好像是最与他人无关的人对氧气的需要一样，由于反大气污染活动的发展，它也越来越表现出它的社会性。最后，人们的利益的实现，也只有在社会关系的形式中才是可能的。人是不能离开社会的，任何单个主体的需要有待于社会关系不断提供条件，而这种需要和条件的满足又有赖于该社会关系中其他主体的共同努力和具体帮助。也就是说，作为一个生活在社会中的现实的主体，它只有靠由对方提供所需要的资源，或者不妨碍自己取得资源和享受资源的活动，这是才能使其需要得到满足。[2]

(四) 利益相对于社会关系的优越性

尽管利益与社会关系有很大的一致性，但两者又是不容混淆的。利益作为法律保护的核心，与社会关系相比具有如下优势：(1) 更为直接、更易于感知。"社会关系与利益是两个处在不同层面上的概念，其中利益既含义深刻又通俗易懂，易于为人们所感知和接受；而社会关系虽然暗含了利益关系的成分，但是却不容易为人们所感知和接受，人们如果想要认识社会关系，还需要透过利益这面棱镜去观察。"[3] (2) 利益具有属人性，

---

[1] 吕世伦：《法哲学论》，中国人民大学出版社1999年版，第234—235页。
[2] 谢邦宇：《行为法学》，法律出版社1993年版，第87页。
[3] 杨春洗：《刑法基础论》，北京大学出版社1999年版，第271页。

是具体的、明确的，可以分割和量化的，具有可分析性。① 任何利益总是相对于作为主体的具体的人（包括法律上具有人格特征的社会、国家等）而言的，具有多种多样的可分性，能适应犯罪客体具体化和多样化的要求，对犯罪客体的内容做出科学的界定。② 相比之下，社会关系这一概念则比较笼统、抽象，过于宽泛，不具有可归属性，不易准确把握。凡存在于人类社会之中的任何事物都具有社会性，只要涉及人，都属于社会关系的范畴，其范围包罗万象、不具有明确性、具体性和可分割性。（3）更为全面、深刻。"利益"是一个含义深刻、内容丰富的社会范畴，用"利益"来界定犯罪客体的概念可以将一切犯罪客体包括在内，无论犯罪侵害的是生产力、生产关系、上层建筑或自然环境，都可以归结为对社会利益的侵害。

三 体系之别与价值分野

法益理论与犯罪客体理论存在体系上的差异和价值上分野，主要表现为出罪机制与入罪要件的差异，以及个人本位与国家本位的分野。

（一）体系之别

法益理论的本质与价值取向更多地在于保障公民个人利益，以此作为行为出罪的一个评价机制，这跟中国刑法理论中原先犯罪客体的理论更多地在于作为入罪机制的评价依据是截然不同的。法益不属于犯罪成立的积极要件，不具备入罪的功能，只具有限制刑罚权出罪的功能；犯罪客体则是犯罪成立的积极要件之首，为定罪所必不可少，具有入罪功能。我国刑法学中的犯罪客体固然在内容上可以向法益论靠近，但究其实质，因其缺少对刑法进行系统批判的功能，绝不能等同于法益。③ 将法益概念直接引入中国刑法学的犯罪客体理论中，简单地将犯罪客体由社会关系修正为法益，是徒具其表、有名无实的做法，丝毫没有起到法益概念应有的作用。

（二）价值分野

"国家的利益时常与国民的利益相矛盾，但未必一直是相矛盾。刑法的存在与适用无非是为了保护国民的利益而已。刑法为国民而行使的机能

---

① 吕世伦：《法哲学论》，中国人民大学出版社1999年版，第238页。
② 何秉松：《刑法教科书》，中国法制出版社1995年版，第122页。
③ 杨萌：《德国刑法学中法益概念的内涵及其评价》，《暨南学报》（哲学社会科学版）2012年第6期。

是保护机能和保障机能。刑法作为行使制止犯罪机能的一个方面,具有保护国民的权利和利益免遭犯罪侵害的机能,因为刑法上的规范是对一切侵犯或危害合法利益的行为都施加刑罚,具有保护利益的性质。刑法还具有保障机能,即行使保护犯罪行为者的权利及利益,避免因国家权力的滥用而使其受害的机能。"[1] 在刑法观念现代化的过程中,刑法分则日益注重对公民个人权益的保护。因此,在引进大陆法系刑法理论的过程中,决不能将"法益"简单地作为"犯罪客体理论"的变种,而应当将其作为一种理论根基,作为以个人为本位的价值观念加以理解和接受。在国内某些论述中,"法益"被表述为"根据宪法的基本原则,由法所保护的、客观上可能受到侵害或者威胁的人的生活利益",与犯罪客体理论如出一辙,明显忽略了现代大陆法系理论中法益的本来目的是限制国家刑罚权的肆意发动。[2]

四 法益理论的相对合理性

相对而言,法益作为犯罪的价值客体,比社会关系说更为合理。陈兴良教授主张把犯罪客体还原为刑法法益,将刑法法益纳入犯罪概念,以法益侵害作为犯罪的本质特征,由此取代社会危害性概念。[3]

(一) *法益作为法学术语更为合适*

首先,法益具有规范性。法益以法律的规定为边界,是一个规范内的概念,法益侵害以刑法评价为前提,某种行为未经刑法评价,就不存在法益侵害。社会关系漫无边际,社会危害性具有强大的解释功能,但它只是对于犯罪的政治的或者社会意义的否定评价,是对犯罪的一种超规范解释,不具有基本的规范质量。虽然没有人会宣称所有危害社会的行为都是犯罪和都应处罚,但是如果要处罚一个行为,社会危害性说就可以在任何时候为此提供超越法律范围的根据,因为它是犯罪的本质,在需要的情况下可以决定规范的形式。在以实证方法建构的注释刑法学中,社会危害性这种前实证的概念容易造成理论上的混乱。

其次,法益具有实体性。法益侵害中的法益,以法律所保护的利益为

---

[1] [日] 西原春夫:《刑罚的根基与哲学》,顾肖荣等译,上海三联书店1991年版,第33页。

[2] 杨兴培:《中国刑法领域"法益理论"的深度思考及商榷》,《法学》2015年第9期。

[3] 陈兴良:《社会危害性理论》,《法学研究》2000年第1期。

其实体内容，法益是实体内容与规范标准的有机统一。以法益侵害描述犯罪的实质内容，既可以避免犯罪概念的形式化，又可以防止对犯罪实质作超规范的解释。社会危害性是一种实质的观点，但由于社会危害性本身又是十分广泛的，不能提供自身的认定标准，因而又需要以刑事违法性作为社会危害性的认定标准。由于这种循环论证，社会危害性丧失了其实体内容，成为纯然由刑事违法性所决定的东西。

最后，法益具有专属性。法益侵害这个概念科学、严谨，并且是刑法所专属的，它的引入可以克服许多无谓的分歧。[1] 社会关系是整个社会科学领域中各部门都研究的最基本的范畴，将它作为犯罪构成的一个因素，缺乏刑法专业理论的特殊性。[2] 社会危害性并非犯罪所专有，其他违法行为也都具有社会危害性。为此，我国学者绞尽脑汁进行论证，出现了对作为犯罪本质特征的社会危害性的以下种种表述：严重的社会危害性、应受刑罚处罚的社会危害性、犯罪的社会危害性等。刑法作为一门学科，在长期的法律实践活动过程中，形成了一些约定俗成的专业术语，是刑法文化的遗产。把某个概念的使用上升到政治高度，必将损害刑法自身的专业性。随着刑法学科专业性的重视与加强，某些传统的刑法的专属术语正在复活，法益侵害即是一例。[3]

（二） 法益能够更为全面地揭示犯罪本质

法益具有层次性，法益侵害说从两个层次揭示了犯罪的本质。首先，法益可以说明犯罪是对法律的破坏，这一点看似简单明了，但其意义却是相当深远。犯罪是对法的否定，是严重的不法，社会关系说并没有能够明确地揭示犯罪对于法律的破坏这一层含义，而且也无法将犯罪的社会危害性与一般违法行为的社会危害性区别开来。其次，法益进一步揭示了犯罪对于隐藏于法律背后的利益的侵害，具有相当的理论深度。法是统治阶级意志的体现，统治阶级建立法的出发点和归宿，是保护自己的根本利益，这些利益既包括统治阶级自身的直接利益，又包括有利于其统治的某些基本的社会公共利益和个人利益。犯罪是对统治阶级意志的违背，归根到底，是对统治阶级利益的侵害。在任何一个国家的社会，法所保护的利益

---

[1] 陈兴良：《社会危害性理论》，《法学研究》2000年第1期。

[2] 何秉松主编：《全国刑法硕士论文荟萃》，中国人民公安大学出版社1989年版，第149页。

[3] 丁后盾：《刑法法益原理》，中国方正出版社2000年版，第106页。

即法益都包括国家利益、社会公共利益和个人利益。国家和社会性质不同,决定着国家利益的不同,因而法的性质也不同。以法益作为客体,法益侵害作为犯罪本质,并不存在所谓的以全社会的利益掩盖统治阶级的利益,掩盖犯罪的阶级性的问题。尽管从刑法法益定义本身看不出其阶级的、国家的和历史的特性,但是联系到具体国家的刑事立法和刑事司法,不但其阶级性很明显,而且其民族性和时代性也很明显。[①]

(三) 法益作为犯罪的价值客体更符合刑事立法的实际规定

法益作为犯罪客体,从刑事立法的实际内容上看,也可以得到充分的说明。从我国刑法分则各章的名称可以看出,犯罪客体被归结为安全、秩序、权利、利益、职责等。而安全、秩序、权利、职责等都与利益密切相关,都为利益所涵盖,共同的核心是利益。我国主流的刑法理论将犯罪客体归结为社会关系,并不符合我国刑事立法的实际规定。在反映犯罪的社会危害性内容上,侵害法益是直接、全面而完整的;被侵害的社会关系则是抽象的,是通过侵害法益而体现出来的,因而它是间接的,也是不完整的。[②]

[①] 丁后盾:《刑法法益原理》,中国方正出版社 2000 年版,第 106 页。
[②] 杨春洗:《刑法基础论》,北京大学出版社 1999 年版,第 272 页。

第三章

法益的归属及其类型

西方刑法一般根据利益的直接归属或享有者,将法益划分为个人法益、社会法益和国家法益三大类。国家法益即以在法律上被人格化的国家作为主体或法益直接保有人的法益,包括国家生存、国家职能、国信国交、国家财产等法益。社会法益即以在法律上被人格化的作为人类生活总体的社会为主体或法益直接保有人的法益,是社会不特定多数人所共有的超越个人利益的法益,包括社会安宁及安全、公众信用、公众健康、社会善良风俗、社会资源保护及环境保护等法益。个人法益即自然人所拥有的由刑法加以保护的重要生活利益,是以个人为直接法益保有人的法益,包括生命、身体健康、个人自由、名誉与信用、财产等法益。值得注意的是,个人法益不是纯为个人所享有而与社会、国家无关的法益,个人是国家与社会的中心,保护个人法益是保护国家法益与社会法益的基础,社会法益不过是作为多数人的法益而受到一体保护,国家法益则是作为保护个人法益机构的法益而受到保护。

三分法的反对者提出如下四点理由。首先,社会法益与个人法益不能区分。个人只有生活于社会中,才有必要保护其个人法益,如果该个人不是在社会中与他人共同生活,便不发生法益保护问题。虽然个人法益是核心出发点,但任何法益(包括个人法益)的前提要件都是社会共同生活,如名誉、自由、生命等,也只能在具体社会关系之下才被保护,因为个人法益也是社会的产物。既然如此,将法益区分为个人法益与社会法益就是不妥当的,也是不明确的。其次,社会法益与国家法益不能区分。国家法益只是社会法益的一个分支。假如以有独立的法人人格或准人格为立论根据,那么,不能说明为什么其他社会团体中享有公法人资格者或私法人资格者没有其独立的法益种类。再次,三分法将主、客观混淆在一起。法益是法律所要保护的"客体",所以,法益的另一称谓是"保护客体"。而国家、社会在此是抽象的法益"持有人",其具有的是主体性,而不是对象物的客体。法益的持有者并不能作为法益种类区分"质",倘若以法益持有者的数量多寡来论定,那也无法界定国家与社会在法益持有者的数量上差别的具体化。法益质,是指"客体"的性质。唯有在法益质界定之后,才能作法益种类的区分。同种类的法益可能是不同的主体,而不是以主体倒推出客体的种类。最后,三分法常常将国家法益列为法益之首,社会法益次之,个人法益置于最后。但是,当代刑法的性质已和"国家保护法"完全不同,故团体利益并不一定就要优于个人利益;在人类的历史上,个人法益的保护已经具有非常悠久的历史,现在也不能弱化个人法益的必要性。故三分法实际上与刑法目的以保护个人法益为核心的思想不相符合。[①]

上述观点一方面主张社会法益与个人法益不能区分,另一方面又强调不能弱化个人法益,可谓自相矛盾。不过,三分法只具有相对的意义。人并不是孤立的存在,而是一种社会的存在;个人利益与社会利益以及国家利益有着密切的联系,而非截然分离。一般而言,保护社会利益和国家利益也就间接地保护了个人利益,三者在一定范围和程度上具有一致性的一面。从这一点看,个人法益和超个人法益的划分方法有其可取之处。此外,随着国际犯罪的兴起,国际利益和人类共同利益逐渐引起了各国和国际社会的关注。这些利益有别于传统的三大利益,很难归入其中。因此,本书主张将在刑法中将法益划分为个人法益、社会法益、国家法益和国际法益四大类型,并据此进行犯罪分类,构建刑法分则体系。

关于法益的分类,我国刑法学界涉及不多,西方刑法理论一般从不同角度作以下三种分类:(1)公法益与私法益。法益都有其附着主体即法益保有人(占有人),依据法益保有人的不同,法益可以分为公法益和私法益两类。公法益,又称"整体法益",指国家法益和社会法益。因国家法益和社会法益都具有公益性质,故合称公法益。私法益,即关系个人利益的个人法益。公法益与私法益只是一种相对意义上的划分。(2)有形法益与无形法益。有形法益,又称"形式法益",指能够反映客观的有形事物的法益,其特点是通过能够看得见、摸得着、被实际感知的人或物,来体现法律所保护的利益,如身体、财产等属有形法益。无形法益,又称

[①] 陈志龙:《法益与刑事立法》,台湾大学丛书编辑委员会1992年版,第152页以下。

"实质法益"或"非物质法益",指不具有形体的物质形象,不能为人的感官直接感知、不可触及的法益,如自由、名誉、人格、尊严、贞操等。(3)专属法益与非专属法益。专属法益指个人法益中为特定人所固有而与其人格不可分离的法益,如个人的生命、健康、自由、名誉等;非专属法益,又称"一般法益",指一般人都可享有而与其人格可以分离的法益,如财产等。①

第一节 个人法益

个人法益即自然人所拥有的由法律加以保护的重要生活利益,包括生命、身体健康、个人自由、名誉与信用、财产等法益。在宪法和法律上,个人法益主要表现为各种类型的权利和自由。《世界人权宣言》广泛地规定了个人享有生命、自由、人身安全、平等等各种权利,其对具体人权的规定可分为两大类:一类是公民及政治权利,主要是个人在社会和政治生活中应享有的各种自由和平等权利;另一类是经济、社会、文化权利。以此为基础,联合国又通过了《经济、社会、文化权利国际公约》和《公民权利和政治权利国际公约》,这两个公约与《世界人权宣言》一起构成了公认的"国际人权宪章"。

《公民权利和政治权利国际公约》规定了公民个人所应享有的权利和基本自由。主要包括:生命、自由和人身安全的权利,不得使为奴隶和免于奴役的自由,免受酷刑的自由,法律人格,司法补救权,不受任意逮捕、拘役或放逐的自由,公正和公开审讯权,无罪推定权,私生活、家庭、住房或通信不受任意干涉的自由,迁徙自由,享有国籍的权利,婚姻家庭权,财产所有权,思想、良心和宗教的自由,享有主张和发表意见的自由,结社和集会的自由,参政权。《经济、社会、文化权利国际公约》具体规定了各项权利:工作权;享受公平与良好工作条件、同工同酬(特别是男女同工同酬)、晋升及带薪休假等休息权;自由组织和参加工会的权利、罢工权;享受社会保障的权利;婚姻自由、家庭权和妇女儿童权益;为自己及家庭获得相当的生活水准的权利,包括足够的食物、衣着和住房等;享有最高的体质和心理健康权利;受教育权;享受科学文化生

---

① 参见马克昌《刑法学全书》,上海科学技术文献出版社1993年版,第617—618页。

活的权利等。

我国宪法首先规定了公民的人身权利和政治权利与自由。人身权利包含人的生命安全、身心健康、人身自由、人格和名誉，以及同人身直接有关的住宅不可侵犯等广泛内容。政治权利与自由包括选举权和被选举权以及言论、通信、出版、集会、结社、游行、示威、罢工的自由等。除此之外，宪法还规定了公民基本的经济、文化和社会权利。经济权利主要包括财产权、劳动权、休息权、继承权、物质帮助权、劳动保护权、社会救助权等；社会权利主要包括宗教信仰自由、民主管理权、监督权、控告权和申诉权、检举权，平等权，婚姻、家庭、母亲、儿童受国家法律保护权等；文化权利主要包括受教育权，从事科学、发明、文艺创作的权利等。

一 人身权利：人格权的体系及其法律保护

（一）人格权的层次

人格存在三个层次：处于核心的是人的意志，其次是人的内在自我，最后是人的诸种外部存在。[①] 意志，是人所具有的按照对于规律的认识去行为的能力；意志人格，是一个自主的、活跃的自我，其本质是一种积极地对于自己人格发展的自由，是人格发展的动力，它不断地通过决定去影响人的其他存在层面。内在人格作为人的内在自我，指由关于哲学、宗教、社会、人生等相对稳定的观念所构成的主观人格，属于人的精神性存在。每个人因其不同的经历和教育状况形成不同的内在观念，这些观念塑造了人的独特的内在特质和个性，人有权保有此独特的内在个性，并对其进行发展。外在人格是可以为感官感知的人的外部性存在，主要是生命、身体和健康等人的物理性存在，以及姓名、肖像和名誉等因人类共同生活所产生的可以为他人感知或识别的社会性存在。

内在人格与外在人格的划分不同于物质性人格与精神性人格的划分。物质性人格主要是生命、身体和健康要素，精神性人格指姓名、肖像和名誉等要素。姓名、肖像和名誉已经采用客观化的标准，成为外在有形的存在，是外在化精神性要素，因而属于外在人格。可见，外在人格的范畴要比物质性人格更加宽泛。由于调整无形客体和有形客体的法律技术不同，以是否具有外在可感知的形态作为人格要素划分的标准具有科学性。依此

[①] 杨立新、刘召成：《抽象人格权与人格权体系之构建》，《法学研究》2011年第1期。

标准，内在人格主要是他人无法感知的人的内在的观念和精神性存在，外在人格主要是他人可以感知的人的外部性存在，对于它们分别适用不同的法律规则。

(二) 人格权的体系

关于自然人人格权的分类，较有代表性的观点有：① (1) 物质性人格权和精神性人格权。物质性人格权是指自然人对于物质性人格要素的不可转让的支配权，包括生命权、身体权、健康权和劳动能力权；精神性人格权是指自然人对其精神性（心理性）人格要素的不可转让的支配权，包括标表性人格权（姓名权、肖像权）、自由性人格权（身体自由权、内心自由权）、尊严性人格权（名誉权、荣誉权、隐私权、贞操权、精神纯正权、信用权）。(2) 保障自然人的自然存在的人格权和保障自然人的社会存在的人格权。前者对应于物质性人格权，指为维持自然人作为生命个体的存在所必要的人格权，有生命权、自由权、家庭权等；后者对应于精神性人格权，指为维持自然人作为社会关系的健全主体所必要的人格权，有平等权、姓名权、肖像声音权、名誉和荣誉权、私生活权、归属权等。(3) 人身完整（相当于物质性人格权，包括生命权、身体权、健康权）、人格标识（相当于标表性人格权，包括姓名权、肖像权、形象权、声音权）、人格尊严（相当于精神性人格权，包括名誉权、隐私权、信用权、荣誉权、知情权、环境权、精神纯正权）、人格自由（相当于精神性人格权，包括身体自由权、迁徙自由权与居住自由权、住宅自由权、性自由权、工作自由权、意思决定自由权、通信自由权、表达自由权、创造自由权、信仰自由权、思想自由权）。上述前两种分类大体能够反映自然人人格权的体系构成，但仍有欠妥之处。第一种分类将姓名权、肖像权等纳入"精神性人格权"范畴未必妥当，精神性人格权客体应为无形的人格价值因素，在客观上没有实在的外在表象，而标表性人格权则指向一些外在于主体的、将自己与他人区别开来的标志符号。第二种分类将自由权和家庭权一概纳入"保障自然人的自然存在的人格权"也不够严谨。第三种分类系以人格权客体（人格利益或人格价值因素）的类型化为依据，对于人格权立法具有更大的指导意义，但在具体类型设计上尚有斟酌余地。

---

① 温世扬：《略论人格权的类型体系》，《现代法学》2012 年第 4 期。

自然人的人格利益或人格要素可划分为"内在要素"和"外在要素"两个层次,前者包括安全、自由、尊严三个方面,后者即自然人的人格标识,其人格权体系亦由此展开。[①] 安全是自然人作为自然存在和社会存在的基本需要,属于一项重要的人格利益或人格要素。人格权法对自然人安全的保护,主要体现为生命权、健康权和身体权。生命权是自然人的生命不受他人非法侵夺的权利。关于生命权的内容构造,即生命权是一项仅以生命安全或生命维持为内容的消极性权利,还是一项包含"生命利益支配权"的权利,目前尚无定论。一般认为,"生命利益支配权"尽管存在一定的现实依据,如自杀、安乐死现象,但因事关社会伦理,立法上应持谨慎态度,不宜予以一般性确认。健康权是以自然人身体的生理机能的完善性和保持持续、稳定、良好的心理状态为内容的人格权。关于健康及健康权的内涵,有"生理健康说""肉体、精神健康说""生理、心理健康说"等不同见解。生理健康和心理健康是自然人健康不可或缺的两个方面,故心理健康为健康权的应有之义,也是精神损害赔偿的依据所在。身体权是指自然人以其身体及器官的完整性为内容的人格权。作为人格权的身体权与生命权、健康权一样均为一种消极意义的、防御性的权利,即身体及器官的完整不受侵害的权利,至于自然人对其器官和身体组织进行合法的捐赠、转让,乃是将其作为特殊的物加以处分,不属于人格权范畴。

自由作为自然人的基本人格利益毋庸置疑,但在具体人格权模式下,自由应表现为哪些权利则值得探讨。身体自由权作为一项独立的人格权应无疑义,身体自由是指身体行动的自由,人身自由权即身体的行动不受不法拘束或妨碍的权利。至于思想自由、言论自由、信仰自由、迁徙自由等权利,则主要由公法规范,不应纳入人格权体系。与身体自由相对应的是精神自由,其外在表现为意思决定自由。一些学者认为,婚姻自主权是一项独立的人格权,有学者甚至将婚姻、合同和遗嘱自主权作为一项人格权。上述权利的实质均系对自然人意思决定自由的保护,故人格权法应对意思决定自由权做出一般性规定。性自主权,是指个体在遵循法律和公序良俗的前提下,自主表达自己的性意愿和自主决定是否实施性行为和以何种方式实施性行为,实现性欲望而不受他人强迫和干涉的权利。从内涵上看,性自主权属意思决定自由之范畴,但在社会观念上,对性的自主支配

[①] 温世扬:《略论人格权的类型体系》,《现代法学》2012年第4期。

已成为一项特殊的人格利益，故有必要予以专门确认。

人格尊严是指作为一个人所应有的最起码的社会地位并得到他人最起码的尊重，主要包括三项内容：（1）人格平等。平等权是一项独立的人格权，指同样的人应受同样待遇而不受歧视的权利，法律另有规定的除外。（2）名誉。所谓名誉权，指自然人基于其品德和才能应得的一般社会评价不受不当贬损的权利。荣誉虽然不是自然形成的对自然人的社会评价，但其实质仍是一种外部评价（社会评价），是一种特殊的名誉，可以纳入名誉权的范畴。主观名誉或自尊心是人格尊严的重要方面，但对主观名誉的保护已超出名誉权的保护范围（外部评价），只能依据人格权法的一般条款作为一种"其他人格利益"加以保护。信用是民事主体所具有履诺特别是偿债能力在社会上获得的相应信赖与评价，就其本质而言仍属于名誉的范畴，况且信用权在性质、内容和保护手段上均与名誉权难以区分，故无独立存在之必要。（3）隐私。隐私权是自然人享有的私人生活安宁与私人信息秘密依法受到保护，不受他人非法侵扰、知悉、搜集、利用和公开的一种人格权。

自然人的人格标识，主要表现为姓名和肖像。它不但是自然人区别于他人的外部标志，而且关系人格尊严。姓名权、肖像权是自然人的姓名和肖像排除他人非法干预和不当使用的权利。作为非财产性权利，姓名权、肖像权的本质在于姓名和肖像的"排他性"和"不可侵性"，对姓名和肖像的商业化利用，即所谓"公开权"或"商品化权"，不属于人格权范畴。

（三）人格权的法律保护

传统人格权仅限于对部分人格的保护。[1] 最初，只有获得外在表现的可以被人们感官接触的那些人格特征才能得到法律的保护，例如人的生命、健康、身体、自由等。人的姓名是人格的代表，人的生命是人格存在的前提，人的身体是人格的容器。人格与身体是一个自然的整体，人格只能通过身体存在，对身体的侵害就构成对人格的侵害；人格通过身体进行感知，对于身体的伤害会造成人格的痛苦。在这种立法体系中，获得保护的仅是人的外部存在，即在社会生活中可以为人们感官所感知的人格特征。随着社会的发展，人们逐渐认识到，生活中仅有一部分痛苦、快乐和

---

[1] 杨立新、刘召成：《抽象人格权与人格权体系之构建》，《法学研究》2011年第1期。

利益是有形的，思想、情感和直觉等无形的利益更需要法律的保护，这些保护来源于人的不可侵犯的人格。在美国侵权法从伤害性殴打到冒犯性殴打乃至恐吓的发展过程中，人格的内在方面逐渐替代外在方面成为保护的核心。人格权法对于内在人格的保护包括两个方面：第一，对于内在人格形式完整性的保护，主要是通过隐私权进行。隐私权为权利人设置了一个保护屏障，使权利人内在的思想、观念等免于外界的冒犯，人格从外部世界退回自身，追求自身的完整。个人自由和尊严的本质，体现于个人自主，不受他人的操纵及支配。第二，对于内在人格实质完整性的保护。内在人格的实质完整性，即内在人格不受侵扰保持其消极自由的权利，旨在保护人的内在的观念、价值以及情感的纯正与完全，保护人的内在个性，主要包括观念生活之纯正以及感情生活的完整。对于人格构成中更重要的意志人格，传统人格权未予保护。立法者认为，通过财产的和平享有与法律范围内的人格自主，意志人格已经得到很好的保护。但是，传统民法所规定的具体人格权属于静态人格权，即对于外在人格和内在人格特征进行消极的保护，仅仅保护和维持外在人格和内在人格的既有状态；意志对于人自身的发展、对于人格的塑造和提升的能力未得到承认。人格自决在人格权中没有得到体现，人发展并实现其最高人格本质的价值没有得到贯彻。

针对传统民法这种保护上的缺陷，现代民法中出现了一般人格权、人格商业利用权和公开权等权利类型。它们具有相同的属性，都不是具体人格权，都不保护具体的人格利益，而是对具体人格利益的抽象支配，可以使用抽象人格权的概念来概括，用以保护意志人格，并与具体人格权对于内在和外在人格的保护相对应，构成人格权的完整体系。然而基于传统人格权体系的局限性，上述抽象人格权的位置难以确定，无法融入传统人格权的框架之中。

人格利益并非呈松散自在之状态，而须围绕人格要素形成特定的结构；什么样的利益结构将决定采用什么样的立法技术。[①] 人们习惯于将人格权描绘为积极利益（权能）和消极利益（权能）组成的二维平面。平面结构看似逻辑自洽、全面涵盖，却忽视了人格利益的衍生效应，无法建立真实的利益结构，造成人格权边界模糊现象及法律适用难题。人格权具

---

① 张平华：《人格权的利益结构与人格权法定》，《中国法学》2013年第2期。

有立体式的利益结构，其内核是基于人格要素内在本质而生的固有利益，外围则是超越内在本质的衍生利益，即信赖利益、公共利益、载体利益、牵连利益等。人格权立法离不开对人格利益的定型化、类型化。依照固有利益的本质属性，为实现人格权的具体化，人格权应坚持类型强制。人格权类型固定有利于明确衍生利益的范围，提高责任法的操作性。人格权法定并不是绝对的，类型强制具有非封闭性，类型固定的基本手段是例示主义。

由刑法的性质及目的所决定，刑法对于人格权的保护，主要是对于外在人格的保护。侵犯人身罪的立法体系，主要由侵犯生命权的犯罪、侵犯身体健康的犯罪、侵犯性自主权的犯罪、侵犯人身自由的犯罪、侵犯名誉的犯罪、侵犯隐私的犯罪、侵犯住宅的犯罪以及侵犯通信自由的犯罪等类犯罪构成。英美刑法中规定的威胁罪、恐吓罪、殴打罪充分体现了刑法对身体健康权的深度保护，值得我国刑法借鉴。

二 人身权利：身份权的类型及其法律保护

在现代汉语中，身份通常是指"人的出身、地位和资格"或"人在社会上或法律上的地位"。在法律意义上，身份是自然人在亲属关系以外，自然人、法人在亲属法以外的社会关系中所处的稳定地位，以及基于该地位所产生的与其人身不可分离的某种利益，具有以下特征：（1）特定性。身份是人们在特定社会关系中的地位，离开特定的社会关系，就不存在身份。例如，夫和妻，无夫便无所谓妻；家长和家属，无家长便无所谓家属。（2）稳定性。身份是人们在相对稳定社会关系中的地位，如夫妻关系、家属关系、荣誉关系等。民事主体在暂时性的社会关系中所处的地位，如买卖关系、借贷关系等债权债务关系，不属于身份关系。（3）利益性。身份表现为某种利益，是民事主体基于特定的地位而产生的相应的支配性利益，不同的身份意味着不同的利益，但其内容不出乎精神的、伦理的、财产的范围。[①]

作为民法人身权利制度的重要组成部分，身份权是民事权利体系中一种比较复杂的权利。身份权的存在形态较多，不同亲属身份法律关系所表现的各种权利的性质存在差别，类型思维对我们准确把握身份权这一尚未

---

① 史浩明：《论身份权》，《苏州大学学报》（哲学社会科学版）2001年第4期。

得到深入研究的民事权利，显得尤其必要。① 随着人类社会的进步、文明程度的提高，身份权逐渐丧失其对特定对方当事人的人身支配性，代之以平等为基础的配偶权、亲权、亲属权等，并且产生了亲属法外的其他身份权。

我国现行民事法律确认的身份权包括配偶权、亲权、亲属权、监护权、荣誉权和知识产权中的身份权等类型。② 配偶权是夫对妻以及妻对夫基于配偶身份所享有的身份权，其内容包括：（1）同居权，即夫妻之间互有进行包括性生活在内的共同生活的权利。男女两性生理差异和固有的性本能，是建立婚姻关系的自然基础，是人类生存和发展的必然要求。（2）贞操请求权。贞操是不为婚外性行为的操行，贞操请求权指夫妻之间互有要求对方保持贞操的权利。（3）相互协作权，指在共同生活中夫妻基于身份关系而彼此协作、相互救助的权利和义务。（4）日常家务代理权，指配偶一方在与第三人就家庭日常事务为一定法律行为时，享有代理对方的权利。（5）其他权利，如夫妻姓氏权、失踪宣告权、死亡宣告权等夫妻之间基于身份而产生的权利。

亲权指父母对未成年子女在人身和财产方面的管教和保护的权利与义务，其内容主要有：保护、教育权，住所指定权，法定代理权和同意权，职业许可权，财产管理权，财产使用收益权和必要处分权，抚养义务，未成年人致害赔偿义务等。亲属权指除配偶、未成年子女以外的其他近亲属之间的身份权，具体地说，它是父母与成年子女、祖父母与孙子女、外祖父母与外孙子女以及兄弟姐妹之间的身份权。我国《婚姻法》对亲属权的明文规定主要有：第28条关于祖父母、外祖父母与孙子女、外孙子女之间相互有条件的抚养关系；第29条关于兄、姐对弟、妹有条件的抚养关系；第21条涉及父母与成年子女之间的亲子关系以及相互的抚养、赡养关系。需要指出的是，以上规定将亲属权等同于扶养权，内容过于狭窄，不能涵盖亲属权的全部内容，而国外立法普遍规定亲属之间的尊敬义务，相互的帮助以及体谅义务等，颇有借鉴意义。

监护权指监护人对于不能得到亲权保护的未成年人和精神病成年人的

---

① 钟国才、张继承：《身份权类型的理论认识与评价——基于类型化思维的思考》，《南昌大学学报》（人文社会科学版）2010年第5期。

② 史浩明：《论身份权》，《苏州大学学报》（哲学社会科学版）2001年第4期。

人身、财产权益所享有的监督、保护的身份权。关于监护权与亲权的关系，大陆法系民法认为，两者互不相容，各自独立，因而严格区分亲权与监护权。对处于亲权保护之下的未成年人，其利益已能得到充分保护，而无须再设置监护制度。我国立法未采用"亲权"概念，《民法通则》第16条规定对未成年子女的监护权，从其内容看，似乎亲权已为监护权所吸收，但是，亲权与监护权的内容和产生条件并不相同：监护权的产生，以未成年人丧失亲权保护为前提，即亲权丧失之后，才能对未成年人发生监护权。

荣誉权是指公民、法人对其获得的荣誉所享有的保持和支配的权利。荣誉权不属于人格权，而属于身份权。人格权是民事主体固有的权利，又称固有权，人格权必须始终由民事主体享有，一旦自然人出生、法人成立，就享有人格权。荣誉是社会、国家通过特定的机关或组织给予公民或法人的一种特殊的美名或称号，荣誉权并不是主体一出生或成立就享有的，也不是主体普遍享有的，更不是主体依自己的行为而取得的，而且荣誉权可经一定的程序而予以限制或剥夺。荣誉权不具备人格权的基本属性，而与身份权的特性完全相符。

知识产权中包含有人身权的内容，其享有以创造知识产品的人的特定身份为基础，属于身份权的范围，其身份权的属性表现在：（1）权利主体的特定性。知识产权中的身份权属于创造智力成果的人，不像人格权那样生而有之，普遍有之。（2）权利取得的程序性。某些知识产权如专利权、发明权的取得，不仅要求权利人创造一定的智力成果，而且必须经过严格的法定程序才能取得，否则，其身份权就不能得到法律的确认和保护。（3）权利的地域性。知识产权在一国取得后，权利人的身份权通常只能在该国范围享有，他国则不当然确认。

三 政治权利与经济社会权利及其刑法保护

（一）民主权利概念的弊端：含义不清、范围不明

我国刑法分则第四章规定的"民主权利"的含义仅从刑法文本中无从知晓。民主权利与人身权利、财产权利一样，都属于宪法权利，刑法作为这些宪法权利的保障法，对其概念、内涵、分类等不能直接做出规定，民主权利的含义必须从宪法中寻找。我国宪法规定的公民基本权利主要包括：平等权，选举权与被选举权，政治自由（言论、出版、集会、结社、

游行、示威自由），宗教信仰自由，人身自由，人格尊严，住宅安全权，通信自由与通信秘密权，对国家机关和国家工作人员的批评、建议、申诉、控告和检举权，劳动权，休息权，获得物质帮助权，受教育权，文化活动自由等。这些基本权利和自由只是笼统而凌乱地在各法条中列举，缺乏体系性和逻辑性，从宪法文本中，除了选举权与被选举权之外，无法确定民主权利还包括哪些具体的权利。宪法学理论中也没有民主权利这一权利类别。民主权利不是一个严谨的学术概念，因为在民主制度下的任何权利都是民主权利；而且从对宪法权利的学术分类和注释宪法学意义上的分类来看，并不存在民主权利这一类型。

有观点认为，民主权利与政治权利两者只是同义反复。民主权利是公民依法享有的各项政治权利和自由的通称，而政治权利是宪法规定公民所享有的管理国家、参与政治生活和公开地以各种形式表达政治上的见解和意见的自由。国家有关文件似乎也认可了这一点："发展社会主义民主，切实保障人民当家作主的民主权利，特别是选举权、知情权、参与权、表达权和监督权。"这里关于民主权利的"五权"论述与宪法权利中的政治权利含义基本相同。有论者指出，我国刑法分则第四章规定的"民主权利"与注释宪法学上的"政治权利"的内涵和外延相同，侵犯公民民主权利罪可以理解为侵犯公民政治权利罪。[①]

但是，从公民基本权利的角度看，"政治权利"包括且不限于"民主权利"，其外延更为广阔。"现代民主概念非常多，但是其核心是选举与罢免领导人的权利和程序"。如果严格限定民主权利的外延，它仅指选举权和被选举权，不能包括其他政治权利。而政治权利的本质是公民直接参与或者影响国家权力运作的权利，其直接对应的是国家权力而非社会权力等非国家权力。公民权或公民的公权利，核心是政治权利。由宪法确认的政治权利，包括思想信仰自由，言论自由，集会、结社、出版、游行、示威自由，对政府的选举权、批评权、控告权及其监督权，等等。这些政治权利与自由的实质，在于使公民对于国家意志的形成能发生影响。我们可以把公民政治性的言论、出版、集会、结社、游行、示威自由称为政治权利或者政治自由，但将其称为民主权利就显得较为牵强。这也是《刑法》第54条规定剥夺"政治权利"而非剥夺"民主权利"的原因。因此，刑

[①] 石磊：《侵犯公民民主权利罪是什么》，《国家检察官学院学报》2012年第5期。

法分则第四章规定的"民主权利"不能等同于宪法学理论上的"政治权利"。

民主权利的概念不仅与政治权利的概念纠缠不清,而且其范围不明确,包容性不足。刑法分则第四章的标题是"侵犯公民人身权利、民主权利罪",意味着该章规定的四十余种犯罪或者属于侵犯公民人身权利罪,或者属于侵犯公民民主权利罪。无论是否区分"民主权利"和"政治权利",除破坏选举罪之外,报复陷害罪等其他不属于侵犯公民人身权利罪的犯罪均无法归入侵犯公民民主权利罪。传统理论认为,刑法典中侵犯公民民主权利罪有五个罪种,即破坏选举罪、报复陷害罪、侵犯公民通信自由罪、侵犯少数民族风俗习惯罪和妨害宗教信仰罪。但是,通信自由是人身权利还是民主权利?宗教信仰自由是否是民主权利?少数民族保持自己民族的风俗习惯权、民族平等权等民族权利归属于人身权利还是民主权利更为合适?个人信息隐私权是人身权利还是民主权利?这些问题不无争议。

(二)政治权利及经济社会权利的倡导

我国宪法使用的"公民基本权利"概念中,明确包含了政治权利和经济社会文化权利的内容。关于公民基本权利的类别划分,学理上尚未达成一致的理解。有观点认为公民基本权利大体上由三部分组成:一是自我肯定和保存意义上的古典基本权利,是以人性论和天赋权利为思想道德基础的权利,在内容上基本上属于自然权利,主要包括生命、自由、安全和追求幸福的权利;二是自我表现意义上的体现公民参与的政治权利,其基本内容是选举权、被选举权、创制权、复决权与罢免权等;三是自我实现和发展意义上的社会经济权利,在内容上包括社会安全的权利、工作的权利、休息和闲暇的权利、受教育的权利、达到合理生活水准的权利和参与文化生活的权利。另有观点将公民基本权利分为个人权利、社会权利和政治权利三类。其中个人权利主要包括生命权、人格尊严、人身自由、精神自由、表达自由、财产权等;社会权利包括劳动权、受教育权、文化权利和社会保障权等;政治权利则包括选举权与被选举权、表达自由、罢免权、创制权、公决权、监督权、公职权、抵抗权等。还有论者将公民基本权利分为人权与公民权两类,人权是"自然人"所享有的基本权利,主要包括生存权、自由权、人的尊严及诉权;而公民权则是"公民"作为社会共同体的一分子的政治参与权,如选举权、参政权等。有论著将公民基本权利细分为公民权利（生命权、财产权、人格尊严、人身自由等）、政治权利（选举权与被选举权、公职权、言论自由等）、经济权利（劳动权、社会保障权等）、社会权利（生存权、休息权、环境权等）以及文化权利（科学研究自由、文学创作自由等）。

本书基本赞同将公民基本权利划分为自然权利、政治权利及社会文化权利的观点，但是更倾向于使用人身权利的概念取代自然权利。由此出发，本书主张将刑法第四章的标题修改为"侵犯公民政治权利及经济社会权利罪"。这种做法具有如下优点：首先，能够回避"民主权利"概念面临的诸多问题。民主权利在内涵上与政治权利纠缠不清，在外延上范围不明。其次，能够与《世界人权宣言》及相关国际公约保持一致。涉及人权的两个国际公约分别使用了政治权利和经济社会文化权利两个类概念，表明两者不可混同。最后，政治权利及经济社会权利的概念内容丰富、逻辑清晰，具有较强的涵盖性。它们不但能够顺理成章地将报复陷害罪、侵犯公民通信自由罪、侵犯少数民族风俗习惯罪和妨害宗教信仰罪囊括其中，而且可以将强迫劳动罪、雇佣童工罪、恶意欠薪罪等涉及劳动权利的犯罪予以覆盖，并且能够为将来增设相关新罪名预留足够的立法空间。

从学理上看，政治权利的内涵可被描述为公民以积极作为的方式参与或接近国家权力成立和运作的、反映公民对国家的能动地位的权利。它是由产生国家权力的政治权利、直接参与行使国家权力的政治权利、监督国家权力的政治权利、了解国家事务及对其发表意见的政治权利、组织性的政治权利、抵抗性的政治权利六项子权利构成的复合性权利。①

政治权利的概念充分体现在《公民权利和政治权利国际公约》中，经济、社会及文化权利的概念则正式出现在《经济、社会及文化权利国际公约》中，其内容如其名称所示，广泛涵盖了公民在经济、社会及文化领域的各项基本权利。政治权利是公民根据宪法、法律的规定参与国家政治生活的权利，是公民的经济要求在政治上的集中反映，是公民权利的重要组成部分，也是公民其他权利的基础。政治权利的术语在我国宪法和刑法中均有使用。根据《刑法》第54条的规定，政治权利的内容主要包括四个方面：选举与被选举权；公民言论、出版、集会、结社、游行、示

---

① 饶龙飞：《政治权利概念的多维解读》，《北方法学》2008年第5期。

威自由的权利；担任国家机关职务的权利；担任国有公司、企业、事业单位和人民团体领导的权利。

(三) 侵犯公民政治权利与经济社会权利罪的范围

从法理上讲，侵犯公民政治权利与经济社会权利罪主要应当包括破坏选举罪，破坏集会、游行、示威罪，煽动民族仇恨、民族歧视罪，出版歧视、侮辱少数民族作品罪，侵犯少数民族风俗习惯罪，报复陷害罪，打击报复会计、统计人员罪，强迫劳动罪，雇用童工从事危重劳动罪，以及拒不支付劳动报酬罪。

1. 破坏选举罪，破坏集会、游行、示威罪

选举权和被选举权是政治权利的核心，破坏选举罪当然地属于侵犯公民政治权利罪，而且是其中最重要的一种。有论者认为，在刑法分则第四章中与侵犯公民民主权利挂得上钩的犯罪行为，有且只有《刑法》第256条规定的破坏选举罪，但此罪的罪状描述中并非所有行为都是在侵犯公民的民主权利或妨碍其行使。首先，暴力与威胁针对选民的可能性极小。选民有选举权利，同样也有不参加选举的自由，没有哪部法律规定选民不参加选举投票就要受到刑法处罚。如果暴力、威胁是针对选民必须投票给或不得投票给某个候选人，那么面对此种暴力和威胁，选民完全可以选择退出选举。欺骗、贿赂选民要求他们给或不给某人投票，不能算是侵犯公民的民主权利，尤其是贿赂选民，让其投票给某个候选人，完全不能归入侵犯公民民主权利之列。至于伪造选举文件，于一般选民没有丝毫的利益，谈不上侵犯选民的公民民主权利。其次，不直接侵害选民的公民民主权利，而是对公民民主权利的实施结果予以非法干预，甚至蓄意更改，也不能算作是侵犯此类公民权利，应该归于破坏选举秩序，选举秩序是一个国家社会最为重要的政治与权力秩序，属于刑法分则第六章之犯罪行为。①

本书认为，上述关于欺骗、贿赂、伪造行为的论述毫无说服力，而且对于选举权及被选举权的行使，不能做狭隘的理解。选举秩序的破坏在实质上仍然意味着至少有部分公民的选举权与被选举权无法得到充分或正当的行使，因而破坏选举秩序的行为仍然属于对公民选举权及被选举权的侵犯。因此，破坏选举罪毫无疑问地属于侵犯公民政治权利罪的范围。破坏集会、游行、示威罪要求造成公共秩序混乱，因而被归入扰乱公共秩序

---

① 熊建明：《刑法分则第四章中"公民"解析》，《东方法学》2013年第6期。

罪，但是其主要法益显然是作为公民政治权利之一的集会、游行和示威自由。

2. 煽动民族仇恨、民族歧视罪，出版歧视、侮辱少数民族作品罪，侵犯少数民族风俗习惯罪

这三种犯罪都与民族问题和民族权利有关，其直接依据是《宪法》第4条。该条规定："中华人民共和国各民族一律平等。国家保障各少数民族的合法的权利和利益，维护和发展各民族的平等、团结、互助关系。禁止对任何民族的歧视和压迫，禁止破坏民族团结和制造民族分裂的行为。……各民族都有使用和发展自己的语言文字的自由，都有保持或者改革自己的风俗习惯的自由。"刑法确立的上述三罪的规定显然是对宪法的这一规定的落实性规定。但《宪法》第4条是第一章"总纲"中的一条，是对国家的民族政策的概括性规定，并非是关于民族权利的直接规定。要确定民族平等、保持或者改革自己的风俗习惯的自由等民族权利的权利属性，需要在《宪法》第二章"公民的基本权利和义务"中寻找照应性规定，即《宪法》第33条。该条规定："凡具有中华人民共和国国籍的人都是中华人民共和国公民。中华人民共和国公民在法律面前一律平等。"这一规定表明的宪法权利，宪法学界称为"平等权"。平等权在整个宪法的权利体系中具有一定的超越地位，它通过民族平等、男女平等、政治平等权、社会经济平等权以及其他具体的宪法权利来体现其内容，是一种原则性的、概括性的宪法权利。

《宪法》第33条规定的平等权的主体是公民，即个体，而《宪法》第4条规定的民族权利的主体是民族，即群体。"群体权利不是个人权利的简单相加，也不是与个人权利不同的集体权利，而是以群体的共性形式表现出来的个人权利……群体权利最终总要落实到个人头上，群体权利实际上是一种特殊的个人权利。"[①] 对于平等权，国际人权公约虽以个人作为权利主体加以规定，但却明确表述不因种族、肤色、宗教、语言等理由被歧视。《公民权利和政治权利国际公约》第26条规定："所有的人在法律前平等，并有权受法律的平等保护，无所歧视。在这方面，法律应禁止任何歧视并保证所有的人得到平等的和有效的保护，以免受基于种族、肤色、性别、语言、宗教、政治或其他见解、国籍或社会出身、财产，出生

---

① 孙国华：《人权：走向自由的标尺》，山东人民出版社1993年版，第60页。

或其他身份等任何理由的歧视。"这一规定中的平等权,显然包括民族平等、禁止民族歧视等内容。

如将平等权视为与政治权利相并列的宪法权利,那么平等权也应当是与人身权利相并列,即平等权也不能归入人身权利之中。如此一来,侵犯民族权利的煽动民族仇恨、民族歧视罪等三罪既不能归入侵犯政治权利罪,也不属于侵犯公民人身权利罪,导致三罪无所归依。本书认为,平等权应当属于政治权利的范畴,煽动民族仇恨、民族歧视罪,出版歧视、侮辱少数民族作品罪,侵犯少数民族风俗习惯罪应当归入侵犯公民政治权利的犯罪。

3. 报复陷害罪

报复陷害罪是侵犯公民监督权的犯罪,其宪法依据是《宪法》第41条规定:"中华人民共和国公民对于任何国家机关和国家工作人员,有提出批评和建议的权利;对于任何国家机关和国家工作人员的违法失职行为,有向有关国家机关提出申诉、控告或者检举的权利,但是不得捏造或者歪曲事实进行诬告陷害。对于公民的申诉、控告或者检举,有关国家机关必须查清事实,负责处理。任何人不得压制和打击报复。"对于公民的监督权是否属于政治权利,在宪法学理论上存在争论。有观点认为,政治权利包括监督权。也有观点认为《宪法》第41条规定的权利,不是纯粹的政治权利,因为它们存在多种用途,除了用于政治生活之外,还可以用于其他方面,即它们的存在不是唯一地为适应政治生活的需要而设计的,所以,它们只是"与政治有关的权利"。认为监督权不是纯粹的政治权利固然有一定的道理,但是从刑法学的角度看,报复陷害罪无疑归入侵犯公民政治权利罪更为适宜。因为从本罪的主体(国家机关工作人员)和手段(滥用职权、假公济私)以及被害人(控告人、申诉人、批评人、举报人)看,本罪显然是为了保护公民参与国家的政治生活而设立的。

4. 打击报复会计、统计人员罪

从权利保护的角度分析,打击报复会计、统计人员罪是为弥补报复陷害罪,针对特定主体(公司、企业、事业单位、机关、团体的领导人)、特定被害人(会计、统计人员)和特定场合(会计、统计人员依法履行职责、抵制违反会计法、统计法行为)而设立的犯罪。本罪的宪法依据是《宪法》第2条第3款"人民依照法律规定,通过各种途径和形式,管理国家事务,管理经济和文化事业,管理社会事务"的规定以及《宪法》第17条第2款"集体经济组织依照法律规定实行民主管理，由它的全体劳动者选举和罢免管理人员，决定经营管理的重大问题"的规定，即公民的社会事务管理权和集体经济组织劳动者的民主管理权。

公民的社会事务管理权属于公民基本权利中的社会权利。从权利的基本属性分析，与政治权利相对应的是国家权力，与社会事务管理权相对应的是社会权利。社会权利即社会主体以其所拥有的社会资源对国家和社会的影响力、支配力。社会权利与国家权力的基本区别在于权力的性质不同。例如《宪法》第34条规定的选举权和被选举权，是公民基本的政治权利，但这种选举权和被选举权只能运用于选举各级人民代表大会代表或者国家机关领导人时，不包括村民委员会和居民委员会的选举，其原因就在于这两种选举的性质完全不同，前者是产生国家权力的选举，后者是产生社会权力的选举，相应地，前者的选举权和被选举权属于政治权利，而后者的选举权和被选举权属于公民的社会事务管理权。

5. 侵犯公民劳动权利的犯罪

数个刑法修正案先后增设了一些侵犯公民劳动权的犯罪，如《刑法修正案（四）》第4条增设了雇用童工从事危重劳动罪，《刑法修正案（八）》第38条增设了强迫劳动罪，第41条增设了拒不支付劳动报酬罪。强迫职工劳动罪和雇佣童工从事危重劳动罪规定在刑法分则第四章，后者规定在刑法分则第五章，既不符合法益标准，又毫无体系性可言。从法益保护的角度看，这些犯罪明显属于侵犯公民经济社会权利罪的范畴。

（四）不属于侵犯公民政治权利与经济社会权利的犯罪

需要注意的是，侵犯公民个人信息罪，侵犯通信自由罪，私自开拆、隐匿、毁弃邮件、电报罪，非法剥夺公民宗教信仰自由罪属于侵犯人身权利的犯罪，不属于侵犯公民政治权利与经济社会权利罪。

1. 侵犯公民个人信息罪

很明显，该罪属于侵犯公民隐私权的犯罪。我国宪法没有明确规定隐私权，但可以从宪法条文中推导出隐私权。《宪法》第38条规定："中华人民共和国公民的人格尊严不受侵犯。禁止用任何方法对公民进行侮辱、诽谤和诬告陷害。"这里的"人格尊严"，包括个人的隐私不被人知晓的含义。《宪法》第39条关于住宅不受侵犯的规定和第40条关于通信自由和通信秘密受法律保护的规定，实际上也包含着对隐私权的保护。隐私权是公民享有的私生活安宁与私人信息依法受到保护，不被他人非法侵扰、知悉、搜集、利用和公开等的一种人格权。隐私是指个人没有公开的信息、资料等，是公民不愿公开或让他人知道的个人的秘密。隐私权作为民事权利的一种，是典型的私权利。"民事权利是私权利，政治权利、社会权利为公权利。所谓公权利就是依照公法规定而享有的权利和自由……私权利则是指受私法保护而享有的权利和自由，它通常表现为以满足个人需要为目的的个人权利。"

2. 非法剥夺公民宗教信仰自由罪

宗教信仰自由是人身权利之一种，非法剥夺公民宗教信仰自由罪属于侵犯公民人身权利罪的一种。宗教信仰自由与政治无关。宗教信仰是人们的思想信仰问题，不涉及政治问题。宗教信仰自由是精神自由之一，而精神自由是个人权利（自由权）的重要组成部分。有观点认为宗教信仰自由是政治权利："人是根据自己的思想和信念决定自己行动的，因此，人们正确行使表达权、选举权的更基础性的要求是他们有思想自由和信仰自由；没有思想自由和信仰自由，其他权利也就无从行使。"这种观点的逻辑错误在于，思想自由是政治权利的基础，但不能就此认为思想自由就是政治权利。宗教信仰自由与公民参与国家政治生活无关，与国家权力无关，根本就不是政治权利。将宗教信仰自由归入政治权利，是把宪法权利"泛政治化"的表现。

3. 侵犯通信自由罪，私自开拆、隐匿、毁弃邮件、电报罪

这两种犯罪是侵犯通信自由或者通信秘密的犯罪。关于通信自由与通信秘密，规定在我国《宪法》第40条："中华人民共和国公民的通信自由和通信秘密受法律的保护。除因国家安全或者追查刑事犯罪的需要，由公安机关或者检察机关依照法律规定的程序对通信进行检查外，任何组织或者个人不得以任何理由侵犯公民的通信自由和通信秘密。"与宗教信仰自由一样，这种自由的特点在于排除国家权力对个人领域的介入，防御国家的侵犯，要求国家消极不为，属于消极权利。正是因为通信自由等自由权属于消极权利，即个人要求国家权力做出相应不作为的权利，与属于积极权利的政治权利显然不同。政治权利作为积极权利，即个人要求国家权力做出相应作为的权利。包括通信自由在内的自由权不属于政治权利。

四　财产权利及其刑法保护

（一）关于财产犯罪保护法益的主要学说

财产犯罪保护法益的传统学说主要有本权说和占有说两大类。① 本权说认为，财产罪保护的法益是财产所有权及其他本权。刑法所保护的本权包括所有权和各种财产权利、财产性利益，但知识产权、商业秘密等财产性权利在经济犯罪中有专门规定，不属于财产犯罪的法益。我国刑法中存在采用本权说的例证，《刑法》第238条第3款的规定，为索取债务非法扣押、拘禁他人的，以非法拘禁罪定罪处罚，而不是定敲诈勒索罪或者绑架罪。根据相关司法解释的规定，抢劫赌资、犯罪所得的赃款赃物的，以抢劫罪定罪，但行为人仅以其所输赌资或所赢赌债为抢劫对象，一般不以抢劫罪定罪处罚，构成其他犯罪的，依照刑法的相关规定处罚。偷拿自己家的财物，一般可不按犯罪处理，等等，这些规定都带有本权说的色彩。狭义的本权仅指所有权。所有权说一直是我国的通说，但是该说存在一定的理论缺陷。首先，造成刑法只保护所有权（自物权）而不保护他物权的局面。其次，无法涵盖财产性利益、债权等权利，不符合刑事立法精神和司法实践需要。财产犯罪侵犯的对象不仅包括财物，还包括财产性利益、债权等。占有说则认为，财产犯罪的法益不应局限于本权，而应当是他人对财物事实上的占有状态，既包括合法占有，也包括非法占有。本权说保护财产法益过于狭窄的缺陷，不利于维护财产秩序。随着现代社会财产关系的日益复杂，财产流转更加频繁迅速，财产法益的范围需要扩大。财产罪的法益问题在日本的判例上存在变迁的过程。第二次世界在战之前，大审院的判例明确采取本权说；第二次世界大战之后，最高裁判所的判例由本权说演变至占有说，这与日本战后混乱不堪的财产秩序有关。日本刑法中存在体现占有说的规范依据，例如《日本刑法典》第242条关于盗窃罪和强盗罪的规定："虽然是自己的财物，但由他人占有或者基于公务机关的命令由他人看守时，就本章犯罪，视为他人的财物。"

刑法保护财产法益归根结底是本权，本权说能够合理限定财产犯罪的犯罪圈，兼顾刑法的社会保护功能和人权保障功能。占有说从刑法独立性

---

① 高翼飞：《侵犯财产罪保护法益再探究——为本权说辩护》，《中国刑事法杂志》2013年第7期。

的角度论证刑法保护法益的特殊性，有扩张刑法处罚范围的危险，不符合刑法的保障法地位和谦抑性原则。财产秩序是一种确认权利的秩序，唯有明确财物的权利归属，才能真正实现"定纷止争"的理想秩序。贯彻权利本位论的思想，法应当以权利为其起点、轴心或重点。在权利和义务的关系中，权利是第一性的因素，义务是第二性的因素；权利是目的，义务是手段；法律设定义务的目的在于保障权利的实现，权利是义务存在的依据和意义。本权说以权利为本位；占有说以义务为本位。但没有揭示财产犯罪的本质。刑法规定财产犯罪，目的是保障公私财产权，其与民法上所保护的财产权是一致的。

随着社会的发展，侵犯财产罪的对象纳入了财产性利益等内容，突破了"物"的前提性限制。这使得以"物"作为前提的本权说、占有说和中间说等说明财产犯罪保护法益的学说，显得有些不符合社会现实。在德国刑法学中发展起来的不以"物"作为前提的法律财产说、纯粹的经济财产说、法律·经济财产说、机能的财产说等方案，更适合用来描述和解释侵犯财产犯罪的保护法益。其中，纯粹的经济财产说和法律·经济财产说较为流行。[①]

法律的财产说认为，财产是一个人应得的财产权利的总和，而不取决于权利的对象是否具有经济上的价值。这种方案将"被骗者只是和被告人签订了合同，并由此负担给付义务"的情形，判定为被告人已经侵犯到他人财产权利，可以成立相应的侵犯财产罪。这显得不太合理，因为这时被骗者仍然可以撤销合同。这种情形至多可认为是民事欺诈，按照刑法来认定犯罪显然是为时过早了。

纯粹的经济财产说只考虑财产的经济性质，主张财产不是财产权利，而必须具有金钱上的利益。该说采用收支计算的方式来判定经济上的损失，显得更为简明实用、容易操作。只要被告人的欺骗或敲诈勒索行为侵犯了金钱利益的财产，使得对方经济上变穷，不管受侵犯的金钱利益是否合法，均成立诈骗罪或敲诈勒索罪。纯粹的经济财产说在我国的司法解释中有所体现。1991年最高人民检察院《关于贩卖假毒品案件如何定性问题的批复》（已失效）和1994年最高人民法院《关于执行〈全国人民代表大会常务委员会关于禁毒的决定〉的若干问题的解释》（已失效）支持

[①] 蔡桂生：《刑法中侵犯财产罪保护客体的务实选择》，《政治与法律》2016年第12期。

将贩卖假毒品认定为诈骗。2005年最高人民法院《关于审理抢劫、抢夺刑事案件适用法律若干问题的意见》规定,"抢劫赌资、犯罪所得的赃款赃物的,以抢劫罪定罪,但行为人仅以其所输赌资或所赢赌债为抢劫对象,一般不以抢劫罪定罪处罚。构成其他犯罪的,依照刑法的相关规定处罚"。在司法判例中,设局骗取他人赌资的,也认定为诈骗罪。根据2013年最高人民法院和最高人民检察院联合发布的《关于办理盗窃刑事案件适用法律若干问题的解释》和2005年最高人民法院《关于审理抢劫、抢夺刑事案件适用法律若干问题的意见》,盗窃毒品等违禁品,应当按照盗窃罪处理的,根据情节轻重量刑;以毒品、假币、淫秽物品等违禁品为对象,实施抢劫的,以抢劫罪定罪;抢劫的违禁品数量作为量刑情节予以考虑。

纯粹的经济财产说存在三方面的问题:首先,与刑法条文有冲突。按照《刑法》第348条等规定,对违禁品的占有或持有在法律上是受到禁止的;而依照纯粹的经济财产说,在侵犯财产罪中保护毒品的持有免受诈骗或者敲诈勒索,会出现价值冲突或者出现评价上的自相矛盾,使人怀疑持有毒品不是犯罪。其次,与司法解释不符。1995年最高人民法院《关于对设置圈套诱骗他人参赌又向索还钱财的受骗者施以暴力或暴力威胁的行为应如何定罪问题的批复》指出,行为人设置圈套诱骗他人参赌获取钱财,属赌博行为,构成犯罪的,应当以赌博罪定罪处罚;而如果按照纯粹的经济财产说,这时就应定诈骗罪。最后,司法解释规定盗窃、抢劫违禁品可以构成盗窃罪、抢劫罪,均不认定违禁品的具体数额,而是以违禁品数量作为量刑情节加以考虑。这说明,法律不承认违禁品的经济价值,隐含了只认可合法财产的立场。

法律·经济财产说指出,不是所有的经济利益,都是财产犯罪保护的内容,只有法律上认可的那些经济利益才是。相比于纯粹经济财产说而言,法律·经济财产说注意到了法律评价上不应互相抵触,违法的利益不受财产犯罪条款的保护,矛盾较少。法律·经济财产说在我国刑法中也有充分的体现。首先,《刑法》第92条表明刑法上的财产不包括违法的财产。其次,在诱骗他人参加赌博的有关司法解释中也有所体现。1991年最高人民法院研究室《关于设置圈套诱骗他人参赌获取钱财的案件应如何定罪问题的电话答复》(已失效)认为,诱骗他人参赌的应定赌博罪。1995年最高人民法院《关于对设置圈套诱骗他人参赌又向索还钱财的受骗者施以暴力或暴力威胁的行为应如何定罪问题的批复》指出，行为人设置圈套诱骗他人参赌获取钱财，属赌博行为，构成犯罪的，应当以赌博罪定罪处罚。如果采取纯粹经济的财产说，骗取赌资的情形应当以诈骗罪论处。再次，索取高利贷、赌债等方面的司法解释，也未将强迫索财的行为认定为敲诈勒索罪。2000年最高人民法院《关于对为索取法律不予保护的债务非法拘禁他人行为如何定罪问题的解释》规定，行为人为索取高利贷、赌债等法律不予保护的债务，非法扣押、拘禁他人的，依照《刑法》非法拘禁罪的规定定罪处罚。最后，相关司法判例中有所体现。在"黄勇、郑洪忠、葛发云抢劫、敲诈勒索案"中，法院指出："赌场上的赌资，是应当予以没收的，但它并不是任何人都可以拿来归己的无主物，应当没收的财物只能由国家司法机关依法没收归公，而不准他人任意侵犯。这并不意味着保护违法犯罪分子对这些非法所得财物的所有权，而是因为非法从赌博犯手中抢劫这些财物，归根到底是对国家财产权利的侵犯。"但是，法律·经济财产说并非全无疑点，在前述案件中，司法机关主张赌资要充公因而也是保护的对象，其理由不够充分，因为赌资虽然是要被充公的，但在抢劫、敲诈勒索的当时，它们毕竟尚未充公，因此仍然属于违法财产。国家在没收之前对毒品并不享有所有权，认为窃贼侵犯了国家的毒品所有权甚为牵强。

关于财产罪的保护法益问题，德、日两国刑法理论上提出的各种学说尽管有差异，但总的来说，法律的财产说与本权说、经济的财产说与占有说、法律的经济的财产说与修正说比较接近，争论的焦点是不法原因给付物（如嫖客支付给妓女的预付款）、他人占有之下的自己的财物、用不法手段（如盗窃）取得的物、法律禁止持有的违禁品，能否成为财产罪的侵害对象。归根到底是扩大还是缩小或适当限制财产罪的处罚范围的问题。法律的财产说与本权说主张缩小，经济的财产说与占有说主张扩大，而法律的经济的财产说与修正说则是采取折中的办法。第二次世界大战之后，德、日两国的司法实践都有扩大财产罪处罚范围的趋势。[①]

总而言之，作为财产罪侵害对象的财产，必须能够体现财产所有权关系。法律禁止私人所有、持有的物品，如毒品、伪造的货币、淫秽物品，

[①] 刘明祥：《德日刑法学中的财产罪保护法益问题之比较》，《华中理工大学学报》（社会科学版）2000年第1期。

由于不能体现财产所有权关系,因而不能成为财产罪的侵害对象;采用盗窃等手段夺取这类物品,虽然也可能构成犯罪,但却不宜定为财产罪,惩罚这类犯罪所要保护的并非财产所有权。财产所有权与占有或持有存在密切联系。在占有与所有权未分离的情况下,自然是占有者享有所有权;当占有与所有权相分离时,财物的占有者不是所有者,第三者采用非法手段取得或者毁坏这种财物,无疑会侵害他人的财产所有权,肯定可以构成财产罪。在非法占有,如采用盗窃等非法手段取得的赃物,第三者又采用盗窃等非法手段夺走的情况下,无疑是对原所有者的所有权的再次侵害。但是,对所有权的侵害与占有者本身对财产的占有是合法还是非法并无直接关系。只要某物能体现财产所有权关系,所有者之外的第三者采用刑法规定的非法手段取得或毁坏,就可以构成侵害所有权的财产罪。如果所有者将他人非法占有的自己的所有物取回,自然不构成对所有权的侵害。即使采用的手段不合法,如采用暴力手段夺取,并给对方的人身造成了伤害,这虽然也可能构成犯罪,但却不能构成抢劫等侵害财产罪。如果自己所有的财物在他人合法占有之下,所有者采用非法手段取得或者毁坏,构成有关财产罪,因为这种行为给他人带来财产损失,从根本上损害他人的财产所有权。

(二) 财产法益的主体归属

财产法益属于非专属法益,既包括归属于个人法益的部分,又包括归属于社会法益和国家法益的部分。在对于侵犯个人法益的犯罪的分类中,无论是学理还是各国立法,都明确划分出侵犯财产罪;而在对于侵犯社会法益和国家法益的犯罪的分类中,往往不将侵犯财产罪单独列出或规定。究其原因,可能在于侵犯社会财产或国家财产的犯罪与侵犯个人财产的犯罪在行为方式以及行为类型上并无重大差异,因而没有必要做重复性的规定。但是,这种解释必须建立在两个前提之下:一是在理论层面上,应当将个人法益视为最基本、最初级和相对单一的法益形态,将社会法益和国家法益视为逻辑上位于个人法益之后的相对复杂的、高级的法益形态。二是在立法技术层面上,刑法分则应当将侵犯个人法益的犯罪置于侵犯社会法益和国家法益之前,否则谈不上重复规定的问题。当然,这种理解并不排除在侵犯社会法益和国家法益的犯罪中专门规定一些具有特殊性的财产犯罪,如贪污罪、挪用公款罪、私分国有资产罪等。

刑法分则对于某些财产犯罪在法益归属的安排上,某种程度上与一国的社会经济制度不无关系。在我国刑法中，依据所有权的不同，财产犯罪的罪名及其归属亦不相同。侵占个人所有的财物属于侵占罪，侵占公司、企业所有的财物属于职务侵占罪，侵占公共财物属于贪污罪；与之同理，挪用行为也因财产所有权的不同而划分为挪用资金罪、挪用特定款物罪与挪用公款罪。在某些西方国家尤其是英美国家，基本上没有贪污罪的概念，但是存在理论成熟、内涵明确、功能强大的侵占罪（embezzlement），贪污行为与侵占个人或企业财产的行为均被作为侵占罪处理。

第二节　社会法益

一　社会利益的概念及其范围

（一）社会利益

庞德把利益分为个人利益、公共利益与社会利益，个人利益"直接涉及个人生活的要求或希望，并被断定为是这种生活的权利"[1]；公共利益"涉及一个政治上有组织的社会生活的要求或需要或希望，并断定为是这一组织的权利"；社会利益"即以文明社会中社会生活的名义提出的使每个人的自由都能获得保障的主张或要求"。[2] 社会利益隐约出现在我国《宪法》中。该法第 51 条规定公民在行使自由和权利的时候不得损害国家的、社会的、集体的利益和其他公民的合法的自由与权利。

对于"社会"一词，可以从多个角度理解。（1）把"社会"与政治、经济等并列使用时，"社会"有非政治、非经济的含义，如"社会效益"所强调的是非经济的效益，不能只追求利润，而应当追求非营利目标。由于政治、经济、社会一体化现象较为普遍，故社会与政治、经济的界限模糊。（2）把"社会"与国家（政府）、私人或个人（自然人、家庭、法人等个体）相并列时，"社会"则有非国家（政府）、非个人和公众的含义，如社会团体、社会责任等用语中的"社会"。由于国家（政府）一贯以全社会的代表自居，就使得国家利益与社会利益交叉。（3）把私人（个人）利益与社会公共利益并列时，"社会"则有非私人

---

[1]　[美] 博登海默：《法理学——法律哲学和方法》，张智仁译，上海人民出版社 1992 年版，第 135—136 页。

[2]　[美] 庞德：《通过法律的社会控制》，沈宗灵译，商务印书馆 1984 年版，第 41 页。

（个人）和公共的含义，表示公私对立中的"公"，其中包括国家（政府）、利益集团、公共机构和全体社会成员。(4)在"法的阶级性和社会性"的表述中，"社会"则有超阶级、各个阶级、全体居民（国民）的含义。① 与之相应，社会利益可以在多种意义上使用：可作为与个体利益相对应的一个概念；可作为与国家利益相对应的一个概念；可作为等同于公共利益的一个概念；可作为与经济利益、政治利益相区别并列的一个概念。②

从概念的内涵上看，刑法理论基本上是在同一意义上使用全体法益、社会法益、超个人法益、普遍法益、公共法益、集体法益等概念的。③ 社会利益就其本身而言并不是一种公共利益，而是一种个人利益。例如，在雇佣关系中雇主和雇工的利益，消费关系中生产者和消费者的利益，环保关系中污染者和被污染者的利益。④ 社会法益、超个人法益这样的表述会给人以社会优先、超个人优先的语感，而普遍法益、公共法益这样的表述似乎又欠缺与个人法益的必要的关联性。

本书认为，在刑法分则关于社会法益的界定中，社会利益不应当等同于主体不明、内容不清的"公共利益"一词，其含义应当限定为与个人利益和国家利益相对应的，具有整体性和普遍性的社会成员的共同利益。具体而言，社会利益包括一般安全、个人生活、维护道德、保护社会资源（自然资源和人力资源）的利益以及经济、政治和文化进步方面的利益。⑤

（二）社会利益与公共利益

社会利益与公共利益常常纠缠不清，因此有必要搞清楚两者的关系。孙国华先生认为，按主体的不同，利益可分为个人利益和公共利益；公共利益中又可分为人类利益、国家利益、民族利益、阶级利益、集体利益、家庭利益，等等。有论者则认为，公共利益是从政治生活的角度出发，而由各个人所提出的主张、要求和愿望；公共利益往往表现为国家利益，政府常常成为公共利益的代表。还有论者认为，公共利益有两层含义：第一

---

① 王全兴、管斌：《经济法与社会法关系初探》，《现代法学》2003年第2期。
② 陈庆云、刘小康、曾军荣：《论公共管理中的社会利益》，《中国行政管理》2005年第9期。
③ 王永茜：《论集体法益的刑法保护》，《环球法律评论》2013年第4期。
④ 董保华：《社会法原论》，中国政法大学出版社2001年版，第3—4页。
⑤ 同上书，第2页。

层为社会公共利益（或者称为社会利益），即为社会全部或者部分成员所享有的利益；第二层为国家利益，如国家税务局拒不查处偷漏税行为的情况，其侵害的是国家的税收权，也就是国家的利益。大多数情况下，社会利益和国家利益是可以区分的，但在有些情况下，这两种利益是交织在一起的。例如，行政主体滥发采矿许可证的行为，一方面是对国家利益的损害，另一方面则是对其他采矿者公平竞争权的侵害。公共利益的主体既不能与个人、集体相混淆，也不是国家所能代替的，尽管公共利益在权利形式上，其主体可以是公民个人、法人、利益阶层或国家。①

公共利益具有整体性和普遍性两大特点，公共利益在主体上是整体的而不是局部的利益，在内容上是普遍的而不是特殊的利益，这与集体利益不同。公共利益具有整体性、抽象性、相对性和历史性等特征。② 公共利益概念的最特别之处，在于其概念内容的"不确定性"。这种内容的不确定性，可以表现在其"利益内容"的不确定性及"受益对象"的不确定性两个主要方面。正是由于这一点公共利益这一术语，在许多情况下容易造成认识上的混乱。因此，在使用公共利益这一概念时，必须明确其特定语境中的含义。

"公共利益""社会公共利益"两个名词在我国宪法和法律中均有正式使用，其中后者的使用频率最高。"公共利益"主要出现在宪法、刑法以及行政处罚法的有关条文中，如《宪法》第 10 条和第 13 条关于对土地和公民的私有财产实行征收或者征用的规定中要求出于公共利益的需要。《刑法》关于正当防卫和紧急避险的规定中均要求为了保护国家、公共利益、本人或者其他人的人身、财产和其他权利。《行政处罚法》第 1 条明确规定该法的立法目的是维护公共利益和社会秩序；第 62 条规定了执法人员致使公共利益和社会秩序遭受损害的法律责任。"社会公共利益"则被广泛使用于各种法律规定之中。《民法通则》第 7 条规定民事活动不得损害社会公共利益；第 49 条规定了企业法人损害国家利益或者社会公共利益的法律责任；第 58 条规定违反法律或社会公共利益的民事行为无效；第 150 条规定适用外国法律或者国际惯例的不得违背中华人民共和国的社会公共利益。《合同法》第 7 条规定当事人订立、履行合同不得

---

① 颜运秋、石新中：《论法律中的公共利益》，《中国人民公安大学学报》2004 年第 4 期。
② 王景斌：《论公共利益之界定——一个公法学基石性范畴的法理学分析》，《法制与社会发展》2005 年第 1 期。

损害社会公共利益；第52条规定损害社会公共利益的合同无效；第127条规定了对利用合同危害国家利益、社会公共利益的违法行为的监督处理。《外资企业法》第4条规定外资企业不得损害中国的社会公共利益；第5条规定根据社会公共利益的需要对外资企业可以依照法律程序实行征收。《民事诉讼法》第217条规定人民法院认定执行裁决违背社会公共利益的可裁定不予执行；第262条规定，外国法院请求协助的事项有损于中华人民共和国的主权、安全或者社会公共利益的，人民法院不予执行；第268条规定，对申请或者请求承认和执行的外国法院做出的发生法律效力的判定、裁定，认为不违反中华人民共和国法律的基本原则或者国家主权、安全、社会公共利益的，裁定承认其效力；违反中华人民共和国法律的基本原则或者国家主权、安全、社会公共利益的，不予承认和执行。《行政诉讼法》第44条规定，原告申请停止执行，人民法院认为该具体行政行为的执行会造成难以弥补的损失，并且停止执行不损害社会公共利益，裁定停止执行。

需要注意的是，公共利益（public interest）不可等同于社会公益（social welfare），后者指有关社会公众的福祉和利益，常常被简称为公益，仅从简称的字面含义看，两者极易混淆。但是，社会公益的外延小于公共利益。

二 社会法与第三法域

（一）从二元法律结构到三元法律结构

二元法律结构是以公法与私法的区分为特征的法律结构，其功能表现了一种保障权利和限制权力的法制状态。三元法律结构是指公法、私法与社会法并存的法律结构，它是在二元法律结构的基础上，形成中观的层次，根据利益的不同层次，将整个社会划分为三个层次进行调节。[1] 法律为保护三个不同领域中三种不同利益而形成三种本位思想：私法以私人领域中的个人利益为本位，公法以公共领域中的国家利益为本位，社会法则以社会领域中的社会利益为本位。[2]

公法与私法融合形成第三法域。如果要用法律语言来表述我们所见证

---

[1] 董保华：《社会法原论》，中国政法大学出版社2001年版，第21页。
[2] 同上书，第9页。

的社会关系和思潮的巨大变革,那么可以说,由于对"社会法"的追求,私法与公法……之间的僵死划分已越来越趋于动摇,这两类法律逐渐不可分地渗透融合,从而产生了一个全新的法律领域,它既不是私法,也不是公法,而是崭新的第三类:经济法与劳动法。① 私法的公法化导致西方社会法的产生,公法的私法化导致我国社会法的产生。在法律体现的构架中,西方国家从二元法律结构转变为三元法律结构,而我国则直接从一元法律结构转变为三元法律结构。② 有学者认为,对于公私法融合的第三法域完全可以用一个别的名称或者直接称为"第三法域",而不必冠以社会法的称谓,因为社会法在部门法意义上有独立的调整对象和确定的内涵,社会法是通过保护社会弱势群体来维护社会整体利益。③

R. C. 科努尔(R. C. Cornuelle)指出:"对于一个健全的社会来说,在商业领域与政府治理领域之间保有一个第三领域乃是至关重要的,而这个第三领域就是人们所谓的独立部门(independent sector):它常常能够而且也应当能够以更为有效的方式为我们提供大多数我们于当下仍然以为必须由政府提供的服务。如果这样一种独立部门能够在提供公共服务方面与政府展开直接的竞争,那么它就的确可以在很大程度上减少政府行动所具有的那种最为严重的危害,亦即政府行动所导致的以各种权力为支撑的垄断以及由这种垄断所导致的低效状况。"④

(二) 社会法的概念

社会法是一个模糊性概念。对于社会法的界定,国内学术界主要从三个维度进行,由具体到抽象,依次是部门法的维度、法域的维度以及法律观念的维度。首先,从部门法的维度看,社会法作为一个独立的部门法,是一国法律体系中的重要组成部分,它同民商法、经济法、行政法等部门法具有相同的位阶,是与其他部门法相对应的概念。其次,从法域的维度看,社会法是公法、私法两大法域之外的第三法域,它与法律的社会化,与现代法律对社会本位、社会公益、社会责任的强调密切相关,也同社会

---

① [德] 古斯塔夫·拉德布鲁赫:《法学导论》,米健、朱林译,中国大百科全书出版社1997年版,第77页。

② 董保华:《社会法原论》,中国政法大学出版社2001年版,第39页。

③ 余少祥:《社会法"法域"定位的偏失与理性回归》,《政法论坛》2015年第6期。

④ [英] 弗里德利希·冯·哈耶克:《法律、立法与自由》(第二、三卷),邓正来等译,中国大百科全书出版社2000年版,第344页。

问题、社会风险、社会保障、社会安全等直接相关。最后，从法律思潮或法律观念的维度看，基于个人与社会的二元划分，可以把法律分为个人法和社会法，分别解决个体的人和集体的人的问题；基于国家与社会的二元划分，可以把法律分为国家法和社会法，国家法主要是国家的制定法，而社会法则包括不成文的习惯、民约、社团内部规则等。可见，社会法主要是解决因社会失衡而产生的社会问题的法，其调整对象是在为防范和抵御社会风险而向社会成员提供保障的过程中发生的社会关系，至少包括劳动保障关系和社会保障关系。[①] 最广义的社会法，即国家为解决各种社会问题而制定的有公法与私法相融合特点的第三法域，包括劳动法、社会保障法、经济法、环境法、公共事业法、科技法、教育法、卫生法、住宅法、农业法等；狭义的社会法指劳动法和社会保障法，如我国立法机关所设计的法律体系中的"社会法"；中义的社会法居于上述两者之间，如陆季藩所主张的包含劳动法（含社会保障法）与经济法。[②]

社会正义理论是社会法产生的思想基础。社会法的主旨在于保护公民的社会权利，尤其是保护弱势群体的利益，维护社会安定，保障社会可持续发展。在社会关系中，有天生的强势群体和弱势群体之分，而且市场经济会自发地导致强者越强、弱者越弱。此时如果没有公权力的介入来保护弱者的利益，将使社会关系的失衡状态加剧并最终导致严重的社会问题。通过法治途径即制定和完善社会法是改变这种失衡局面的必然选择。

社会法中所包含的"社会"一词的含义与社会利益中所包含的"社会"一词，在含义上并不相同。社会利益是由多种法律加以保护的，社会法所调整的仅仅是社会利益的一部分，甚至是一小部分。

（三）社会法的规制对象

社会法从其内容扩张的角度看，其发展过程可大致分为四个阶段：第一阶段即工厂法阶段，以英国1802年《学徒健康和道德法》为开端。工业革命时期，劳动者处于"血汗工业"与"饥饿工资"的悲惨境地，劳资矛盾恶化，既危及资产阶级统治安全，又导致劳动力资源萎缩与枯竭，国家干预私人经济的现象最先表现为劳资关系领域中对处于弱势地位的劳动者的保护，出现了最早突破私法自治原则、体现私法社会化精神的工厂

[①] 张守文：《社会法的调整范围及其理论扩展》，《中国高校社会科学》2013年第1期。
[②] 王全兴、管斌：《经济法与社会法关系初探》，《现代法学》2003年第2期。

立法。第二阶段即社会保障法阶段，起始于德国1883年《劳工疾病保险法》。此期间，随着雇佣劳动经济取代实物经济，劳动者的生存状况进一步恶化，贫困群体日渐扩大，贫富差别加剧，社会风险因素日趋增多和严重，社会安全和个人生存受到极大威胁，国家干预由对劳动者的保护扩展到对贫困者的救助。第三阶段即经济法阶段，起始于美国1890年《谢尔曼法》。垄断出现以后，资本主义社会的生产资料私人占有与社会化大生产之间的矛盾更为突出，弱小经营者和消费者的利益普遍受损，竞争机制受到排斥，导致经济危机的周期性发生，需要国家对国民经济进行全面干预。在社会法域出现了以市场规制和宏观调控为内容的经济法。第四阶段即环境法阶段，起始于20世纪50年代。在此阶段，工业化和市场化所推动的经济增长，使环境和资源问题日显突出，人类日益临近生态危机。于是，保护环境和生态被各国纳入了国家干预的政策目标体系。[1]

有论者认为，社会法的规制对象主要包括劳动关系，消费关系，环境污染公害关系，妇女、儿童、老人所涉及的社会关系，以及教育关系等。另有论者认为，社会法包括经济法、环境法、劳动法、社会保障法、卫生法、教育法等。"社会整体的利益"为社会法之本位，是私法本位（个人利益）和公法本位（国家利益）之外的利益之和，包括因自由市场机制失灵或遭到破坏而受损的宏观经济安全和市场秩序（甚至公序良俗），因信息不对称和市场行为负外部性而受损的信息弱势群体和生态环境，因个人天生不平等（经济地位、智力、才能、贫穷、疾病、失业、灾害、年龄和性别差异等）而受损的社会安全、公平和可持续性等。[2] 2001年《全国人民代表大会常务委员会工作报告》指出："社会法是调整劳动关系、社会保障和社会福利关系的法律。"据此，社会法的调整对象，主要是劳动关系和社会保障关系。

劳动关系是指劳动者与用人单位在实现劳动过程中建立的社会经济关系。从广义上讲，生活在城市和农村的任何劳动者与任何性质的用人单位之间因从事劳动而结成的社会关系都属于劳动关系的范畴；从狭义上讲，现实经济生活中的劳动关系是指依照国家劳动法律法规规范的劳动法律关系，即双方当事人是被一定的劳动法律规范所规定和确认的权利与义务联

---

[1] 王全兴、管斌：《经济法与社会法关系初探》，《现代法学》2003年第2期。
[2] 钱叶芳：《"社会法法域说"证成——大陆法系和英美法系融合的一个例证》，《法学》2017年第4期。

系在一起的,其权利和义务的实现,是由国家强制力来保障的。社会保障法是调整社会保障过程中发生的经济关系的法律规范的总称。社会保障关系可以分为社会保险关系、社会救助关系、社会福利关系和社会优抚关系等。社会保障法实施的基本宗旨,在于保障基本人权、保障社会公平和保障社会安全。社会保障的范围很广,因而社会保障法由众多法律规范和规范性法律文件组成。从社会保障法的体系结构来看,社会保障法主要包括社会保险法、社会救助法、社会福利法和社会优抚法等。[1]

三　刑法关注的社会利益的主要类型

有论者指出,刑法所保护的社会利益是指以社会作为直接保有者的利益,具体包括社会公共安全与安宁、公共信任、公众健康、公众福利、公众善良风俗、自然资源与环境。[2] 笔者认为,社会利益还应该包括经济秩序和文化遗产。

(一) 公共安全

多数国家的刑法典均设立了危害公共安全罪专章,尽管其范围和具体内容不尽相同。《德国刑法典》第 28 章为危害公共安全的犯罪(冯军译本中译为公共危险的犯罪行为),《意大利刑法典》第 6 章为危害公共安全罪,《西班牙刑法典》第 17 编为危害公共安全罪,《俄罗斯联邦刑法典》第 24 章为危害公共安全的犯罪。中国刑法典则将危害公共安全罪规定在第 2 章,主要通过以下三种方式对公共安全之公共性的加以界定[3]:其一,从现实的或潜在的被害人的人身特征上对公共安全进行界定,通过在人这个中心词前面加上定语(如不特定或多数)来诠释公共安全。例如对《刑法》第 114 条、第 115 条规定的放火(失火)罪、(过失)决水罪、(过失)爆炸罪、(过失)投放危险物质罪、(过失)以危险方法危害公共安全罪等罪的解释。其二,从犯罪对象或犯罪工具的特征上(公共性、危险性)对公共安全进行界定。例如,破坏交通工具罪(第 116 条)、破坏交通设施罪(第 117 条)、破坏电力设备罪(第 118 条)、各该罪的实害犯与过失犯

---

[1] 胡志民:《经济法》,上海财经大学出版社 2006 年版。
[2] 曲新久:《刑法的精神与范畴》,中国政法大学出版社 2000 年 5 月版,第 35 页。
[3] 邹兵建:《论刑法公共安全的多元性》,《中国刑事法杂志》2013 年第 12 期。

(第119条)、劫持航空器罪（第121条）、劫持船只、汽车罪（第122条）、暴力危及飞行安全罪（第123条）、破坏广播电视设施以及公用电信设施罪（第124条）之所以被归类为危害公共安全罪，是因为其犯罪对象的公共性；而《刑法》第125条、第126条、第127条、第128条、第129条、第130条、第136条规定的犯罪属于危害公共安全罪，是因其犯罪工具（枪支、弹药、爆炸物、危险物质、管制刀具）具有高度危险性。其三，从犯罪行为或结果发生的时空环境来界定公共安全。例如，第133条规定的交通肇事罪（公共道路系统内）、第134条规定的重大责任事故罪（生产作业现场）和强令违章冒险作业罪（生产作业现场）、第135条规定的重大劳动安全事故罪（劳动生产现场）、第135条之一规定的大型群众性活动重大安全事故罪（群众活动现场）、第137条规定的工程重大安全事故罪（工程建筑内或周围）、第138条规定的教育设施重大安全事故罪（教育设施内或周围）等犯罪之所以被归类为危害公共安全的犯罪，就因其犯罪结果发生于公共场所；而第139条之一规定的不报、谎报安全事故罪之所以被归类为危害公共安全罪，是因为该罪与安全事故的关联性。犯罪行为发生于安全事故发生后而救援工作尚未结束时这一特定时间内，可更好地保护在业已发生的安全事故中受伤的人的安全（救治机会）。在公共安全之"安全"上，刑法分则存在三种理解进路：第一种进路中的安全是指人身安全以及与人身安全密切相关的财产安全。刑法分则第二章中的绝大多数罪名都遵循着这一理解进路。第二种进路中的安全仅指人身安全。《刑法》第138条规定的教育设施重大安全事故罪中的安全就体现了这一理解进路。第三种进路中的安全指人身安全以及与人身安全关系并不密切的财产安全。《刑法》第124条规定的破坏广播电视设施、公用电信设施罪即体现了这一理解进路。

关于什么是公共安全，国内刑法学界见解纷呈。有论者认为，刑法意义上的公共安全是指多数或不特定人的人身安全（生命、身体安全）。一方面，公共安全是与个人安全相对应的概念，公共安全在本质上是指多数人的安全。而不特定人的安全包含两层含义：其一，行为最终会危及哪一具体个人的安全事先不能确定（受害对象不特定）；其二，行为有向危及多数人安全的方向扩展之现实可能性。另外，从危害公共安全罪法定刑的严厉性以及其与故意毁坏财物罪的协调出发，应将公共安全的内容限定为人身安全，而不包括单纯的财产安全。[①] 另有论者认为，我国刑法中的危害公共安全罪罪名数量众多且异质性明显，公共安全的内涵具有多元性，要寻求一个统一的公共安全的规范内涵几乎不可能。造成这一现象的主要原因有两个方面。[②] 一方面，立法者在违法性本质上采取了兼具法益侵害和规范违反的立场。有些危害公共安全罪的违法性体现为法益侵害。例如，《刑法》第114条及第115条规定了以危险方法危害公共安全罪。无论是危害公共安全的具体危险，还是危害公共安全的实际损害，都属于对法益的侵害。有些危害公共安全罪的违法性体现为规范违反。例如，《刑法》第128条规定了非法持有枪支罪，非法持有枪支并不一定会危害公共安全，并不一定存在法益侵害。刑法将这一行为规定为犯罪，是考虑到枪支属于高度危险的物品，需要适当提前保护，因而事先设定禁止非法持有枪支的规范，并用刑罚来惩处违反该规范的行为人。非法持有枪支的人不能以自己事实上并没有侵犯公共安全法益为由进行抗辩，其违法性的本质不是法益侵害而是规范违反。同理，《刑法》第133条所规定的交通肇事罪的违法性本质在于对交通运输管理法规的违反，而不在于交通肇事的后果，即便只是撞死一个人（而不是多数人），也可能成为危害公共安全的行为而构成交通肇事罪。另一方面，刑法规范形成过程中的类型建构具有层次性。公共安全类型化程度的高低，决定了不同类型的理论解释空间有大小之分。低度类型化的公共安全有相对明确的可借以判断的标准（如犯罪对象、犯罪工具、时空条件等），司法者易于把握，理论指导的空间不大，而高度类型化的公共安全缺乏可直接适用的标准，更需教义学提供理论支撑。例如，《刑法》第114条及第115条规定了放火罪、决水罪等以危险方法危害公共安全的犯罪，但此处的公共安全究竟意指何物，刑法规范本身无法予以阐释，需要司法者自主裁量。

（二）公共秩序

大陆法系刑法典中大多采用专章规定的危害公共秩序的犯罪。例如，《德国刑法典》分则第七章"妨害公共秩序的犯罪"；《意大利刑法典》分则第五章"危害公共秩序罪"；《法国刑法典》分则第四卷第三编第一章"危害公共安宁罪"；《西班牙刑法典》分则第二十二编"破坏公共秩

[①] 胡东飞：《论刑法意义上的"公共安全"》，《中国刑事法杂志》2007年第2期。
[②] 邹兵建：《论刑法公共安全的多元性》，《中国刑事法杂志》2013年第12期。

序罪"等。中国刑法分则第六章第一节"扰乱公共秩序罪"。

关于公共秩序的含义，存在多种观点。有学者认为，公共秩序是指根据法律和社会公德所确立的公共生活规则所维持的社会正常状态；有的学者认为，公共秩序是指社会公共生活中人们应当共同遵守的公共生活规则及其所维持的社会正常运行状态；有的学者认为，公共秩序是指通过一定社会结构中人们必须共同遵守的生活规则来维持的公共生活有条不紊的状态；有的学者认为，公共秩序是指在公共生活中人们应当遵守的共同生活规则，共同生活规则既包括统治阶级依照法律制定或认可的行为规范，也包括人们千百年来约定俗成的社会公德和习俗风尚；有的学者认为，公共秩序是指人们遵守共同生活规则所形成的正常秩序。对于社会公共秩序的理解，应当注意以下几个方面：首先，秩序是一种有条理的不混乱的状态或情况，而不是某些制度或规则。制度或规则仅是为了达到一定的社会秩序所必需的手段，而不是秩序本身。其次，社会公共秩序不能仅限于社会公共生活方面的秩序，而是社会赖以存在和发展的包括社会生产、经营、管理、生活等方面在内的秩序，否则就偏离了统治阶级建立和维持的社会公共秩序所期望的功用。最后，对社会公共秩序必定要以阶级的观点去分析。在阶级社会里，统治阶级为了保证它的存在和享有对国家和社会的统治权并为它的阶级利益服务，必然会通过制定或认可一些法律制度、社会公共道德规则或风俗习惯来建立和维持一定的统治秩序，并将反抗、破坏、扰乱其统治秩序的行为规定为违法乃至犯罪予以处罚。基于以上理解，可以将社会公共秩序的含义概括为"统治阶级赖以存在的并依靠制定或认可的法律制度、社会公共道德规则、风俗习惯来建立和维持的包括社会生产、经营、管理、生活等方面在内的有条理的正常的社会运行状态"[①]。

从广义上讲，所有犯罪都是对公共秩序的破坏，因此，刑法分则对于公共秩序应作狭义的理解，即社会基本秩序和公众安宁。扰乱公共秩序罪大致应当包括聚众扰乱社会秩序罪、聚众扰乱公共场所秩序、交通秩序罪，聚众斗殴罪、寻衅滋事罪、非法集会、游行、示威罪，黑社会犯罪，破坏公用设施设备罪，干扰计算机系统及无线电通讯罪，非法生产、销售

---

① 赵秉志、刘志伟：《论扰乱公共秩序罪的基本问题》，《政法论坛》（中国政法大学学报）1999年第2期。

间谍专用器材罪,非法使用窃听、窃照专用器材罪,投放虚假危险物质罪,编造、传播虚假恐怖信息罪等。其中,黑社会组织罪对公共秩序的破坏最为突出,黑社会性质的组织犯罪企图在以刑罚等国家强制力为后盾的法律秩序中建立以暴力等犯罪手段为后盾的反社会秩序,其存在是对以宪法为基础的法治秩序的极大威胁,它对社会的破坏是自觉的、全方位的;不同于具体犯罪对社会关系某一部分或具体某一成员的权利的侵害,它动摇的是社会的根基,是社会群体的信念。

(三) 公共卫生

根据《WTO与公共卫生协议案》,公共卫生被分为八大类:第一是传染病的控制,第二是食品的安全,第三是烟草的控制,第四是药品和疫苗的可得性,第五是环境卫生,第六是健康教育与促进,第七是食品保障与营养,第八是卫生服务。一般认为,公共卫生法益包括公共卫生秩序与公众健康两项内容。公共管理关注的是可能影响公众健康并需要采取措施的相关问题,公共卫生范围愈广泛,愈有利于公共政策的制定和社会力量的动员。相比之下,刑法关注的是对严重危害公共卫生秩序行为的规制,其范围则相对要小。例如,健康教育与促进、卫生服务中的医患关系处理等就不属于刑法所关注的公共卫生活动。

刑法保障功能既体现在对公共卫生秩序的维护,也体现在公众健康——公共卫生秩序所保障的这一终极目标的维护上。公共卫生秩序与行政法律密切相关,刑法视域下的公共卫生秩序包括健康相关产品安全、传染病防治检疫、血液及其制品管理、医疗相关管理、环境卫生、毒品管理等内容。公众健康是针对不特定人的生命健康,"不特定"包括不特定的多数和不特定个体两种情况,前者属于典型的公共安全犯罪;后者是针对个体的犯罪,但由于不特定,则意味着有随时向"多数"发展的可能性,或者这一不特定导致发生结果不确定,可能是这个特定的个体或那个特性的个体,因此会给群体造成普遍的威胁。[①]

在我国现行刑法典中,食品药品安全位于妨害产品管理秩序类罪下、环境卫生位于环境资源管理类罪下,毒品管理单独列为毒品管理秩序罪,列于危害公共卫生罪下的仅有传染病防治检疫、血液及其制品管理秩序、

---

① 李慧:《公共卫生内涵解读——兼论刑法视域下的公共卫生》,《南方论刊》2011年第6期。

医疗相关管理秩序三类。与之不同，《意大利刑法典》第六章"危害公共安全罪"第440—445条以及第452条规定了关于销售食品或药品而对公众健康造成危险的犯罪。①

（四）经济秩序

除了俄罗斯、西班牙和我国之外，多数国家的刑法典没有设置专章对破坏经济秩序的犯罪进行集中规定。关于经济秩序的内涵以及经济犯罪立法体系的探讨，详见本书第四章。

（五）公共信用

《意大利刑法典》规定侵犯公共信义罪专章，《法国刑法典》也规定妨害公共信任罪专章，主要包括伪造文书罪、伪造货币罪、伪造权力机关标志罪、贿赂非公职人员罪等。我国刑法没有专章规定危害公共信用的犯罪，而是分散于有关章节，如伪造公文、证件、印章罪，合同诈骗罪，金融诈骗罪等。

侵害公共信用犯罪的范围颇为广泛。日本刑法中的伪造行为的范围包括货币、文书、有价证券、有关支付用磁卡的电磁记录及印章；德国刑法中包括货币、有价证券及文书；意大利刑法中包括货币、公共信用票据、印花、印章或者用于认证、证明或承认的证书或标记、文书；法国刑法中包括文书、货币、公共机关发行的证券或其他有价信用证券及权力机关之标志；俄罗斯刑法中包括选举证、公民投票证、国家检验标识、钱币（假币）或有价证券、信用卡或结算卡或其他支付凭证、交通运输工具识别码、证件、国家奖励物品、图鉴、印章、票据表格、消费税税票、专有标志或相应标识；瑞典刑法中包括文书、货币、签名、印记、固定标志及容易被误认为有效的纸币、硬币或其他有价值的官方金属代币；奥地利刑法中包括文书、证据、有价证券和有价票证；瑞士刑法中包括货币、官方之有价证券、官方标志、度量衡和文书；挪威刑法中包括货币（包括货币、证券及其红利凭证等）和文件（包括签名、印章、图章、标记、邮票、印花、入场凭证、旅行车票、界石、陆地标志、虚假陈述记载）；芬兰刑法中包括文件、地标、货币和支付工具；美国刑法中伪造行为的客体仅仅为商业活动中具有公信力的重要标记物"文书"，具体包括印刷品或者记载信息的其他手段、纸币、硬币、代币券、邮票、印章、信用卡、徽

---

① 黄风译：《最新意大利刑法典》，法律出版社2007年版，第156—158页。

章、商标以及表示价值、权利、特权、身份的其他标记物；韩国刑法中包括通货、有价证券、邮票、印花、文书及印章；我国内地刑法中的行为客体范围包括货币、有价证券和文书印章；我国台湾地区刑法中包括货币、有价证券、度量衡和文书印文；我国香港地区刑法中的行为客体仅为文书，具体包括任何正式或非正式的文件、任何邮件或印花税票、任何印章或模具、以机械的、电子的、光学的或其他手段记录或贮存信息的任何唱片、卡片、磁带、集成电路、声迹或其他装置；我国澳门地区刑法中包括文件、货币、债权证券、印花票证、压印、砝码及相类物件。

各国和地区刑法关于侵害公共信用犯罪中行为客体的范围虽然有所差异，但基本上集中于货币、有价证券、文书、印章标志、度量衡等物品。根据侵害公共信用犯罪中行为客体公共信用程度的高低及对社会公众的影响大小，一般将行为客体依次排列为货币、有价证券、文书印章、度量衡等。货币一般包括本国货币和外国货币；有价证券一般为公共机关发行的证券、票据、信用凭证、印花标记以及外国国家发行的票证和印花标记；文书包括公、私文书，是指在确认证明某项权利或确认证明某项具有法律后果之事实的文字或其他表述思想的任何依托；印章一般包括公、私印章，标志为权力机关之标志；度量衡为国内或国际重量器、长度或容量计量工具，此度量衡皆有国内或国际之法定定程。综观各国关于伪造类犯罪的规定，其行为类型不限于伪造和变造行为两种，还包括行使、取得、制作、持有、篡改、隐匿、经销、扣压、移动、获取、交易、传播、输入、购得、储存、输出、贩卖、复制、运送等行为。从整体上看，凡是规定伪造类犯罪的国家或地区，不管其刑法规定的行为客体是否科学、合理，伪造、变造和行使这三种行为是此类犯罪的主要行为样态。①

关于伪造公文罪的法益，国外刑法理论主要有四种学说。② 第一是公共信用说，即伪造公文罪所侵犯的是公文在社会生活中所具有的公共信用。第二是交易安全说，该说认为，公共信用是个不明确的概念，应当进一步具体化。文书与货币、有价证券一样，是法律上、经济上的重要交易手段，保护这种手段的真实性、保护公众对这种手段的真实性的信用，才能确保交易的安全，因此，伪造公文罪所侵犯的是交易的安全或者经济交

---

① 罗开卷：《市场信用的刑法保护研究》，博士学位论文，吉林大学，2008年。
② 张明楷：《法益初论》，中国政法大学出版社2000年版，第225页。

易或流通的安全。第三是预备罪说。前两种学说试图使伪造公文罪的法益特定化,而预备罪说认为,伪造公文常常是实施其他犯罪的预备行为,伪造公文罪的法益要视行为人意欲实施的犯罪而定。如果行为人伪造公文是为了骗取财物,则其法益是财产;如果他造公文是为了进行伪证,则其法益是司法的公正性。伪造公文罪的法益是行使伪造的文书可能侵害的法益。第四是文书机能说。即本罪侵犯的是文书的社会机能,其中有人重视文书转达意思表示的机能,有人重视文书的证明机能,有人重视文书将意思表示长期固定化的机能,有人重视文书将意思表示与意思表示者对应起来的机能。根据公共信用说,为了保护公文的公共信用,首先必须尊重公文形式上的真实性;由于客观上不存在"中华人民共和国内务部",伪造该部门公文的行为,并未损害任何真实公文的公共信用,所以不成立犯罪。基于同样的理由,具有制作公文权限的人,即使制作了内容虚假的文书,由于其在形式上是真实的,也不成立伪造公文罪。而根据其他学说,上述两种行为都有成立伪造公文罪的可能性,因为这两种行为既可能破坏交易的安全,也可能通过行使所伪造的公文而侵犯其他法益,当然也损害了文书的社会机能。

(六) 生态环境

环境法益指对人类的生产生活、对社会的存在和发展必不可少的公共环境利益。环境具有经济价值和生态价值等多种属性,环境法益的核心是环境生态。环境生态法益将环境的生态功能作为独立的部分予以保护,将侵害环境要素维持生态平衡、保持生态系统完整的作用的行为作为刑事立法打击的目标,在形式上直接表现为将环境要素作为保护对象,从而与传统的人身和财产法益相区别。[①] 从法益侵害的逻辑关系来看,首先是环境法益受到侵害,其次才是个人法益。个人法益是环境法益受侵害后的加重结果,至少是环境法益在受到侵害的同时产生个人法益侵害的危险,个人法益的实际损害应是其加重构成。[②] 环境刑法首先保护的应是体现环境利益的生态功能和价值,凡是对环境质量造成破坏或损害达到一定程度的行为都将构成环境犯罪。环境刑法的根本目的是对环境法益的直接保护,并通过对环境的保护达到保护人体健康和财产的目的。如果只将人身或财产

[①] 杜万平:《论环境刑法的法益》,载吕忠梅主编《环境资源法论丛》(第4卷),法律出版社2004年版。

[②] 钱小平:《环境法益与环境犯罪司法解释之应然立场》,《社会科学》2014年第8期。

法益作为保护对象，就没有必要将环境犯罪单列。[①]

环境利益不包含纯粹的经济利益和精神利益，两者在环境法法益体系中仅作为一种反射利益而存在。环境法所调整的资源利益最终会以经济利益的形式表现出来；而环境法上涉及的精神利益无非是生态利益的外在表现形式，将环境利益界分为资源利益和生态利益，完全可以涵盖环境利益概念的内涵。所谓资源利益，是人们在开发利用环境与自然资源的过程中形成的利益，首先体现为满足人们经济需要的经济利益，同时也体现为满足人们对整体良好环境需要的物质和精神利益，经济学中对应的概念是"环境公共产品"；所谓生态利益，是指自然生态系统对人类的生产、生活和环境条件产生的非物质性的有益影响和有利效果，这一利益最终体现为满足人们对良好环境质量需求的精神利益，大致对应生态经济学所谓的"生态系统服务功能"。生态利益往往体现出共享性和不可分割性特点：资源利益在满足人们的物质需要时体现为经济利益，可以通过权属制度等进行分割，而在满足人们对整体良好环境需要时则体现出不可分割性。作为整体法益的环境利益，同时兼具公益性和私益性的双重属性。[②]

环境法益是社会公众的环境利益，具有公共性质，属于超个人法益。对于环境生态利益的享有无法进行分割。环境私益与公益往往结合在一起，通过对环境公益的保护就能达到保护环境私益的目的。各国环境刑事立法的根本目的在于保护人体健康、经济活动所必需的环境条件，维护生态系统的正常运转，而这主要取决于对环境生态利益的保护，因此环境法益实质上就是环境生态公益。对环境生态法益的保护在刑事立法上分为两大类：一是对单个环境要素的保护，如水、空气、土壤、动植物、矿产等；二是对某些特定区域和系统的保护，如自然保护区、水源区、动植物聚集区、湿地等的保护。对环境法益的侵犯主要表现为两种形态：对环境的污染和自然资源的破坏。污染环境犯罪侵害的法益较为复杂，污染环境不单表现为对环境本身的损害，还造成人身或财产的损害，很多国家往往把环境法益和人身、财产法益均作为其保护目标；破坏自然资源的犯罪一般不直接造成人身伤害，但因资源固有的财产属性，其保护法益往往确定

[①] 杜万平：《论环境刑法的法益》，载吕忠梅主编《环境资源法论丛》（第4卷），法律出版社2004年版。

[②] 史玉成：《环境利益、环境权利与环境权力的分层建构——基于法益分析方法的思考》，《法商研究》2013年第5期。

为环境法益和财产法益。①

《德国刑法典》《俄罗斯联邦刑法典》均设置了环境犯罪或生态犯罪专章，我国刑法第六章妨害社会管理秩序罪第六节规定了破坏环境资源保护罪。

（七）文化遗产

所谓"文化遗产"，是指由先人创造并保留至今的一切文化遗存，分别被表述为物质文化遗产、非物质文化遗产、文献遗产和文化景观类遗产等，是一个地区、一个民族或一个国家极为重要的文化资源和文化竞争力的构成要素。1972年联合国教科文组织通过的《世界遗产公约》第一条对"文化遗产"的内涵做了界定，即包括文物、建筑群、遗址三方面。中国最新的物质性"文化遗产"的内涵界定为"具有历史、艺术和科学价值的文物，包括古遗址、古墓葬、古建筑、石窟、石刻、壁画、近现代重要史迹及代表性建筑等不可移动文物；历史上各时代的重要实物、艺术品、文献、手稿、图书资料等可移动文物，以及在建筑式样、分布均匀或与环境景色结合方面具有突出普遍价值的历史文化名城（街区、村镇）"②。文化遗产作为不可再生的稀缺资源，其多方面的价值日益受到社会的关注。

中国学术界长期使用的是"古物"或"文物"的概念。"文物"观关注更多的是单体的、孤立的、理论上认为是较为珍贵的和形象较为正面的、年代相对久远的、以物质形态呈现的那些静态的文化遗存。在"文物"的保护观念上，更多地提倡"死保"，部门意识和自我循环意识较为强烈。而"文化遗产"观念则既关注单体，更关注遗产的系统性、遗产与生存环境的原真性与协同性；既关注那些一般认为是较珍贵的遗产，也关注有关民生的产业性遗产和大众性遗产；既关注古代的遗产也关注近代甚至是现代的遗产；既关注物质形态的遗产也关注非物质形态的遗产；既关注静态性的遗产也关注动态的或活态的遗产；既关注遗产本身的建构，也关注文化遗产与其他社会系统的密切互动；等等。而且"文化遗产"观念比之"文物"观念在时间、空间、结构、功能、内涵、价值等多方

---

① 杜万平：《论环境刑法的法益》，载吕忠梅主编《环境资源法论丛》（第4卷），法律出版社2004年版。

② 国务院《关于加强文化遗产保护的通知》，2005年12月23日。

面具有更加开放的视野,它把遗产作为社会甚至人类的共享文化资源和文化财富,强调保护前提下的合理利用、传承及对现代文明创新事业的参与。文化遗产观念不仅重视个案的、古代的、单体的历史和文化事象的复原性研究和阐述性研究,更着眼于其社会性的"资源"和"财产"意义,更多地从人类的整体利益、长远利益、和谐发展、多元文化共存共享、可持续发展、资源节约等方面考虑问题,更理性地对待人类过去的创造及人类在漫长的生存发展过程中积淀的智慧、成果及价值和在当代及未来的永续性意义。①

1972年联合国人类环境会议上通过的《人类环境宣言》指出,人类的环境权包括"自然"和"人文"两个方面,而"人文环境"的重要组成部分就包括文化遗产。保护文化多样性、保护生态环境、文化共享及可持续发展等现代理念已日渐清晰,"世界遗产"与"环境保护"的理念正共同代表着人类文明和智慧发展的新成果。②

(八) 婚姻家庭关系

婚姻是组建家庭最古老、最常态的方式,从一定的程度上说,家庭起源于婚姻。婚姻组建家庭后,又成为家庭的重要组成部分并推动家庭的发展和演变。而家庭又是稳定婚姻关系的主要形式。因此,婚姻与家庭是一个整体,两者密不可分。③

婚姻是由一种原始习俗发展而成的,这种习俗继而得到法律的承认,并终于形成一种社会制度。婚姻的本质经历了"从身份到契约再回归到身份"的过程。④ 氏族社会时期,婚姻为附属父权之身份关系。父权的观念在整个中世纪以及以后很长的时间得以延续,婚姻即为从属性身份关系依附于氏族父权之中。在近代欧洲,婚姻为民事契约关系,思想启蒙运动后,欧洲自然法复兴,父权逐渐让位于契约制度,其最深层次的含义就是"父权即义务"。在理性主义思潮中,康德最早提出了婚姻契约说,认为

---

① 贺云翱:《文化遗产学初论》,《南京大学学报》(哲学·人文科学·社会科学)2007年第3期。
② 杨志刚:《试谈"遗产"概念及相关观念的变化》,载复旦大学文物与博物馆学系编《文化遗产研究集刊》(第2辑),上海古籍出版社2001年版。
③ 夏沁:《婚姻家庭本质与民法体系中的婚姻家庭法》,《四川理工学院学报》(社会科学版)2018年第1期。
④ 同上。

婚姻是当事人的契约关系，婚姻合意不仅是婚姻的成立要件，也是婚姻的本质所在，婚姻成立和基础完全依照契约法判断。1791年法国《宪法》第7条明确"法律只承认婚姻是一种民事契约"。德国、意大利、瑞士、荷兰等欧洲国家都相继地在立法中承认婚姻乃民事契约的属性。婚姻契约说表征着人类社会从"身份"到"契约"的进步，但是婚姻契约并不同于一般的民事契约，具浓烈的伦理性色彩。在现代社会，婚姻为身份关系。19世纪以后，极端的个人主义思潮褪去，婚姻被视为男女之间具有高度身份属性的结合，双方主体在心灵和精神上的联系比契约法的确定更为重要，婚姻不应当仅仅基于夫妻之间协议，更多地还有精神情感性因素。现代通说认为，婚姻是法律所规定的、将男女双方结合为法律上的统一体的伴侣关系。就事实性质而论，"婚姻是一种长期持久的关系"，稳定关系反映到法律性质上，即是当事人之间基于情感因素构成的身份关系，婚姻中双方财产关系也是附随于身份的。婚姻本质上应是一种身份关系。

家庭是社会发展到一定阶段的产物，随着人类社会不断地发展进步，家庭也相应地处在不断的发展变化之中，这样的变化不仅仅反映在家庭结构以及家庭性质的变化之上，更多地还表现为家庭所承载的功能的变化。[①] 氏族社会时期，家庭屈服于氏族之下。此时的家庭是事实意义上的存在体，并不需要条例或法规预设和授权。家庭和氏族是一种对立的关系，氏族的纽带和力量越强大，就会削弱家庭的意识；反之，则会增强家庭意识。国家出现后，氏族力量被削弱，家庭纽带得以加强。在近代市民社会，家庭为个人之处所。当国家的活力变得越来越强，各个家庭的人为了追求一个公共的目标而越走越近，年轻人随着工业的发展而在经济上越来越独立于父母的时候，传统家父权为主导的家庭结构彻底地瓦解，家庭又失去了它的重要性。近代市民社会由群体主义向个人主义转变，它不是把社会或共同体看成首要的东西，而是把社会理解为达到某种目的而自愿结合到一起的独立的个人的聚合体。在现代市民社会，家庭成为社会基本单位，家庭本质上是由具有婚姻或血缘关系的个人组成的共同体。19世纪以后，家庭在功能上也发生了重大的变化，从具有生产功能的家庭企业

---

① 夏沁：《婚姻家庭本质与民法体系中的婚姻家庭法》，《四川理工学院学报》（社会科学版）2018年第1期。

逐渐转变为消费主体,家庭形态呈现出多样化,强调两性平等的原则以及重视子女的权利。共同生活、共同居住、共同财产以及共同消费的同居共财的行为,使得家庭成为密不可分的集合体以及市民社会中最为基础的组成部分。

婚姻家庭的价值理念不同于人格法的人格价值以及财产法的契约自由,它体现为一种伦理精神,这种伦理精神源于人类为维护自身和繁衍家庭和谐有序的内在需求,即人性。[①] 人性不仅包括人的自然属性,而且包括人的社会属性,社会属性是人性的本质属性,反映到婚姻家庭之中,即是身份的伦理性,人性是婚姻家庭法伦理精神的出发点。当代婚姻家庭中的伦理精神根植于人性深处尊老爱幼、和谐稳定等情感本能,蕴涵着民法的公平、平等、自由等基本价值理念。

从功能上看,家庭是以婚姻血缘关系为纽带的社会生活的组织形式和基本单位,对于人类的生存繁衍和社会的稳定发展至关重要。妨害婚姻家庭罪的保护法益主要是社会公认的婚姻制度和家庭关系秩序,属于社会法益。这类犯罪虽然同时侵犯到个人的权利和利益,但更为重要的是对于社会法益的侵害,因而不宜简单地将其归入侵害个人法益的犯罪。

我国现行刑法典中的妨害婚姻家庭罪,主要包括暴力干涉婚姻自由罪、重婚罪、破坏军婚罪、虐待罪、遗弃罪、拐骗儿童罪等,所侵犯的法益分别是婚姻自主权、一夫一妻的婚姻制度、军人家庭的稳定,以及家庭成员的平等权利与身心健康、家长的监护权。

(九) 公共道德与善良风俗

风俗犯罪是指行为人实施的侵害与性、宗教信仰、民族生活方式、死后权利等相关的社会生活中的利益有关而应受刑罚处罚的行为。[②] 我国刑法中的风俗犯罪可以分为两类:一类为性风俗犯罪,包括聚众淫乱罪,引诱未成年人聚众淫乱罪,组织卖淫罪,协助组织卖淫罪,引诱、容留、介绍卖淫罪,引诱幼女卖淫罪,制作、复制、出版、贩卖、传播淫秽物品牟利罪,为他人提供书号出版淫秽书刊罪,传播淫秽物品罪,组织播放淫秽音像制品罪,组织淫秽表演罪以及走私淫秽物品罪;另一

---

① 夏沁:《婚姻家庭本质与民法体系中的婚姻家庭法》,《四川理工学院学报》(社会科学版)2018年第1期。

② 胡波:《风俗犯罪正当化初论》,《河南大学学报》(社会科学版)2017年第3期。

类为其他风俗犯罪,如盗窃、侮辱、故意毁坏尸体、尸骨、骨灰罪等。我国刑法理论界的主流观点认为,性风俗犯罪所保护的法益是性道德风尚或者性风俗,涉淫风俗犯罪所保护的法益为良好的社会道德风尚或者良好的社会风尚。①

性风俗是指在特定社会文化区域内为人们共同遵守的有关性的行为模式或规范,对社会成员有一种非常强烈的行为制约作用。在多数人看来,所谓性的风俗是指在一定的婚姻关系内的异性性行为。虽说多数人认同强制下的性行为违背性风俗,但是他们同时认为通奸、性放荡、同性恋、兽奸、卖淫等诸多行为同样不可容忍。现代刑法理论普遍认为,刑法是法益保护之法,单纯违反风俗的行为不能以犯罪论处。如果要借助刑法来保护性风俗,这种性风俗就必须转化为具体的法益,从而获得惩罚的正当性:(1)转化为侵犯性自治权的犯罪。性自治权有内外两层含义:一是外在地保证自己不受强迫的自由;二是内在地做出成熟理性选择的能力。侵犯性自治权的犯罪主要包括强迫下的性侵犯罪,剥削未成年人及心神耗弱者性利益的犯罪,滥用信任地位的犯罪等。(2)转化为破坏家庭法益的犯罪。主要包括重婚罪和乱伦罪。(3)转化为侵犯公共利益的犯罪。一般说来,性行为属于私人事务,与个人以外的多数人利益无关,但如果性进入公共领域,则可能侵害具体的公共利益。许多国家和地区都有对露阴、公然发生性行为的处罚规定,以法益理论审视,此类犯罪侵害了具体的法益。首先,它违反了"不想看、不想听的人"的意志,无论是暴露性器侵扰他人,还是在公共场所发生性行为,这种有碍观瞻的行为都是一种视觉强制和听觉强制。其次,它对未成年人有腐蚀作用,妨碍未成年人的健康成长。②

关于公共道德习俗,《意大利刑法典》设置了侵犯公共道德和善良风俗罪专章。我国《刑法》第六章第八节、第九节规定的犯罪,从内容上看,实际上属于危害公共道德与善良风俗罪。

---

① 高铭暄、马克昌主编:《刑法学》,北京大学出版社、高等教育出版社 2016 年版,第 550 页。

② 罗翔:《从风俗到法益——性刑法的惩罚边界》,《暨南学报》(哲学社会科学版)2012 年第 1 期。

第三节　国家法益

一　关于国家的基本理论

（一）国家作为国内法律秩序的人格化

"国家"的定义由于这一术语通常所指对象的多样化而弄得很难界定。政治理论（它实质上是国家理论）之不能令人满意的情况，多半是由于不同作者以同一名义对待很不同的问题，甚至同一作者不自觉地在几个意义上使用着同一个词。从法学的观点看，国家只是作为一个法律现象，作为一个法人即一个社团加以考虑，是由国内的（不同于国际的）法律秩序创造的共同体。国家作为法人是这一共同体或构成这一共同体的国内法律秩序的人格化。①

这种国家理论的力量来自两个基本的观念：一个是国家主权学说，认为国家主权的原初主体就是作为一个人格享有者的国家；另一个是个人权利学说，认为个人享有一种与国家主权相抗衡的不可让渡、不可侵犯的天赋权利。由于国家的人格独立于组成国家的个人，国家的意志自然高于组成国家的个人的意志。在这种理论之下，国家的成员具有公民和臣民两种身份：作为行使主权权力的民族集体中的一分子，他们是公民；同时，因为服从于一个以国家的名义行使主权的政府，他们又是臣民。②

（二）国家作为公共服务的提供者

根据法国公法学家莱昂·狄骥的理解，"国家不再是一种发布命令的主权权力，它是由一群个人组成的机构，这些个人必须使用他们所拥有的力量来服务于公众需要。公共服务的概念是现代国家的基础，没有什么概念比这一概念更加深入地根植于社会生活的事实。"③ 他认为，"国民意志仅仅是一种虚构。实际存在的只是某些个人的意志；所谓国民的意志，即使是完全一致的，也只是个人意志的加总"④；"所有的意志都是个人意

---

① [奥]凯尔森：《法与国家的一般理论》，沈宗灵译，中国大百科全书出版社1996年版，第203页。

② [法]莱昂·狄骥：《公法的变迁》，郑戈译，辽海出版社1999年版，第9页。

③ 同上书，第13页。

④ 同上书，第11页。

志；所有的意志都具有同等的效力；并不存在一种意志之间的等级关系；衡量各种意志之间差异的标准只是它们所服务的目的"；"我们承认统治阶级仍然保有一定的权力；但是，它们如今保有权力的根据不再是它们所享有的权利，而是它们所必须履行的义务"。①

二 国家利益的概念及范围类型

（一）国家利益的概念

"国家利益不仅仅是一个国际关系的概念，事实上，它更是一个国内政治的概念。"② 从概念上分析，"国家利益"一词有两层含义：一是国际政治范畴中的国家利益，指的是一个民族国家的利益，与之相对的概念是集团利益、国际利益或世界利益；二是指国内政治意义上的国家利益，指的是政府利益或政府代表的全国性利益。③ 主权国家的国家利益，一般来说，至少有三项基本内容：第一，确保自身的生存，包括保护其公民的生命和维护领土完整；第二，促进其人民的经济福利与幸福；第三，保持其政府体系的自决与自主。这些东西构成了国家的核心价值和最基本的对外政策目标。④

为了解释关于国家利益的歧义，功能主义标准将国家类型区分为"民族中心模式""国家中心模式"和"社会中心模式"。民族曾是人类群体中最高度组织化的系统，因此国家利益曾一度等同于民族利益，即民族的需求和利益具有天然的合法性，因此国家利益也是先天的、自明的。然而，自从民族在社会变迁中丧失了其完整的组织形式，民族主义的国家利益也就随之丧失了其判定的标准。作为"民族中心模式"的一个演变，"国家中心模式"认为国家超越社会具有特殊的利益，而此项利益只有国家精英才能判断，即国家是最高级组织化系统，而由国家精英来体现国家意志。具有这类倾向的国家最注重国家利益的合理性，其次是国家利益的实现手段。"社会中心模式"即以社会为最高组织化系统来看待国家的功

---

① ［法］莱昂·狄骥：《公法的变迁》，郑戈译，辽海出版社1999年版，第13页。
② 俞可平：《权利政治与公益政治》，社会科学文献出版社2000年版，第128页。
③ 颜运秋、石新中：《论法律中的公共利益》，《中国人民公安大学学报》2004年第4期。
④ Frederic S. Person and J. Martin Rochester, *International Relations*, 4th edition, New York: McGraw-Hill, 1998, pp. 177-178. 转引自李少军《论国家利益》，《世界经济与政治》2003年1期。

能，社会系统受国家调节，但社会系统自身具有内部机制，国家功能的有效性取决于它与社会系统内部机制的一致性。在这一模式下，国家利益取决于社会系统的利益，对内是保持国家功能的有效性；对外是维护国家的最高调节者的地位，维护社会系统内部机制不受破坏，即"主权原则"。由于国家作为调节者具有法理地位，因此某些国家利益的范围可以首先在国际法中得以明确。现代意义上的民主国家属于社会中心模式。①

(二) 国家利益的主要类型

国家利益通常被概括地称为国家安全。国家安全的一级要素包括国民安全、国域安全、资源安全、经济安全、社会安全、主权安全、政治安全、军事安全、文化安全、科技安全、生态安全和信息安全。这里的"国域安全"，是集陆域安全、水域安全、空域安全、底域安全、天域安全、磁域安全和网域安全七个方面为一体的国家生存发展空间的安全。②

国家政治安全就是国家在政治方面免于国家内外和政治内外各种因素侵害和威胁的客观状态。从本质上讲，国家就是政治，政治就是国家。如果说国家对国家安全并没有时间上的先在性，但却还有某种逻辑上的先在性的话，那么国家对政治来说既没有时间上的先在性，也没有逻辑上的先在性，而是在时间和逻辑上都完全同一的。有了政治就有了政治安全，政治安全是与政治同时出现的，因而也是与国家安全同时出现的。从时间关系上，可以把政治安全称为国家安全的"原生要素"，以别于在国家出现之后陆续产生的国家安全"派生要素"，如科技安全、生态安全和信息安全。作为"原生要素"存在的并非只有政治安全，当代国家安全体系中的国民安全、国土安全、经济安全、政治安全、军事安全和主权安全，都是有了国家和国家安全就存在的，因而它们都是国家安全的"原生要素"。③

政治安全不仅区别于科技安全、生态安全、信息安全等国家安全"派生要素"，而且也不同于国家安全"原生要素"中的国民安全、国土安全、经济安全。虽然从名义上看，国民和国民安全、国土和国土安全、国家经济活动和国家经济安全，都是随着国家和国家安全的出现而出现

---

① 焦健：《论国家利益概念及其判定标准》，《欧洲》1999年第2期。
② 刘跃进：《为国家安全立学》，吉林大学出版社2014年版，第136页。
③ 刘跃进：《政治安全的内容及在国家安全体系中的地位》，《国际安全研究》2016年第6期。

的，但从实体存在的角度看，作为国民之实体的人、作为国土之实体的土地、作为国家经济之实体的经济，都是国家和国家安全出现之前就早已存在的实体，甚至作为国民安全之实体的人的安全、作为国土安全之实体的土地安全、作为国家经济安全之实体的一般性经济安全，也都是在国家和国家安全出现之前就早已存在的事物。为此，可以把国民安全、国土安全、国家经济安全称为国家安全的"史前要素"，即在国家和国家安全出现之前，在以国家为标志的人类文明史之前，其实体就已经存在的国家安全要素。与此不同，政治和政治安全、军事和军事安全、主权和主权安全，不仅其名义是随着国家和国家安全的出现而出现的，更重要的是其实体也是随着国家和国家安全的出现才出现的，或者说是与国家和国家安全相伴而生的。为此，在区别于科技安全、生态安全、信息安全等国家安全"派生要素"意义上把国民安全、国土安全、经济安全、政治安全、军事安全和主权安全称为国家安全"原生要素"的同时，可以进一步把政治安全、军事安全、主权安全与国民安全、国土安全、经济安全加以区分，称国民安全、国土安全和经济安全等为国家安全的"史前要素"，称经济安全、军事安全、主权安全为国家安全的"伴生要素"。

政治安全是国家安全的本质要素。在当代政治学理论中，人民、土地、政府、主权被看作国家的四个基本构成要素，而在这四个要素中，政府和主权都是政治性存在，是政治的内容，因而可以说，政治是国家的基本构成要素。不仅如此，在上述四个要素中，人民、土地都不能把国家与前国家社会区别开来，而只有政府和主权（特别是主权）才能把国家与前国家社会区别开来，而其中的主权则不仅是国家区别于前国家社会的标志，更是国家区别于其他各种非国家社会组织的标志。这说明，人民、土地等，虽然是国家的必备要素，但却不是国家的本质所在，国家的本质是以主权为根本特征的政治存在。因此，不仅政治与人民（国民）、土地（国土）一样，是国家的基本构成要素，政治安全还是国家安全的一级要素、原生要素，是国家最本质的构成要素，政治安全是国家安全的本质要素。

三 国家利益与社会利益的关系

（一）市民社会与政治国家的分离

从哲学上看，"社会"一词对应的是"自然"。其显然属于"大社会"范畴，它含"国家"这一概念在内。古典语境中的"社会"概念就是从这个意义上来阐释的。确切地说，传统社会并无确定意义上的国家和社会概念之区分，社会与政治国家是一个"混合体"。而对应于"国家"的"市民社会"概念，只有当具有独立意义的"政治国家"形成以后才获得其独立分析的意义。①

从市民社会与国家两者间的关系角度出发，大体形成了两种截然不同的关于市民社会与国家的关系框架：一是以洛克为代表的自由主义者的"市民社会先于或外在于国家"的架构，二是黑格尔所倡导的"国家高于市民社会"的框架。②洛克式的框架本质上是对限制国家权力的关注，表现为对国家或政治权力的极度怀疑和高度不信任。不是政治国家决定市民社会，而是市民社会决定政治国家。黑格尔框架包括三个方面的基本内容：第一，市民社会于国家是一种相别又相依的关系。第二，市民社会与国家处于不同的层次。国家不是手段而是目的，它代表不断发展的理性的理想和文明的真正精神要素，并以此地位高于并区别于市民社会的经济安排以及支配市民行为的私人道德规范。第三，由于市民社会是由非道德的因果规律所支配，它在伦理层面上表现为一种不自足的地位，对其救济甚或干预只能诉诸整个社会进程中唯一真正的道义力量，即国家。

马克思则认为，市民社会的基本要素乃是商业、财产、劳动方式以及同业公会。市民社会中存在的特殊利益和普遍利益的矛盾是国家产生和发展的价值功能基础。在市民社会中，普遍利益与特殊利益的矛盾不是观念中的，而是"作为彼此分工的个人之间的相互依存关系存在于现实之中"。"正是由于私人利益和公共利益之间的这种矛盾，公共利益才以国家的姿态而采取一种和实际利益（不论是单个的还是共同的）脱离的独立形式，也就是采取一种虚幻的共同体形式。"③

市民社会与国家的分离和互动发展，奠定了法治运行的基础，即普遍利益与特殊利益的冲突与协调导致了法律至上；多元社会权利对国家权力的分享与制衡提供了权利保障；市民社会多元利益的冲突、互动与整合衍

---

① 张义清、曾林翎晨：《法律秩序的"国家—社会"分析路径——基于法学方法论的探讨与反思》，《法治现代化研究》2018年第4期。

② 邓正来：《国家与市民社会——一种社会理论的研究路径》，中央编译出版社1999年版，第91—97页。

③ 《马克思恩格斯全集》第3卷，人民出版社1960年版，第36页以下。

生了理性规则秩序；具有自由理性精神的公民意识构成了法治的非制度化要素。① 在近现代，由于国家与社会之相互分离又彼此依赖，它们之间的相互关系就成为全部社会关系的基础，法哲学领域的诸如普遍利益与特殊利益、个人利益与社会利益、个人利益与国家利益、权利与权力等范畴都是国家与社会关系的法哲学表现。②

(二) 国家利益与社会利益的区别

过去只讲国家利益，而将社会利益包含于国家利益之中，这是国家与社会一体化的政治经济体制的反映，此时的国家利益实际上指政府利益。也有意见认为，国家利益与社会整体利益是统一的，国家利益就是社会利益。"国家利益不仅在形式上表现为社会公共利益，而且也确实包含有社会公共利益的内容。"③

但是，社会整体利益与国家利益属于两种不同的利益，社会利益与个人利益、集体利益、国家利益四者是并列关系。国家利益是一种和社会利益有区别的公共利益，政府是国家利益的代表，公共利益并不等同于政府利益。首先，政府利益是客观存在的。随着国家的产生，导致执行公共权力的政府的出现，谁拥有了公共的权力，谁就拥有了政治的利益。在制定公共经济政策的过程中，政府并不是真正的"中立人""仲裁者"，并不是社会公共利益的真正代表，而是为了维护自身的统治利益。国家通过具体的政府部门来克服市场失灵，以实现维护社会公共利益的目标。但在市场经济体制下约束政府部门及其官员行为的标准还没有最终形成的情况下，极易导致政府部门及其官员的行为模式偏离社会公共利益的目标。其次，部门利益、地方利益普遍存在。政府官员在市场经济条件下作为"经济人"一旦具备条件，会最大限度地为自己牟取私利。某些政府部门及官员的行为也会偏离社会公共利益的目标，为本地区利益、本部门利益甚或个人利益所诱惑。所以，政府行为目标与社会公共利益之间并非必然一致。④

(三) 国家利益与社会利益的联系

国家的社会管理职能使国家利益与社会利益密具有了相当程度上的一

---

① 马长山：《市民社会与政治国家：法治的基础和界限》，《法学研究》2001年第3期。
② 刘旺洪：《国家与社会：法哲学研究范式的批判与重建》，《法学研究》2002年第6期。
③ 颜运秋、石新中：《论法律中的公共利益》，《中国人民公安大学学报》2004年第4期。
④ 同上。

致性与重合性而变得密不可分。国家的职能有对内职能和对外职能之分，对内职能又包括政治统治职能和社会管理职能两个方面。人们要生存，就得消费，从而需要生产。因此，物质资料的生产就成为人类社会的共同需要。任何社会的生产都是为了满足这种社会成员的共同需要而进行的。在一个国家内部各阶级之间，在文化教育方面以及基于共同生活方式、民族心理特征、道德风俗习惯、社会价值观念等产生的共同需要和利益，都是社会利益的一部分，因而也是国家行使社会管理职能的依据。国家将政治统治职能和社会管理职能统一于一身，根源于社会上客观存在着不同的阶级利益和共同的社会利益。基于阶级利益和社会利益的同一性，统治阶级建立的国家必然将两种利益统一起来，承担起国家社会管理职能，通过维护国家对社会的统治，达到实现和巩固本阶级政治统治的目的。[1]

就国内而言，国家利益的实现在很多具体问题中是以社会公共利益的实现为前提，国家通过履行社会公共职能来维护社会秩序、促进社会进步和经济发展，从而为国家利益的实现提供安定的环境和强大的经济基础。同时，社会不可能独立于国家之外存在和运行，社会公共利益的实现和社会成员的发展也离不开国家对社会提供的治安保障、统一的人人适用的法律规则、制度性保障和消极承认。[2]

法国学者莱昂·狄骥早就指出，"公共服务的概念正在逐渐取代主权的概念而成为公法的基础"[3]。他认为，"公共服务就是指那些政府有义务实施的行为"，"公共服务的内容始终是多种多样和处于流变状态之中的……随着文明的发展，与公共需求相关的政府活动呈数量上升趋势……"[4]；"政府必须随时履行三项职责：（1）国家防御；（2）维持国内秩序与安全；以及（3）司法"；"人们之间明显存在的相互依赖关系、经济利益的连带关系、不断加强的商业联系、智力成果与科学发现的广泛传播，都向国家施加了组织提供这些公共服务，以及长期保障国际交流的责任"[5]。

---

[1] 刘志芳、杨海蛟：《略论国家的社会管理职能》，《山西师大学报》（社会科学版）1986年第4期。

[2] 乐岑川：《论国家利益与社会公共利益的关系》，《法制博览》2017年第11期。

[3] [法] 莱昂·狄骥：《公法的变迁》，郑戈译，辽海出版社1999年版，第40页。

[4] 同上书，第50页。

[5] 同上书，第51页。

四 刑法视野中的国家利益

（一）国家利益的刑法意蕴

对国家法益加以特别保护，外国刑法理论中存在两种不同的理解。一种观点基于国家主义或全体主义的刑法观，认为国家法益是国家权威及国家的不可侵犯性，这种法益超越个人法益，因而应当得到额外的重视；另一种观点基于个人主义的刑法观，认为国家只不过是为了国民的生活与福利而存在的机构，对国家法益的犯罪就侵害了多数国民的利益，故应得到重视。近代刑法就是国家刑法，任何犯罪都被认为是对统治秩序的违犯，是对国家法益的威胁乃至侵害。但是，这种对犯罪本质化的理解并不妨碍利用法益的区分机能来界定一类特殊犯罪，即针对国家法益的犯罪，是指以直接攻击国家本身的法益为要素的犯罪群。① 犯罪在终极意义上讲是侵害国家利益的行为，但是，刑法所直接保护的利益应当区分为个人利益（个人法益）、社会公共利益（社会法益）、国家自身的利益（国家法益）来进行认识。② 刑法所保护的国家利益是指以国家作为直接保有者的利益，具体包括国家主权、领土完整和安全、国家统一、国信国交、国家权威、国家政权与职能、国有财产以及国家的其他直接利益。③

（二）国家安全

国家安全是一个内涵简单但外延十分广泛的概念，从广义上讲，国家安全不仅指政治安全、军事安全，还包括经济安全、文化安全、科技安全、信息安全、生态安全等。对国家安全的界定，目前主要有三种方式：一是以领土安全或国防安全观念来解释国家安全，把国防安全与国家安全直接等同起来；二是从政治学、国际关系理论角度来解释国家安全；三是把国家安全与国家安全工作两个不同的概念混同。尽管可以从各个学科的不同角度和不同层面对国家安全的概念做出不同的界定和理解，但是当国家安全作为一个专门的法律术语或者法学的一个基本范畴时，对国家安全的解释就不应当是随意的。否则，就会有损坏国家安全法制的严肃性和统一性，也有碍法律尤其是国家安全法律在社会生活中的正确实施。

---

① 赵秉志：《外国刑法各论（大陆法系）》，中国人民大学出版社2006年版，第403页。
② 大谷实：《刑法讲义各论》（新版第2版），黎宏译，中国人民大学出版社2008年版，第2页。
③ 曲新久：《刑法的精神与范畴》，中国政法大学出版社2000年5月版，第35页。

法律上的国家安全是指一国法律确认和保护的国家权益有机统一性、整体性免受任何势力侵害的一种状况。由于国家作为国际社会的一员，其主权行为置身于国际社会关系背景之中，而国家间的权益竞争、冲突是一种客观存在，对一国"国家权益"的侵害，主要是对体现一国国家意志的法律制度及其秩序的干扰、侵犯和破坏。[①] 对于国家安全的理解，应当注意以下两点：首先，对国家安全的威胁不能仅理解为来自外部的敌对势力，国家安全还有对国家内部的要求。对国家安全的危害，除了外部的敌对势力，还有外部的中间势力或者外部的友好势力；外部的威胁固然对国家安全造成危害，内部的动乱或者暴乱及其他内部疾患，也同样危害国家安全。其次，国防安全是确立国家安全的先前条件，确实构成国家安全的要害部分，但国防安全仅仅是国家安全的一个组成部分，不是国家安全的全部；国家根本利益是国家为了安全生存和高效行使职能与发展而必须满足和捍卫的社会需求。保护国家根本利益仅仅是国家安全保障的一个方面、一个部分，将国家安全混同于国家利益也是不恰当的。刑法意义上的国家安全取其狭义，包括国家的内部安全与外部安全，前者指国家政权的稳固、国家统一、国家权威等，后者指国家主权、领土完整和安全、国信国交等。

（三）财税法益

对涉税犯罪所侵害法益的理解，主要有三种学说：（1）税收分配关系说。该说认为，国家和纳税人之间发生的社会关系，是国家在参与社会产品或国民收入再分配的过程中形成的一种税收征纳关系在法律上的体现，在它的背后隐藏的是国家税收分配关系，涉税犯罪归根到底侵害的是国家的税收分配关系。（2）税收收入说。该说认为涉税犯罪侵害的法益是国家的税收收入。（3）税收制度说。该说认为涉税犯罪侵害的法益为国家的税收制度，即税收管理制度、发票管理制度、税收征管制度等国家税收法规所确定的一系列制度和规范。

以上三种学说或有失片面，或流于表象。税收分配关系是税收实体关系在法律上的表现，侧重于国家和纳税人之间的税收分配和再分配的全过程。而税收关系在法律上的体现的另一方面是税收程序关系即税收征纳关系，侧重于国家征税机关依法征税和纳税人依法纳税的程序内容，涉税犯

[①] 吴庆荣：《法律上国家安全概念探析》，《中国法学》2006 年第 4 期。

罪除了侵害税收分配关系,而更直接侵害了税收征纳关系,而"税收分配关系说"恰恰缺失了最表层的税收征纳关系;"税收收入说"将税收仅仅视为国家收入而忽略了税收的经济调节功能和公共管理属性,对税收的性质与功能的理解过于狭隘;"税收制度说"没有进一步揭示税收制度背后的内涵,显得流于表面,不够深刻。

将涉税犯罪侵害的法益界定为税收关系更为准确,因为涉税刑法所保护的社会关系是业已为税法确认和调整的税收关系。而且,从税收法定主义的角度来看,国家与国民之间就税收产生的关系即税收关系就是税收法律关系,税收关系等同于税收法律关系。在现代法治国家,基于税收法定主义的宪法性原则,任何一种税收关系都是因为有了相应的税法规范才得以产生的。从逻辑上看,税收关系与税收法律关系之间并不具有历时性,而应当是同时产生的,具有同一性。涉税犯罪的客体是税收关系,而税收关系实质上是税收法律关系,涉税犯罪的客体实质上也就是税收法律关系。[1]

财税法的法益主要可分为财税个人法益和财税集体法益两类。[2] 财税个人法益指以个体身份享有的、个人可以处分的法益,其内容是纳税人权利。纳税人权利的正当性在于其缴纳了税收,让与了私人财产。主权在民理论确立的公民主权所有者地位是纳税人权利保护的政治根基,公共物品理论揭示的税收与公共物品之间的对价关系是纳税人权利保护的经济解读。财税集体法益指以社会一员的身份与他人共享的、个人不能单独处分的法益。财税集体法益因财税个人法益的需要而产生,是实现个人法益的途径和保障。财税个人法益和财税集体法益从根本上说是一致的,其功能都是供个人在社会中自我实现,只是具体的作用方式有所不同,财税集体法益应当是可以还原为财税个人法益的利益。

财税法的根本法益和最高法益是财税个人法益,财税个人法益优先于集体法益。国家和社会是个人的集合,应严格检视以集体保护为名的国家行动对于个人有何助益;凡能明确诠释为个人法益,就不得假设为集体(社会或国家)法益。财税法是公共财产法,课税是对私人财产权的一种干预,其正当性的获得莫过于为了私人财产权本身。也就是说,纳税人权

---

[1] 丛中笑:《涉税犯罪客体新论》,《社会科学战线》2007年第1期。
[2] 毕金平:《论财税法法益的层级类型》,《学术界》(月刊)2015年第7期。

利保护是财税法的终极目标，财税集体法益应以财税个人法益为起点，公共财政权应该为纳税人权利服务。

从税收的本质及其功能出发，税收首先是国家存续所必不可少的东西，属于国家的利益。"当代社会，税收渗透于社会生活的各个领域；税收是财政收入的主要来源，是宏观调控的一种重要手段；税收工作与国家政治经济密切相关，税收问题不仅是一个经济问题，也是一个政治问题。"[1] 同时，作为经济杠杆，税收具有调节社会经济活动的功能；作为公共财产法，财税法还涉及国家对公共事务的管理。因此，妨害财政税收的犯罪应当归入危害国家利益的犯罪（危害国家存立或危害公共管理）抑或危害社会利益的犯罪（危害经济秩序），取决于立法者的财税理念和价值取向。我国刑法将财税犯罪归入破坏经济秩序罪，体现了其对税收关系中社会经济利益和财税集体法益的侧重。

（四）行政职能与司法职能

行政与司法是国家的两项基本职能。刑法对其保护集中体现在妨害公务罪、渎职罪以及妨害司法罪等类犯罪的设置上。我国刑法将妨害公务罪置于妨害社会管理秩序罪之中，将渎职罪单列一章；《法国刑法典》与《意大利刑法典》则将渎职罪作为公职人员危害公共管理罪与普通人危害公共管理罪一起规定在危害公共管理罪之中。我国刑法将妨害司法罪归入妨害社会管理秩序罪之中，而西方刑法则并未如此。有的将之归入国家法益，如《俄罗斯联邦刑法典》第10编"反对国家政权的犯罪"第31章为"妨害司法公正的犯罪"；有的将侵犯司法管理罪与侵犯公共管理罪分章并列，如《意大利刑法典》和《西班牙刑法典》；有的将危害公共行政管理罪与妨害司法罪均归入危害国家权威罪之中并且分章并列，如《法国刑法典》。

那么，渎职罪与妨害司法罪应当归属于侵害国家法益的犯罪还是侵害社会法益的犯罪？行政管理和司法活动是国家的两项基本职能，是国家权力的重要体现；从这个角度看，两者应该归属于侵犯国家法益的犯罪。然而，行政管理和司法活动不单单涉及国家利益，其终极目的是对社会公共利益的保护，渎职罪有损于国家机关公共服务职能的履行，妨害司法罪破

---

[1] 金人庆：《完善税制　加强征管　强化调控——关于社会主义市场经济条件下的若干税收问题》，《人民日报》2000年4月20日第9版。

坏的是"社会的良心",从这个角度看,两者又应该归属于侵犯社会法益的犯罪。显然,在这两类犯罪中,国家法益和社会法益兼而有之,但是难以等同视之,究竟何者优先,往往取决于社会发展水平与立法者的价值取向。法律是社会控制的主要手段之一,是各种利益的调整器。各种利益主体之间形形色色的利益不可避免地会存在冲突,无论采取何种分类方法和划分标准,立法都无法面面俱到,必须有所侧重或取舍;换言之,法益归属具有多重性与主次性,很多情况下,某种犯罪同时侵害数种法益,将其归入哪一类别,主要取决于立法者的价值取向和利益权衡。就我国现阶段而言,国家法益仍然处于主导地位,社会法益远远没有上升到首要位置,由于这两种犯罪更直接地侵犯的是国家机关职能的正常发挥,因而归属于侵害国家法益的犯罪更容易为立法者和社会大众所接受。

渎职罪与贪污贿赂罪的关系十分特殊。渎职罪并非严格的法律概念,它并未准确地揭示此类行为所侵害的法益,因为"职"的含义过于笼统和模糊。准确地说,渎职罪是对国家公职的亵渎,是对国家职能的妨害,渎职罪从属于危害公共管理罪。渎职罪是一个类概念,从广义上看,它包括两大类:一类是狭义的渎职,即作为其核心内容的滥用职权罪和玩忽职守罪;另一类是贪污贿赂等以权谋私的腐败犯罪。狭义的渎职犯罪又被称为"不落腰包的腐败",其造成的损失远远大于贪污贿赂犯罪所带来的损失,因为它不涉及明显或直接的个人利益,更容易被轻视。

(五) 关于政治犯罪

政治犯罪的含义具有一定的模糊性。狭义的政治犯罪指传统意义上的政治犯罪,即绝对的政治犯罪,如内乱罪、外患罪等;广义的政治犯罪是指与绝对的政治犯罪相关联而为普通犯罪的相对政治犯罪;最广义的政治犯罪是指以政治动机和目的而进行的绝对政治犯罪和普通犯罪。鉴于各国政治制度及历史传统等方面的巨大差异,国际法文件对"政治犯罪"的法律含义至今没有界定,世界各国在其宪法、引渡法等法律文件中对"政治犯罪"所下的定义或解释达 20 多种。[①] 政治犯罪不是一个严格的刑事实体法概念,而是国际刑事司法协助领域的一个程序法概念。各国在引渡时对政治犯罪的判断不完全等同于其国内的政治犯罪概念。引渡中的政

---

① 庞仕平、韩霖:《论国家安全视野中的"政治犯罪"》,《国际关系学院学报》2006 年第 1 期。

治犯罪较之国内刑法中的政治犯罪范围要大，同样的行为，在引渡法和引渡实践中能够成立政治犯罪，根据国内刑法却未必成立。在引渡实践中，被请求国除考察行为的法律要件外，还要根据本国的利益和需要从多方面进行裁量，经常要掺入一些非法律因素。

政治犯罪是一类特殊的犯罪。首先，政治犯罪的伦理色彩较弱。政治犯罪与普通刑事犯罪不同，前者只具有"外在恶"而不具有"内在恶"，没有违背人类共同道德准则，只是在客观上侵害了统治阶级的政治秩序。贝卡利亚认为，政治犯罪没有恶意，不能认为政治犯罪人犯有令人羞辱的过错，对他们的刑罚应当侧重于矫正和控制。① 菲利把犯罪分为两大类：一类犯罪"因利己的或残忍的原因，用诈骗及暴力之类的普通犯罪作为生存竞争的退化形式来攻击社会"，属于"退化型犯罪"；另一类犯罪"不是出于利己动机，而是出于利他动机，反对的是现代社会秩序的不公平"，属于"进化型犯罪"。政治犯罪就属这种"进化型犯罪"，它是社会改造和社会变革的有效形式；当社会陷于沉病而又不能通过正常方式得到医治时，政治犯罪就容易出现。② 其次，政治犯罪的含义和范围具有模糊性。区分政治犯罪和普通犯罪的目的不是加强镇压，而是缓和对政治犯罪的处罚，甚至是出于一定的保护目的。

政治犯罪与危害国家安全罪存在密切联系，但两者不容混同。③ 首先，概念所属范畴和适用的法律不同。政治犯罪的概念属于国际法和国际政治范畴；而危害国家安全罪则是国内法，即一国的国内刑法的范畴，只能运用于本国的刑事司法体系之中。其次，侵害的法益不同。危害国家安全罪侵犯的法益是国家主权、领土完整和安全，而政治犯罪的法益则是一国的政治利益和公民政治权利。政治犯罪主要是对一国体制和政权的危害，未必对被该国人民带来直接现实的侵害；而危害国家安全罪则直接侵犯人民利益，破坏民族团结、国家稳定。最后，危害国家安全罪不要求带有政治性。

---

① 黄风：《贝卡利亚及其刑法思想》，中国政法大学出版社1987年版，第58页。
② ［意］恩里科·菲利：《实证派犯罪学》，张彬译，中国政法大学出版社1987年版，第36页。
③ 夏春青：《浅谈政治犯罪与危害国家安全罪的辨析》，硕士学位论文，中国政法大学，2010年。

第四节 国际社会及全人类共同法益

一 国际社会共同法益

国际法依赖于国家间的共同利益，有共同的价值观，国家就有可能认同相似的问题。国际法作为国际社会治理的最主要的方式，是对国际社会诸成员或主体之间利益关系的一种平衡，是对国际社会诸主体之间共同利益的一种反映。世界各国一起构成一个为了共同利益而结合的团体，这些共同利益使它们之间发生广泛交往，而文化、经济结构或政治制度的不同并不影响国际社会法作为国际法的基本因素之一的存在。联合国大会1949年通过的《国家权利义务宣言草案》确认世界各国形成了一个受国际法支配的社会。

国际社会共同利益从广义上讲包括国家之间的共同利益和全人类的利益。相对于全人类利益来说，前者是较为短期的和局部的利益；而全人类的利益则是全局的、可持续的长期的利益。[1] 国际社会共同利益主要体现在双边条约、多边条约和区域性条约之中，内容涉及国家安全、经贸科技等众多领域。此外，国际人权法、国际环境法、国际经济法、外交关系法、国际组织法、国际领土法等国际法各部门法中也十分鲜明地反映了国际社会的共同利益。

通过"共同利益"可以破解国际法本身的理论迷局。[2] 首先，它使国际法的根本价值诉求更加明朗。国际社会共同的需求是和平与安全、人权、正义和发展。其次，它使国际法与国内法的关系更加明晰。两者本质上就是共同利益与国家（内）利益的区别，而共同利益的形成本质上是国家（内）利益的外溢。最后，它使国家责任问题更加清楚。违背共同利益的国际法主体都要承担国际责任，且国际责任优先。

二 全人类共同法益

全人类共同利益指整个人类作为一个整体成为利益主体，主要表现在

---

[1] 胡诚军：《共同利益：国际法本质的基石》，《时代法学》2004年第4期。
[2] 同上。

人类共同继承财产的确立、全球生态环境保护和国际人权保护。[①]"全人类共同继承财产"主要应用于资源开发利用领域，该资源与地球上的生命的生存和发展密切相关，对"全人类共同继承财产"基本上排除或限制了任何国家的主权要求和任何其他实体的财产权利要求。在环境问题上产生的全人类共同利益，对国际关系和国际法产生极大影响。首先，生态环境的性质决定了对其保护是国际性的问题；其次，生态环境保护的国际意义并不仅局限于其自身，还表现在全球经济与环保过程的互相制约；最后，不分国籍的"地球村公民"对全球生态问题关注的程度越来越深，表明环保问题事关全人类共同利益已深入人心。人权问题中所包含的"全人类共同利益"更为鲜明而突出，因为人权口号最根本的价值取向即在于维护"全人类共同利益"。随着第三代人权概念的出现，国际法将出现一个新的主体——人类本身。从这个含义上来理解，人权是"人类社会追求的共同目标"，人权可以具体化为个人、团体、民族甚至国家权利，但其根本着眼点都在于"人类本身"。

1979年《月球公约》在其第11条明确了"全体人类的共同财产"这一概念。1982年《海洋法公约》第140条以"全人类利益"为标题，并规定"区域"内的活动应为全人类利益而行使。全人类共同利益的确立，一定程度上改变了国家观察问题的出发点和国际合作的方式，并形成了一定程度的"全球意识"，国家的国际法义务由消极的"不作为"向积极的"作为"发展。全人类共同利益的维护与追求已不再是某一国或者某几国可以独立完成的事项，需要国际社会的共同努力。

从一般意义上讲，人类追求的所有美好事物，如和平、安全、自由、平等、生命、健康、发展等，都属于全人类共同利益，所有人类活动应为人类整体谋求福利，或至少应限制有碍于全人类整体利益的人类活动。但是这种大而化之的理解，内容显得过于宽泛。从法学的角度看，"全人类共同利益"应当被特定化为人类整体的生存与发展，而不是单个人或民族、种族、国家的生存与发展所必需的利益。[②] 它既不是某个单一国家的利益，也不是国际社会中各国利益的简单相加。人类社会存在高于单个国家的利益，人类社会的利益高于各国利益之和。很多问题，如外层空间和

[①] 陈勇：《国际法中的全人类共同利益》，《国际经贸探索》2004年第3期。
[②] 高岚君：《"全人类共同利益"与国际法》，《河北法学》2009年第1期。

海洋的和平利用、臭氧层的保护、生态的保护、非殖民化、穷国的发展等，离开了全人类共同利益这个概念，便无法得到正确的理解和解决。

在科学技术尚不发达的时代里，把一个个单一的国家分别视为一个整体来对待，在国家主权原则的基础上仅在外交、军事、经济等必要的领域里考虑整个国际社会的联系，有其合理性。但是，随着科学技术的迅速发展，国家间产生日益复杂的相互依赖关系，国家不再是一个个完全封闭的系统，一个有别于"国际社会"（international society）的"国际共同体"（international community）的概念由此产生。国际共同体的观念将国际体系的焦点由国家转向全人类，把人类整体作为一个系统对待，把国家视为有着千丝万缕的联系和日益紧密的相互依存性的人类整体之下的子系统；它强调整体、强调其内在的相互关系，如存在于国家间的、民族间的、种族间的以及它们相互间的、人类与自然环境间的各种复杂关系，有助于重新确定国际法在新形势下的作用。[①]

三　国际社会及全人类共同利益的刑法保护

刑法对国际社会共同利益以及人类共同利益的保护，充分体现在国际刑法对于各种国际犯罪的规定。在国际犯罪的犯罪客体中已经包含有"全人类共同利益"。许多关于惩治国际犯罪的公约中，惩治国际犯罪和促进国际人权保护联系在一起，其原因即在于两者都关系到全人类共同利益。

根据其所侵犯的利益，国际犯罪分为危害人类和平与安全的犯罪、危害人类生存与发展的犯罪、侵犯基本人权的犯罪以及破坏国际社会公共利益的犯罪四大类。危害人类和平与安全罪主要包括侵略罪、战争罪、反人道罪、非法使用武器罪、非法获取和使用核材料罪、灭绝种族罪等；危害人类生存与发展罪主要包括破坏环境资源罪、毒品犯罪、非法医药实验罪（非法人体实验罪）、反人种罪（优生及克隆繁殖）、破坏文化遗产罪；侵犯基本人权罪主要包括种族隔离罪、种族歧视罪、酷刑罪、劫持人质罪、国际贩卖人口罪、贩卖和使用奴隶罪等；危害国际社会公共利益罪进一步划分为危害国际交往罪、危害国际航空罪、危害海上安全罪、妨害国家货币罪和危害国际邮政罪、国际贿赂罪等。

---

① 高岚君：《"全人类共同利益"与国际法》，《河北法学》2009 年第 1 期。

第四章

特定领域犯罪及其立法模式

第一节 经济犯罪与经济刑法

一 经济犯罪侵害的法益

经济犯罪与财产犯罪具有一定的相似性,但两者所侵害的法益并不相同。"经济犯罪行为损害了经济生活中存在的社会性的、超个人的法益或者滥用了今日经济生活的重要手段。这样,刑法保护的利益就首先不是经济性个体的个人利益,而是总体上的国家的经济秩序,是整个经济过程的有组织性。"[①] 财产犯罪更多地具有自然犯的特点,而经济犯罪则更多地具有行政犯的特点。

关于经济犯罪侵害法益的具体内容,在理论上存有多种不同的观点,大体上分为经济秩序说、经济利益说和资本配置利益说三大类。

(一)经济秩序说

该说曾经是德国学界的主流观点,也是当下中国大陆学界的主流观点,许多台湾地区和日本的学者也持此种观点。关于经济秩序的内涵和称谓,大致有以下三种:第一,全面的经济秩序说。该说认为经济秩序应当全面地理解为包括生产秩序、交换秩序、分配秩序和消费秩序。第二,社会主义市场经济秩序说。有些学者以现行刑法的规定为依据,认为经济犯罪侵害的法益是"社会主义市场经济秩序"。第三,公平的经济秩序说。该说认为,以利益需要作为启动经济刑法立法的根据,不符合公平正义的社会主义核心价值理念;健康的经济秩序是公平的,经济刑法应该促进和保护这种公平。经济刑法规范的重点不在于确定利益保护的措施和方式,

---

[①] 王世洲:《德国经济犯罪与经济刑法研究》,北京大学出版社1999年版,第151页。

而在于规制侵害的行为,维护公平的经济秩序。①

有论者认为,将经济秩序作为经济犯罪的法益存在三方面的问题。②

首先,导致法益的虚化,违反法益基本原理。法益概念自起源时起即被定位为一种利益,即使抽象的"超个人法益"也是通过强调利益归属体现利益实质。经济秩序是经济系统内各要素正常运行的一种状态,但这种有序状态并非是利益本身,而是利益的前置性条件。林斡人教授认为,"自由经济秩序这些抽象、观念性的法益,作为科处行政制裁的前提是妥当的,但作为刑法保护的法益,不能仅是观念性的事物。刑法保护的法益应以消费者的利益为中心,因为关于经济犯罪的被害,会扩展到消费者全体,每个人成为真正被害人和财产犯罪被害之间并没有质的差异"。芝原邦尔教授强调,经济犯罪的成立,除了要违反经济取缔法规外,还需要行为侵害市民的经济生活,且具有高度的盖然性。经济刑法所处罚的行为重点应是一般消费者利益的保护、市民经济生活的保护。只是侵害国家经济制度的行为,并没招致社会损害的法益侵害性质,不需动用刑罚,对(单纯)经济行政秩序的违反,应处以行政处分予以排除与预防。

其次,导致刑法工具主义和象征性立法。秩序法益观导向下,国家经济管理部门将经济秩序的破坏作为犯罪化事由,以经济管理的思维推进经济刑法立法,导致经济刑法不当扩张,沦为社会经济系统管理工具,经济违法的相对性、市场的容忍性等犯罪阻却事由被忽视。经济体制转型中,因政策与法律界限模糊,导致灰色经济行为的存在。灰色经济行为多发生于经济转型的新兴领域,对深化市场经济自由、促进制度创新,具有一定正向价值。但是,基于秩序保障的立场,刑法往往对灰色区域采取严格的犯罪化策略。高利转贷罪、骗取贷款罪、证券与期货等金融犯罪均存在以行政审批制为保护法益的问题,限制了市场自由,减少了可能产生的市场增益。对市场经济行为规范过于严格,不完全符合市场经济运行规律,在一定程度上扼杀了部分人的冒险创新精神和投机动力,最终不利于国家和社会的发展。同时,经济犯罪法益定位的"泛秩序化"导致立法走向"象征主义"歧途。象征性立法不以法益原则作为犯罪圈的划定标准,仅将刑法作为国家政治治理工具,具有某种政治性宣示或公共情绪安抚的功

---

① 王良顺:《保护法益视角下经济刑法的规制范围》,《政治与法律》2017年第6期。
② 魏昌东:《中国经济刑法法益追问与立法选择》,《政法论坛》2016年第6期。

能，但由于缺乏法益保护之功能，无法产生法益保护效果，仅有形式意义上的立法存在感。[①] 经济刑法中象征性立法集中于金融刑法领域。经济秩序是由政府和众多市场主体共同参与，相互作用而形成的市场交易和市场管理的有序状态，具有动态性，内涵不固定，很难被归结为某种主体的生活利益，不能独立地成为法律保护的利益。对经济秩序的维护，只能从规范市场主体和政府及其工作人员的行为入手。[②]

最后，导致刑法自由保障功能缺失，阻碍经济发展和社会进步。经济自由是作为市民社会第一层次的基础。平等竞争的自由市场能导致各种资源的最佳利用。经济自由对市场资源的配置产生影响，也是经济自由在保障经济主体的人格独立与经济权利方面的重要体现，保障经济自由是经济刑法的重要功能之一。然而，在"秩序法益观"之下，经济自由不过是秩序保障的下位概念，是管理功利主义的副产品，经济刑法不断向原本属于市场内部自由区域的不当扩张。将经济刑法的保护法益界定为经济秩序，法人和公民的经济自由难以获得切实的保障。秩序往往意味着现时的有序状态，维护经济秩序等同于维护现存的经济秩序。对现时状态的过分保护或者强调，导致拒绝或者抵制新的变革，抑制经济活动的创新，阻碍经济发展和社会进步。[③]

(二) 经济利益说

该说认为，经济刑法的保护法益应当被界定为国家和社会在经济活动中的经济利益。受经济犯罪的犯罪手段、犯罪对象和犯罪后果等特性所决定，经济刑法的保护法益包括两个方面的内容：其一是国家在经济活动中的经济利益。它具体包括国家对经济活动的管理权和依法应当从市场主体的经济活动中无偿获得的经济收入，前者如贸易管制和金融市场的管理权等，后者如依法征收的各种税费。其二是社会在经济活动中的经济利益。社会的经济利益是指一般市场主体享有的经济自由和经济收益，如市场参与的自由、市场交易的自由、市场竞争的自由和财产安全等。值得说明的是，市场主体的个人经济利益不属于经济刑法的保护法益，并不意味着不会受到经济刑法的保护。这是因为，市场主体的个人经济利益与社会的经济利益之间是个别与总体的关系，因而经济刑法在保护社会的经济利益的

[①] 魏昌东：《中国经济刑法法益追问与立法选择》，《政法论坛》2016年第6期。
[②] 王良顺：《保护法益视角下经济刑法的规制范围》，《政治与法律》2017年第6期。
[③] 同上。

同时,也间接地保护了市场主体的个人经济利益,只是对后者的保护具有从属性。例如,擅自设立金融机构罪的立法保护的法益是一般金融机构的经营权,而对一般金融机构的经营权的保护实际上也保护了正在经营的个别的银行或者其他金融公司的正常经营活动。将经济刑法的法益界定为国家、社会在经济活动中的经济利益,不仅实现了"超个人法益"内涵的具体化,而且为确立和调整经济刑法的规制范围提供了法理依据,有利于对市场经济秩序的保护。[1]

(三)资本配置利益说

该说认为,经济犯罪首先表现为对资本配置关系的违反,破坏了资本配置关系的有序性、公平性和效率性,其次表现为基于配置关系违反而产生的利益损害。经济系统是资本流动的载体,资本的流动过程表现为在内部市场规律或外部干预下的资本配置过程,通过合理的资本配置,国家、社会、市场主体及市场参与者均能享受到由此带来的财产性利益或利益机会,即资本配置利益。对于自然人,资本配置利益主要包括其将劳动力资本进行交换的收益以及作为市场投资者进行资本再投资的收益。对于商业组织,资本配置利益不仅包括了生产经营收益,还包括了在公平竞争以及可持续性发展环境下的预期性收益。对于金融机构,资本配置收益在于货币资本化及信贷关系所产生的收益;对于消费者,资本配置利益表现为其劳动收益与产品交换之间的公平等价关系;对于国家,资本配置利益则表现为对资本利益在社会进行二次分配所形成的间接收益,如,国家经济竞争力的提升、经济的可持续性发展及社会经济的稳定。[2]

以资本利益作为经济刑法法益的积极意义在于:(1)有助于实现"超个人法益"的具体化。"资本配置利益说"可以从市场资本利益角度将经济刑法的"超个人法益"予以具体化,将与市场经济系统无关的安全法益、与财产性利益无关的人身法益排除在经济刑法之外。(2)有助于在个人法益与"超个人法益"之间寻求合理平衡。"资本配置利益说"通过市场系统论的视角,将个人利益与公共经济利益契合,在坚持"超个人法益"独立化的基本立场上,融入个人法益的合理判断,形成更为合理的法益保护观。(3)有助于经济刑法体系的合理构建。经济刑法的

---

[1] 王良顺:《保护法益视角下经济刑法的规制范围》,《政治与法律》2017年第6期。
[2] 魏昌东:《中国经济刑法法益追问与立法选择》,《政法论坛》2016年第6期。

法益认定应以立法与经济系统的"结构耦合"为基础,确保法律系统与外部环境稳定交流并保持更新的有效模式。"秩序法益""自由法益"或"财产法益"均忽视了与经济系统的契合性,造成经济刑法的膨胀。"资本配置利益说"围绕市场系统构建更具针对性的经济刑法立法体系,可以有效弥补经济刑法立法扩张或犯罪圈设置不合理的问题。

根据资本配置关系的类型差异,可以区分经济犯罪的不同类型:(1)破坏竞争资本配置的经济犯罪。垄断、不正当竞争、商业贿赂等犯罪会破坏市场自发资源配置的有序性和规律性,导致其他市场主体丧失通过公平竞争取得资本增值之机会,使得其预期的财产性利益无法实现。(2)破坏信用资本配置的经济犯罪。信用本身就是市场内部的资本形式,基于良好的信用资本,市场主体可以对市场行为的可获利性与风险性进行预测,避免发生利益损害;对信用资本的破坏,会导致资本投资的运营风险,进而造成资本利益损失。侵害信用资本的典型经济犯罪包括货币犯罪、证券犯罪、公司运营犯罪、破产犯罪以及其他经济欺诈犯罪等。(3)破坏生产资本配置的经济犯罪。可以作为生产资本的经济资源包括物质资本、人力资本、自然资源和技术知识,破坏生产资本犯罪包括环境犯罪、劳动犯罪、知识产权犯罪和产品犯罪。(4)破坏消费资本配置的经济犯罪。消费资本是以消费形态表现的资本,是货币资本和知识资本之外的第三种资本形态,包括在产品和服务的消费过程中,所有由消费者创造的市场力量及其价值表现。对消费资本配置的损害表现为生产者、经营者等市场主体通过价格歧视、虚假广告、伪劣产品销售等行为使消费关系处于明显的不公平状态,从而损害到消费者用于消费交换的财产性利益。(5)破坏国家管理资本配置的经济犯罪。市场经济本身具有内生缺陷,国家须通过外部干预调整市场资源配置,防止市场失灵,由此形成了国家管理资本。侵害国家管理资本配置的经济犯罪包括税收犯罪、财政犯罪、预算犯罪、救济金犯罪、特许经营犯罪等。

二 经济刑法的范围及其立法体系

一般认为,经济刑法有狭义与广义两种不同的含义。狭义的经济刑法,是直接以整体经济秩序为保护客体的刑法法规。例如,租税刑法是在保护国家的财政经济,对于租税犯加以处罚,是在预防国家财政收入的减少,而无法顺利完成充实整体经济的任务。广义的经济刑法在狭义的经济刑法之外，还包括虽然本来旨在保护私人法益，但是间接地也有保护整体经济体制功能的刑罚规范，如破产刑法、公司刑法、证券交易法的刑罚规定等。

国内学者多是在刑法分则第三章的意义上使用经济刑法这一概念，属于广义的经济刑法，所规制的犯罪包括生产、销售伪劣商品罪，走私罪，妨害对公司、企业管理秩序罪，破坏金融管理秩序罪，金融诈骗罪，危害税收征管罪，侵犯知识产权罪和扰乱市场秩序罪八类。

《俄罗斯联邦刑法典》第八篇"经济领域的犯罪"包含了侵犯财产的犯罪和经济活动领域的犯罪；《西班牙刑法典》第十三编规定了"侵犯财产和扰乱社会经济秩序罪"；《意大利刑法典》第八章"妨害公共经济、工业和贸易罪"对经济犯罪做了专门规定，第十三章对侵犯财产罪做了规定。法国、德国、日本的刑法典中没有出现经济秩序的提法，没有将经济犯罪以专门的章节集中规定，《德国刑法典》第八章"伪造货币和有价证券的犯罪"、第二十四章"破产罪"、第二十六章"妨害竞争的犯罪"大致属于经济犯罪的范围。

三 经济犯罪的观念更新与经济刑法的现代化

在以信息技术为代表的经济全球化浪潮的冲击下，经济犯罪与经济刑法应从传统国家工具模式向主体权益保障模式转型，从分散封闭立法模式向统一开放模式转型，从单一主体利益保护模式向多元主体利益综合保护模式转型，从无限扩张报复性惩罚模式向惩罚与恢复性司法模式转型。①

（一）经济犯罪的观念更新

1. 由"秩序法益观"到"利益法益观"

"秩序法益观"导向下的中国经济刑法立法正处于深度的立法危机之中，扩大经济自由，作为中国经济制度改革的基本方向，要求建构与维护经济自由目标相适应的法律体系。欧陆国家以"利益法益观"为导向的经济刑法理论与体系变革，力求合理化解"超个人法益观"过于抽象的难题，促进了经济刑法功能与定位的现代革新。中国经济刑法立法体系改造，应当确立"资本配置利益"的法益基本内涵，以在实现经济刑法立

---

① 徐汉明、申政：《论经济犯罪立法模式的现代化》，《湖北警官学院学报》2017年第1期。

法观念转型的同时，完成经济刑法立法体系的更新与调整。①

2. 从诈骗型经济犯罪到欺诈型经济犯罪

由于刑法对贷款诈骗罪、集资诈骗罪、合同诈骗罪等欺诈行为明确要求以非法占有为目的，导致司法实践中大量行为人因缺乏非法占有目的的证据，而不能被认定为犯罪。鉴于该类犯罪的重点在于规制欺诈行为，维护公平诚信的经济秩序，经济刑法应当改诈骗型犯罪为欺诈型犯罪，以是否以欺诈的方式实施经济活动为标准确定入罪标准，去除"以非法占有为目的"这一主观限制；凡存在严重欺诈、隐瞒、交易强制、背信严重损害经济交易公平，造成现实的利益损害后果的，即可定罪。②

市场经济是一种诚实有信的经济体制，真正破坏市场经济发展或者说背离市场经济发展目标的罪魁祸首乃是诚信体系的缺失；现代诚信体系建设主要借助于刑法之外的其他法律尤其是经济法律来完成，但并非与刑法无关；不择手段地追逐自我利益即是诚信体系严重缺失的外在表现，应当引起刑法的重视，这不仅是积极预防经济犯罪的客观需要，也是构建现代诚信体系的法治保障。

（二）经济刑法的现代化

1. 从单一主体到多元主体

与自然经济、计划经济、传统市场经济相比，现代市场经济的优势和特点主要体现在更多的利益主体、资源的全球配置、丰富的交易平台、快捷的交易手段、层级化的产权保护等方面。多元的利益主体，为现代市场经济和法治的诞生与存在奠定了基础条件。人类法制发展经验告诉我们，自然经济、计划经济、封闭市场经济时代的共同点在于仅存在一个利益主体即国家（统治者），且具有非市场化的资源配置特征，在这样的背景下，现代法治社会是无法实现的。经济全球化条件下的现代市场经济，其资源配置与商品自由流通的空间呈动态性、立体化方式扩大，利益主体愈加丰富。经济犯罪立法模式的现代化，应着眼于保护新经济关系中的各种利益主体。③ 经济刑法应实现从单一主体利益保护模式向多元主体利益综合保护模式转型。

---

① 魏昌东：《中国经济刑法法益追问与立法选择》，《政法论坛》2016年第6期。
② 姜涛：《社会管理创新与经济刑法双重体系建构》，《政治与法律》2012年第6期。
③ 徐汉明、申政：《论经济犯罪立法模式的现代化》，《湖北警官学院学报》2017年第1期。

2. 从差别保护到平等保护

应实现从差别保护到平等保护的转变。首先，立足于《刑法》第 4 条规定的刑法平等原则，刑法分则应当实现公有制经济与非公有制经济在刑法面前的一律平等。在国家和集体、个人主体利益中明显偏向于前者，在公有制企业利益、民营企业利益方面倾向于前者，并且主要根据物质损失数量做出判断，对经济犯罪造成的非物质损害不够重视的立法模式，不能满足现代社会多元主体对自身利益保护的需求。其次，刑法应以强势平等为原则，以弱势平等为例外。平等有强势平等与弱势平等之分，强势平等主张针对同类主体的人来实行相同的处理法则，即任何人不论强弱都同等对待，适用同样的规则。它是一种不考虑人的出生、家庭背景、社会地位、收入等非人格要素意义上的平等，是以人为"单位"来计算的。弱势平等则认为，平等是根据人的强弱不同区别对待，即同样的情况同样对待，不同的情况不同对待，强调对于不同类型的主体实行不同的处理法则，并向属于弱势群体的利益倾斜。弱势平等的这种矫正，有益于多数社会成员的根本利益，最终有益于全体社会成员的根本利益。刑法中未成年人犯罪案件、聋哑人犯罪案件等的罪刑模式即为弱势平等的体现。刑法中的差异保护，应当是基于弱者的不利地位而给予其一定的人性关怀，以降低刑法过于刚性带来的消极影响，而不是肥上贴膘，雪上加霜。①

3. 从盲目扩张到理性谦抑

对经济违法行为的犯罪化应当持谨慎态度。首先，大部分经济犯罪是法定犯，是"禁止的恶"，和自然犯相比，它的违法程度比较低，采取经济、行政等相关法律预防可能会收到更好的效果。要在更大程度上发挥经济行政法律的价值，在这些法律尚未规制该行为之前，刑法应该尽量远离。② 其次，在市场经济尚不成熟的社会转型时期，新的经济关系常常作为新生产力代表的经济行为，是否需要予以犯罪化，是极为重大的问题。特别是在现代刑法"可责性原则"的视域下，对这种行为犯罪化时当持慎重立场。最后，经济犯罪必须重视导致犯罪行为的原因。应发掘原因，对管理制度体系"查漏补缺"，提高市场化水平，从源头上消解违法行为产生的条件。过度强调通过刑法严惩犯罪行为，难以实现预期的效果。

---

① 姜涛：《社会管理创新与经济刑法双重体系建构》，《政治与法律》2012 年第 6 期。
② 徐汉明、申政：《论经济犯罪立法模式的现代化》，《湖北警官学院学报》2017 年第 1 期。

4. 从分散封闭立法模式向统一开放立法模式转型

经济犯罪是法定犯，具有层次差异性的特点，不同层次的经济犯罪，对经济、行政法律关系造成的破坏有所差异，反伦理性程度的高低以及对社会造成的危害也不尽相同。立法机构必须结合经济犯罪的层次特点，吸收、采纳各种立法模式的优点，将集中性和分散性、抽象性和具体性融合在一起。对于经济犯罪中的一些典型法定犯，应利用附属刑法立法模式的优点，通过经济、行政法律对具体的和相应的罪状与法定刑进行规定，既明晰了相关法律条款，避免新型的经济犯罪行为得不到有效的约束，又可以在时代不断进步的过程中，对相关的罪行和相应的法律后果进行及时的调整；对于非典型的经济犯罪行为，可将其相关条款置于刑法典中，以弥补刑法典法定犯规定条件过于模糊的问题。通过多种模式相互补充，较好地解决单一模式带来的问题。①

第二节　行政犯罪与行政刑法

一　"行政"的含义及行政观念的新发展

(一)"行政"的确切含义

行政中的"行"和"政"均源于象形字。按《说文解字》，"行"从"彳"从"亍"，"彳"表示为人的两条腿（三骨相连）站立，"亍"表象为向前走，引申的含义是"运行""推行"；另一解是，"行"为左右结构状，是双人偏旁，在中国古代，两人以上为多，加上具有"前行"含义的右旁"亍"，即为"多人前行"之义。"政"，从"正"从"攴"，"正"是指正确的事，或正路，而"攴"，描画的是人手持鞭击打状，意味着统治者拿鞭子驱使老百姓走上所谓的"正路"，引申的含义是督促、引导人们去做正确的事情。"行"与"政"二字连用，即把"政务"（实为统治之事）推行开来。"行政"中的"行"可取"推行""实行"之意，"行政"中的"政"可取"政务""政令"之意。"行政"，简单说，就是推行政务，实行政令。在近代，尤其是西学引入中国后，"行政"的词义发生了重大变化。其一，它已不是整个政务的推行，而是其中的一部

---

① 徐汉明、申政：《论经济犯罪立法模式的现代化》，《湖北警官学院学报》2017年第1期。

分，即与立法、司法并行的一种工作；其二，它实际上隐含了一种权力制衡关系，同时隐含了权力制约关系（社会制约政府），是一种民主体制下的分权。①

行政包括公行政和私行政。公行政是为实现公共利益和社会福祉的最大化而实施的管理活动，私行政是为实现私人目的而实施的管理活动。公行政又可以分为国家公行政和社会公行政。从行政发展史看，早期行政主要是国家公行政，随着市民社会的兴起和发展，社会公行政的范围越来越大，分量越来越重。公共行政和私人行政尽管可以相互借鉴，但两者在价值追求、目标设置、方式方法运用以及后果承担等方面存在差异。从学科发展看，从"行政"到"公共行政"是学科发展的必然。

中国大陆习惯将"行政"与"管理"相连，称为"行政管理"。从词类组合来看，"行政"与"管理"不是科学严谨的组合，因为从词典解释看，"行政"也具有"管理"之义，两者存在逻辑上是否包含的问题。"管"字或指管状乐器，或指毛笔的笔管，或指一种竹制的锁扣门户的工具，后者转义为锁钥，之后再引申为权力的归属，有权才能说"管"。"理"本意是指"治玉"，即把原始玉按其纹路雕琢成玉器，说明治玉是有规律可循的，转义则指整理、调理、处理。"管"和"理"二字连用，一般是指在权限的范围内，对事物进行处理、调理或整理之意。

(二) 从公共行政到公共管理的转变

当今各国都兴起了以公共管理为主要内容的行政改革。公共管理作为一种新的管理范式和工具，使政府的社会角色、政府和公民的关系发生了巨大变革，行政主体多元化和行政方式非权力化是新公共管理的明显特征。传统的行政学理论不能解释公共管理中多元化的行政主体和非权力性的行政方式的新变化。行政法必须转变传统观念，从国家行政观念转变为包括国家行政和社会行政的公共行政观念，顺应公共管理的社会化、市场化取向，顺应行政主体多元化和行政行为、方式非权力化现象日益增多的趋势，补充、丰富和发展行政法内容。② 经济全球化促进行政法全球化、放松管制促进行政法律形式多样化、追求效率促进公务员政治化和企业雇

---

① 韩兆柱：《行政、行政管理、公共行政和公共管理的词义辨析》，《中国社会科学研究论丛》2014 卷第 4 辑。

② 夏军：《公共管理的兴起与行政法的发展》，《厦门特区党校学报》2003 年第 1 期。

员化、顾客至上促进行政行为的民主化。①

公共管理是以政府为核心的公共组织通过整合社会资源和运用政治的、法律的、行政的和经济的手段而对与公共利益实现相关的广泛的社会事务的管理，其目标是促进社会发展和实现社会公平，保障全体社会成员共享社会发展的成就。公共管理的主体是包括政府、非政府组织以及社会自治力量在内的广泛的具有公共性的组织，一切不以营利为目的而围绕着社会事务开展活动的组织都属于公共管理主体的范畴。公共管理的手段或途径多样，主要由政治的、法律的和管理的三个方面构成。依法治理、民主行政和科学管理三个方面被作为统一性的原则贯彻到一切具体的公共管理过程中。

公共管理担负着健全社会的责任。在促进社会发展的过程中，公共管理致力于化解一切社会矛盾和解决一切问题，通过公共服务的供给去促进社会和谐，通过依法治理去营造安定祥和的社会生活环境，通过广泛的公众参与去了解和实现各个方面的利益诉求，通过落实基本公共服务的均等化去保证社会公平与社会发展同步实现。② 公共管理的本质特征主要表现为合作共治性、公共性及服务性。所谓合作共治性，是指在整个公共事务管理中，治理工作的职责由社会整体所构成，其中包括政府及公民之间的相互配合。公共管理的公共性，其主要的含义包括两个方面，一是公共的参与性，二是利益的取向性，即整个社会的公共利益。公共管理的服务性，包含三个方面的内容：一是管理即协调。管理的作用是化解矛盾、避免冲突等。二是管理即决策。公共管理管理一切可管理事务，从最开始的目标确立到最后的评估绩效都可以统一为决策。三是管理即服务，无论是来自政府的强制、协商、指导，还是调控、约束等行为，都能够统称为公共管理服务。③

（三）新公共管理理论与传统公共管理理论的比较

传统公共管理理论与新公共管理理论在理论基础上存在一定的差异。传统公共管理理论的理论基础主要是马克思·韦伯的官僚科层制理论和威尔逊的政治行政两分法理论。官僚科层制理论强调行政管理的非人格化、

---

① 吴鹏、范学臣：《公共管理与行政法的变革》，《中国行政管理》2003年第12期。
② 张康之、李传军：《公共管理是一种新型的社会治理模式》，《行政论坛》2010年第3期。
③ 韩丹：《公共管理本质特征及时代性分析》，《人才资源开发》2016年第11期。

制度化问题，否定家长制，具有理性契约精神；而政治行政两分法强调公务员在政策执行中发挥作用，但不应参与到政策制定之中。① 新公共管理的理论基础是公共选择理论、管理主义和委托——代理理论：公共选择理论强调市场机制的治理能力优于官僚制体系；管理主义则破除政府部门和私营部门的障碍，强调企业组织蕴涵市场竞争机制的管理途径；代理理论则具体描绘出在市场交易的场景中，公共组织与企业非营利组织以及与其他政府部门之间的契约关系。②

新公共管理理论和传统公共管理理论在价值取向上也存在一定的差异。传统行政学将"行政效率"作为研究重点，新公共行政学开始关注公平正义等价值因素。依据传统公共管理的理论，行政部门是在政治领导控制下的，官僚制度中呈现出鲜明的等级特征，行政官员任职是在公共利益驱使下为执政党服务的，不存在对政策修饰的意向，是在执行政治官员已经制定出来的政策。传统公共管理理论基本的价值诉求是效率，其他价值都是围绕效率这一价值展开；而在新公共管理理论中，市场化是其首要的价值取向，在将市场机制引入公共管理的过程中，市场与政府力量之间的相互制衡，在很大程度上提高了政府公共服务和公共管理的效率。除此之外，顾客导向也是新公共管理中的价值取向之一，政府作为社会中的具有责任担当的企业家，不再是传统公共管理理论下的官僚机构，而公民的角色则是顾客或者说是消费者，可以对政府的公共服务水平提出一定的要求。③

新公共管理所要承担的是高度复杂性和高度不确定性条件下的社会治理。④ 在公共产品的供给方面，随着复杂性和不确定性的日益增长，政府在公共产品供给上的垄断无法维持下去，不得不与社会"分权"，与非政府组织以及其他社会力量开展广泛的合作，形成多元的、灵活的公共产品

---

① 黄柳东：《新公共管理理论与传统公共管理理论的比较分析研究》，《现代经济信息》2018年第4期。

② 申剑、白庆华：《从法律的角度看新公共管理》，《成都理工大学学报》（社会科学版）2005年第4期。

③ 黄柳东：《新公共管理理论与传统公共管理理论的比较分析研究》，《现代经济信息》2018年第4期。

④ 张康文、李传军：《公共管理是一种新型的社会治理模式》，《行政论坛》2010年第3期。

供给机制，以便有效解决复杂的社会问题和尽可能地满足日益复杂化、多样化的社会需求。公共产品供给主体和途径的多元化不仅能够提高效率，而且能够促进自主创新的公共产品供给模式的生成，促使一切社会治理主体都在合作互动中去进行自主创新，寻求最有效的途径去提供高质量的公共产品。结果，不仅政府自身的组织方式发生了变化，而且政府垄断社会治理的局面也被打破，形成多元合作的社会治理结构。社会治理主体的多元化以及公共产品供给途径的多样化使公共产品的性质发生变化。公共产品与私人物品走向趋同化，最终合并为一种物品，即"社会物品"。政府从具体的公共产品供给者的角色中脱身出来，专心致力于引导型政府职能的实现。引导型职能是服务型政府的一项重要标志。

新公共管理的核心内容主要包括以下几方面[①]：（1）市场化导向。传统的公共管理强调公共部门与私营部门的区别，认为公共部门重在社会公共利益，而私营部门则重在经济效益和效率，两者之间难以调和。而新公共管理则要淡化、模糊甚至消除两者之间的界限，注意在公共部门中引入私营部门的组织管理原则，如引入私营部门的绩效评估、人力资源开发、质量管理等同时，将政府的一些业务转移给政府外的组织、企业或者志愿者组织。（2）目标或者结果导向。传统的公共管理强调对政府行为的程序规制，以此限制政府官员的自由裁量权，而新公共管理则将注意力从程序规则转向结果，重视对结果的控制，而放松、简化对政府行为的程序规制，注意采用一些弹性的、弱程序化的行政手段，如行政协商程序等。（3）成本效益分析。与传统的公共管理相比，新公共管理运动更重视运用成本效益分析的方法对政府项目进行测评，在强调社会公共利益的同时，加强对政府预算投入的计算和控制。（4）公共服务的消费者及顾客导向。在传统的公共管理中，政府与社会相比处于主导的地位，政府在公共服务中也处于主导者的位置，而在新公共管理中，要求市政管理者将自己定位为企业主或者CEO，而将市民定位为消费者或者顾客，以便能够提供更优质、良好的公共服务。

二 行政犯罪的概念及其分类

在我国，行政犯罪的违法性应当包括两个层次：首先是违反了行政法

[①] 刘志欣：《新公共管理对中国行政法的影响——一个框架性的认识》，《中南民族大学学报》（人文社会科学版）2006年第6期。

规范,其次是由于情节严重又违反了刑事法规范。仅仅违反了行政法规范的行为,是一般的行政违法行为,不构成行政犯罪;单纯违反了刑事法规范而没有违反行政法规范的行为,是普通的刑事犯罪行为,也不可能是行政犯罪行为。既不能将行政犯罪等同于行政违法行为而否认其所具有的刑事违法性,也不能仅仅强调其刑事违法性而忽视其行政违法性,它实质上是行政违法与刑事违法相交叉而形成的一种具有双重违法性的行为。对行政犯罪应当合并适用行政处罚和刑罚处罚。行政处罚和刑罚处罚是两种形式和功能均不相同的法律责任。这两种责任在形式和功能上的差异性决定了两者的合并适用,可以相互弥补各自的不足,以全面消除行政犯罪行为的危害后果。①

根据侵犯的客体不同,行政犯罪可以分为妨害一般行政管理秩序的行政犯,妨害司法管理行政管理秩序的行政犯,妨害工商、税收、金融、海关行政管理秩序的行政犯,妨害环境保护行政管理秩序的行政犯,妨害公共安全行政管理秩序的行政犯,妨害文教、卫生、医疗行政管理秩序的犯罪以及其他不宜归入上述类型的行政犯。以客体为标准对行政犯罪进行的分类与根据行政犯内容性质进行的分类是一致的。行为侵犯的法益决定了犯罪的内容性质。例如,侵犯司法管理秩序的行政犯就是警察犯,侵犯环境保护管理秩序的行政犯就是环境犯,侵犯公共安全行政管理秩序的行政犯就是道路交通犯,侵犯工商、税收、金融、海关行政管理秩序的行政犯就是经济犯,等等。显然,以客体为标准的分类就是一种立法分类,即根据刑法对于不同行政管理秩序的分类而得出的行政犯罪分类。②

按照行为主体可将行政犯罪分为国家工作人员在行政管理活动中的行政犯罪和一般公民妨害行政管理活动的行政犯罪。前者又可分为一般国家工作人员的行政犯罪(如玩忽职守罪、报复陷害罪、挪用公款罪等)和特殊国家工作人员的行政犯罪位(如私放罪犯罪、体罚虐待被监管人罪、刑讯逼供罪)。鉴于行政法规范的繁杂易变,据其梳理行政违法行为之间的区别难度极大,而行政法律关系主体类别却相对简单,只有行政主体与管理相对人两种,故而有论者主张将行政犯划分为公权力主体行政犯罪、国家公职人员行政犯罪、管理相对人行政犯罪三大类。公权力主体行政犯

---

① 周佑勇、刘艳红:《行政刑法性质的科学定位(上)——从行政法与刑法的双重视野考察》,《法学评论》2002 年第 2 期。

② 刘艳红:《行政犯罪分类理论反思与重构》,《法律科学》2008 年第 4 期。

罪是指依照法律法规代表国家行使立法、司法、行政等公共职权的法人或非法人组织，在行使国家职权过程中实施的违反刑法规定的犯罪行为；国家公职人员行政犯罪，是指依照法律法规担任行使公共职权、履行公共职能或者提供公共服务的人员，在其履行公职的过程中实施的违反刑法规定的犯罪行为；管理相对人行政犯罪，是指行政管理相对人在进入国家行政活动过程中实施的违反刑法规定的犯罪行为。行政管理相对人是行政法律关系中与行政主体相对应的、受行政权力作用或行政行为约束的另一方当事人，即行政行为影响其权益的个人、组织。管理相对人行政犯罪不同于传统行政犯罪分类中所说的一般公民妨害行政管理活动的行政犯罪，后者是相对于国家工作人员而言的一种类别；而前者是基于行政法律关系中管理人与管理相对人的角度提出的一种分类法，前者既包括一般公民妨害行政管理活动的行政犯罪，也包括国家公职人员或单位的行政犯罪。[1]

三 行政刑法及其与经济刑法的关系

行政刑法，就是国家为了维护正常的行政管理活动，实现行政管理目的，规定行政犯罪及其刑事责任的法律规范的总称。行政犯罪则是违反行政法规，严重危害正常的行政管理活动，依照法律应当承担刑事责任的行为。[2]

行政刑法与经济刑法具有十分密切的关系。关于经济刑法的确切含义，有广义与狭义之分。前者认为，经济刑法是指与经济活动、经济利益有关的所有刑法规范，调整财产关系的刑法规范属于经济刑法；后者则认为，经济刑法是指以整体经济及整体经济中具有重要功能的部门或制度为保护客体的刑法规范，调整财产关系的刑法规范不属于经济刑法。[3] 行政刑法与广义经济刑法存在交叉关系。第一，有一部分刑法规范既是经济刑法规范，又是行政刑法规范，如关于走私罪、投机倒把罪等刑法规范。第二，有一部分刑法规范是经济刑法规范，但不是行政刑法规范。如关于盗窃罪、诈骗罪的刑法规范，是广义经济刑法规范，但不是行政刑法规范。制定这种刑法规范，并不是为了实现行政管理的目的，这些犯罪并不是破坏了正常的行政管理活动。第三，有一部分刑法规范是行政刑法规范，但

---

[1] 刘艳红：《行政犯罪分类理论反思与重构》，《法律科学》2008年第4期。
[2] 张明楷：《行政刑法辨析》，《中国社会科学》1995年第3期。
[3] 参见林山田《经济犯罪与经济刑法》，三民书局1981年版，第87—88页。

不是经济刑法规范。如关于违反国境卫生检疫规定罪的刑法规范，是行政刑法规范，但不是经济刑法规范。这种规范是为实现国境卫生检疫管理目的而制定的，与经济活动、经济利益没有直接联系。行政刑法与狭义的经济刑法存在包含关系，即经济刑法是行政刑法的一部分。狭义的经济犯罪是指违反国家经济管理法规、破坏国家经济管理活动的行为，而行政犯罪是指违反国家行政管理法规、破坏国家行政管理正常活动的行为。经济管理具体包括生产、分配、交换、消费等方面的管理，由于这些管理离不开行政活动，因而经济管理法规在某种意义上也是行政管理法规；破坏经济管理活动的行为，也是破坏行政管理活动的行为，狭义的经济犯罪都是行政犯罪。反之则不然，行政刑法除了包括狭义的经济刑法之外，还包括为实现行政管理目的所制定的刑法规范。①

四　行政犯罪的立法模式

（一）自然犯与法定犯一体化

我国1997年修订后的刑法典将法定犯被全部纳入其中，形成了自然犯与法定犯一体化的立法体例。其中，既有分别规定，也有混同规定。分别规定，是指在刑法分则的不同法条中分别规定自然犯与法定犯并规定不同的法定刑；混同规定，是指刑法分则将行为外表相同但对违法（法益侵害）与责任程度不同的自然犯与法定犯规定在同一法条中，导致法定犯与自然犯相混同。混同规定包括两种情形：一种是将较轻的法定犯当作较重的自然犯规定（或者说使较重的自然犯规定中包含较轻的法定犯）。例如，未经行政许可运输爆炸物的行为，不管是为了正当的生产经营还是为了实施恐怖犯罪都适用《刑法》第125条的规定。另一种是将较重的自然犯当作较轻的法定犯规定（有的表现为在自然犯之外又规定不必要的法定犯），或者使较轻的法定犯规定中包含了较重的自然犯。例如，嫖宿幼女是典型的奸淫幼女，但《刑法》第360条却规定了嫖宿幼女罪。②

（二）二元并立机制

在外国的刑事立法体例上，自然犯被规定在刑法典中，法定犯则被规定在附属刑法或者单行刑法中。刑法典是规范基本生活秩序的法律，直接

---

① 张明楷：《行政刑法辨析》，《中国社会科学》1995年第3期。
② 张明楷：《自然犯与法定犯一体化立法体例下的实质解释》，《法商研究》2013年第4期。

关系到国民基本生活的安定，属于司法法；司法法最重要的指导原理是法的安定性。行政刑法、经济刑法是为了实现行政规制、经济管理目的而借用刑罚手段的法律，其指导原理主要是合目的性。法定犯的变易性较大，而刑法典则相对稳定，将法定犯规定在行政法、经济法中，有利于随时修改法定犯的构成要件与法定刑，实现行政刑法、经济刑法的合目的性，而不至于损害刑法典的稳定性。法定犯以违反行政法、经济法为前提，在行政法、经济法中直接规定法定犯，避免了法定犯与相关法律的脱节，有利于法定犯的认定。[①]

有论者指出，我国行政法或经济法中作为行政刑法的附属刑法具有特殊性。一方面，附属刑法呈现"附而不属"的状况，没有实质性的罪刑规范，即没有罪名和法定刑这些实质内容；另一方面，在刑法之外规定有大量的人身自由罚，也即行政处罚中有行政拘留、收容教养、强制戒毒等，而且这些人身自由罚没有司法程序。由于我国刑法既定性又定量的构罪标准，导致行政法与刑法缺乏有效衔接，该论者主张建立刑法"二元立法机制"，实行刑法和行政刑法的并立，从根本上解决我国长期以来行政执法与刑事司法衔接难的问题，以推动我国刑法的科学立法。[②]

第三节 军事犯罪与军事刑法

一 军事犯罪的概念

军事犯罪是两大法系刑事立法及刑法理论中广泛使用的概念。所谓军事，即军队事务，是与一个国家及政权的国防之武装力量有关的事务，是一切与战争或军队直接相关事项的统称，主要包括军队建设、国防建设、战争准备与战争实施三方面的内容。[③] 作为一个正式的法律用语，"军事犯罪"一词在我国最早出现在《引渡法》中。《引渡法》第8条第5项规定，当外国向我国提出引渡请求时，如果"根据中华人民

[①] 张明楷：《自然犯与法定犯一体化立法体例下的实质解释》，《法商研究》2013年第4期。

[②] 李晓明：《论刑法与行政刑法的并立》，《法学杂志》2017年第2期。

[③] 中国人民解放军军事科学院编：《中国人民解放军军语》，军事科学出版社1997年版，第1页。

共和国或者请求国法律,引渡请求所指的犯罪纯属军事犯罪的",应当拒绝引渡。我国刑法虽然没有直接使用这个概念,但是从内容上看,刑法分则第七章"危害国防利益罪"与第十章"军人违反职责罪"明显属于军事犯罪。

关于军事犯的含义,主要存在军事犯主义、军人犯主义和二元论主义三种主张。军事犯主义源于传统的军法理念,它专注于军事利益而规定军事犯罪及其制裁,据此,军事犯罪的主体不限于军人以及与军队有关的特定人员,非军人也可以构该类犯罪。此种立法例多见之于古代及近代,当代实行军人统治的国家也多采军事犯主义,如1907年《日本陆军刑法》、1929年国民党政府颁布的《陆海空军刑法》以及智利于1973—1990年军人统治时期实行的《军事刑法典》。军人犯主义源于狭义的军事犯罪学说,它并重于军人身份及军事利益而规定军事犯罪及其制裁。根据该理论,军事犯罪的主体专限于军人及与军队有关的特定人员,非军人不得成为军事犯罪的主体(共犯除外)。此种立法例主要见之于当代,如苏联1958年《军职罪刑法》、奥地利现行《军事刑法典》和我国1981年《惩治军人违反职责罪暂行条例》。当代绝大多数国家在界定军事犯罪的概念时,对两大主义各自所代表的价值取向作了不同程度的兼收并蓄,建立起了军人犯主义和军事犯主义并存的二元军事犯罪体系。根据军事犯主义采行的程度不同,当代立法上的军事犯罪概念大致分为相对的军人犯主义和并重主义两种类型。①

根据相对的军人犯主义,军人犯主义是军事犯罪概念的基础和核心,军事犯主义属于例外情形。军事犯主义作为军事犯罪概念的补充,在当代立法中主要表现在四个方面:(1)平时严格限制非军人构成军事犯罪的情形,但战时放宽此限制。例如意大利《平时军事刑法典》仅在第259条中规定了非军人的军事犯罪,涉及1项罪名,而《战时军事刑法典》在这方面的规定则相对普遍。(2)将非军人的军事犯罪严格限制在战时,并以所侵犯军事利益的现实重要性为构成要件。例如我国台湾地区"陆海空军刑法"仅在第2条对非现役军人的战时犯罪作了规定,包含5项罪名。(3)将非军人的军事犯罪限制在特定地域内。例如阿根廷《军事刑法典》规定,处于战争地带、军事行动区域或军事包围圈内的平民,若

---

① 田友方:《军事刑法若干问题的理论探讨》,《当代法学》2004年第5期。

犯有危害国家安全或侵害军事利益等罪行的，应依该法定罪处罚。(4)将承担军事罪责的非军人限定在为军队提供服务或者跟随军队一起行动的平民。如以色列《国防法》规定，被军队雇用或向军队提供武器装备的平民应受该法的约束；英国《陆军法》规定，在国外跟随军队一起行动的平民，包括士兵家属和为军队提供服务的人员，若犯有危害良好军事秩序罪行的，应依该法定罪处罚。上述不同国家规定非军人军事犯罪的具体方法不尽相同，但都将非军人承担军事罪责的范围控制在军事必要的限度内。由此可见，相对的军人犯主义距离理想的军事犯罪概念已相当接近。

并重主义即军人犯主义与军事犯主义并重。在当今世界，瑞士和我国对非军人的军事犯罪作了较为严密的规定，因而属于典型的并重主义。根据瑞士《军事刑法典》的规定，在军外为军队服务的平民，以及在陆军中经登记永久负有辅助兵役义务的平民，若触犯该法规定之罪的，须依该法定罪处罚；此外，平民犯有叛国、破坏和平等严重罪行的，也应依该法追究犯罪责任。并重主义对军人与非军人的军事罪责虽然有所界分，但关于非军人军事犯罪的规定过于严密，有过度干预普通公民权利和自由的嫌疑，与当代刑法保障人权的价值取向不符。可见，并重主义与理想的军事犯罪概念之间仍有相当大的差距。

但是，有论者认为，单纯的军事犯罪概念将军事犯罪界定为军职人员违反军事义务、危害国家军事利益应受刑罚处罚的行为，强调军事犯罪的军事义务违反性和军事利益侵犯性，把军人实施的普通犯罪排除在军事犯罪范围之外，与军事刑法秩序优先的价值取向相违背。首先，军职人员的一切刑事犯罪行为，不论是违反军人职责犯罪、危害国防利益犯罪，还是普通刑事犯罪，都是对军事秩序的破坏，都应该纳入军事犯罪的范畴。对侵犯军事利益的理解，不能仅仅从对军事利益的直接侵害来解读，军人任何导致不能履行军事义务的行为都是对军事利益的侵害。军人实施普通刑事犯罪行为会受到刑罚处罚，从而导致其不能履行军事义务，影响军事利益的实现，破坏军事秩序。其次，从军事司法管辖的角度看，也应将所有军事犯罪行为，包括军人违反职责罪和军人普通刑事犯罪，都纳入军事犯罪的范畴。如果将军人普通刑事犯罪排除在军事犯罪范畴之外，会将军事犯罪人为地与军事司法管辖割裂开来，不利于军事司法机关惩治军事犯罪功能的发挥，更不利于维持军队纪律和尽快恢复被犯罪行为所破坏的军事秩序。[1]

我国刑事立法对军事犯罪的规定经历了由军人犯主义到并重主义的发展过程。1981年《惩治军人违反职责罪暂行条例》采用了军人犯主义。该法第1条表明该法的立法目的在于"惩治军人违反职责的犯罪行为，教育军人认真履行职责，巩固部队战斗力"，第2条则明确将军人违法职责罪界定为"中国人民解放军的现役军人，违反军人职责，危害国家军事利益，依照法律应当受刑罚处罚的行为"。1997年修订后的刑法典则体现了并重主义。该法将《惩治军人违反职责罪暂行条例》纳入其中，并增设了"危害国防利益罪"一章，对非军人的军事犯罪作了专门规定。该章共列21项罪名，其中仅有7项专门于战时适用，其他罪名在平时和战时均可适用。国防是指国家为捍卫主权、统一、领土完整和安全，防备外来侵略和颠覆而进行的军事及与军事有关的政治、经济、外交、科技、教育等方面的活动和建立的相关设施，虽与军事密切相关，但两者不完全相同。

二 军事犯罪的类型

军事犯罪应当按照一定的原则和需要加以分类，形成严密的层次与结构；但是我国刑法典未对危害国防利益罪和军人违法职责罪进行进一步分类。按照军事利益的内容及其表现形式，我国刑法中的军事犯罪大体上可以划分为以下五大类型：[2]（1）军事渎职犯罪。包括军人违反职责罪中的战时违抗命令罪，擅离、玩忽军事职守罪，阻碍执行军事职务罪，指使部属违反职责罪，违令作战消极罪，拒不救援友邻部队罪，私放俘虏罪。（2）逃避军事义务犯罪。包括军人违反职责罪中的投降罪、战时临阵脱逃罪、军人叛逃罪、战时自伤罪、逃离部队罪。（3）对武器装备、军用物资、军事设施的犯罪。包括军人违反职责罪中的武器装备肇事罪，擅自改变武器装备编配用途罪，盗窃、抢夺武器装备、军用物资罪；危害国防利益罪中的破坏武器装备、军事设施、军事通信罪，伪造、变造、印章罪，非法生产、买卖军用标志罪。（4）军事信息犯罪。包括军人违反职责罪中的非法获取军事秘密罪，为境外窃取、刺探、收买、非法提供军事

---

[1] 于恩志、唐振刚：《军事犯罪范畴之重构》，《西安政治学院学报》2016年第1期。
[2] 周科：《我国军事犯罪罪名的分类研究及其意义》，《法制与社会》2010年第29期。

秘密罪，故意、过失泄露军事秘密罪，战时造谣惑众罪，隐瞒、谎报军情罪，拒传、假传军令罪；危害国防利益罪中的战时故意提供虚假敌情罪、战时造谣扰乱军心罪。（5）违反战争法的犯罪。包括军人违反职责罪中的战时残害居民、掠夺居民财物罪，虐待俘虏罪。依据所侵害的法益，军人违法职责罪可划分为危害作战利益罪，违法部队管理制度罪，危害军事秘密罪，危害部队物资保障罪，侵犯部属、伤病军人、平民、俘虏利益罪五大类型。①

《德意志联邦共和国军事刑法》曾将军事犯罪行为分为四类，即违背军事勤务义务的犯罪行为、违背下级义务的犯罪行为、违背上级义务的犯罪行为、违背其他军事义务的犯罪行为。

三 军事犯罪的立法模式

从法理上讲，军事刑法与普通刑法属于特别法与普通法的关系。在现代国家的刑事立法中，普遍规定了军事犯罪的内容，其立法模式大体有以下三种：一种是在国家统一的刑法典之外另行制定专门的军事刑法典，对军人的各种犯罪行为，特别是军人违反职责的犯罪行为，做出详细的处罚规定，如意大利军事刑罚典、德国军事刑事法典、韩国军事刑法和日本的原陆军刑法等；另一种是在国防法等军事法中，对军人违反职责的犯罪做出专门的处罚规定，如法国的军法、加拿大的国防法和美国的统一军事司法法典等；再一种是在国家统一的刑法典中单设一章，对军人违反职责的犯罪做出处罚规定，如俄罗斯的刑法典、南斯拉夫的刑法典和越南的刑法。②

鉴于军事刑法调整的社会关系的特殊性和军事犯罪及其刑罚适用方面的特殊性，有必要制定独立的军事刑法。将军事刑法规定于刑法典的统一立法模式不利于军事刑法的司法适用。首先，军事刑法内容的复杂性决定了其形式的独立性。军事刑法所保护的客体包括国家在国防和军队建设、作战行动、后勤保障、军事科研、战斗力的巩固和提高等多方面的利益，与其他普通犯罪所侵犯的客体有交叉，将军事犯罪与其他普通犯罪并列，会不可避免地引起刑法典章节划分标准的混乱。其次，军事刑法具有不稳

---

① 参见张明楷《刑法学》（下），法律出版社，2016年第5版。
② 戴然：《国内外军事犯罪的立法现状梳理及对我国军事犯罪的立法建议》，《法制博览》2013年第10期。

定性特点，独立的军事刑法有利于适时修改和补充。和平时期的军事刑法对战时的复杂情况难以预测，无法涵盖战时出现的所有情况，立法者往往要出台一些临时性的条款以满足战时需要。最后，独立的军事刑法更能适合军队实际。独立的军事刑法不但可以针对保护利益的特殊需要，规定一些在普通刑法中不宜规定的内容，对普通刑法作变通或者补充性的特别规定，而且可以更好地使军事刑法与军事法规相衔接。① 我国刑法总则中规定的管制刑以及缓刑制度，在军人违反职责罪中实际上并不适用；剥夺军衔、奖章和荣誉称号的刑罚在总则中没有规定，却在军事司法实践中一直被采用；危害国防利益罪中，诸多罪名是在"战时"才能成立或者"战时"的法定刑不同于平时，但总则并没有对"战时"进行界定，虽然在军人违反职责罪中规定了"战时"的概念，但是这种分则性规定不能直接适用于其他的章节。②

四 军事犯罪的管辖原则

世界各国军事司法管辖大都采用属人管辖原则，即根据军人主体确定军事司法管辖范围。根据美国《统一军事司法法典》第 2 条的规定，受美国军事司法管辖的人员包括：武装力量现役部队的人员，陆军、空军和海军军校学生，后备役部队中接受军事训练的人员，武装力量现役部队中有资格领取薪饷的退职人员，舰队后备役和舰队海军陆战队后备役人员，由军事法庭判决羁押在武装力量中服刑的人犯，派往并且在武装力量中服务的环境科学署、公共卫生局和其他机构的人员，羁押在武装力量中的战俘，战时在战场为武装力量服务或者随军的人员等。③ 意大利《军事刑法典》第 1 条规定，军事刑法适用于正在服兵役的军人以及被认为正在服兵役的军人。④ 加拿大《国防法》第 60 条规定，正规部队、特种部队的军官或士兵，特定情况下预备役部队的军官或士兵受《军纪法》约束。⑤

---

① 桂炉：《我国军事刑法的现状、不足及完善》，《法制与社会》2007 年第 7 期。
② 蔺春来、郭玉梅：《制定独立的军事刑法是军事刑法发展的最佳选择》，《西安政治学院学报》2006 年第 2 期。
③ 萧榕主编：《世界著名法典选编（军事法卷）》，中国民主法制出版社 1997 年版，第 2 页。
④ 同上书，第 378 页。
⑤ 同上书，第 45 页。

由于这些国家都是采用军事刑事实体法和程序法合一的立法体例，这就意味着上述规定根据军人主体确定了这些国家的军事司法管辖，基本涵盖了所有的现役、预备役人员，以及为武装部队服务的特定人员。

军事司法机构所管辖的军人犯罪，既包括与军人职责直接相关的犯罪，也包括军人普通刑事犯罪。如美国《统一军事司法法典》中规定的犯罪行为中，既包括敌前辱职、资敌、逃亡、旷职、故意违抗首长、疏忽遵守命令、残暴和虐待部下、兵变或叛乱等与军人职责有关的犯罪行为，也包括醉酒驾驶、决斗、谋杀、强奸、抢劫、盗窃、放火、勒索、伪证等普通犯罪行为；加拿大《军纪法》规定的21类犯罪行为中，既包括临敌渎职、擅离职守、战俘、间谍、叛乱、逃兵、不服从命令等与军人职责有关的犯罪行为，也包括诬告、叛逆或不忠言辞、醉酒驾车、偷窃等普通犯罪行为。

我国采用军事刑事实体法和程序法分立的立法体例，但在军事司法管辖的确定上，也是采用属人原则，即我国军事司法机构管辖的刑事案件，包括军人实施的所有犯罪行为。

第四节 国际犯罪与国际刑法

一 国际犯罪的概念及其分类

国际犯罪是指严重危害国际社会的利益，违反包括国际公约等规定与惯例的国际刑法规范，应当承担刑事责任的行为。所谓严重危害国际社会利益，是指危害了国际社会的根本利益、一般利益、公共利益，具体表现为危害或威胁国际社会的和平与安全，人类的生存、进步与发展。[1] 国际犯罪与跨国犯罪是两个不同的概念，后者是指犯罪过程跨越两个或两个以上国家的犯罪。一方面，跨国犯罪从外延上看不仅包括多数国际犯罪，也包括某些国内犯罪；另一方面，国际犯罪中多数属于跨国犯罪，而有些国际犯罪则不具有跨国性，仅仅发生在一国领土之内，但是危害了国际社会公共利益。[2]

对于国际犯罪可以从不同的角度进行分类：（1）根据行为主体，国

---

[1] 甘雨沛、高格：《国际刑法学新体系》，北京大学出版社2000年版，第100—101页。
[2] 同上书，第109页。

际犯罪分为国家实施的国际犯罪和个人实施的国际犯罪。前者是指可以归责于某个特定国家的国际犯罪，往往以国家的集体决定、政策、活动甚至命令为前提，或由有权代表国家的人以国家的名义实施，或为了推行国家政策而实施；后者是指由个人或集团实施的与国家政策和国家行为无关的国家犯罪。（2）根据行为特征，国际犯罪分为战争犯罪、恐怖主义犯罪及其他犯罪。国际恐怖活动并不是一个具体的犯罪，而是一类犯罪的统称。（3）依据行为时期，国际犯罪分为战时犯罪和平时犯罪。（4）根据侵犯的利益，国际犯罪分为危害人类和平与安全的犯罪、危害人类生存与发展的犯罪、侵犯基本人权的犯罪以及破坏国际社会公共利益的犯罪四大类。危害人类和平与安全罪主要包括侵略罪、战争罪、反人道罪、非法使用武器罪、非法获取和使用核材料罪、灭绝种族罪等；危害人类生存与发展罪主要包括破坏环境资源罪、毒品犯罪、非法医药实验罪（非法人体实验罪）、反人种罪（优生及克隆繁殖）、破坏文化遗产罪；侵犯基本人权罪主要包括种族隔离罪、种族歧视罪、酷刑罪、劫持人质罪、国际贩卖人口罪、贩卖和使用奴隶罪等；危害国际社会公共利益罪进一步划分为危害国际交往罪、危害国际航空罪、危害海上安全罪、妨害国家货币罪和危害国际邮政罪、国际贿赂罪等。

　　上述分类中，依据侵害法益所做的分类更为重要。事实上，任何一种国际犯罪都是直接侵害人类共同利益的行为。对于国际犯罪，应当以其侵害的主要利益为根据进行分类，并且各种类型不应交叉重叠，因为人类共同利益按照其具体内容，可以划分为若干种类，而大多数国际犯罪可能同时侵犯多种具体的人类共同利益。[①]

　　战争罪是"违反有关战争的法律或习惯法的行为"，包括"谋杀、虐待或将被占领土上的平民居民驱逐至劳改营"，"谋杀或虐待战俘"，杀害人质、"肆意摧毁城镇和村庄，以及任何不具备正当军事或民事必要性的破坏"。[②] 类似的概念已经作为文明国家间的习惯法存在多个世纪，但这些习惯法规则首次作为国际法写入法典是1899年和1907年的《海牙公约》。以1945年8月8日《伦敦宪章》中的定义为基础，战争罪的现代理念在纽伦堡审判中得到了进一步发展（参见纽伦堡原则）。除了战争

[①] 张智辉：《国际刑法通论》，中国政法大学出版社1999年版，第146页。

[②] 甘雨沛、高格：《国际刑法学新体系》，北京大学出版社2000年版。

罪，《伦敦宪章》还定义了反和平罪和危害人类罪，这两种罪行也常常发生在战争期间并与战争罪同时出现。《海牙第四公约》第22条（战争法：陆战法规和惯例公约；1907年10月18日）规定"交战者在损害敌人的手段方面，并不拥有无限制的权利"，而且许多其他条约都引入了对交战者施加限制的明确法律规定（另见有关战争法的国际条约）。有些条款，例如《海牙公约》《日内瓦公约》以及《防止及惩治灭绝种族罪公约》中的一些条款，被视为习惯国际法的一部分，对各方都具有约束力。其他条款只对部分人员具有约束力，条件是他们所属的交战国是施加限制的条约的缔约国。

危害人类罪（crimes against humanity），旧译为"违反人道罪""反人类罪"，《国际刑事法院罗马规约》（Rome Statute of International Criminal Court）将该罪名中文译名确定为"危害人类罪"。危害人类罪是指在广泛而系统地针对平民的攻击中，实施的杀戮、奴役、强奸等行为。1920年8月10日，协约国在签署《对土耳其和约》时首次提出反人类罪这一法律概念。但最早确立这一罪行的国际文件则是《欧洲国际军事法庭宪章》，其第6条规定："反人类罪即在战前或战时，对平民施行谋杀、灭绝、奴役、放逐及其他任何非人道行为；或基于政治的、种族的或宗教的理由，而为执行或有关本法庭管辖权内之任何犯罪而做出的迫害行为，至于其是否违反犯罪地法律则在所不问。"危害人类罪的初次适用是在第二次世界大战后对战犯的审判，当时，危害人类罪被列为丙类犯罪。

《防止及惩治灭绝种族罪公约》特别确认灭绝种族行为不论发生于平时或战时，均系国际犯罪，各缔约国承允防止并惩治该种罪行的义务。该公约确认了犯罪地国及国际刑事法庭对这类犯罪行使刑事管辖的权利，明确规定灭绝种族罪不得视为政治犯罪而可以引渡。该公约还规定，任何缔约国都可以提请联合国的主管机关遵照联合国宪章采取其认为适当的行动，以防止及惩治灭绝种族行为以及这种行为的预谋、直接公然煽动、意图实施、共谋等行为。《禁止并惩治种族隔离罪行国际公约》第1条宣布种族隔离是危害人类的罪行，第2条将种族隔离罪定义为建立和维持一个种族团体对任何其他种族团体的主宰地位，并且有计划地压迫他们而作出的6种不人道行为。《消除一切形式种族歧视国际公约》第4条（子）款规定，"应宣告凡传播以种族优越或仇恨为根据的思想，煽动种族歧视，对任何种族或属于另一肤色或人种的人群实施强暴行为或煽动此种行为，以及对种族主义者的活动给予任何协助者,包括筹供经费在内,概为犯罪行为。"

《法国刑法典》规定了反人种罪。该法典第二卷侵犯人身之重罪与轻罪第二副编反人种之重罪第一章规定了"优生及克隆繁殖之重罪";第五卷其他重罪与轻罪第一编公共卫生领域之犯罪第一节规定了"保护人之种类",第二节规定了"保护人体",第三节规定了"保护人之胚胎"。

侵犯个人权利的国际犯罪主要指酷刑罪。联合国《禁止酷刑和其他残忍、不人道或有辱人格的待遇或处罚公约》第1条规定:"酷刑系指为了向某人或第三者取得情报或供状,为了他或第三者所作或被怀疑所作的行为对他加以处罚,或为了恐吓或威胁他或第三者,或为了基于任何一种歧视的任何理由,蓄意使某人在肉体或精神上遭受剧烈疼痛或痛苦的任何行为,而这种疼痛或痛苦又是在公职人员或以官方身份行使职权的其他人所造成或在其唆使、同意或默许下造成的。纯因法律制裁而引起或法律制裁所固有或随附的疼痛或痛苦则不包括在内。"

《核材料实物保护公约》第7条规定,每一缔约国根据其国家法律,对下述蓄意犯罪行为应予以惩处:(1) 未经合法授权,收受、拥有、使用、转移、更换、处理或散布核材料,并引起或可能引起任何人死亡或重大财产损害;(2) 偷窃或抢劫核材料;(3) 盗取或以欺骗手段取得核材料;(4) 以武力威胁或使用武力或任何其他恐吓手段勒索核材料;(5) 威胁:①使用核材料引起任何人死亡、重伤或重大财产损害,或②进行(2)项所述犯罪行为,以迫使一个自然人或法人、国际组织或国家作或不作某种行为;(6) 图谋进行(1)、(2)或(3)项所述任何犯罪行为;(7) 参与(1)至(6)项所述任何犯罪行为。

危害国际社会公共利益的犯罪范围颇为广泛。首先是环境犯罪。自然环境是人类生存和发展必不可少的外部条件,指地球(包括其生物群、岩石圈、地水层和大气层)或外层空间的动态、组成或结构,其中包括海洋、空气、气候、森林、动物、植物及其他生态要素,它对任何国家、任何民族、任何个人都具有十分重要的意义。国际社会先后达成一系列有关国际环境保护的公约和条约,如1959年的《南极条约》,1972年的《防止倾倒废弃物及其他物质污染海洋公约》,1982年的《联合国海洋法公约》,1985年的《维也纳保护臭氧层公约》以及1992年的《联合国生物多样性公约》等。此外,《万国邮政公约》规定了非法使用邮件罪,

《联合国海洋法公约》规定了海盗罪，《关于防止和惩处应受国际保护人员包括外交代表的罪行公约》规定了暴力侵害受国际保护人员罪，《制止危及海上航行安全非法行为公约》规定了危害海上安全罪，《制止危及大陆架固定平台安全非法行为议定书》规定了危害大陆架固定平台安全罪。

二 中国刑法中的国际犯罪

中国刑法中主要规定了战争犯罪、毒品犯罪、恐怖犯罪以及环境犯罪四种类型的国际犯罪。[①]

（一）战争犯罪

战争犯罪严重危及整个人类社会的和平与安宁，为制止这类犯罪，国际社会制定了不少国际条约，中国加入的主要有：《日内瓦公约》四公约（第一公约是《改善战地武装部队伤病员待遇的日内瓦公约》，第二公约是《改善海上武装部队伤病员及遇难待遇的日内瓦公约》，第三公约是《关于战俘待遇的日内瓦公约》，第四公约是《关于战地保护平民的日内瓦公约》）以及1977年的两个附加议定书（即1977年6月8日的《1949年8月12日日内瓦四公约关于保护国际性武装冲突受难者的附加议定书》和《1949年8月12日日内瓦四公约关于保护非国际性武装冲突受难者的附加议定书》）《禁止或限制使用某些可被认为具有过分伤害力或滥杀滥伤作用的常规武器公约》《禁止细菌（生物）及毒素武器的发展、生产及储存以及销毁这类武器的公约》《不扩散核武器公约》等。为了履行上述国际公约规定的义务，中国刑法典分则中规定了遗弃伤病军人罪（第444条）、战时拒不救治伤病军人罪（第445条）、战时残害居民、掠夺居民财物罪（第446条）、虐待俘虏罪（第448条）等。

（二）毒品犯罪

1979年《刑法》第171条规定了制造、贩卖、运输毒品罪。此后，《海关法》和《关于惩治走私罪补充规定》等都对关于毒品犯罪的规定进行了完善。1985年6月12日，第六届全国人大常委会第十一次会议决定中国加入联合国在1972年修正的《1961年麻醉品单一公约》和《1971年精神药物公约》；1989年9月4日，第七届全国人大常委会第九次会议决定中国加入1988年《联合国禁止非法贩运麻醉药品和精神药物公约》。

[①] 赵秉志、黄芳：《论中国刑法典中的国际刑法规范》，《法学》2003年第9期。

1997年修订的刑法典分则第六章以专节规定了走私、贩卖、运输、制造毒品罪，从第347条至第357条规定了毒品犯罪。其中包括走私、贩卖、运输、制造毒品罪，非法持有毒品罪，包庇毒品犯罪分子罪，窝藏、转移、隐瞒毒品、毒赃罪，走私制毒物品罪，非法买卖制毒物品罪，非法种植毒品原植物罪，非法买卖、运输、携带、持有毒品原植物种子、幼苗罪，引诱、教唆、欺骗他人吸毒罪，强迫他人吸毒罪，容留他人吸毒罪，非法提供麻醉药品、精神药品罪等。

（三）恐怖犯罪

中国参加了一系列旨在打击恐怖主义的国际公约，包括三个反劫机公约（即《关于防止和惩处侵害应受国际保护人员包括外交代表的罪行的公约》《反对劫持人质国际公约》《制止危害航海安全的非法行为公约》）《制止危害大陆架固定平台安全的非法行为议定书》《核材料实物保护公约》等。现行中国刑法典分则中明确规定了相应的罪名，如组织、领导、参加恐怖组织罪（第120条），绑架罪（第239条），组织、领导、参加黑社会性质组织罪（第294条第1款），包庇、纵容黑社会性质组织罪（第294条第3款），破坏交通工具罪（第116条），破坏交通设施罪（第117条），劫持航空器罪（第121条），劫持船只、汽车罪（第122条），暴力危及飞行安全罪（第123条），非法买卖、运输核材料罪（第125条第2款）等。2001年12月29日中国全国人大常委会又通过《刑法修正案（三）》，提高了对恐怖犯罪的量刑幅度，增设了资助恐怖活动罪，编造、传播恐怖信息罪等罪名，从而使反恐怖的国内立法更加完善。

（四）环境犯罪

1979年刑法没有专章规定环境犯罪，其内容分散于分则各章。《环境保护法》《森林法》《渔业法》《水污染防治法》《固体废物污染环境防治法》《关于惩治捕杀国家重点保护的珍贵、濒危野生动物犯罪的补充规定》等也有关于环境犯罪的规定。现行刑法典分则第六章第六节"破坏环境资源保护罪"集中规定了重大环境污染事故罪（第338条）、非法处置进口的固体废物罪（第339条第1款）、擅自进口固体废物罪（第339条第2款）等犯罪。

三 外国刑法中的国际犯罪

（一）法国

法国对国际犯罪国内立法采用的方法是：在宪法承认国际刑事法律规

范的效力的基础上，在刑法典中进一步对国际犯罪做出具体的规定，以使宪法的有关规定得到具体落实。法国1946年10月27日《宪法》第26条规定："已经依法批准和公布的外交条约，即使违反法国法律，仍然有法律的效力；为了保证条约的适用，除了为保证条约的批准所必要的那些法律规定以外，无须其他法律规定。"第28条规定："已经依法批准和公布的外交条约具有比国内法为高的权威，所以外交条约的规定，除非经过外交途径通知依法予以废弃，不得废除，修改或者中止……"1958年法国《宪法》第55条规定（主要是仿照1946年《宪法》第26条和第28条），"经过合法批准或核准的条约或协定，在公布后，具有法律的权威，但以缔约他方实施该条约或协定为条件"。可见，在法国法律体系中，国际习惯法在法国国内是有法律效力的。关于条约，根据法国宪法的上述规定，条约在国内有高于法律的效力，即使法律制定在条约之后，但是以互惠为条件，即国际条约原则上应当视同其国内法，条约在法国国内是否高于法律是以缔约他方实施该条约为条件。这样，条约在法国国内的效力处于不确定的地位。1958年《宪法》第54条规定，宪法委员会可以宣告一项条约违反宪法；在这种情况下，只有宪法经过修改后，才能批准或核准该条约。在国际条约的规定与国内法的规定相抵触的情况下，基于法律渊源上的等级地位，应当优先适用国际条约的规定，即使国内法的制定后于国际条约。

在宪法的基础上，《法国刑法典》分则专门对下列犯罪作了具体规定：①种族灭绝罪（第211—1条）；②反人类罪（第212—1条、第212—2条、第212-3条）；③恐怖活动罪（第421—1条、第421—2条、第421—3条、第421—4条）；④毒品犯罪（第222-34条、第222-35条、第222-36条、第222-37条）；⑤劫机罪（第224-6条）。

（二）俄罗斯

俄罗斯对国际犯罪国内立法采用的方法，是在宪法承认国际刑事法律规范的效力的基础上，在刑法典中进一步对国际犯罪做出具体的规定。这样，不仅使宪法的有关规定具体化，有利于本国履行其承担的国际义务，而且还有助于惩治国际犯罪。《俄罗斯宪法》第15条第4款规定："普遍公认的国际法原则和准则及俄罗斯联邦参加的国际条约是俄罗斯联邦法律体系的组成部分。"这一规定，确定了国际习惯法和国际条约在其国内的效力。

《俄罗斯联邦刑法典》在总则和分则中都对国际犯罪作了规定。在总则中，该法典第 12 条第 3 款规定："不在俄罗斯联邦境内常住的外国公民和无国籍人在俄罗斯联邦境外实施犯罪的，如果犯罪侵害的是俄罗斯联邦的利益，以及在俄罗斯联邦签订的国际条约规定的情况下，犯罪人在外国未被判刑和正在俄罗斯联邦境内被追究刑事责任的，应依照本法典承担刑事责任。"第 13 条规定了犯罪人的引渡："一、俄罗斯联邦公民，在外国境内犯罪的，不得引渡给该外国。二、外国公民和无国籍人，在俄罗斯联邦境外犯罪而处在俄罗斯联邦境内的，可以引渡给外国，以便追究刑事责任或者依照俄罗斯联邦签订的国际条约服刑。"

在分则中，《俄罗斯联邦刑法典》第 12 编第 34 章专门规定了"破坏人类和平和安全的犯罪"。具体涉及以下 8 种犯罪：策划、准备、发动或进行侵略战争罪，公开号召发动侵略战争罪，生产或扩散大规模杀伤性武器罪，使用战争中禁止使用的手段和方法罪，种族灭绝罪，生态灭绝罪，雇佣军队罪，袭击受国际保护的人员或机构罪。此外，《俄罗斯联邦刑法典》对恐怖行为（第 205 条）、劫持人质（第 206 条）、劫机罪（第 211 条）、毒品犯罪（第 228—233 条）等均作了规定。

（三）德国

德国对国际犯罪国内立法采用的方法是：宪法只承认国际习惯法的国内效力，而对于条约中规定的国际犯罪，只有经联邦法律加以规定才能取得在德国法律上的效力，即由国内刑事法来加以具体规定。在实践中适用法律时，通常法律的国际"来源"是没有意义的。

德国《基本法》第 25 条规定，"一般国际法规则应为联邦法律的一部分。它们应优于法律，并应为联邦领土上居民直接创设权利和义务"。根据该规定，一般国际法规则构成联邦法律的一部分并优于法律，但这只适用于国际法的一般习惯规则，而不包括条约规定在内。所以，德国法院所能适用的一项条约规定，除非构成国际法的一般规则（例如，包含在编纂某些国际法规则的条约中），否则不能享有第 25 条所给予的优先地位。这表明，在德国，国际习惯法是其国内法律的一部分。对于条约，依据德国《基本法》第 59 条的规定，所有规定联邦共和国政治关系或涉及联邦立法事项的条约应由联邦法律加以规定。由于这种条约是经联邦法律加以规定而取得在德国法律上的效力，它们没有高于其他联邦法律的地位，所适用的是"后法优于前法"的原则，即后法律是优于前条约的。

而且，条约还必须符合《基本法》的规定。

《德国刑法典》第 6 条对在国外实施的侵害国际共同保护的法益的行为作了规定，其内容是："对以下在国外实施的行为，无论行为地法律如何规定，德国刑法同样适用：①灭绝种族罪（第 220 条 a）；②依照第 310 条 b，第 311 条第 1 款至第 3 款，第 311 条 a 和第 311 条 b 规定的涉及核能、爆炸物和放射性的各种犯罪；③危害航空罪（第 316 条 c）；④依照第 180 条 a 第 3 款至第 5 款规定的协助卖淫罪，以及贩卖人口罪（第 181 条）；⑤非法麻醉品交易罪；⑥第 184 条第 3 款规定的传播淫秽出版物罪；⑦伪造货币、有价证券罪及其预备行为（第 146 条、第 149 条、第 151 条、第 152 条）；⑧诈骗救济金罪（第 264 条）；⑨根据德意志联邦共和国参加的国际协议，即使在国外实施的也应追诉的犯罪。"

(四) 意大利

意大利与德国一样，对国际犯罪国内立法采用的方法是：宪法只承认国际习惯法的国内效力，而条约在意大利国内的效力必须有将条约规定纳入意大利法律的立法或行政行为。对国际犯罪的惩处，由意大利参加条约的方式或意大利制定的执行条约的法律来决定如何适用意大利刑法。

1948 年生效的意大利《宪法》第 10 条第 1 款宣布，"意大利的法律体系应符合于公认的国际法规则"。该条为适用国际习惯法规定了宪法依据，国际习惯法通常就优于制定法。按照该条的规定，如果国内法律违反一般国际法，它们就违反《宪法》第 10 条第 1 款的规定，因而是无效的。在这里，公认的国际法规则只是指国际法习惯法规则。对于条约，根据 1948 年意大利《宪法》第 80 条的规定，条约在意大利国内的效力必须有将条约规定纳入意大利法律的立法或行政行为。如果条约引起意大利法律的变动，通常就需要有法律授权批准。这样的条约"是从与它有关的法律而不是直接从条约本身得到它在意大利法律中的法律效力的"。这样，条约可以说与意大利法律处于同等的地位。如果在意大利法律中适用的条约规定不符合能够立即得到法律效力的条件，那么，它们就需要意大利当局制定进一步的实施措施。如果意大利法律没有完全充分考虑到意大利的条约义务，意大利法院将适用意大利法律，即使这样的适用可能使意大利违反它的国际义务。

《意大利刑法典》第 7 条第 5 项规定："任何其他根据法律的特殊规定或国际条约应适用意大利刑法的犯罪"，依照意大利法律处罚。至于如何对"国际条约"规定的犯罪适用意大利刑法，则应视意大利参加条约的方式或意大利制定的执行条约的法律而定，由它们来规定如何对国外实施的犯罪适用意大利刑法。这类法律如，批准并执行国际反劫持人质条约的 1985 年第 718 号法律第 4 条；批准并执行国际反酷刑与不人道处遇条约的 1988 年第 498 号法律第 3 条。但总的说来，对国际条约规定的犯罪适用意大利刑法，目的在于维护一些为国际社会普遍承认的世界各国的共同利益，因而采用的是普遍管辖原则。

（五）英国

在英国，所有被普遍承认或至少为英国所接受的国际习惯法规则本身，就是本国法律的一部分。国际习惯法作为本国法律一部分的适用意味着，除受制定法超越一切效力的限制外，国际习惯法规则所产生的权利和义务将为英国法院所承认并给予效力，而不需要任何特殊行为将这些规则纳入英国法。国际习惯法规则可以在英国国内直接适用，但是这并不意味着英国法律在一切情形下都承认国际法的最高性。在英国，制定法有超越一切的效力，即使其与国际法的要求相抵触，对于英国法院也有拘束力。不过，如有疑义时，推定国会没有违反英国的国际义务而行事的意思。

与国际习惯法不同，国际条约在英国国内并不当然产生法律效力。要使条约的规定在英国国内得以执行，并对法院和民众有拘束力，必须由国会通过一项法案，将国际条约的规定变为国内法律，然后才具有法律效力。按照英国宪法，条约的缔结和批准是英王的特权，而英国议会具有立法垄断权，如果条约能自动地成为英国法律的一部分，英王便可能不经议会同意而改变英国法，从而违反英国议会具有立法垄断权这一宪法原则。

（六）美国

美国采用"国际法是本国法律的一部分"的原则。美国宪法虽没有明文规定国际习惯法在国内法的地位，但美国判例曾明白声称国际习惯规则是其法律之一部分，法院可以加以确定和适用。因此，得到普通承认或者至少已经得到美国同意的国际习惯法规则在美国国内是有效力的，是为美国法院所适用的。关于国际条约，美国《宪法》第 6 条第 2 项明文规定："在美国的权力下缔结的一切条约，与美国宪法和根据该宪法制定的法律一样，都是美国最高的法律；即使任何州的宪法或者法律与之相抵触，每一州的法官仍受其约束。"根据这一规定，美国缔结的条约是与议会制定的法律处于同等地位的，可以在美国国内直接适用，而不需要立法机关的立法行为予以执行。条约之外的行政协定，而需要立法机关采取行动。一项条约的规定只有是自动执行的，才为法院所适用；在其他情形下，一项条约的规定在国内法中要有效力，需要有另外的立法或行政行动。这就是对条约的"自执行"(self-executing)和"非自执行"(non-self-executing)问题。[①]

一般来说，自执行条约，是直接规定人的权利、著作权等个人法律关系和权利义务具体内容的条约，这种条约即使国内不采取特别立法措施，照样可能适用于具体纠纷，它以立法机关（国会）参与缔结条约为前提；非自执行条约，主要是政治性条约。另外，还有规定个人权利义务关系的条约，国家为了实施它有义务采取特殊的立法措施，这种条约原封不动地在国内法庭适用是不适当的。为了进行条约的国内实施，原则上须有立法行为（制定法律）。如果符合条约的目的，使条约发生效力的立法可以规定比条约所规定更加严格的要求。根据美国的司法判例，自执行条约包括引渡条约、领事权利条约、最惠国待遇条约和惩治走私的条约等；非自执行条约包括需要美国支付金钱的条约、有关关税的条约、需要改变美国现行国内法的条约、处分美国财产的条约和任命政府委员会条约等。值得注意的是，非自执行条约是在承认条约具有国内效力的基础上，由于有关的条约不具体或其他原因，条约中的有关规定不经过国内立法就不能实施，所以需要国内专门立法加以补充。这里，国内的立法只是对条约起补充作用，在该国发生效力的还是条约本身，它是以承认条约的国内效力为前提。

在美国国内法与条约相抵触的情况下，问题的解决取决于该法律是联邦法律或州法律。如果是州法律，条约是优于州法律的，因为宪法规定，条约"对各州法院有拘束力，尽管州宪法或法律有相反的规定"。如果是联邦法律，虽然宪法没有明文规定，但在原则上，与先前的条约相抵触的法律对于法院是有拘束力的，而与嗣后的条约相抵触的法律则对自执行的条约不具有优先地位。然而，按照美国法院的判例，任何条约都不能背离美国宪法。

关于国际犯罪，美国《宪法》第1条第8款第102页规定："国会有权规定和惩罚在公海上所犯的海盗罪、重罪以及违反国际公法的犯罪。"

[①] 参见黄芳《国际犯罪国内立法研究》，中国方正出版社2001年版，第140—154页。

这条规定授权国会通过制定法律或者缔结国际条约,把这些危害国际社会秩序的行为作为犯罪来惩罚。可见,美国宪法一方面将国际法作为本国法律的一部分;另一方面,又授权国会通过制定法律或者缔结国际条约来惩罚一些违反国际公法的犯罪行为。而国际公法的主要法律渊源包括国际习惯法和国际条约。基于美国刑法的宪法限制,可以认为,美国关于国际犯罪的国内立法,采用的方法是:在承认国际刑事法律规范的国内效力的基础上,授权国会制定有关法律来惩治国际犯罪。

四 国际犯罪国内立法的模式

各国宪法和刑事实体法关于国际犯罪的规定基本上可以划分为纳入模式和转化模式两种类型。[①]

(一) 纳入模式

又称为并入(incorporation)、采纳(adoption)、接受、直接执行模式等,是指由国家在其宪法性文件中做出适用一切公认的国际法规范的原则性规定。通常情况下采用这种模式的国家一般在其宪法性文件中做出如下原则性规定:国际法律规范在其国内发生效力,不需要专门通过立法对其予以确认,就可以在国内直接适用国际法律规范,即国际法律规范在其国内可以直接适用。

大部分采用纳入模式的国家认为,国际习惯法与国际条约都可以在其国内直接执行,如美国、法国等。而有的国家只承认国际习惯法在不与国内法抵触的情况下,可作为国内法的一部分来适用,即在这种情况下国际习惯法在其国内有具有直接效力,不需经过转化程序;对于条约,如果不经过本国法律程序批准,就不能在其国内发生法律效力,例如,英国、爱尔兰、意大利、德国等国只承认国际习惯法的国内效力。

在纳入模式中,并非所有条约都不需采取任何立法措施就可在国内执行。根据国际法律规范的内容和性质,有的能直接在国内执行,是"自执行"条约;有的却不能直接在国内执行,是"非自执行"条约。只有在承认条约具有国内效力的国家中,才有自动执行的条约与不采取一定立法措施就无法在国内执行的条约的区别。在没有承认条约的国内效力的国家里,所有的条约不经一定的立法措施都无法在国内执行,就不存在区别

[①] 参见黄芳《国际犯罪国内立法研究》,中国方正出版社 2001 年版,第 154—161 页。

这两类条约的问题。对于哪些条约是自动执行的条约，哪些条约不采取一定的立法措施就无法在国内执行，以及是否承认条约的国内效力，各国有决定的自由，国际法上并无统一的规定，而且承认条约国内效力的国家也并没有明确地规定出如何加以区别。因此，对具体条约只能根据其内容和所规定的方式，分别做出具体判断。

采用纳入模式的国家关于国际法律规范与国内法的关系，各国规定也不太一样。例如，美国联邦《宪法》第6条第2款明确规定，条约优先于州宪法；根据判例，给予同联邦法律同等地位。法国《宪法》第54条、第55条规定，条约位于宪法之下，高于法律的效力，条约如与国内法抵触，条约优先。荷兰《宪法》第63条、第65条和奥地利《宪法》第50条把条约批准的程序分为两种，与法律同样程序的条约和依修改宪法程序的条约来区别效力关系。日本《宪法》第98条第2款则规定要"诚实遵守"条约，而没有明确表示哪个优先。

(二) 转化模式

又称为转化 (transformation)、间接执行模式等，是指国际法律规范在国内的效力，必须通过国内立法才能取得。依据这种模式，国际法律规范在其国内不能直接适用，国家不承认其具有国内效力，国际法律规范要在其国内发生效力，需要专门通过立法对其予以确认，才能在国内适用国际法律规范，即国际法律规范是从国内立法上得到它们在国内法律上的效力的。国家在国内适用国际法律规范的有关规定时，所依据的不是国际法律规范，而是依据其国内法。

世界上绝大部分国家都对国际习惯法采用纳入模式，而对于条约，有的国家则采用转化模式，不经过本国法律程序批准，就不可以在其国内发生法律效力，如英国、德国、意大利、爱尔兰等。在这些国家中，国内法中关于承认条约的国内效力的规定，就具有创设的效果。换句话说，这种规定具有把条约全面地转化到国内法中，使之"国内法化"的效果。

转化模式与纳入模式中的非自执行条约性质不同。在纳入模式中，非自执行条约是在承认条约具有国内效力的基础上，由于有关的条约不具体或其他原因，条约中的有关规定不经过国内立法就不能实施，需要国内专门立法加以补充；此时，国内的立法只是对条约起补充作用，在该国发生效力的还是条约本身。而在转化模式中，国家必须通过国内法对有关的条约内容进行规定，才能在国内适用；此时在国内生效的是国内法，而不是条约。在非自执行条约的情况下，国家适用的法律是国际法；而在转化模式的情况下，国家适用的法律是国内法。

(三) 两种模式的利弊

纳入模式承认国际刑事法律规范的国内效力，国内法院可以直接适用国际刑事法律规范，从理论上能较好地履行其国际义务。但是，国际刑事法律规范通常都只做原则规定，而且往往只规定罪，不规定刑，如果没有相应的国内立法，国际刑事法律规范的实施可能就只是一句空话。当今世界各国在文化传统、社会政策、经济发展等方面的差异，导致国际社会在惩治国际犯罪方面，很难达成协调一致的全球一体化的刑事法律规范，即使是已经达成的国际公约，如果没有国内法的支持和呼应，其效力往往也会大打折扣，甚至无法得到执行。[①]

转化模式既有助于维护国家的主权，又可以将国际法规范具体化，使打击国际犯罪更具有可操作性。由于每个国家的司法机关都是依照国内法律制度进行活动的，在目前甚至将来相当长的一段时间内，在有关对付国际犯罪和跨国性犯罪的国际刑事合作的过程中，各个国家的司法机关都不可能逾越本国法律框架和法律规范的樊篱。同时，许多国际条约只作原则性的规定，具体的行为规范由缔约国的国内法做出，真正付诸实施的仍然是国内法。因此，各国加强和完善惩治国际犯罪的国内立法应是当务之急。

---

① 黄芳：《国际犯罪国内立法研究》，中国方正出版社2001年版，"引言"第2页。

第五章

刑法分则的宏观设计

第一节 刑法分则的模式与风格

一 统一与分立

刑法分则主要有统一与分立两种立法模式。1997年刑法修订以前，单行刑法是我国刑法的重要渊源之一。1979刑法典颁行以后至1997刑法典颁行的18年时间里，全国人大常委会前后颁布了23个单行刑法。单行刑法具有十分明显的优势，它可以弥补刑法典固有的滞后性、不周延性等与生俱来的缺陷。① 然而，单行刑法也有其不足。单行刑法把具体犯罪分割为条条块块，由于相互间划分标准不一、层次不一，必然出现相互重复、遗漏甚至冲突的现象，且与刑法典总则及分则之间的矛盾、冲突十分明显，严重破坏刑法的协调统一性与系统完整性，有损法律的权威。② 1997年刑法典颁行以后至2015年的18年中，单行刑法备受冷落，全国人大常委会只颁布了1个单行刑法，刑法修正案成为刑事立法的主要方式，其数量达9个之多，平均每两年就有一个刑法修正案出现。

刑法修正案的立法模式具有诸多优越性：③ 其一，有利于保持刑法典的相对稳定性和社会适应性，避免刑法典的相对滞后性与短期内再次修订刑法典的不足；其二，有利于维护刑法典的完整性和统一性，避免采用独立于刑法典的单行刑法模式修正刑法从而破坏刑法典的协调性；其三，有

---

① 邹易材：《我国单行刑法保留的必要性研究——基于〈刑法修正案（九）〉施行时的思考》，《广西大学学报》（哲学社会科学版）2016年第4期。
② 文海林：《刑法分则结构及其理论基础》，《法学研究》1996年第4期。
③ 黄华平、梁晟源：《试论刑法修正案的立法模式》，《中国人民公安大学学报》（社会科学版）2005年第3期。

利于维护刑法典的权威性和连续性，避免以单行刑法形式修正刑法造成特别刑法与普通刑法共存的局面；其四，有利于实现刑法规范的指引、评价、教育和预测功能。当然，刑法修正案难以从根本上解决刑法典固有的缺陷。采用刑法修正案修正刑法典基本上有两种形式：一是颁布刑法修正案时重新颁布刑法典；二是颁布刑法修正案时不重新颁布刑法典。采用前一种形式，若刑法修正案频繁颁布，则刑法典也必须频繁颁布，这与单行刑法一样有损刑法的安定性；而采用后一种形式，刑法修正案单独存在，未与刑法典一体化，不便于刑法典的内容的系统性了解。①

新的社会治安形势和某些犯罪的发展趋势表明，追求形式上的统一与科学化的单一法典化的立法模式面临严峻挑战。② 首先，法典化的立法模式在内容上难以反映某些犯罪领域的复杂性。从立法技术上看，要把像金融领域的犯罪、计算机犯罪这类十分复杂且新型危害行为难以预料的犯罪全部规定在刑法典中是不现实的。刑法典比特别刑法具有更高的稳定性，对这类犯罪选择法典模式，必然造成两难局面：要么是刑法不能适应社会发展与犯罪情势的变化对立法的要求而与社会生活严重脱节，要么是刑法典处于经常性的变动之中。其次，法典化的立法模式难以对特定的犯罪类型作有针对性的刑法制度设计。对于黑社会组织犯罪、恐怖活动犯罪这类有别于传统犯罪的犯罪形式，应当采取有针对性的刑事政策，其中在刑罚制度、追诉时效、空间效力等方面有必要作特别规定。但是，按照刑法典的立法模式，分则条文只规定具体犯罪的罪状和法定刑，其他原理性、原则性和制度性的问题由总则规定。刑法典对这类犯罪作有针对性的规定，存在相当的困难，并可能造成刑法典体例上的混乱。再次，法典化的立法模式不能对某些复杂的犯罪领域实行刑事一体化的法制构建，难以反映对某些复杂的犯罪领域进行综合治理的刑事政策诉求。对诸如黑社会组织犯罪等有别于传统犯罪的犯罪类型，其刑事对策的特别设计不仅涉及刑法，也涉及刑事诉讼法和刑法执行法，如案件管辖的特别规定、证明责任的特殊分配、特别的侦查措施、证人的特别保护措施、特别的刑罚执行措施等。这些内容既不适合在刑法典中规定，也不便于在刑事诉讼法典与监狱法中规定，而需要通过单行刑事立法作综合性、系统化的规定。对于反黑

---

① 黄京平、彭辅顺：《刑法修正案的若干思考》，《政法论丛》2004 年第 3 期。
② 刘之雄：《单一法典化的刑法立法模式反思》，《中南民族大学学报》（人文社会科学版）2009 年第 1 期。

社会组织犯罪的立法，除刑事法内容之外，还涉及金融、财政、基层组织建设等内容，这些内容不可能规定在刑法典中，而只能规定在单行刑事法中。

尽管如此，保持刑法典分则体系的完整性，具有以下突出的优点：①（1）有利于刑法的科学、合理、高效运行。统一的刑法典有通盘考虑，自成体系，内部结构浑然一体，衔接紧密，逻辑清晰，条文使用相对节省，只要运用好修改、补充的立法技术，可大大减少甚至避免杂乱无章、一盘散沙、条文重复、互相矛盾、相互脱节等现象。（2）总则是为分则服务的，分则是为各类罪设置的。单行刑法分别独立后，总则、分则以至刑法典存在的必要性就值得考虑。（3）刑法典在民众心目中占据了很高的地位，容易为民众所关注、学习、遵守，而单行刑事法规、附属刑法一般只为司法人员所注意，因其过多、过散，关注过累，不易为一般民众注意，不利于其学法、守法。

针对刑典分则的庞杂，有论者主张将刑法典分则肢分解为军事刑法、经济刑法、行政刑法、环境刑法、税务刑法等多个单行刑法。这种观点强调刑法分则各部分的地位、作用，是以牺牲刑法典的统一、完整为代价的，实质是将刑法典的庞杂转嫁为刑法的庞杂。② 表面看，分解后的刑法结构简单、内容单一，条文也少，但如果把它们统一起来，其结构和条文是决不次于完整刑法典的庞杂程度，也不次于现有一个刑法典、二十余个单行刑事法律和七十余个非刑事法规中规定的附属刑法所造成的刑法立法的繁杂现象。

二　简约与精细

简约与精细是刑法分则的两种不同风格。在刑法典颁行之初，多数人都强调刑法典应以粗放为特征，认为条文越少越好，内容越粗放越好，体例越单一越好；这样可以适应我国地大物博、人口众多、情况复杂的现实，便于法官裁量，也利于老百姓学习、理解、掌握。后来，随着社会发展加速，大量单行刑法出台，刑法典修订，刑法修正案层出不穷，刑法分则的规定越来越繁复细密，走向另一个极端。"细致性"也是《意大利刑

---

①　文海林：《刑法分则结构及其理论基础》，《法学研究》1996年第4期。

②　同上。

法典》分则的一大特点，其优势在于能够较好地体现罪刑法定主义所要求的明确性原则，但同时有其弊端，比如难以在民众中普及，容易因划分过细导致立法上的疏漏，产生较多的条款间的冲突等。①

凡事皆有度，物极则必反，刑法分则应当在简约与精细之间寻求某种平衡。刑法分则的条文应采取"该粗则粗，当细则细"的立法方法，关键是考虑哪种情况更有利于刑法功能的实现。② 1997年刑法分则集中体现了严密刑事法网的价值取向，意图在于减小犯罪分子逃避刑罚处罚的可能性，突出刑法的保护功能。同时，1997年刑法分则还针对1979年刑法典罪状设计过分粗疏的状况，采用尽量具体化的立法方法，使许多犯罪的构成要件具体化、明确化，减少了不必要的模糊概念的适用，体现了刑法的保障功能。

我国现行刑法立法或多或少受到传统观念的影响，在思维倾向上存在细则化、具体化、定量化的特点，而这种愿望不可能落实，案件的定量因素（具体情况）是需要裁量的，它要求基于合法之上的合理性，立法无法明定，即使对数额犯、情节犯等做出了一些定量描述，但并未否定具体案件中的自由裁量问题。刑事实体法的制定问题就转化为如何看待自由裁量权的问题，而自由裁量问题如何解决的答案在于犯罪构成的结构调整以及刑法适用解释机制的形成。③

第二节　刑法分则的基本要求

法典是在某种理论指导下，按一定概念体系进行的全面编纂，是具有确定性、系统性及内在逻辑性的和谐统一体。④ 一般而言，法典应当遵循系统性、一致性、合目的性和高效性四项基本原则。就刑法分则而言，系统性是指犯罪的分类应当做到系统完整，犯罪的核心要件或者共同要件的设置，应当建立在对犯罪本质的科学认识和理解的基础之上；一致性要求各种类型的犯罪在分类标准和核心要件的设置上应该保持一致性，应当注重各种犯罪在社会危害上的共同点；合目的性是指构成要件的设定应当能

---

① 黄风译：《最新意大利刑法典》，法律出版社2007年版，第38页。
② 宗建文：《刑法机制研究》，中国方正出版社2000年版，第79页。
③ 同上书，第82—83页。
④ 陈金钊：《法典的意蕴》，《法律科学》1995年第1期。

够准确反映行为的社会危害性并符合预防犯罪的最终目的；高效性是指在对犯罪进行分类时，应当减少不必要的烦琐而复杂的界定和区分，对各种具体犯罪构成要件的规定应当简洁明了、突出核心要件，增强司法实践中的可操作性，法定刑的设置应当注重协调性、针对性和实际效果。

从体系的角度看，刑法分则应当力求完整性与一致性并重，准确性与简洁性俱备，专业性与通俗性兼顾。完整性与一致性是一部好的法典必须具备的两个重要系统特性，而准确性与简洁性、专业性与通俗性则涉及法典使用的便利性和效率。正如有论者所指出，任何一部法典首先应满足一致性的要求，其次应具有完全性，最好还具备简单性特点。[1]

一 内容的完整性与一致性

如果一部法典不完整，就表明其存在法律漏洞。所谓法律漏洞，指法律体系上存在的影响法律功能且违反立法意图的不完全性。[2] 任何试图追求广泛性乃至于完全性的法律领域都可能存在法律漏洞，"漏洞过多的刑法同样是罪刑法定原则的失败……因为漏洞过多的刑法，会导致司法工作人员产生类推定罪的欲望……漏洞过多的刑法还会损害刑法的正义性"[3]。

法律漏洞分为规范漏洞与体系漏洞，前者指"规范本身不圆满"，或者"依根本的规整意向，应予规整的问题欠缺适当的规则"[4]。体系漏洞指某个法律体系欠缺"本应包含的规范"，其判断标准有二：第一个也是最主要的标准是依据宪法判断我国现行刑法典是否存在体系漏洞，对于那些严重侵犯宪法的保障权利的行为，如果刑法没有规定，则存在体系漏洞；第二个以某一项法益或社会关系本应包含的内容为参照确定法律漏洞，如果某一项法益或社会关系包含多方面的内容，其中的一些方面为刑法所保护，而另一些同样重要的方面却没有为刑法所保护，则断定存在体系性漏洞。[5]

刑法典中法律漏洞的存在是必然的，因为刑法体系是一种开放性体

---

[1] 陈锐：《我国现行刑法的体系性问题及解决》，《政法论丛》2015年第3期。
[2] 梁慧星：《法律解释学》，中国政法大学出版社2000年版，第251页。
[3] 张明楷：《刑法分则的解释原理》，中国人民大学出版社2004年版，第92页。
[4] 参见［德］卡尔·拉伦茨《法学方法论》，陈爱娥译，商务印书馆2003年版，第250—251页。
[5] 陈锐：《我国现行刑法的体系性问题及解决》，《政法论丛》2015年第3期。

系，并且人类的认识具有很大局限性，立法者不可能制定出一部"无缝隙"的刑法典。"既然自然和社会内部的矛盾源自人类思维深层次的矛盾是无法解决的，作为社会子系统的法律系统内部的根本矛盾，其自身也无法解决……法律永远不可完全。"[①] 无论古今中外，"谁在起草法律时就能避免与某个无法估计的、已生效的法律相抵触？谁又可能完全预见全部的构成事实，它们藏身于无尽多变的生活海洋中，何曾有一次全部冲上沙滩？"[②] 尽管如此，我们仍然应当尽量减少甚至避免刑法典中那些可以减少或避免的漏洞。

一致性主要解决法典的可靠性问题。如果一部法典不一致，其结论就不一定可靠，就会产生一个行为同时符合多个法条的竞合现象。一致性有狭义和广义之分。狭义的一致性指系统内部不存在逻辑矛盾，系统内部各要素之间相互协调；广义的一致性则宽泛得多，凡是两相比较的事物或属性反差不大就可称为"一致的"，反之就不一致。前者表达的是"严格一致性"，后者则为"宽泛一致性"。一致性是任何系统必须首先具备的属性，如果一个系统不一致，则意味其存在矛盾，轻则使人怀疑系统的可靠性，重则引起系统崩溃。

一致性包括形式上的一致性与内容上的一致性。一部法典在外在表现形式上一致，则会给人以美的感受，这是形式一致性的直接功用。现行刑法典分则在形式上缺乏一致性，主要表现为：（1）风格体例不一致。分则各章节的展开顺序以及法条的展开没有统一次序，罪名没有定义。(2) 单位犯罪立法方式不一致。(3) 犯罪数额的规定方式不一致。有的犯罪采取直接规定具体数额，如生产销售伪劣商品罪、贪污罪、受贿罪；有的采取模糊规定，如盗窃罪、诈骗罪等财产犯罪。(4) 罚金数额规定方式不一致。(4) 用语不一致。在一部法典中，法律用语应当规范，尽量运用法言法语，并自始至终保持一致，这是法典最基本的要求，刑法典更应如此。如果说形式上的一致性只是影响了法典的外在美，那么内容上的一致性则反映了法典的内在要求。在法典中，内容不一致主要表现为罪名概念的外延存在交叉关系、包含关系，甚至相互排斥关系。前两者习惯上称为法条竞合，它在我国现行刑法典中大量存在。据笔者不完全统计，

---

① 李顺万：《法律完全性悖论及其解决》，《江西社会科学》2009 年第 4 期。

② [德] 拉德布鲁赫：《法学导论》，米健译，中国大百科全书出版社 1997 年版，第 106 页。

在整个刑法分则中，与竞合有涉的法条有120余条，超过整个刑法分则的1/3，此比例不可谓不高。虽说法条竞合无法避免，但如果法条竞合的比例过大，就不太正常。除了法条竞合外，我国现行刑法典中还存在少量法律冲突，即刑法规定中存在矛盾。如果将眼光放得更远，还可以发现现行刑法中的某些规定与上位法相冲突。

二 表述的准确性与简洁性

由刑法本身的性质所决定，刑法应当是最精确的法律。含混不清的刑法无异于否定刑法存在的价值。精确的刑法观要求我们对于刑法中的概念范畴、罪名罪质、构成要件等进行尽可能精确的研究和论述。"刑法对犯罪行为法律要件的规定应力求准确清晰，避免使用可以弹性扩张而具伸缩性或模棱两可或模糊不清的不明确的概念或用词作为构成要件要素。"[1]如果不符合这一要求，其危害非常巨大，因为"法律条文含义不清，罪刑不明，足以使一个政府堕落到专制主义中去"[2]。

准确性包括两个方面的内容：(1) 准确界定各种具体犯罪的本质和内涵。刑法所规定的每一种犯罪都有其个性特点，分则条文的罪状中应当反映出这种特点。例如，抢劫罪、抢夺罪、诈骗罪、盗窃罪同属于侵犯财产罪，抢劫罪和抢夺罪侧重于"抢"，相应就会采取暴力，只不过抢劫罪的暴力针对人身，比较现实地侵犯到他人的人身权利，抢夺罪的暴力针对财物，一般情形下并不会侵犯到人的人身权利；诈骗罪和盗窃罪则属于通过和平手段取得对方的财物，只不过诈骗罪有一个欺诈的环节，而盗窃罪没有，所以通过虚构事实、隐瞒真相的方式取得财物的构成诈骗罪；通过不为被害人所知的方式取得财物的构成盗窃罪。(2) 准确界定犯罪的外延和处罚范围。分则应当限定每种犯罪所处罚的行为模式与范围。比如我国《刑法》第125条第1款规定的非法制造、买卖、运输、储存、邮寄枪支、弹药、爆炸物罪，明确限定了本罪的行为方式为制造、买卖、运输、储存、邮寄五种，行为客体为枪支、弹药、爆炸物三种，上述行为方式和行为客体之外的均不在该罪的处罚范围。相应地，其第2款规定的非法制造、买卖、运输、储存危险物质罪，明确规定了该罪的行为方式为制

---

[1] 林山田：《刑法通论》，台湾大学法学院图书部2006年版，第74页。
[2] 周旺生、张建华：《立法技术手册》，中国法制出版社1999年版，第401页。

造、买卖、运输、储存四种，行为客体为危险物质，相对于第 1 款的五种行为方式，少了"邮寄"行为。根据罪刑法定原则，如果行为人实施了邮寄危险物质的行为，则不能构成本罪。

准确性原则又被称为具体性原则。有论者认为，行为式罪名中的行为，应是单一的，不能太抽象，不能将几个行为同时并入同一罪名，应取消并列式罪名；罪名中的行为必须是性质相似的同一类行为，而不能差别太大，范围太广。例如，《刑法》第 167 条可以列为五个罪名。在运用具体性原则时，必须科学地预测侵犯某一权益的行为的典型形态，以及可能有的形态，并分别予以法定，才能完整的保护国家人民的利益。①

简洁性则强调，一个系统应尽可能地用较少的规定解决尽可能多的问题，法律用语应简洁明了。简洁性的作用及要求与完整性并不矛盾，两者只是从不同侧面看待问题。"法律的体裁要质朴平易，直接的话总要比深沉迂远的词句容易懂些。东罗马帝国的法律完全没有威严可言，君主们被弄得像修辞学家们在讲话。当法律的体裁臃肿的时候，人们就把它当作一部浮夸的著作看待。"② 与完整性相比，简洁性并非法典的必备特性，其重要性相对较低，与一致性相比更是等而下之。与简洁性相关的问题是冗余，如果一个系统不具有简洁性，它就存在不必要的累赘，进而影响到系统的运作。在追求罪名简洁的同时，应当做到简约而不失神韵、简约而不失内涵，这既是一种智慧，也是法律条文语言表述所追求的目标。

三 用语的专业性与通俗性

刑法分则的用语应当做到专业性与通俗性兼顾，应当在保持严谨的前提下尽量做到明白如话、易于理解。立法语言过于深奥艰涩，会脱离公民的理解能力和心理认识习惯，造成法律信息传递不畅。"法律不要精微玄奥，它是为具有一般理解力的人们制定的。它并不是一种逻辑学的艺术，而是像一个家庭父亲的简单平易的推理。"③ 法律应当尽可能通俗易懂，过分专业化的立法会令一般民众望文兴叹、不知所云，也为法律专业人士凭借其专业知识和技能而玩弄法律牟取私利提供了便利。然而，法律用语

---

① 陈强：《我国刑法罪名的结构模式探讨》，《法律科学》1994 年第 4 期。
② [法] 孟德斯鸠：《论法的精神》（下册），张雁深译，商务印书馆 1961 年版，第 296 页。
③ 同上书，第 298 页。

过于直白松散，则会损害法律的严肃性和庄重性。

事实上，立法语言的专业性和通俗性两者之间并非相互排斥的关系，而是相互依存、彼此搭配的兼容关系。没有任何一部法典或立法文件完全是由法律术语写成的，即便是最艰深的法学论文，也并非全由术语堆砌而成；也没有一部法典或立法文件完全是由日常用语写成的，即使最通俗的法律读物，也无法完全排除法律概念和术语的使用。立法中不使用专业术语，就不称其为法律；而离开日常语言，法律就失去了建构的基础。立法语言的专业化和通俗化只是一种程度上的差异，而非两种完全不同的形式。应当摒弃非此即彼的单向度思维，树立专业性与通俗性兼容并存、协调配合的观念。专业术语具有法定性、单义性与准确性的特征，表述规范、含义清晰、外延确定，与思维领域的法律概念和现实世界的法律事实之间存在着密切的对应关系，能够精准地揭示其所指称的法律现象的本质特征，是立法者传递立法意图、表述立法内容必不可少的工具，构成立法语言的筋骨和核心。在通俗化与专业性的选择上，应在保持立法语言的准确、严谨、庄重；在坚持专业性的前提下，力求做到明晰畅达，立法语言通俗化不得损及法律表述的准确性，不得因辞害义。[①]

第三节 犯罪化的实质标准

一 社会危害性理论

我国传统的刑法理论认为，犯罪的本质在于其对于整个社会的危害，因而刑事立法中犯罪化的实质或内在标准应当是行为所具有的社会危害性。社会危害性理论既非我国独有，也非现代才有，意大利刑法学家贝卡利亚认为，衡量犯罪的真正标尺，不是"犯罪时所怀有的意图"，而是"犯罪对社会的危害"。[②] 根据"这一显而易见的真理"，犯罪可以划分为直接地毁伤社会或者社会代表的犯罪，从生命、财产或名誉上侵犯公民个人安全的犯罪和属于同公共利益要求每个公民应做和不应做的事情相违背的行为三种类型。

[①] 张建军、陈玉秀:《立法语言的专业性与通俗性》,《人大研究》2017年第5期。
[②] [意]贝卡利亚:《论犯罪与刑罚》,黄风译,北京大学出版社2008年版,第20—22页。

危害概念在刑法规范体系中所扮演的角色可归纳为以下六项:[①] (1) 它是定义犯罪时需要考虑的关键因素, 将刑法的伦理与单纯的伦理区别开来。(2) 它是判断犯罪的严重程度与对犯罪进行定级的基本依据。(3) 是否存在刑法上的行为往往需要依赖危害来判断。单纯的行为不可能进入刑法的视野; 只有借助危害范畴, 人们才能把那些具有刑法意义的行为筛选出来。(4) 它是展开因果关系与客观归责的判断的前提。没有危害后果, 行为与因果关系就变得不相关, 当然也就不会再面临因果关系与归责的判断问题。(5) 在是否构成排除犯罪事由的判断中, 它是一个重要的权衡因素。如紧急避险中, 所造成的危害必须不超过所避免的危害, 才能排除犯罪的成立。再如被害人承诺, 如果造成的危害较小 (如财产损害与轻微的人身伤害), 则承诺能够阻却犯罪的成立; 如果危害达到非常严重的程度 (如重大的人身伤害或死亡后果), 则无法排除行为的犯罪性。(6) 它是决定惩罚的程度的重要因素, 刑罚的轻重要求与危害的严重程度相适应。

(一) 传统社会危害性理论的缺陷

传统社会危害性理论所显现的实质的价值理念与罪刑法定主义所倡导的形式的价值理念之间, 存在着基本立场上的冲突。有论者认为, 社会危害性理论存在三大缺陷。[②] 首先, 缺乏规范性。社会危害性不具有基本的规范质量, 更不具有规范性, 它只是对于犯罪的政治的或者社会道义的否定评价, 并不具有实体的刑法意义; 虽然没有人会宣称所有危害社会的行为都是犯罪, 但是如果要处罚一个行为, 社会危害性说可以提供超越法律规范的根据, 因为它是犯罪的本质, 在需要的情况下可以决定规范形式。[③] 其次, 缺乏实体性。社会危害性本身十分空泛, 不能提供自身的认定标准, 反而需要以刑事违法性作为其认定标准。如果称犯罪的本质在于行为的社会危害性, 而危害社会的并不都是犯罪, 那么区别犯罪与其他危害社会行为的唯一标准就不可避免地只能取决于刑法是否禁止这个行为, 即行为的形式违法性。最后, 缺乏专属性。在以实证方法建构的注释刑法学中, 社会危害性这种前实证的概念容易造成理论上的混乱。由于社会危

---

① 劳东燕:《危害性原则的当代命运》,《中外法学》2008 年第 3 期。
② 陈兴良:《社会危害性理论——一个反思性检讨》,《法学研究》2000 年第 1 期。
③ 李海东:《刑法原理入门 (犯罪论基础)》, 法律出版社 1998 年版, "代自序"第 8 页。

害性并非犯罪所专有，其他违法行为也都具有社会危害性，国内学者绞尽脑汁进行论证，出现了严重的社会危害性、应受刑罚处罚的社会危害性、犯罪的社会危害性等种种表述与争论。这种争论没有任何学术价值，只是一种学术资源的浪费。

(二) 社会危害性理论的新解读

根据较新的理解，社会危害性理论具有三大机能，即立法指导机能、司法出罪机能以及量刑基准机能。[①] 首先，社会危害性概念具有刑事立法指导的机能，是犯罪化与非犯罪化、刑罚配置和犯罪分类的重要依据。社会危害性理论与犯罪构成理论的关系是犯罪的实质合理性与形式合理性的关系问题。在犯罪圈外，形式合理性是实质合理性的制度保障；在犯罪圈内，实质合理性是形式合理性的实现手段。[②] 社会危害性应作为批判性原则被纳入刑事政策学或犯罪学的范围，在应然层面对刑事立法进行指导与批评。现代刑法承载着保护社会与保障自由双重机能，如果将社会危害性概念限制刑事立法权的机能视为非犯罪化机能，那么社会危害性概念的犯罪化机能同样不可忽视。立法虽然不能将无社会危害性的行为规定为犯罪行为，但也不能将大量具有严重社会危害性的行为肆意置于刑法规制之外，前者侵犯人权、影响个人自由，后者则动摇社会存在的制度基础。社会危害性概念虽然充满着道德评价与易变性，具有不确定性和模糊性，但这或者是客观事物使然，或者更多是立法技术问题。其次，社会危害性概念具有司法出罪机能。在司法领域，刑事违法性是认定犯罪的主要标准，社会危害性只在出罪的意义上发挥作用。刑法分则条文所描述的罪状是立法者根据行为社会危害性而予以的客观定型，是行为社会危害性的法律表现。在通常情形下，司法者只需要根据刑法分则条文所描述的罪状来认定犯罪；但由于法律的稳定性与现实性的变化之间的矛盾、法律的抽象性与现实的复杂性之间的矛盾，以及立法者认识能力与客观存在的现实之间的矛盾，罪状所描述的行为与社会危害性并非全然对应。有时行为虽符合刑法分则的罪状描述，却显然不具有社会危害性，如果严格按照法律条文对这种冲突的行为论罪科刑，显然违背基本事理和人之常情，缺乏实质正当性的支持；

---

① 童伟华、武良军：《刑法中社会危害性概念的机能分析》，《时代法学》2011年第4期。

② 刘艳红：《社会危害性理论之辨正》，《中国法学》2002年第2期。

虽然在表面上坚守了法律的权威性和稳定性，却削弱甚至损害了公众对法规范的尊重和认同。最后，社会危害性概念具有量刑基准机能。社会危害性不但为法定刑的合理配置提供依据，而且为量刑提供基准。社会危害性是设定法定刑（刑罚的一次分配）的依据自不待言，在法定刑转化为宣告刑的司法活动中，同样离不开对具体犯罪社会危害性大小的判断。

二 社会危害性理论与"危害原则"

（一）英美刑法中的"危害原则"

在英语国家，刑法规范合法性的基础主要是19世纪以来一直起着重要作用的"危害原则"（harm principle）或称"损害原则"，其基本内容是来自英国哲学家约翰·密尔的经典论述："权力被合法地行使于市民社会任何成员的唯一目的，只能是阻止他对别人造成损害，即便是这种权力的运用违反该成员的意志。但是，如果说是为了那个人自己的好处，不论是物质上的还是精神上的好处，都不足以成为理由。不能因为这样做于他有利，或者因为这样会使他快乐，或者因为在别人看来，这样对他是合理的甚至是正确的，而合法地强制他去实施或不实施或容忍某种行为……任何人的行为，只有涉及他人的那部分，才需对社会负责。对于只是与他本人相关的那部分，独立自主是他的绝对权利。对于他自己，对于他自己的身心，个人是最高主权者。"[①] "危害原则"首要的应该是保护人类共同生活的条件，以此保护个体的重要利益免于他人的损害，而这种保护要以这种方式来实现：尽最大可能对所有人的自由空间给予理想的保障。如果根据"损害原则"对公民相互之间的自由空间做出界分，那么，每个公民都会获得追求自己愿望和目标的自由，只要他的追求行为不损及他人，即不损害他人的合法利益。

（二）社会危害性理论与"危害原则"的比较

英美刑法中的"危害原则"与中国刑法中的"社会危害性"原则在文字表述上具有相似性，以至于人们很容易将两者混为一谈。然而，"危害原则"与"社会危害性"在基本内涵、价值追求和终极目的方面

[①] [英]安德鲁·冯·赫尔希：《法益概念与"损害原则"》，樊文译，《刑事法评论》2009年第1期。

均有不同。①

1. 基本内涵：利益侵害与社会关系危害

从概念看，虽然危害原则和社会危害性都以危害作为惩罚起点，但两者指向的实质内容不同。危害原则中的危害指向的是对利益的侵害，而社会危害性中的危害指向的是对社会关系的侵害。社会关系就是社会事物之间在共同活动中结成的相互作用、相互影响的各种关系的总称。社会关系是一种抽象概念，其隐晦和抽象，很难担当解释社会危害性的重担。社会关系涵盖的范围是人与人之间的关系，但刑法保护的却不仅仅局限于人与人之间的关系。社会关系说不能涵盖环境安全、食品安全、社会生产力和自然环境等因素。

从实质看，社会关系是社会各参与者的各种利益的固化，其蕴涵的利益具有实质价值。以利益侵害解释危害，更为合理和恰当。社会关系最首要的表现是社会利益，对某种社会关系的保护，实际上保护的是利益。寻求发展的人类以永久的利益为基础，刑法应对人类的利益进行保护，而不是保护某种抽象的社会关系。社会的利益和个体的利益不同，比如个体有生命权，而社会没有生命权。用"社会"这样的群体性概念界定危害，会导致对个体权益的忽视或降格，使社会危害性缺乏人权保障机能。

2. 价值诉求：个人本位与国家/社会本位

危害原则体现的是个人本位思想。首先，危害原则的旨意是保护公民自由，限制国家刑罚权的发动。密尔的论述、哈特与德夫林的论战及范伯格把危害原则视为刑法的道德限制，均是围绕此旨意展开的。其次，危害原则把对公民个人利益的保护置于首要位置。其全称为"危害他人"而不是"危害社会"。在危害原则影响下的英美刑法充分体现了这种思想。美国《模范刑法典》把侵害个人权益的犯罪排在首位，其犯罪排序为侵犯人身安全的犯罪、侵犯财产的犯罪、侵害家庭的犯罪、侵害公共管理的犯罪、侵害公共秩序和有伤风化的犯罪。不仅如此，美国各个州的刑法也是把对侵害公民个人利益的犯罪排在前面，体现了对公民个人权益的高度重视。

与此相反，深受政治评价和阶级评价影响的社会危害性理论被诠释为

---

① 姜敏：《英美刑法中的"危害原则"研究——兼与"社会危害性"比较》，《比较法研究》2016年第4期。

社会主义社会关系,在一开始就被注入了革命的情绪与政治的意识,社会危害性实际上就是阶级危害性。苏联学者沃尔科夫指出:"在刑法中,特别是在犯罪问题上,主要的一环是社会危害性,也可以理解为阶级危害性。"这种解释不可避免地使社会危害性具有浓厚的社会本位或国家本位思想。"社会危害性"的"社会"修饰语,亦明显是社会本位或国家本位思想,其首先考虑的是对国家和社会保护,追求的是社会秩序。按照"社会危害性"构建的中国刑法和苏联刑法同样惩罚侵犯公民个人利益的犯罪,但保护次序不同。

3. 终极目的:自由保障与秩序维护

危害原则的实质是保护公民个人自由。其基本精神是,公民个人的行为只有在危害他人利益时,国家才能通过刑法进行强制干预。从其起源看,危害原则具有根深蒂固的自由主义血统。在密尔的话语下,强调公民的自主权和自我决定权;哈特通过对德夫林的法律道德主义保守派的猛烈进攻,明确赋予危害原则保护自由之目的;范伯格彻底视危害原则的旨意是保护自由。社会危害性的国家本位/社会本位思想,导致其终极的旨意是追求秩序和控制。社会危害性强烈的阶级性和政治性,使其对犯罪的界定具有浓重的阶级性和政治性,导致刑法违背以人权保障为价值取向的法治精神,成为社会防卫工具。在现代民主法治语境下,刑法追求的不是从国家本位出发的国家功利—秩序,而是为公民追求幸福和发展的正当自主权提供保障。刑法对个人生活的干预是一种例外,且这种例外需要正当性和合法性。

三 法益侵害与"危害原则"及社会危害性理论之比较

(一) 法益侵害性与"危害原则"

利益是法益侵害与损害原则的共同核心,从"损害原则"中可以构想出与法益类似的东西。[1]"损害原则"的核心是损失的概念。定义损失,最好的出发点是"利益"的概念。如果行为损害了一种利益,就会出现一种损失,这种利益可以被理解为一种"资源",对于它的完整性当事人有一种请求权;或者换句话说:损害行为是一种对资源的损害,对这种资

---

[1] [英]安德鲁·冯·赫尔希:《法益概念与"损害原则"》,樊文译,《刑事法评论》2009年第1期。

源的不受损害的存在状态，他人有一种请求权。对于"资源"的概念，有几点需要明确。第一，不能对它作自然主义上的理解，一种资源不见得必须是一种东西。它可以被定义为"手段或者能力"，而能力是机体机能，不是客体（比如《德国刑法典》第239条所保护的人自身活动的自由）。第二，资源是通常对于生活质量有着特定价值的东西。这种资源是否增进了特定人的幸福感是不重要的；重要的是这种资源是否在特定情况下增进了一个一般的人的生活质量。第三，这种生活质量还有一个时间的问题：它比之时刻变化的即时体验质量，包含有更长的时间段。因此，对于利益的这种损害必须在一定时期影响到这种生活的质量。如果把作为"损害原则"核心概念的"损失"定义为损害一种资源，对于这种资源他人有某种请求权或者一种权利，那么同时也就规定了"法益"的组成部分。

（二）法益侵害性与社会危害性

两者的主要区别在于出发点和价值取向不同。东、西方在价值观上一直存在社会本位或者个人本位的差异。社会危害性理论基于社会本位的立场，从犯罪人的个人行为与社会秩序整体之间的关系上来理解犯罪的本质，认为犯罪是"孤立的个人反对统治关系的斗争"，"蔑视社会秩序的最明显最极端的表现就是犯罪"。法益侵害性理论（包括权利侵害性理论）则基于个人本位的立场，从被害人个人权益受到侵害或者侵害危险的角度来理解犯罪的本质，认为犯罪是对作为权利对象的、国家所保护的利益造成侵害或者招来危险（威胁）。"危害原则"与"社会危害性"在基本内涵、价值追求和终极目的方面的差异大体上也适用于法益侵害性与社会危害性的比较。

不过，两者也具有一定的联系。从某种意义上看，法益侵害性与社会危害性属于部分与整体的关系。法益侵害说把犯罪理解为对法律所保护的利益的侵害，而社会危害性理论把犯罪理解为对刑法所保护的社会关系的破坏。我国刑法理论通说认为，犯罪侵害的是法律关系。法律关系是法律在调整人们行为的过程中形成的权利、义务关系，是社会关系的一种特殊形态，包括主体、客体、内容（权利和义务）三大要素。从本质上看，权利是指法律保护的某种利益；从行为方式的角度看，权利表现为要求权利相对人可以怎样行为、必须怎样行为或不得怎样行为。义务是指人们必须履行的某种责任，它表现为必须怎样行为和不得怎样行为两种方式。在法律关系中，法益是法律关系的内容之一，是法律关系的组成部分。社会危害性理论是从法律关系的整体（主体、客体、内容）来认识犯罪的本质的，考虑的是犯罪对整个社会关系（法律关系）的危害；法益侵害理论单纯从法律关系的具体组成要素之一（法益）来认识犯罪的本质，考虑的是犯罪对法律关系内容的影响。弄清楚法律关系和法益这两个概念在法理上的渊源关系后，不难发现社会危害性和法益侵害性两种理论同根同源，法益侵害性实际上就是社会危害性。将中国刑法中的犯罪客体定义为"刑法所保护的，为犯罪所侵害的利益"与通说的表述并无本质区别。我国刑法学对很多具体犯罪的犯罪客体的表述早已普遍使用法益概念。通行观点认为，故意杀人罪的客体是他人的生命权，故意伤害罪的客体是他人的身体健康权，盗窃罪的犯罪客体是公私财产所有权，破坏选举罪的客体是选举权和被选举权。在法律领域，社会危害性就是法益侵害性，一个行为只有具有社会危害性，才可能具有法益侵害性，刑法也只处罚具有法益侵害性的行为。社会危害性论的理论涵盖了法益侵害的主要内容，但是却未发挥更强的实践作用，应当探究法益侵害内核在社会危害性论中的理论地位，进一步明晰社会危害性理论的核心内涵，以期完善并增强危害性论的实践功效，并促进理论发展。[①]

事实上，法益侵害性并不比社会危害性概念优越太多。[②] 首先，法益侵害性的规范性实际很弱。法益即所谓"法律所保护的利益"，虽然从字面上来看其中有"法律"一词，但实际上其规范色彩很弱。这里的"法律"其实是指笼统的"法秩序"，其内涵和外延都非常模糊。社会危害性标准缺乏可操作性，有些情况下，很难在几种犯罪之间确定其社会危害性孰大孰小。其次，中国刑法也只处罚侵害法益的行为。德日刑法理论的通说将法益分为个人法益、社会法益和国家法益三种，这与中国刑法立法的状况完全一致，中国刑法也只处罚侵害个人法益、社会法益和国家法益的行为。最后，法益侵害性也是一种定性和定量相结合的分析方法。刑法以外的其他法律也以某种形式保护法益，只有当其他法律不能充分保护法益时，才能由刑法进行保护。这就意味着法益侵害性既有定性的一面，也有定量的一面，否则无法区分刑法与其他法律的界限。这与社会危害性的分

---

① 侯刚、杜国伟：《社会危害性中法益侵害的刑法蕴意》，《中国刑事法杂志》2010年第10期。

② 赵秉志、陈志军：《社会危害性理论之当代中国命运》，《法学家》2011年第6期。

析方法完全一样。

四 当代危害性原则的内涵扩张与功能转型

德国刑法理论中的法益侵害理论、英美刑法中的"危害原则"以及苏联刑法理论中的社会危害性理论均有着各自产生的基础，但都是对犯罪的特征和本质的描述和归纳，具有大致相同的任务；在表示法律所保护的利益受到"危害"这一点上，三者发挥着基本相同的作用。但是，风险社会的形成改变了古典自由主义赖以生存的政治与社会生态，使刑法逐渐蜕变成一项规制性的管理事务，内在于工业社会与现代性本身的技术性风险与制度化风险，淡化了国家与个体之间的对立的一面，促成社会连带主义思潮的兴起；健康和安全决策的公共属性变得明显，风险问题不再被视为单纯的技术或专业问题，而成为与政治相关的公共问题；风险社会对刑法功能的重新定位，直接导致危害的意义评价发生转型：危害的评价不再优先服务于危害作为刑罚之正当根据的意义，而是主要转向对作为刑法目的的预防危害的关注。①

首先，危害不再只是对个人权利的侵害，而且包含对其他非个人利益的侵犯，保护集体法益成为刑法的重要任务。以危害公共利益为名，诸多没有危及个体权利的行为受到刑法的惩罚。传统上被认为与道德冒犯相联系的活动（如卖淫、淫秽物品与毒品使用等）也被认为具有危害。聚众淫乱罪、盗窃、侮辱尸体罪、赌博罪、传播淫秽物品罪、组织播放淫秽音像制品罪、组织淫秽表演罪、组织他人卖淫罪与容留他人吸毒罪等犯罪并不侵犯个体权利，基本上属于传统的不道德行为的范围。现行刑法将之犯罪化并为主流刑法理论所接受，其理由显然不是行为本身的不道德性，而是由于人们认为它们会妨害到社会秩序或公共秩序之类的集体法益。对公开性行为、乱伦、否认纳粹的种族屠杀、干扰宗教仪式等行为，德国刑法是以保护"公共安宁"这一模糊的集体法益为名明令禁止。对集体法益的诉诸，使危害与法律道德主义之间的界线变得相当模糊。公共安宁之类的集体法益标准如此的模糊，以致支持犯罪化的论证总是可能的。其次，刑法不再为报应与谴责而惩罚，而主要是为控制威胁而进行威慑，预防危害成为施加刑事制裁的首要理由。这一点不仅从严格责任犯罪等新型犯罪

---

① 劳东燕：《危害性原则的当代命运》，《中外法学》2008年第3期。

的出现中得到印证，也可以从过失犯成立范围不断扩张的发展趋势中一见端倪：既然对破坏规范的效果没有认识，无法证实对规范的敌意，那么处罚过失犯的重点即不在于对规范的态度，而在于填补保护法益的漏洞。最后，危害不再只是一种对利益的事实上的侵害后果，也包括对利益的威胁或危险。当代各国刑法都在努力扩张对距离尚远的威胁法益的行为的处罚范围。当刑法所要处理的不只是对法益的实际侵害还包括诸多对法益构成威胁的行为时，未完成型犯罪便因其允许国家权力在行为早期介入的特性，脱颖而出成为对付危险的一大利器。危害的内容不再限于实际的侵害，而是同时包含侵害的危险。未完成模式的犯罪既包括预备犯、未遂犯、中止犯及共谋犯等一般类型，也包括分则中以既遂形式出现但实质为未完成的特定犯罪，如持有犯与危险犯。这类实质为未完成形态的既遂犯罪经常表现出强烈的政策意图。持有犯本质上是一种预备犯，而危险犯则是实害犯的未遂状态。未完成模式的犯罪均可视为广义的危险犯。与实害的评价相比，危险的评价具有更强的主观色彩。在新的危害原则的基础上，衍生了间接危害（the remote harm）概念，导致危害的范畴扩大。间接危害是指行为本身不具有过错和危害，但事实上诱使其他独立主体实施具有危害性的犯罪行为，为最终导致严重危害结果创造机会的情形；间接危害行为的实质是涉及多种偶然性因素，本身没有造成实害结果的风险行为。[①] 危害与法律道德主义之间的界线模糊化，标志着危害内涵在横向维度上的拓展；危险犯与持有犯的兴起以及未遂标准的放宽，则反映出危害概念在纵向维度上的延伸。

变动的语境与变化的内涵，削弱乃至摧毁了古典意义上的危害性原则，完全重构了危害性原则的政治意义，危害性原则对国家刑罚权的功能逐渐由限制演变为扩张，它不再用来保障个体的自由，而成为保护法益的有力工具；通过扩张危害概念的内涵，危害性原则虽然赢得了实证主义的精确性，却失去了规范的深度与批判的功能，即使我国的刑法理论体系最终在知识起源上去苏俄化，也无法改变危害性原则的当代命运。[②]

[①] 姜敏：《英美刑法中的"危害原则"研究——兼与"社会危害性"比较》，《比较法研究》2016年第4期。

[②] 劳东燕：《危害性原则的当代命运》，《中外法学》2008年第3期。

第四节 分则体系及个罪设置原则

一 犯罪分类的层次性与分类标准的多元化

与法益的归属性与层次性相对应，刑事立法应当注意犯罪分类的层次性。刑法分则应当按法益归属划分大类，按一级法益划分一级类罪，按二级法益划分二级类罪，按具体法益划分个罪。编的设置应当体现法益的主体归属，即个人法益、社会法益、国家法益以及国际法益各设一编。章的设置应体现法益内容的主要类型。章这一层次的划分应遵循两个原则：第一个原则是部门划章法，即按部门法范围进行划章的原则。实行部门划章法的理由在于，它既与部门法在法律体系中的层次地位与划分标准同一，又与刑法典分则的法益分类方法相适应。部门法层次清晰、关系明确、范围确定，易于彼此区别。按部门法的同一层次划章，可使罪章之间的关系如部门法之间的关系一样井然有序、层次鲜明。社会关系的错综复杂导致单一法律法规往往掺杂两个或两个以上部门法的内容，虽有一个主要的调整对象，仍免不了你中有我，我中有你，以单一法律法规作为章的标准，不符合犯罪客体理论，不利于建立章这一层次的科学体系。[①] 第二个原则是繁简适当原则。一般而言，每章罪名可安排在三十个左右。第一个原则是主要的，第二个原则是辅助的，它照顾到了刑法典完全可能出现的对应法律体系结构不完整的自身特点。章节划分主要以部门法为依据，但也有一些接近部门法的综合性且罪名数足够章的要求的准部门法，也可独立为罪章。

部门划章法要求注意法益分类与法律部门间的协调。首先，应当注意个人法益的私法基础及刑法与民法的协调，遵循人法—人身权利—人身犯罪与物法—物权—财产犯罪的基本逻辑。其次，应当注意公共法益的公法基础及刑法与行政法的协调，遵循行政法—行政犯的基本逻辑。再次，应当注意国际法益的国际法基础及刑法与国际法的协调，遵循国际法—国际犯罪的基本逻辑。最后，应当保持各部门法的层次的一致性。法律体系调整的社会关系是一个庞大的系统，具有多重层次特性；刑法典卷、编、

[①] 文海林：《刑法分则结构及其理论基础》，《法学研究》1996年第4期。

章、节、条、款、项、目的层次应反映这一特征。在章的划分时应保持法律体系中部门法这一层次所厘定的社会关系，而不能在不同层次上跳跃式地选择章的范围、内容。否则，不利于章这一层次的划分，必然带来刑法分则整体结构及其标准的紊乱。[1]

由于在具体犯罪中各种利益常有交叉，有时某种行为虽直接侵犯一种利益，但又会间接侵犯另一种利益；因此，上述分类只是原则性的，具体某一种犯罪应划归为哪一类，有时需作具体分析。刑法规定的行为类型具有排异性和体系性，应照顾到个罪之间位置的和谐。如果根据章罪和节罪解释个罪导致背离社会共识，产生明显的不合理，个罪与所处章节的整体法益不匹配，与类罪提供的最大法益圈有冲突，则说明个罪存在章节归类错误。[2]

关于大章制（章节制）与小章制（单章制）的选择，应当建立在对两者利弊充分认识的基础上。大章制层次分明，一目了然，但某些具有多重属性的犯罪不好归类；小章制直截了当，层次少，但数量众多，概括性稍欠。无论如何，如果为了追求小章制形式上的"对称美"而破坏了分则对犯罪规定的内容上的协调性、合理性，则属于"形式大于内容"式的追求，似无太大必要。[3] 相对而言，章节制更接近犯罪现象的实际面貌，更符合刑法分则的实际需要。节的层次是刑法典结构复杂、繁多的必然反映，是事物的本来面目，应当根据需要在章中设节，将组成部门法的分支、子部门按法规类别逐节予以规定。[4]

犯罪分类的层次性在《法国刑法典》分则中表现得最为突出。该法典的分则在编排体例上统一采用卷、编、章、节的多层次编排方式，与犯罪分类的各层次一一对应；针对某些类罪如战争罪、反人类及人种罪还额外增加了副卷、副编等层次。

与犯罪分类的层次性相对应，刑法分则对于犯罪的分类应采用多元化的标准。任何事物都有其局限性，没有任何一种标准是万能的。在各种不同的行为侵害的法益内容相同的情形下，法益标准对于此罪与彼罪的区分就无能为力了，最明显的例子就是侵犯财产罪；而当某些犯罪存在行为方

---

[1] 文海林：《刑法分则结构及其理论基础》，《法学研究》1996年第4期。
[2] 晋涛：《论罪名的系统性调整》，《时代法学》2017年第5期。
[3] 王文华：《我国刑法分则研究之考察》，《东方法学》2013年第1期。
[4] 文海林：《刑法分则结构及其理论基础》，《法学研究》1996年第4期。

式上的紧密联系时，也不宜根据法益的不同强行将其割裂开来；各种不同的行为主体侵害相同的法益时，主体标准就变得无足轻重。事实上，法益、行为、主体三者之间并非完全对立，而是具有一定的内在的联系。刑法分则在对犯罪进行分类时，应当根据具体情况，在各个不同层次上采取以法益标准为主，适当兼顾行为标准和主体标准的立法方式。对于个罪，主要应当依据行为标准进行分类，因为其更为直观、更为具体；对于一级类罪和二级类罪（亚类罪），应当依据法益内容进行分类，因为这样可以揭示个罪之间的共同点，避免个罪的杂乱无章；对于大类，应当依据法益的归属进行划分，这样可以将数量众多的一级类罪进一步加以概括，做到提纲挈领。

犯罪分类标准的多元化在《意大利刑法典》分则中反映得较为明显。该法典分则各章下设节和目，这种划分一般不是根据犯罪所侵犯的法益，而是根据其他一些标准，比如，"侵犯公共管理罪"一章根据犯罪主体的特性，划分为"公务员侵犯公共管理的犯罪"和"私人侵犯公共管理的犯罪"两节；"侵犯公共信义罪"一章根据犯罪对象的类型，划分为"伪造货币、公共信用票价和印花的犯罪""伪造印章或者用于认证、证明或承认的证书或标记的犯罪""文书作假"和"人身作假"四节；"侵犯财产罪"一章根据犯罪的方式，划分为"以对人或物的暴力侵犯财产的犯罪"和"以欺诈方式侵犯财产的犯罪"两节；"危害公共安全罪"一章根据犯罪的主观要件，专设一节"造成公共危险的过失犯罪"。[1]

二 法益的立法表达及其方式

（一）法益的立法模式

法益在立法阶段具有犯罪选择机能和犯罪分类机能，因而刑法中不可避免地会对法益进行或明或暗、或多或少的表达。当代各国的刑法分则在根据法益内容进行犯罪分类时，存在三种立法模式。第一种模式标明每一类犯罪的法益。《俄罗斯联邦刑法典》以及《意大利刑法典》大体上属于此种模式。采取这种立法例，要求立法者准确地标明各类罪的法益；如果出现立法上的缺陷，往往会导致保护法益的目的难以实现或者过于扩大处罚范围。第二种模式没有标明各类犯罪的法益，仅使用概括性的罪名。

---

[1] 黄风译：《最新意大利刑法典》，法律出版社2007年版，第39页。

《日本刑法典》属于此种模式,其分则各章的罪名没有指明法益的内容,完全由刑法理论与司法人员进行理解和适用。例如,该法典分则将伪证罪、诬告罪规定在伪造印章罪之后,猥亵、奸淫和重婚罪之前,由于其章名没有标明法益内容,刑法理论与审判实践认为该罪的法益一方面是国家的审判职能,另一方面是国民的人身权利。再如,虽然日本刑法分则将强奸罪、强制猥亵罪规定在"猥亵、奸淫和重婚罪"一章,并置于侵犯社会法益犯罪的地位,但由于章名没在标明法益内容,刑法理论与审判实践仍然认为强奸罪与强制猥亵罪是对性的自由权的犯罪。第三种模式是对部分类罪标明法益内容,对另一部分没有标明法益内容。德国、法国、瑞士、奥地利等国刑法分则就是如此。德国刑法分则中,有的章名是"妨害宪法机关及选举和表决的犯罪""反抗国家权力的犯罪""妨害公共秩序的犯罪""妨害性自由的犯罪""侵害他人生命的犯罪""侵犯他人人身自由的犯罪""危害公共安全的犯罪",而有的章名则是"叛国罪和外患罪""诬告犯罪""伤害罪""盗窃及侵占犯罪""诈骗及背信犯罪""破产罪"等;那些没有标明法益内容的犯罪,要么是因为几类罪的法益相同,要么是该类犯罪的法益内容难以确定,只好留待刑法理论与司法实践来解决。①

在采取上述第一种立法例的情形下,难免会出现对法益概括的不准确以及归类不准确的现象,这便需要补正解释。新刑法将旧刑法中的妨害婚姻家庭罪的全部条文纳入侵犯公民人身权利、民主权利罪中,其中的暴力干涉婚姻自由罪、虐待罪、遗弃罪、拐骗儿童罪都可以说是对公民人身权利的侵犯,而重婚罪、破坏军婚罪就存在疑问了。认为重婚罪侵犯的是他人婚姻家庭权的看法在一定意义上说也是成立的。但是,婚姻家庭权是一个十分含混的概念,其具体内容并不明确;而且,将重婚罪、破坏军婚罪的法益理解为婚姻家庭权,必然得出以下不合理的结论:如果重婚罪中的被害人(如重婚者的配偶)或者破坏军婚罪中的军人同意对方的重婚,则意味着他(她)们放弃了自己的权利,根据被害人承诺的法理以及法益衡量原则,不能认定为犯罪。这表明,重婚罪不是对个人法益的犯罪,而是对超个人法益的犯罪。现行刑法的规定存在缺陷,必须进行补正解释,将重婚罪与破坏军人婚姻罪解释为对超个人法益的犯罪,使被害人的

---

① 参见张明楷《法益初论》,中国政法大学出版社 2000 年版,第 237—238 页。

承诺丧失效力，从而维护一夫一妻制的婚姻家庭秩序。[①]

(二) 法益立法表达应遵循的原则

刑法对于法益的立法表达应遵循的以下四项基本原则：第一，体系化。刑法分则应当注意法益的体系性和层次性，应当对犯罪所侵犯的同类法益及亚类法益有所描述。法益的层次性，对应于犯罪分类的层次性，对于不同层次的法益的揭示，有利于对犯罪分类进行系统化的认识和理解。第二，全面化。分则应当尽可能地对每一类犯罪所侵犯的法益做出描述，以保持犯罪分类标准的一致性。走私罪、生产销售伪劣商品罪，走私、贩卖、运输、制造毒品罪，组织、强迫、引诱、容留、介绍卖淫罪，制作、贩卖、传播淫秽物品罪等节罪本身没有反映出其所侵害的法益，而其上一级标题也未能提供有效的信息；第八章贪污贿赂罪的章罪也没有直接表明相应的法益内容。第三，具体化。对于法益的表达应当尽可能具体化，不宜过于笼统模糊。诸如社会管理秩序、社会秩序等表达，对于人们认识和理解相关法益所起的作用甚微。第四，准确化。分则对于法益的表达应当尽可能准确化，避免出现明显的偏差。分则第五章侵犯财产罪应当表述为侵犯财产权利罪，以便准确体现此类犯罪所侵犯的法益；走私罪以及生产销售伪劣商品罪两节当中，虽然各自的行为方式相似，但是存在大量法益迥然的具体犯罪。走私普通货物、物品罪的保护法益是关税制度，而走私武器、弹药、核材料，走私假币，走私文物，走私废物等罪的法益则非关税制度，且各不相同；生产、销售伪劣产品罪的保护法益是市场秩序，而生产、销售假药、劣药，生产、销售有毒、有害食品等罪保护的主要法益则并非如此。

当然，上述原则只具有相对性的意义，刑法典不可能是一个完全封闭的逻辑自足的体系，无法包括现实生活的全部内容，对立法者高瞻远瞩的过分期望是不切实际的。法律规定的有限性与社会关系的无限性，法律的相对稳定性与社会生活的变动不居永远是一对矛盾。但是，这并不意味着立法者可以无所作为，我们对法律的评判可以良莠不分。相反，立法者应当尽可能地降低和减少法律的不合目的性、不周延性、模糊性及滞后性。

(三) 法益立法表达的主要方式

刑法分则主要以明示和暗示两种方式对各类保护法益加以表达。我国

[①] 参见张明楷《法益初论》，中国政法大学出版社2000年版，第239页。

刑法分则对于类罪法益和一小部分个罪法益，采取了明确性规定的表达方式。分则大多数章节的类罪名中都直接表明了其所侵犯的法益，如危害国家安全罪、危害公共安全罪、侵犯财产罪等。明确个罪所属的类罪，便可以通过同类法益的内容，大体上明确个罪所要保护的法益的内容。某些个罪的罪名或罪状中也直接表明了其所侵犯的法益。例如，《刑法》252条规定："隐匿、毁弃或者非法开拆他人信件，侵犯公民通信自由权利，情节严重的，处一年以下有期徒刑或者拘役。"该条明确规定了该罪的保护法益是公民的通信自由权利。《刑法》第253条规定的邮政工作人员私自开拆、隐匿、毁弃邮件、电报罪，虽然没有指明法益内容，但从其与第252条的关系看，其法益内容也是公民的通信自由权利。

　　刑法分则对于大多数个罪的法益，采取了暗示性规定的表达方式。[①] 主要包括如下几种情形：(1) 通过刑法条文规定的行为特征反映行为所侵犯的法益。犯罪是侵犯法益的行为，因此，可以通过行为特征确定法益内容。例如，《刑法》第226条规定："以暴力、威胁手段强买强卖商品、强迫他人提供服务或者强迫他人接受服务，情节严重的，处一年以下有期徒刑或者拘役，并处或者单处罚金。"从行为特征可以看出，本罪所保护的法益是平等竞争、自由交易的市场秩序。(2) 通过刑法条文规定的结果特征反映行为所侵犯的法益。由于对法益的侵害表现为结果，故可以通过对结果内容的规定确定法益内容。例如，《刑法》309条规定："聚众哄闹、冲击法庭，或者殴打司法工作人员，严重乱法庭秩序的，处三年以下有期徒刑、拘役、管制或者罚金。"这里的"严重扰乱法庭秩序"是作为构成要件结果规定的，也说明刑法规定本罪是为了维护法庭秩序。(3) 通过刑法条文规定的行为对象特征反映行为所侵犯的法益。一般来说，犯罪行为要通过作用于行为对象来侵犯法益，而行为对象本身又是体现法益的，故可以通过刑法对行为对象特征的规定确定法益内容。例如，《刑法》第254条规定："国家机关工作人员滥用职权、假公济私，对控告人、申诉人、批评人、举报人实行报复陷害的，处二年以下有期徒刑或者拘役，情节严重的，处二年以上七年以下有期徒刑。"由于报复陷害的对象仅限于控告人、申诉人、批评人与举报人，说明本罪侵犯的是民主权利，即控告权、申诉权、批评建议权与举报权。(4) 通过刑法条文规定的犯罪所违反的法规内容反映行

[①] 张明楷：《刑法分则解释原理》，中国人民大学出版社2004年版，第140—141页。

为所侵犯的法益。任何法律、法令都以保护法益为目的，刑法条文指明的某种犯罪所违反的法规，也以保护法益目的。因此，通过该法规所保护的法益，可以确定分则条文的保护法益。例如，《刑法》第322条规定："违反国（边）境管理法规，偷越国（边）境，情节严重的，处一年以下有期徒刑、拘役或者管制，并处罚金。"国（边）境管理法规的目的是保护国家对国（边）境的正常管理秩序，因此，刑法规定本罪是为了保护国家对出入国（边）境的正常管理秩序。（5）通过刑法条文规定的犯罪孳生之物、供犯罪行为使用之物的性质反映行为所侵犯的法益。例如，对于制作、复制、出版淫秽物品的犯罪而言，淫秽物品为犯罪孳生之物；对于传播淫秽物品的犯罪而言，淫秽物品是供犯罪行为使用之物，淫秽物品"是指具体描绘性行为或者露骨宣扬色情的诲淫性的书刊、影片、录像带、录音带、图片及其他淫秽物品"（《刑法》第367条）；淫秽物品的危害在于破坏国家对文化市场的管理秩序和性风尚，刑法规定该罪的保护法益是国家对文化市场的管理秩序和性风尚。

与刑法不同的是，大多数部门法律都在开篇以专条开宗明义地表明其立法宗旨和目的。例如，《劳动法》第1条规定，"为了保护劳动者的合法权益，调整劳动关系，建立和维护适应社会主义市场经济的劳动制度，促进经济发展和社会进步，根据宪法，制定本法"。《合同法》第1条规定，"为了保护合同当事人的合法权益，维护社会经济秩序，促进社会主义现代化建设，制定本法"。《继承法》第1条规定，"根据《中华人民共和国宪法》规定，为保护公民的私有财产的继承权，制定本法"。《行政处罚法》第1条规定，"为了规范行政处罚的设定和实施，保障和监督行政机关有效实施行政管理，维护公共利益和社会秩序，保护公民、法人或者其他组织的合法权益，根据宪法，制定本法"。《治安管理处罚法》第1条规定，"为维护社会治安秩序，保障公共安全，保护公民、法人和其他组织的合法权益，规范和保障公安机关及其人民警察依法履行治安管理职责，制定本法"。

三　个罪设置原则与法条竞合控制

（一）个罪设置的原则

个罪设置应当坚持必要性、适度性与合逻辑性原则。必要性原则要求对不同罪质的犯罪行为应当分别确定独立的罪名。一般来讲，不同的犯罪行为，由于其罪质的差异，在确定罪名时也应当注意将其单独成罪，而不能考虑减少罪名数量的需要，把本来是两种不同罪质的犯罪强捆在一起。例如，组织卖淫罪和强迫卖淫罪虽规定在同一条文，司法解释却恰当地将它们拟定为两个罪名，体现出对不同性质的行为类型的准确认识。有人认为，该款罪名应确定为选择性罪名，即"组织、强迫他人卖淫罪"，因为组织他人卖淫与强迫他人卖淫的行为都是制造卖淫，性质相同，只是在形式、程度、规模上有所不同，而且从司法实践中来看，两者相互联系、密不可分。这种观点只看到了两者在制造卖淫上的相似性，忽视了两者在行为方式上的质的不同：组织卖淫罪以卖淫者同意为前提，强迫卖淫罪则违背他人意志。从法益角度看，一个是侵犯性风俗的罪犯，一个是侵犯他人性自主权的犯罪。由于刑法分则中规定的选择性罪名较多，将同一罪质、前后行为互有联系的数个犯罪行为确定为一个罪名是无可厚非的，然而，将罪质完全不同、前后行为毫无联系的数个犯罪行为确定为一个罪名，则属不当。

适度性原则要求个罪设置上粗疏与细密的平衡，不宜过于粗略导致罪质区分的困难，也不宜过分细致造成不必要的烦琐。前者如杀人犯罪，后者如渎职犯罪。罪种并不是分得越细越好，越多越好。对于本可独立作为罪种的，如果有必要对其一些特殊情况单独分出来，并给予高于或低于一般情况的法定刑，这是立法中常遇到的现象，但是，并不一定要将这些特殊情况作为独立的罪种，可以把其作为该罪种的加重法定刑或降低法定刑的情节看待。

合逻辑性原则要求个罪之间尽量做到关系明确、逻辑清晰，不存在不合目的、毫无必要的交叉重叠与重大遗漏。例如，《刑法》第305—307条规定的三种具体犯罪就存在逻辑混乱、立法目的不明确的问题：第305条已经规定了伪证罪，第306条没有必要将辩护人、诉讼代理人伪造证据的行为单独规定，这样做既不符合逻辑，又违背平等原则，而且从法定刑设置上看，该罪与伪证罪也完全相同；同理，第307条规定了妨害作证、毁灭证据等行为，主体不特定，第306条也没有必要将辩护人、诉讼代理人妨害作证、毁灭证据的行为单独规定。

判断一部刑法典个罪数量是否科学合理的标准主要有以下几个方面：[①]

[①] 欧锦雄：《罪名、罪种的合理数量及其立法反思》，《国家检察官学院学报》2001年第1期。

（1）刑法典里规定的罪种、罪名已将社会上已存在的和可能存在的犯罪囊括其中。（2）罪种的划分能使罪种之间的界限明确，并在立法上便于构建科学的分则体系。（3）容易让广大人民群众学习、理解和记忆。刑法典是公布于众的，其主要目的是让广大群众学习理解和自觉地遵守，以便预防犯罪，并依法与犯罪行为做斗争，因此，刑法典所确定的罪种和罪名不得过于繁多，否则不便于普法。（4）便于司法人员掌握和运用。刑法典所确定的罪种、罪名数量不应繁多，否则，司法人员在运用法律时较易产生错误。

（二）个罪独立性的标准

确定个罪独立性的标准可以是行为、行为方式、行为主体（行为人）、法益、法定刑或者法条。我国刑法界几乎已形成思维定式：一个分则条款只要同时具有罪状和法定刑，就应看成一个罪种，应有独立的罪名，这一思维全面反映在确定罪名的司法解释里。

如果将一条（款）一罪作为确立个罪的标准，有些罪名就丧失了独立存在的必要。[①] 首先，《刑法》第114及第115条的10个罪可以压缩为3个罪名。学界和司法界没有认识到一条一罪（一款一罪）在拟定罪名时的作用，对于《刑法》第114条和第115条的关系不加审视，将两条的内容确定为放火罪、失火罪、决水罪、过失决水罪、爆炸罪、过失爆炸罪、投放危险物质罪、过失投放危险物质罪、以危险方法危害公共安全罪、过失以危险方法危害公共安全罪10个罪名。通过对比可知，第114条规定的是未遂犯，第115条规定的是既遂犯，两者的构成要件并不相同，根据一条一罪的准则和法条中"以其他危险方法危害公共安全"的表述，第114条应命名为"以危险方法危害公共安全未遂罪"，第115条第1款应命名为"以危险方法危害公共安全罪"，第2款应命名为"过失以危险方法危害公共安全罪"。其次，根据一条（款）一罪的标准，下列罪名也应予以合并：破坏交通工具罪（第116条及119条第1款）、破坏交通设施罪（第117条及119条第1款）、破坏电力设备罪（第118条及119条第1款）、破坏易燃易爆设备罪（第118条及119条第1款）应合并为破坏交通工具未遂罪，破坏交通设施未遂罪，破坏易燃易爆设备未遂罪，破坏交通工具、交通设施、易燃易爆设备罪；过失损坏交通工具罪、

---

① 参见晋涛《论罪名的系统性调整》，《时代法学》2017年第5期。

过失破坏交通设施罪、过失损坏电力设备罪、过失损坏易燃易爆设备罪应合并为过失损坏交通工具、交通设施、易燃易爆设备罪；走私武器、弹药罪、走私核材料罪、走私假币罪应合并为走私武器、弹药、核材料、伪造的货币罪；走私文物罪、走私贵重金属罪、走私珍贵动物、珍贵动物制品罪应合并为走私文物、贵重金属、珍贵动物及其制品罪；非法搜查罪、非法侵入住宅罪应合并为非法搜查、侵入住宅罪；刑讯逼供罪、暴力取证罪应合并为刑讯逼供、暴力取证罪；侮辱罪、诽谤罪应合并为侮辱、诽谤罪；投放虚假危险物质罪、编造、故意传播虚假恐怖信息罪应合并为故意传播虚假恐怖信息罪；提供伪造、变造的出入境证件罪、出售出入境证件罪应合并为提供伪造、变造的出入境证件、出售出入境证件罪；破坏界碑、界桩罪、破坏永久性测量标志罪应合并为破坏界碑、界桩、永久性测量标志罪；伪造、变造、买卖武装部队公文、证件、印章罪，盗窃、抢夺武装部队公文、证件、印章罪应合并为伪造、变造、买卖、盗窃、抢夺武装部队公文、证件、印章罪。

有论者认为，一个罪种与一个条文或条款并不一定是一一对应的关系，一个包含罪状和法定刑的条款规定的肯定是一个独立的罪种的思维定式，应予改变；确定罪种时，应根据立法需要具体问题具体处理：有的罪种以一个条文规定即可，有的罪种则可能需要两个或几个条文的规定来确定。[①]

(三) 法条竞合及其合理控制

法条竞合是指一个行为同时符合了数个法条规定的犯罪构成，但从数个法条之间的逻辑关系来看，只能适用其中一个法条，当然排除适用其他法条的情况。[②] 法条竞合的情况下，行为虽然符合数个犯罪的构成要件，但法益侵害事实能够被其中的一罪所完整评价，为了避免对法益侵害的重复评价，只能将其评价为一罪，适用其中的一个法条。法条竞合不同于想象竞合，后者指一个行为符合了数个犯罪的构成要件，且法益侵害事实不能被其中任何一罪所完整评价，为了实现对法益侵害的完整评价，所以宣告成立数罪，并择一重罪论处。理论上对于法条竞合的类型有多种多样的概括，如特别关系、补充关系、吸收关系、择一关系、包容关系等，但从

[①] 欧锦雄：《罪名、罪种的合理数量及其立法反思》，《国家检察官学院学报》2001年第1期。

[②] 张明楷：《刑法学》(上)，法律出版社2016年版，第463页。

逻辑上讲，特别关系与择一关系已经可以涵盖法条竞合的所有情形。① 在中国刑法的语境下，法条竞合的处罚规则，实际上就是指特别关系下，特别法条与普通法条的选择适用问题。当法律没有明文规定优先适用重法时，应当遵循设置特别法条的立法目的，严格坚持特别法优先的适用原则；当行为符合特别法条的行为类型但尚未达到特别法条的入罪标准时，不能递补适用普通法条论罪。

过多法条竞合的存在，首先，由于犯罪分类不当所致。按照逻辑理论，在同一分类过程中，立法者使用的分类标准不统一，易于产生子项交叉与包含，进而形成法条竞合，竞合非常严重的诈骗罪就属此情形。其次，法条竞合的泛滥在某种程度上也与罪刑法定原则所要求的明确性有关。比较突出的有以下五种情形：（1）第266条的诈骗罪与第192—198条的各个金融诈骗罪以及第224条合同诈骗罪（完全包容关系）。（2）第140条生产、销售伪劣产品罪与第141—148条的各个生产、销售特种伪劣产品罪（交叉包容关系）（3）第134条重大责任事故罪与第135—139条以及第131条、第132条的特殊责任事故罪（完全包容关系）。（4）第397条的滥用职权罪与第399—418条中的故意罪种，共计20个罪种（完全包容关系）。（5）第397条的玩忽职守罪与第400条第2款的失职致使在押人员脱逃罪，第406条国家机关工作人员签订、履行合同失职罪，第408条环境监管失职罪，第409条传染病防治失职罪，第412条第2款商检失职罪，第413条第2款动植物检疫失职罪，第419条失职造成珍贵文物损毁流失罪（完全包容关系）。再次，法条竞合的大量出现与立法者对某些特殊情形的过分强调有关。针对某些犯罪，将一些特殊情况单独分出来，并设置高于或低于一般情况的法定刑，是刑法典中时常遇到的现象。最后，由于立法的粗疏以及未梳理修正案新增的犯罪与已有规定之间的关系，造成现象性立法、象征性立法大量存在，制造了众多无效的、重叠性罪名。

法条竞合的大量存在，直观上表现为刑法的臃肿，实质危害则是打乱了犯罪之间的关系，加剧了适用时的选择障碍。② 但是，法条竞合并非无

---

① 黎宏、赵兰学：《论法条竞合的成立范围、类型与处罚规则》，《中国刑事法杂志》2013年第5期。

② 晋涛：《论罪名的系统性调整》，《时代法学》2017年第5期。

法控制。首先，虽然跨章节的法条竞合现象难以完全避免，但如果以审慎态度对待立法，完全可避免同一章节中相近条文发生竞合，类似于"生产、销售伪劣产品罪"一节中的法条竞合本该避免。对于如何避免同一节中的法条发生竞合，现行刑法典也提供了现成的可资利用的方法，如有关走私罪的规定就值得我们借鉴。其次，不应将构成要件明确性的要求绝对化。罪种的划分并不是越细越好、越多越好，过于繁杂的个罪设置必将导致刑法分则的混乱。再次，没有必要将所有特殊情况都作为独立的罪种加以规定，一般可以将其作为某个特定罪种的加重或降低法定刑的情节对待，以普通法条所确定的罪名定罪。① 最后，应尽量减少甚至避免象征性立法，消除重叠性的个罪，增强刑法典的系统性。

四 犯罪排序标准的多元化

刑法分则对各类犯罪的排列，应当采取多元化的排序标准，即以法益为主要标准，适当兼顾部门法的内部结构以及某些犯罪行为之间的内在联系。第一，应当考虑法益的进化形态。个人法益是最原始、最直接的法益；社会法益和国家法益是个人法益的叠加与综合，是派生的法益。个人主义认为，人类社会中一切价值的本源在于个人，国家应对这种具体的活生生的个人表示最大限度的尊重。从这种观点来构建刑法各论的体系的话，个人法益是应当通过刑法加以保护的各种利益的基础；社会法益作为个人的集合体的公共利益，应当放在个人法益之后；国家法益在国家的存在、方式、职能都受制于全体国民的意愿，个人只有受到国家的保护才能追求幸福的意义上，具有保护的价值，它应处在所有法益的顶点。② 第二，应当考虑法益的归属及法益间的相关性。侵害同一大类法益的犯罪应当放在一起，如危害国家安全罪与危害国防利益罪之间不应插入侵犯社会利益或侵犯个人利益的犯罪。第三，应当考虑法益的重要性程度。根据公认的理解，通常情况下人身法益比财产法益更为重要，生命比健康重要。第四，应当考虑部门法的内部结构。例如破坏经济秩序罪的内部，应当按照经济法的逻辑，即经济主体、经济行为、经济规则的顺序排列。危害公

---

① 欧锦雄：《罪名、罪种的合理数量及其立法反思》，《国家检察官学院学报》2001年第1期。

② ［日］大谷实：《刑法讲义各论》（新版第2版），黎宏译，中国人民大学出版社2008年版，第2页。

共管理罪的体系应与行政法的结构体系相对应。第五，应当考虑某些犯罪行为之间的内在联系。如行贿犯罪与受贿犯罪，拐卖妇女、儿童罪与收买被拐卖的妇女、儿童罪之间的对应关系。

应当坚决摒弃单一的社会危害性标准，确立与犯罪分类层次相适应的多元化的犯罪排序标准。编罪应考虑法益的进化形态及其重要性程度，按照人身法益、财产法益、社会法益、国家法益的顺序排列；章罪及节罪应根据法益的重要性、法益之间的相关性以及部门法的内部结构排序；个罪应当在考虑法益的重要性的同时，兼顾行为的内在联系。

第六章

刑法分则的微观设计

第一节 罪名设置

一 罪名的层级与功能

罪名有层次之分。我国刑法分则采用大章制，划分为十章，其中第三章和第六章章内设节。章节罪名具有归类和提示功能，特别是对于个罪法益具有圈定作用。类罪名能清晰划分保护领域和标示法益，要求内部罪名存在完全归入关系，如果类罪名不能完全统辖其内部的罪名，类罪名则可能面临崩溃。类罪的一个重要功能是为确定个罪法益提供指引，个罪法益存在于类罪的整体框架之内。"刑法分则罪名都是隶属于具体章节的罪名之下，通过章节的归类与行为的具体的表现形式确定每一具体罪名的坐标定位，并以此界分了此罪与彼罪宏观上的差异。"当个罪面临多种法益选择时，类罪名可以锁定主要法益，如诬告陷害罪，因为其在侵犯公民人身权利、民主权利罪一章中，该罪的保护法益就应是人身权利，而不是司法利益，因此得到被诬告人的同意后诬告、诬告并不存在的人、向外国政府诬告他们并不存在管辖权的罪名等情况，因并没有侵犯到他人的权益，即使侵犯了司法利益也不构成本罪。①

从理论上讲，罪名具有两大功能，即概括功能和区分功能。概括功能指罪名对社会上纷繁复杂、千姿百态、形形色色的犯罪现象进行概括的作用；区分功能指罪名具有区分罪与非罪、此罪与彼罪界限的作用。概括功能使人们对于犯罪的认识类型化，而区分功能则使人们对于犯罪的认识个别化。

---

① 晋涛：《论罪名的系统性调整》，《时代法学》2017年第5期。

主流的教科书认为罪名具有四个方面的功能，即除概括功能和区分功能之外，罪名还具有评价功能和威慑功能。评价功能是指罪名具有国家对危害社会的行为所给予的政治和法律上的否定评价，以及对行为人进行的非难和谴责的作用；威慑功能是指由于罪名体现国家对犯罪的否定评价和对行为人的谴责，为了避免这种否定评价，只有规范自己的行为不触犯罪名，这实际上给人们提供了一个行为标准。① 本书认为，评价功能和威慑功能是罪刑规范作为一个整体所具有的功能，而非罪名的功能，因为罪名仅仅是犯罪的名称而已。有学者认为，"作为刑法分则规定的某种具体犯罪本质特征的反映，罪名必须具有界定该罪行为存在范围、概括该种犯罪共同特点、说明该罪与其他犯罪的根本区别的功能"②。本书认为，这种观点显然混淆了罪名与罪状，对罪名提出了超出其属性范围的要求。

任何一种事物的名称都具有概括功能和区分功能，将罪名的功能归结为以上两大功能过于一般化和理论化。有论者认为，这种认识只是从学术的角度或者说从知识传授角度的论证，并没有从实证的角度或实践的角度揭示罪名的功能。相应地在此基础上提出的罪名功能也就只能停留在书本层面或知识传授层面，不可能发掘出罪名的实际功能，从而也就是导致了罪名在当下的刑事立法和刑事司法中可有可无的局面。③

从实践功能的角度看，罪名具有检索与预防两大功能。从实用的角度或功利的角度看，罪名主要针对两类群体来使用，一类是具体适用罪名的人员，包括司法工作人员、理论研究人员等等；另一类是接触到罪名的所有人员，也即是所有的社会公众。基于主体对罪名的需要不同，罪名的功能也就是可以分为针对第一类主体的检索功能和针对第二类主体的预防功能。罪名的检索功能是指通过罪名而查找、检索与本罪名相关的法律规范、司法解释、司法案例、理论主张等。通过对罪名检索功能定义的界定，我们可以发现检索功能针对的主体也具有广泛性。尽管说主要是司法工作人员、理论研究人员，但也包括社会大众。之所以强调检索功能，是因为我国刑法分则有340多个条文，如果没有相对应的罪名，不要说不从

---

① 高铭暄、马克昌主编：《刑法学》（第四版），北京大学出版社、高等教育出版社2010版，第357页。

② 陈忠林主编：《刑法学》（下），法律出版社2006年版，第8页。

③ 王强军：《对危险驾驶罪罪名的一点质疑——兼论罪名确定的原则》，《河北法学》2012年第2期。

事法律工作的社会大众,即便是从事司法工作和法律研究的人员也难以迅速地查找到相关罪名。罪名的确定为我们提供了分类和检索的便利。

二 确定罪名的原则与方式

(一) 确定罪名的基本原则

有学者主张罪名应当具有符合法律规定性、高度概括性、合乎逻辑性、准确具体性以及简明易懂性。另有学者从语言学的层面提出确定罪名应当遵循的原则,即理据性原则,法学理念更新的原则,单一性、明晰性原则,以及简洁性原则。有论者认为,上述主张没有将罪名确定原则建立在罪名功能的基础之上,显得过于理论化和空洞化,主张罪名的确定应当遵循准确性和简洁性原则,以确保罪名的检索功能和预防功能的实现。[①]本书认为,确定罪名应当遵循简练概括和文本优先两大原则。

1. 简练概括原则

罪名是对犯罪行为本质特征的适度概括,应当注重罪名的简洁性,尽量避免冗长繁复的罪名。作为个体存在的每一个罪名都应该比用于解释、叙述或说明该罪名所需要的字数更少,至少不会比解释的多,这样才符合逻辑的基本要求。[②] 理论界对罪名的"概括性"存在不同看法。有学者把它理解为确定罪名的原则,即概括性原则;有学者认为概括性是罪名所具有的功能,即概括功能;还有学者在罪名分类上划分出"概括性罪名"一类,即概括性也被用作是罪名类型。"概括"一词有两层意思,第一是把它当作动词用,指归纳、总结;第二是把它当作形容词用,意指简明扼要。我们也可以把"概括"理解为"是在思想中把某一单独事物的本质属性,推广到它所属的全类个体上去,从而把全类个体概括在一起的逻辑方法",它与抽象是统一的、不可分割的,没有抽象就不能进行概括,抽象中寓有概括,概括又有助于抽象,通过抽象与概括可以认识事物的本质。

概括性罪名的提法不妥,因为每一个罪名都具有概括性,再以概括性作为一类罪名与其他类型罪名并列就显然不合适。可将概括性罪名改称为总括性罪名。在理解概括性是概括罪名的原则和概括功能的同时,更应该

---

① 王强军:《对危险驾驶罪罪名的一点质疑——兼论罪名确定的原则》,《河北法学》2012年第2期。

② 何明波:《罪名的概括性及其程度的选择》,《福建警察学院学报》2010年第4期。

把概括性作为罪名的特征来理解，概括性是认清罪名的一个综合因素。[①]罪名细化可以提高罪名的明确性和准确性，而概括性程度较高的罪名具有更好的包容性、涵盖性和适应性，更有利于维护罪名的稳定性。

概括性原则又被称为抽象化的原则。有论者认为抽象化原则主要针对罪名中的犯罪客体及犯罪对象而言。类罪名中的犯罪客体，应该是与整个刑法体系相一致的，是某种具体犯罪客体的属概念，它应该是抽象的、一般的，如果在类罪名中使用具体犯罪客体，就会与个罪名相重复或者造成包容量过小。抽象性原则的另一个重要方面，是针对罪名中的犯罪对象而言的。我国刑法中存在大量的"行为+对象"式罪名，这种罪名结构中的犯罪对象，应该是较为抽象的，而不能过于具体，特别是不能将与之同类性质，但名称不同的物品、人排斥在外。例如在"抢夺、盗窃枪支弹药罪"中，对象是"枪支弹药"，但是，与此并列的相同性质的军用品，还可能有警棍、军警用刀具，以及火炮、坦克等，如果对其进行抢劫，而又没有反革命目的的，上述罪名无法将该行为包含在内，勉强使用，又可能造成定罪不准。实际上，可以将上述各种作为犯罪对象的物品抽象为"军械"。当然，这种对象的抽象必须是适度的，并且应具体分析，不能一概而论。[②]

之所以强调罪名的简洁性，一方面，唯有简洁的罪名方能使犯罪的本质和内涵更加突出，使该罪名规制下的多种行为样态的总特征得以彰显；另一方面，罪名的简洁性也便于其检索功能的实现。检索就是通过罪名这个关键词而查找相应的法律文件、司法判例、理论主张的过程。在这个过程中，承担检索功能的关键词应当尽可能地简洁，过于复杂难以实现检索功能。罪名不同于罪状，两者具有不同的功能，罪名的主要功能在于指称具体犯罪，应当在反映个性的同时具有高度的概括性；而罪状的功能在于为认定犯罪提供明确的标准，应当尽量具体化。冗长繁复的罪名无疑混淆了罪名与罪状各自不同的功能，模糊了罪名与罪状之间的界限。罪名是对罪状的进一步抽象和概括，其既不能脱离罪状，也不能等同于罪状。对罪名的概括，只要不违背刑事立法原意，不影响司法认定，当然是抽象得越简练越好。

---

① 何明波：《罪名的概括性及其程度的选择》，《福建警察学院学报》2010年第4期。
② 陈强：《我国刑法罪名的结构模式探讨》，《法律科学》1994年第4期。

从最高人民法院与最高人民检察院对其联合发布的关于确定罪名的司法解释的改进中，可以看出概括性原则起到了明显的作用。2007年8月27日最高人民法院、最高人民检察院《关于执行〈中华人民共和国刑法〉确定罪名的补充规定（三）》将"操纵证券、期货交易价格罪"改为"操纵证券、期货市场罪"，将"用账外客户资金非法拆借、发放贷款罪"改为"吸收客户资金不入账罪"。2009年9月21日最高人民法院、最高人民检察院《关于执行〈中华人民共和国刑法〉确定罪名的补充规定（四）》将"走私珍稀植物、珍稀植物制品罪"改为"走私国家禁止进出口的货物、物品罪"。2011年4月21日最高人民法院、最高人民检察院《关于执行〈中华人民共和国刑法〉确定罪名的补充规定（五）》将"强迫职工劳动罪"改为"强迫劳动罪"。2015年10月19日最高人民法院、最高人民检察院《关于执行〈中华人民共和国刑法〉确定罪名的补充规定（六）》将"出售、非法提供公民个人信息罪"与"非法获取公民个人信息罪罪名"合并，并简化为"侵犯公民个人信息罪"。

2. 文本优先原则

所谓文本优先原则，是指在罪状中凡有能够表达罪名的词汇就应当使用该词汇，不得擅自更改罪状中的词汇，也不得随意使用罪状用词的同义词，除非有些罪名约定俗成如贪污罪、遗弃罪等。罪状与罪名是内容与形式的关系，拟定罪名应当注重刑法分则性条文的文字表述，使罪名具有严格的法律规范性，而不能离开法律规定的罪状滥定罪名。简单罪状的罪名制定不成问题，基本上罪状就是罪名。叙明罪状、空白罪状和引证罪状的罪名应当尽量从罪状中寻找，这样做既可以表达准确，又可以保持统一。出售、购买、运输假币罪，金融工作人员购买假币、以假币换取货币罪，持有、使用假币罪等罪在表述时使用的是"伪造的货币"，因此这些罪名应改为：出售、购买、运输伪造的货币罪，金融工作人员购买伪造的货币、以伪造的货币换取货币罪，持有、使用伪造的货币罪；非法生产、销售间谍专用器材罪的罪状为"非法生产、销售窃听、窃照等专用间谍器材的"，即使不去区分"间谍专用器材"与"专用间谍器材"（事实上两者还是有区别的），根据文本优先原则，该罪名也应该是制售专用间谍器材罪。有论者认为，罪名应该由犯罪的构成要件或构成要件要素恰当组合而成。应该坚决摒弃以习惯用语作为罪名，要将习惯用语所概括的行为分别独立，成为单一的行为式罪名。例如"投机倒把罪"可以分为"哄抬物价罪""套汇罪""逃汇罪"等多个罪名,这样就含义明确,便于理解和运用。①

(二) 罪名的确定方式

纵观世界各国的刑法典,对各种犯罪名称的确立,主要有三种方式:一是立法明示式,即在刑法分则条文中,明确规定犯本条之罪的名称。在具体写法上,多数是用标题式的方法,将罪名列于罪状之前。二是司法解释式,即由最高司法机关以司法解释的形式对刑法典中的具体犯罪做出明确而统一的规定。三是司法推理式,即在刑法分则条文中只写罪状,不明确点出罪名,而罪名要由司法者根据罪状的含义抽象概括出来。采用立法明示式罪名的主要国家和地区有俄罗斯、美国、英国、日本、加拿大、法国、德国、意大利、瑞士、韩国、奥地利、罗马尼亚和我国的台湾、香港地区等。采用司法推理式罪名的主要国家有巴西、西班牙、印度等,我国在1997年修订刑法之前也采用此种方式。司法解释式罪名主要在我国修订刑法典之后采用。

相对而言,立法明示式罪名最为科学。其一,罪名法定可以保证罪名的规范性、明确性和统一性。把确定罪名的任务交给司法解释机关或者执法者,就会因部门、因地区、因人员素质不同,而做出不同的解释,影响法典的权威性和规范性。其二,罪名法定可以保证立法的完整性。推理式罪名的立法者,往往只考虑某种危害社会的行为需要规定为犯罪,而不考虑这种规定能用什么样的科学罪名来概括。造成立法之后,难以用科学的罪名去概括,形成"故意阻碍国家安全机关依法执行职务罪"和"非法携带武器、管制刀具或者爆炸物品进站上车危害公共安全罪"等一些既缺乏科学性,又缺乏概括性的冗长罪名。其三,罪名法定可以减少中间环节,提高司法适用的效率。司法解释式的罪名徒增中间环节,且过于分散,不便于适用。②

三 罪名的结构模式

罪名的结构,是指罪名内部关于构成要件要素的各个部分的逻辑组成。不同的构成要件要素以不同的方式组合,形成不同的罪名模式。从我

---

① 陈强:《我国刑法罪名的结构模式探讨》,《法律科学》1994年第4期。
② 赵长青:《略论刑法分则条文的立法改革》,《中外法学》1997年第1期。

国刑法规定的各种罪名来看，罪名的逻辑结构大致可以概括为行为式罪名和客体式罪名两种模式。①

行为式罪名，即以一定的危害行为为核心而构成的罪名模式，犯罪行为在这一模式中处于关键地位。该模式大致有以下两种情况：（1）典型的行为式罪名，即直接以危害行为作为罪名。例如，抢劫罪以抢劫行为命名，盗窃罪以盗窃行为命名，属于典型的行为式罪名。（2）非典型的行为式罪名，即以行为为核心，在其前后加上其他构成要件要素作为犯罪的名称。例如，"伪造公文、证件、印章罪"是"行为+行为对象"模式，其中"伪造"是行为，"公文、证件、印章"是行为对象；"故意杀人罪"是"罪过+行为+行为对象"模式，其中"故意"是罪过形式，"杀"是行为，"人"是行为对象；"过失致人死亡罪"是"罪过+行为+结果"模式，其中"过失"是罪过形式，"致人死亡"是行为及其结果；"军人违反职责罪"是"主体+行为"模式，其中"军人"是行为主体，"违反职责"是行为。此外，还有在行为前后加上犯罪时间、地点，或加上多种要素构成的模式。

行为式罪名模式的特点，主要在于其具体性，易于理解和运用。犯罪的核心，在于行为，行为是犯罪成立的基础，也是犯罪构成的核心内容，行为人只有实施了某种为刑法所禁止的行为，才有可能成为刑法非难的对象，行为是刑事责任的基础。所以，从行为来把握犯罪，易于理解和运用。另外，行为作为一种意识和意志支配下的活动，它是以一定具体形态存在的，并没有抽象的行为存在。所以，行为式罪名模式能具体地窥视犯罪是以何种形态构成的。例如，盗窃罪，就是以盗窃行为为核心，即秘密窃取的行为，这种行为就是具体的。行为式罪名模式的具体性特点，同时决定了它的局限性，使它只可能将同一行为的犯罪列为一个罪名，而现实生活中的行为复杂多变，无法穷尽，行为式罪名在刑法典中，势必造成刑法典体系的庞大，而且无法将现存的所有危害社会的行为一一列举在内。在出现新的危害社会行为时，也无法用现行刑法的行为式罪名进行定罪，在罪刑法定的观念下，过多地运用类推是不明智的。

客体式罪名，即以犯罪侵害的客体为核心而构成的罪名模式，在罪名中指明作为侵害客体的一定社会关系中的权利与利益，以及其表现形式。

---

① 陈强：《我国刑法罪名的结构模式探讨》，《法律科学》1994年第4期。

例如,"危害公共安全罪""扰乱社会秩序罪",等等。需要指出的是,客体式罪名模式中并非没有行为,实际上,没有行为,一定的权益就不可能成为保护客体。所以,侵害行为是必不可少的,只不过在客体式罪名中,行为都十分概括,缺乏具体性,例如"妨害""侵犯"等,含义十分宽泛,基本上是"侵犯行为"的同义语,所以这种行为在罪名中的存在,并不影响客体式罪名模式中犯罪客体的核心地位。客体式罪名的特点在于其概括性,客体式罪名将侵犯同一犯罪客体的犯罪概括为一种罪名,就具体包括了多种犯罪行为,因而具有很大的包容性和概括性。与此同时,客体式罪名的概括性决定了它无法具体体现出每一犯罪的特定行为,而现实生活中,损害各种权利和利益的犯罪行为多种多样。

罪名的两种结构模式,都有自己的理论基础。现代刑法典在对两种模式的选择中,大都是按其特点,分别选用。一般说来,在对犯罪的大的分类中,即在类罪名中,使用客体式罪名模式;而对具体罪名,即在个罪名中,使用行为式罪名模式。在我国刑法中,类罪名都是客体式的,例如侵犯公民人身权利罪、侵犯财产罪、扰乱社会经济秩序罪等,而在具体罪名中,则一般使用行为式罪名,如抢劫罪、杀人罪、非法捕捞水产品罪、伪证罪等。因此,应当坚持罪名结构模式选择的灵活性。其一,罪名结构模式的选择,原则上应该是类罪名选用客体式罪名模式,而具体罪名选用行为式罪名。在实际运用中,也可以将两者融合,特别是在犯罪行为侵犯某种权益的手段较为单一时,例如上述的"暴力干涉婚姻自由罪"。第二,在行为式罪名模式中,应该注意以行为为核心,灵活选用各种非典型的行为式模式,例如"罪过+行为"等,以补充典型的行为式罪名的不足。

四 选择性罪名的合理设置

(一) 选择性罪名的概念及其利弊

选择性罪名是指该罪所包含的构成要件内容复杂,反映多种行为类型,既可以概括使用也可以分拆使用的罪名,如拐卖妇女、儿童罪。与选择性罪名相对的是单一罪名和总括性罪名。单一罪名是指所包含的构成要件内容单一,只能反映一个犯罪行为,不能分解拆开使用的罪名,如故意杀人罪。总括性罪名是指所包含的构成要件内容复杂,反映多种行为类型,只能概括使用而不能分拆使用的罪名,如妨害信用卡管理罪。

易与选择性罪名相混淆的是排列式罪名。排列式罪名又称并列式罪名,指将数个构成要件不同的犯罪规定在同一个分则条文中,只能单独使用而不能概括使用的罪名,如《刑法》第 114 条规定的放火罪、决水罪、爆炸罪、投放危险物质罪、以危险方法危害公共安全罪,第 246 条规定的侮辱罪、诽谤罪。由于其社会危害性相当,法定刑相同,立法为了简便而将这些犯罪规定在同一条文中。选择性罪名与排列式罪名的根本区别在于,前者既可以分解拆开使用又可以概括使用,而后者只能单独使用而不能概括使用。①

选择性罪名具有三个方面的存在价值。首先,避免刑法典罪名数量繁多。选择性罪名的特点是可以包括许多具体犯罪,有效减少罪名数量。选择性罪名中的数种犯罪行为均可独立构成犯罪,若不采用选择性罪名,会使整个刑法典的罪名数量急剧增多,加大民众了解刑法和司法人员适用刑法的难度。其次,避免对同一法益侵害事实作重复评价。选择性罪名,主要是有些行为针对同一对象可能存在前后相继发生的关系。例如,针对同一批次枪支,非法制造、储存、运输(邮寄)、买卖这类行为通常会相继发生;又如,针对同一宗假币,购买、运输、出售等行为通常也会相继发生。根据共罚的事后行为理论,以一个包括多种行为的选择性罪名进行评价,既能有效保护法益及贯彻罪刑相适应原则,又不至于因违反禁止重复评价原则而侵犯人权。最后,可以有效减少数罪并罚的适用,体现刑法的谦抑性。例如,对于出售、购买、运输假币的行为,如果将之分别确定为出售假币罪、购买假币罪、运输假币罪,那么既出售假币,又购买、运输假币的犯罪人就分别构成三种犯罪,需要采取三罪并罚,这无疑使得刑罚过重;而将上述三种行为确定为一个选择性罪名,即使犯罪分子实施了上述三种行为,也只以一罪论处,而不采取数罪并罚的处置,从而体现刑法的谦抑性原则。②

选择性罪名的缺陷表现在两个方面。③ 首先,与罪数形态理论存在一定的冲突。按照选择性罪名的概念,非法制造此枪支又非法买卖彼枪支的仅成立非法制造、买卖枪支罪,但是根据罪数形态的理论,行为人非法制造与买卖的是不同宗枪支,存在定性不同的制造行为与买卖行为,发生了

---

① 陈洪兵:《选择性罪名若干问题探究》,《法商研究》2015 年 6 期。
② 王林:《选择性罪名的存在价值和缺陷》,《河南公安高等专科学校学报》2005 年第 4 期。
③ 同上。

不同的法益侵害事实，符合不同的构成要件，理应以非法制造枪支罪与非法买卖枪支罪实行数罪并罚。在一个选择性罪名中，无论是行为选择、对象选择，还是其他选择性罪名，都包含着数种犯罪行为，实质上具备数个犯罪的构成要件。引诱、容留、介绍卖淫罪就包含引诱卖淫、容留卖淫和介绍卖淫三种犯罪行为，这三者其实有各自的构成要件，分别构成引诱卖淫罪、容留卖淫罪和介绍卖淫罪，只是为了节省刑法条文才将之规定在一起。其次，有违罪刑相适应原则。一般而言，数个行为的社会危害性明显大于同一种行为的社会危害性；行为人实施数个犯罪行为的人身危险性明显大于实施同一种行为的人身危险性。由于一个选择性罪名只有一个与之相应的法定刑，无论是行为人实施选择性罪名中的一个行为还是数个行为，司法机关都只能适用该法定刑，这就难免会出现行为人实施数个行为与实施一个行为可能处以同样刑罚的结果。例如，对收买多名被拐卖的妇女和儿童的行为，只能以收买被拐卖的妇女、儿童罪一罪论处；对既擅自发行数量特别巨大的股票又擅自发行数量特别巨大的企业债券的行为，也只能以擅自发行股票、企业债券罪一罪论处；对只实施窝藏赃物的行为，与行为人在实施该犯罪行为之后还实施了转移、收购、销售赃物的，均只能以一个窝藏、转移、收购、销售赃物罪的罪名来对其判处刑罚。与上述情形相反的是，对于非法制造、买卖不同宗枪支的行为，若以非法制造枪支罪与非法买卖枪支罪实行数罪并罚，行为人可能不会被判处无期徒刑或者死刑，但若将犯罪数额（量）累计计算，那么行为人完全有可能因为非法制造、买卖枪支数量巨大而被判处无期徒刑甚至死刑；对于走私此宗海洛因40克、贩卖彼宗海洛因30克的情形，如果将毒品数量累计计算显然超过了50克的从严处罚标准，对行为人最高可判处无期徒刑甚至死刑，而如果将行为人的行为认定为数罪，以走私毒品罪与贩卖毒品罪实行数罪并罚，那么对行为人最高可判处不超过20年的有期徒刑。

（二）解决方案

第一种解决方案是严格界定选择性罪名的范围，将主体、对象、手段、后果全部排除在选择性要素之外，只承认行为型选择性罪名一种类型。[1] 由于某一犯罪行为的实施者不可能同时具备刑法上规定的两个不同的主体身份，因此主体不应成为选择性要素。手段是行为要素中不可分割

---

[1] 陈洪兵：《选择性罪名若干问题探究》，《法商研究》2015年6期。

的一部分，手段要素完全可以视为选择性罪名行为要素的一部分。与抢劫罪中的暴力、胁迫手段类似，在手段型选择性罪名如非法携带枪支、弹药、管制刀具、危险物品危及公共安全罪当中，以非法携带枪支的手段进入公共场所其实是一种行为方式。所谓后果型要素，不过是对行为后果的概括而已，单纯的后果不应成为选择性要素。例如，完全可以将煽动民族仇恨、民族歧视罪概括为煽动民族不睦罪。行为对象也不宜作为选择性要素。针对不同的犯罪对象，行为人在实施犯罪时通常需要实施多个行为，而行为符合多个犯罪构成或行为人多次实施符合一个犯罪构成的行为，根据一罪一刑原理和罪刑相适应原则，应当实行数罪并罚，除非刑法已经将侵害多个对象的行为明文规定为加重情节，如强奸罪加重情节中的"强奸妇女、奸淫幼女多人"，拐卖妇女、儿童罪加重情节中的"拐卖妇女、儿童3人以上"。

  根据该方案，选择性罪名须满足如下两点要求:① 首先，选择性罪名要求所并列规定的行为通常是针对同一对象相继发生的。针对同一宗假币，行为人可能实施购买、运输、出售等相继发生的行为，因此《刑法》第171条第1款规定的出售、购买、运输假币罪属于选择性罪名；而行为人持有假币后通常会使用，因而持有、使用假币罪也属于选择性罪名；针对同批枪支可能会相继实施非法制造、储存、运输（邮寄）、买卖行为，非法制造、买卖、运输、邮寄、储存枪支罪属于选择性罪名。《刑法》第347条规定的走私、贩卖、运输、制造毒品罪不属于选择性罪名，因为走私与制造之间通常不可能相继发生（制造后走私到境外另当别论），可能相继发生的是走私、运输、贩卖毒品以及制造、运输、贩卖毒品行为。因此，选择性罪名应为走私、运输、贩卖毒品罪以及制造、运输、贩卖毒品罪。行为人既走私毒品又制造毒品的，应当实行数罪并罚；行为人走私此毒品又贩卖彼毒品的，应以走私毒品罪与贩卖毒品罪实行数罪并罚；只有走私、运输、贩卖同一宗毒品的，才能以选择性罪名走私、运输、贩卖毒品罪一罪论处；同理，只有制造、运输、贩卖同一宗毒品的，才能适用选择性罪名制造、运输、贩卖毒品罪一罪论处。不具有针对同一对象通常相继发生性质的行为的并列式规定，属于排列式罪名的范畴。非法出租枪支与非法出借枪支通常并不存在相继发生的关系，即便《刑法》第128条

---

① 陈洪兵：《选择性罪名若干问题探究》，《法商研究》2015年6期。

第 2 款、第 3 款中将出租、出借枪支并列规定，也不宜认为非法出租、出借枪支罪属于选择性罪名；行为人虚假出资，就不可能抽逃出资，即便《刑法》第 159 条将虚假出资与抽逃出资的行为规定在同一条款中，也不宜认为虚假出资、抽逃出资罪属于选择性罪名；如果行为人既虚假（部分）出资又抽逃出资的，那么对其行为应当实行数罪并罚。盗窃、抢夺枪支罪，盗窃、抢夺国家机关公文罪以及抢夺、窃取国有档案罪均不属于选择性罪名，因为行为人不可能针对同一对象既实施盗窃行为又实施抢夺行为，如果行为人盗窃此枪支、抢夺彼枪支的，则对其行为应以盗窃枪支罪与抢夺枪支罪实行数罪并罚。虽然伪造与变造在伪造、变造、买卖国家机关公文、证件、印章罪中被并列规定，但是行为人不可能针对同一对象既伪造又变造，因此不宜认为伪造与变造是该罪的选择性行为要素，只能认为伪造、买卖国家机关公文、证件、印章罪以及变造、买卖国家机关公文、证件、印章罪属于选择性罪名。盗窃、侮辱尸体罪属于选择性罪名，因为在现实生活中，针对同一具尸体的盗窃与侮辱行为往往存在相继发生的关系，当然，盗窃此具尸体而侮辱彼具尸体的情况下应以盗窃尸体罪与侮辱尸体罪实行数罪并罚。其次，选择性罪名中的行为必须是可以单独构成犯罪既遂的实行行为，仅具有犯罪预备性质的行为不宜认定为选择性罪名的行为。生产、销售伪劣产品罪，生产、销售劣药罪，生产、销售不符合安全标准的产品罪，生产、销售伪劣农药、兽药、化肥、种子罪以及生产、销售不符合卫生标准的化妆品罪均属于实害犯，由于其中的"生产"行为不是实行行为，因此这些犯罪并非选择性罪名；而生产、销售假药罪与生产、销售有毒、有害食品罪属于抽象危险犯，其中的"生产"行为属于独立的实行行为，生产而未销售的，可单独成立生产假药罪与生产有毒、有害食品罪，因此生产、销售假药罪与生产、销售有毒、有害食品罪属于选择性罪名。只要将生产、销售不符合安全标准的食品罪中的"足以造成严重食物中毒事故或者其他严重食源性疾病"以及生产、销售不符合标准的医用器材罪中的"足以严重危害人体健康"看作对不符合安全标准的食品、不符合标准的医用器材的有害程度的要求，就应将二罪看作介于抽象危险犯与具体危险犯之间的准抽象危险犯，认为二罪中的"生产"行为是独立的实行行为，二罪属于选择性罪名。①

---

① 陈洪兵：《准抽象危险犯概念之提倡》，《法学研究》2015 年第 5 期。

第二种解决方案是允许对针对不同对象实施多种行为的选择性罪名实行数罪并罚。域外根据一罪一刑原理，结合包括的一罪、共罚的事后行为理论以及法益保护主义和罪刑相适应原则，对行为人实施多个行为、多次突破规范意识、侵害多个法益或多次侵害一个法益的行为，原则上都作为数罪或者实质的竞合处理；只有针对同一对象实施前后相继的行为、侵害一个法益的行为，由于其侵害的法益具有一体性、对象具有同一性，因此才作为包括的一罪进行评价。①

第二节　罪状与法定刑设计

一　罪状及其基本类型

罪状一词，不同语种有不同的表述，德文为 Straftatbestand，英文为 facts about a crime，日文为罪状。罪状是指立法者在刑法分则性罪刑式条文中对具体犯罪的构成要件和升降法定刑档次条件的类型化表述。② 罪状与构成要件关系十分密切，意大利刑法学界甚至将构成要件称为典型事实。罪状是刑法分则条文的组成部分，构成要件则是罪刑规范的内容；前者是对法律条文的分析，后者是对法律条文所包含的法律规范的分析。罪状是一个很具体的、直观的分论概念，而构成要件是一个相对抽象的、晦涩的总论概念。构成要件的法定性、明确性主要通过罪状来实现。

依据立法规定的方式，罪状可划分为简单罪状、叙明罪状、引证罪状与空白罪状四大类。依据与之相对应的法定刑的轻重，罪状可以划分为基本罪状、减轻罪状与加重罪状。刑法分则应当以叙明罪状为典型形态和主要立法方式，尽可能减少简单罪状的使用；对于引证罪状，应当予以规范化；对于空白罪状，应采取相关的立法技术来减少不合理的成分。对于复杂犯罪的罪状，宜通过采用系列罪状形成构成要件群的方式予以规定。

由于行为是任何犯罪的必备要件，并且多数情况下是区分此罪与彼罪的重要标准，所以叙明罪状的基本结构应以对行为特征的描述为主，视具体情况适当添加其他相关构成要件要素作为补充。叙明罪状对于行为的描述，通常采用总括式、列举式以及例示式三种表述方式。总括式主要对行

---

① 陈洪兵：《选择性罪名若干问题探究》，《法商研究》2015 年 6 期。
② 刘树德：《罪状之辨析与界定》，《国家检察官学院学报》1999 年第 4 期。

为方式比较简单的犯罪的总体描述，例如重婚罪、遗弃罪及拐骗儿童罪等；列举式是指在一些犯罪手段的规定上，采取明示列举加"其他方法""其他手段"的笼统规定的方式，如《刑法》第 246 条侮辱罪、第 236 条强奸罪、第 263 条抢劫罪、第 114 及 115 条以危险方法危害公共安全罪的规定；例示式是指在列举了一些犯罪的行为方式之后，又设置笼统的堵截式入罪条件对行为方式加以兜底性涵盖，如《刑法》第 169 条之一背信损害上市公司利益罪、第 182 条操纵证券、期货市场罪、第 190 条之一骗购外汇罪、第 191 条洗钱罪、第 193 条贷款诈骗罪、第 225 条非法经营罪等，均规定了这种兜底的行为方式。兜底式条款虽然不可避免，但并非越多越好，需要根据具体情况细致地加以分析。

二 整体的评价要素与情节犯

罪状是对社会现实中具备一定的社会危害性需要由刑罚方法来处置的事实加以记述，通过罪状设计可以确定打击犯罪的范围，在认识论上是定性认识。法定的罪刑设计要落实到具体的案件中，需要司法定量，具备可操作性。立法定性司法定量已经成为西方刑法中一条不言而喻的公理。[①]试图通过立法一次性地将犯罪概念的定性因素和定量因素加以明确，事实上是不可能的，以这种期望来进行刑法立法是思维误区，必然导致立法者负担过重，即便使尽浑身解数，也难以全面、准确地订立法律条款。刑法分则的罪状设计是定性认识，主要考虑不放纵犯罪，司法活动才考虑不枉。如果立法目标设定超越立法能力，在立法时就考虑不枉（以定量因素来界定案件），会造成刑法运作机制不顺。针对我国刑法传统观念的缺陷，要通过犯罪构成结构的调整来分解立法的负担，将犯罪构成的一次性评价方法转换成二次评价，即认定犯罪分解为事实判断和价值（法律）判断两个层次。事实判断是罪状设计的重点，刑法分则应侧重于实现严密刑事法网、不放纵罪犯的功能。而实现这一功能的关键在于采用定性认识的立法方法，采取严密设计罪状的办法，因为定性认识是一般性的规范认识，涵盖范围较宽，有利于司法证明。罪状设计不能人为地为司法指控犯罪设置障碍，不应订立不利于控方证明的犯罪构成要件。价值判断部分是刑法总则的重点，核心是说明在认定犯罪的过程中要做到权利和权力的平

[①] 宗建文：《刑法机制研究》，中国方正出版社 2000 年版，第 61 页。

衡，公开的对话是其保证，在对话过程中，关键是不能堵塞被告人作合法辩护的言路。①

情节是指事物存在和变化的环节，是表明行为人实施行为时能够表明行为程度的各种具有法律意义的事实。情节犯的情节属于构成要件，情节犯之情节只关系到行为的有罪性，它是区分罪与非罪的情节，属于整体的评价要素，与量刑无关，不包括情节加重犯和情节减轻犯。根据定罪情节在刑法典条文中立法的表现形式不同，可以将情节犯概括为三大类：② 第一类是明确规定了"情节"二字的情节犯，要求"情节严重"或者"情节恶劣"才能构成犯罪。第二类是没有"情节"二字的情节犯，或者明确要求犯罪数额或违法所得数额或销售金额的"数额较大"或"数额巨大"才能构成犯罪，或者要求发生严重后果才能构成某种犯罪。对于严重后果的具体表述，主要有以下几种情形：（1）条文规定"造成严重后果的"或"后果严重的"，才构成犯罪；（2）要求造成严重的"损失"才能构成犯罪。有的要求造成严重的财产损失，有的要求造成当事人利益的重大损失等。严重损失之严重性的表述各有差别，有的是"较大"，有的是"重大"，等等。(3) 相对明确地规定了严重后果的内容。第三类是混合性规定，由例示性规定加情节严重或严重损失等抽象性规定而形成。无论条文中是否有"情节"二字，无论是重大损失也好，致使国家、社会和人民利益遭受重大损失也罢，虽然表述不同，但实质上都是作为区分罪与非罪的标准。将以上各种表明行为量的事实情况概括为情节犯，符合情节本身的含义。

三 引证罪状与空白罪状

（一）引证罪状的基本要求及类型

引证罪状指引用同一法律中的其他相关条款来说明或确定某一具体犯罪的构成特征的方法，是立法者为了避免重复、追求刑法的简洁性而采用的一种立法技术，具有相当的必要性和积极的实践意义。引证罪状的设定中应注意以下基本要求：③ (1) 统一性。在引证罪状中，被援引的罪状必

---

① 参见宗建文《刑法机制研究》，中国方正出版社2000年版，第66—67页。
② 刘艳红：《情节犯新论》，《现代法学》2002年第5期。
③ 楼伯坤：《"犯前款罪"立法与引证罪状理论的冲突与协调——以立法技术为视角》，《法治研究》2011年第6期。

须是本法规定中可以直接找到的、已经明文规定的罪状。因此要求在立法上必须在本法中为需要引证的法条打好铺垫，保持立法规范的统一性和规定内容的一致性。（2）确定性。这是指被引证的罪状的内容必须是明确的，在术语或者内容上是完全可以为其他法律规范比照或者引用的。如果被引证的条款内容不明确，或者它本身也是需要援引其他条款来说明其内容的，或者这个条款的内容根本就不存在，都是不符合要求的。（3）直接性。引证罪状所实施的援引必须是直接指明援用哪一个条款的什么内容，说明是对整个条文的援引还是对其中某一个或者某几个要素的援引，而不能笼统地表述。比如，在所援引的条款前有两款规定，那么，在立法规定时必须说明是援引前面的一款还是两款；如果是一款，还必须说明援引的是第1款还是第2款。

刑法分则对于行为的引用，采用"有（或实施）前款（或项）行为"的表述；对于罪的引用，采用"（犯）前款罪"的表述。罪的援引可以细分为以下五种类型：[①]（1）援引除主体外的其他要素。具体包括两种情况：第一种是将一般主体更换成特殊主体或者增加主体限定的要素，其他要素不变。如《刑法》第109条第2款规定，掌握国家秘密的国家工作人员犯前款罪的，依照前款的规定从重处罚。这一规定改变了犯罪主体要素，将国家工作人员改成掌握国家秘密的国家工作人员，援引了前款的行为和结果这两个罪状要素。第二种是将自然人主体更换成单位主体，其他要素不变。在立法表述时采用的基本模式是："单位犯前款罪的，对单位判处罚金，并对其直接负责的主管人员和其他直接责任人员……处罚。"（2）援引除主观要素外的其他要素。《刑法》第115条第2款援引了前款的行为和后果；第119条第2款援引了前款的行为、对象和后果；第124条第2款援引了前款的行为和对象；第370条第2款援引了前款行为。（3）援引除对象外的其他要素。《刑法》第102条第2款规定，与境外机构、组织、个人相勾结，犯前款罪的，依照前款的规定处罚，援引了前款的行为。（4）援引前款全部要素。包括三种类型：一是在立法上援引前款的全部要素与新设的独立犯罪行为实行数罪并罚。例如，《刑法》第120条第2款规定，犯前款罪（指组织、领导和积极参加恐怖活动组织

[①] 楼伯坤：《"犯前款罪"立法与引证罪状理论的冲突与协调——以立法技术为视角》，《法治研究》2011年第6期。

罪）并实施杀人、爆炸、绑架等犯罪的，依照数罪并罚的规定处罚；第294条第4款规定的犯前三款罪（指组织、领导、参加黑社会性质组织罪，入境发展黑社会组织罪，包庇、纵容黑社会性质组织罪）又有其他犯罪行为的，依照数罪并罚的规定处罚；第318条规定的犯前款罪（指组织他人偷越国边境罪），对被组织人有杀害、伤害、强奸、拐卖等犯罪行为，或者对检查人员有杀害、伤害等犯罪行为的，依照数罪并罚的规定处罚；第321条规定的犯前两款罪（指运送他人偷越国边境罪），对被运送人有杀害、伤害、强奸、拐卖等犯罪行为，或者对检查人员有杀害、伤害等犯罪行为的，依照数罪并罚的规定处罚。二是援引全部要素，调整、补充主观方面的内容，指明新的罪状或者新的处罚幅度。前者如第310条规定的犯前款罪（指窝藏、包庇罪），事前通谋的，以共同犯罪论处；第349条规定的犯前两款罪（指包庇毒品犯罪分子罪，窝藏、转移、隐瞒毒品、毒赃罪），事先通谋的，以走私、贩卖、运输、制造毒品罪的共犯论处；后者如第168条规定的国有公司、企业、事业单位的工作人员，徇私舞弊犯前两款罪（指国有公司、企业、事业单位工作人员失职罪，国有公司、企业、事业单位工作人员滥用职权罪）的，从重处罚。三是直接援引前款罪状，不改变任何要素，指示处罚的途径，如《刑法》第246条规定的犯前款罪（指侮辱罪和诽谤罪），告诉的才处理，但是严重危害社会秩序和国家利益的除外。(5) 援引前款罪的全部构成要件，与后款的加重因素结合构成加重犯。①结果加重。《刑法》第234条规定犯前款罪（指故意伤害罪），致人重伤的，或者致人死亡的或以特别残忍手段致人重伤造成严重残疾的；第238条第2款规定犯前款罪（指非法拘禁罪），致人重伤的，或者致人死亡的；第260条规定犯前款罪（指虐待罪），致使被害人重伤、死亡的。②情节加重。《刑法》第237条规定聚众或者在公共场所当众犯前款罪（指强制猥亵、侮辱妇女罪）的；第151条第5款规定犯第1款罪（指走私武器、弹药、核材料或者伪造的货币）、第2款罪（走私国家禁止出口的文物、黄金、白银和其他贵重金属或者国家禁止进出口的珍贵动物及其制品），情节特别严重的。③时间加重。《刑法》第425条规定战时犯前款罪（指擅离、玩忽军事职守罪）的；第432条规定战时犯前款罪（指故意泄露军事秘密罪、过失泄露军事秘密罪）的；第435条规定战时犯前款罪（指逃离部队罪）的。④主体和行为加重。例如，《刑法》第238条第4款规定，国家机关工作人员利用职权犯前三款罪（指非法拘禁罪）的，依照前三款的规定从重处罚；第245条规定，司法工作人员滥用职权犯前款罪（指非法搜查罪、非法侵入他人住宅罪）的，从重处罚；第397条规定，国家机关工作人员徇私舞弊犯前款罪（指滥用职权罪、玩忽职守罪）的，处……刑。

（二）空白罪状的特征与类型

空白罪状是指立法者在刑法分则性条文中对行为要件要求参照相关规范或制度才能确定的具体犯罪构成的类型化表述。空白罪状的最本质特征在于被其类型化的具体犯罪构成的行为要件本身必须参照其他有关规范或制度，该特征也是其区别于简单罪状、叙明罪状、引证罪状之关键标准。[①] 首先，被参照的对象仅限于具体犯罪构成的行为要件。"行为要件"特指我国犯罪要件体系中犯罪客观方面的部分要件即行为本身，包括时间、地点、方法、手段、工具，而不包括对象要件和结果要件。其次，被参照的依据既包括享有立法权的主体制定的规范性文件（例如《刑法》第135条之"交通运输管理法规"），也包括特定的其他主体（其本身不享有立法权）制定的管理规章或制度（例如《刑法》第134条之"规章制度"）。最后，被参照的依据并不一定在刑法条文中加以明确表述（例如《刑法》第151—153条）。

空白罪状大致包括完全空白罪状和不完全空白罪状两种类型。[②] 完全空白罪状指刑法分则性条文仅指明"违反××××规定"之类似表述，不再对犯罪构成行为要件有任何表述。《刑法》第436条的规定"违反武器装备使用规定，情节严重，因而发生责任事故，致人重伤、死亡或者造成其他严重后果的，处……"；第331条之规定"从事实验、保藏、携带、运输传染病菌种、毒种的人员，违反国务院卫生行政部门的有关规定，造成传染病菌种、毒种扩散，后果严重的，处……"；第131条之规定"航空人员违反规章制度，致使发生重大飞行事故，造成严重后果的，处……"；第132条之规定"铁路职工违反规章制度，致使发生铁路运营安全事故，造成严重后果的，处……"；第133条之规定"违反交通运输法规，因而发生重大事故，致人重伤、死亡或者致使公私财产遭受重大损失的，处……"；第335条之规定"医务人员由于严重不负责任，造成就

---

① 刘树德：《空白罪状之"梳"议》，《国家检察官学院学报》2002年第4期。

② 同上。

诊人死亡或严重损害就诊人身体健康的，处三年以下有期徒刑或者拘役"等，都是完全空白罪状。不完全空白罪状指刑法分则条文对具体犯罪构成的行为要件做出类型化表述，但仍须参照其他有关规范或制度才能予以确定。具体包括两种情形，一种是刑法条文既有"违反……法规"的类似表述，又对具体犯罪构成的行为要件做出程度不等的类型化表述，例如《刑法》第 340 条的规定"违反保护水产资源法规，在禁渔区、禁渔期或者使用禁用的工具、方法捕捞水产品，情节严重的，处……"，第 341 条第 2 款之规定"违反狩猎法规，在禁猎区、禁猎期或者使用禁用的工具、方法进行狩猎，破坏野生动物资源，情节严重的，处……"；另一种是刑法条文不存在"违反……规定"之类似表述，但对具体犯罪构成行为要件作了笼统的表述，例如《刑法》第 152 条之规定"以牟利或者传播为目的，走私淫秽的影片、录像带、录音带、图片、书刊或者其他淫秽物品的，处……"。《刑法》第 134 条之规定"工厂、矿山、林场、建筑企业或者其他企业、事业单位的职工，由于不服管理、违反规章制度，或者强令工人违章冒险作业，因而发生重大伤亡事故或者造成其他严重后果的，处……"，则同时具有上述两种类型的特点。从"不服管理、违反规章制度"来看，属于完全空白罪状，从"强令工人违章冒险作业"来看，则又属于不完全空白罪状。

空白罪状具有保持刑法典相对稳定性、严密刑法典法网、促进非刑事法律立法完善三大功能，有其存在的必要性。[①] 但是，立足于罪刑法定原则的民主法治原则、法律专属性原则、法律明确性原则层面，空白罪状的存在又具有一定的不合理性。立法者在设置空白罪状时应采取相关的立法技术减少其不合理成分，进而最大限度地发挥空白罪状的功能和效用。

四 法定刑的分类与幅度

法定刑是刑法分则性规范对各种具体犯罪所规定的刑种与刑度，[②] 是刑法分则条文对类型化、模式化的法定罪种所规定的刑罚规格和标准，反映犯罪与刑罚之间质的因果性联系和量的对应性关系。法定刑由对法定罪

[①] 参见刘树德《空白罪状——界定追问解读》，人民法院出版社 2002 年版，第 91—98 页。
[②] 周光权：《法定刑研究——罪刑均衡的建构与实现》，中国方正出版社 2000 年版，第 4 页。

种所规定的不同刑罚种类即刑种和刑罚幅度即刑度构成。①

与基本构成要件、加重构成要件以及减轻构成要件相对应,法定刑分为基本法定刑、加重法定刑与减轻法定刑三种类型。虽然并非所有犯罪都存在上述三种构成要件类型,相应地,也并非所有犯罪都具有上述三种法定刑类型,但是对于多数犯罪而言,犯罪情节都不是单一化的,而是存在一定差异,因而需要在分则中设置与之相对应的多层次的法定刑。

法定刑幅度是法定刑结构的核心所在。"刑罚幅度是国家刑罚目的的凝聚态,是罪刑相适应原则的数量化。"② 量刑档次的跨度没有贯穿始终的统一标准,应当根据犯罪的性质、情节和危害程度予以分别确定。原则上,罪行越轻微,量刑幅度应当越小;罪行越严重,量刑幅度则相对扩大。据此原则,可以将罪种法定刑罚幅度按以下标准分解为具体量刑档次:(1)罪种法定刑上限为3年或3年以下有期徒刑的,原则上可以不再分设量刑档次,罪种法定刑罚幅度即为量刑档次;(2)罪种法定刑上限为5年有期徒刑的,可以2年徒刑为界,设置2年以下有期徒刑、拘役或者管制和2—5年有期徒刑两个量刑档次;(3)罪种法定刑上限为7年有期徒刑的,可以3年徒刑为界,设置3年以下有期徒刑、拘役或者管制和3—7年有期徒刑两个量刑档次;(4)罪种法定刑上限为10年有期徒刑的,可以5年为界,设置5年以下有期徒刑、拘役和5—10年有期徒刑两个量刑档次;(5)罪种法定刑上限为15年有期徒刑的,可以5年为界,设置5年以下有期徒刑或拘役、5—10年有期徒刑、10—15年有期徒刑三个量刑档次;(6)罪种法定刑上限为无期徒刑的,可以5年为界,设置5年以下有期徒刑或拘役、5—10年有期徒刑、10—15年有期徒刑、15年有期徒刑或无期徒刑四个量刑档次;(7)罪种法定刑上限为死刑的,可以5年为界,设置5年以下有期徒刑或拘役、5—10年有期徒刑、10—15年有期徒刑、15年有期徒刑或无期徒刑、无期徒刑或死刑五个量刑档次。在罪种法定刑罚幅度下面分设量刑档次的做法,只是弥补罪种法定刑罚幅度过大的缺陷的一种救济措施,并不能从根本上解决问题。解决罪种法定刑罚幅度过大的根本措施,是将设置罪种法定刑幅度的科学依据和典型立法方法有机地结合起来,控制法定刑的上限和下限,尤以控制法定刑

---

① 储槐植、梁根林:《论法定刑结构的优化》,《中外法学》1999年第6期。
② 储槐植:《刑罚现代化:刑法修改的价值定向》,《法学研究》1997年第1期。

的上限为要。在此基础上，再将犯罪分成若干等级，设置相应数量的量刑档次，使之等级分明、轻重有序、互为阶梯，这样才能真正实现罪刑法定原则所要求的刑之法定化、明确化的要求。①

第三节 罪刑结构与罪刑适用规则

一 罪刑结构的基本形式

刑法分则条文的罪刑结构，是指分则条文中的犯罪行为与所对应的法定刑之间的组合和排列。分则条文是罪与刑的统一体，采取什么样的方式编排罪与刑的对应关系，表面上看是个立法技术问题，但实质上不仅反映立法者对犯罪行为的评定，而且直接关系到司法部门处刑的公正和平衡。②

（一）一罪一条式与多罪一条式

分则条文罪刑结构的基本形式，即条文中罪与刑的基本对应形式。国外刑法比较统一，多采用一罪一条文，单独对应一个法定刑的结构。我国刑法大多数条文也采用一罪一个法定刑，单独一个条文的结构，但还有相当一部分条文却采用多种犯罪共处一个条文之中，共同对应于一个法定刑的结构。这类条文约有 20 多个，几乎占分则的 1/4，不仅有两罪共一个法定刑的，而且还有三罪，甚至四罪、五罪共一个法定刑的，如《刑法》第 151 条包含盗窃、抢夺、诈骗三罪，《刑法》第 106 条包含放火、爆炸、投毒、决水等罪，共用一个法定刑。

多罪共用一个法定刑的罪刑结构的优点是条文共有高度概括和灵活，简化了立法内容。其不足是使罪与罪之间的危害差别以及处刑差别，难以在立法上表现出来，全凭审判人员自己掌握，这样就使司法处刑自由权增大。立法运用多种对应关系，似乎能够达到节省篇幅的目的，但明显不利于法条的理解、记忆与运用的目的。两种目的，孰轻孰重，显而易见。③因此，一罪一条文的罪刑结构，将特定之罪适用于特定的法定刑，有利于司法部门的合理处刑，应是我国刑法分则条文所采用的基本形式。

---

① 储槐植、梁根林：《论法定刑结构的优化》，《中外法学》1999 年第 6 期。
② 薛进展：《刑法分则罪刑结构的立法完善》，《法学》1991 年第 12 期。
③ 陈鸿：《论我国现行刑法典的结构缺陷及其克服》，《现代经济信息》2009 年第 22 期。

（二）综合式罪刑结构与分解式罪刑结构

罪刑结构的分解与综合，即在一罪一条文的基础上，进一步规定罪的范围，"分解"是指原有一罪分设成多罪，"综合"是指一罪包容多个可分之罪。随着犯罪的不断变化和对犯罪认识的深入，现代刑法的一个突出特点就是对犯罪的整体评价转向个别评价，具体评价代替概括评价。许多国家刑法在立法上由此作了很大改革，表现较为明显的是放弃了把多种内容相关但性质有异的犯罪行为共置于一罪之中，共同对应一个法定刑的综合式罪刑结构，转而采用分解式结构，即把原先的一种犯罪，按照该犯罪的各种行为表现形式、危害的不同对象或者不同的危害程度分解成数个相关犯罪，分别设定不同的法定刑。如西德刑法把杀人罪分解成谋杀罪、故杀罪、受要求杀人罪、杀婴罪、堕胎罪和激愤杀人罪六种杀人性犯罪，并分别设定轻重不等的法定刑。苏联、日本、西班牙等国家刑法也有程度不同的表现。这表明了一种趋势，即在刑法分则条文中尽可能把有关联的不同性质犯罪行为，在法定刑上予以分列，以示区别，力图更充分地体现立法者对相关的不同行为的个别评定，从而使各种犯罪罪责更加分明，避免因立法概括引起罪责不清，而给司法部门留下的过多处刑自由权。

在我国现行刑法中，基本上没有采用分解式罪刑结构，相反，较多地采用综合式罪刑结构。不但把多罪置于同一条文之中，同时也把同类但性质不同的行为归于一罪之中，共同适用同一个法定刑，如刑法中的偷税罪、抗税罪，盗伐、滥伐林木罪，投机倒把罪等。多种不同性质行为共同对应于一个法定刑，使罪责不明确，处刑与罪责难以相适应。例如抗税行为不但具有与偷税行为同等的危害——对国家税收管理活动的侵犯，而且具有偷税行为不具有的危害，即对人身权利的侵犯，如对税收人员施以暴力，抗拒缴纳应缴税款，但是其法定刑却与偷税行为等同，显见其处刑与罪责的不对等性，并由此使对不同性质行为的区别评价，从立法转移到执法部门，由司法人员自行评断，导致各地自行其是，不合理在所难免。

相比之下，分解式罪刑结构明显优于综合式罪刑结构，在完善我国刑法的过程中，是可以借鉴的。如果把我国刑法中那些综合式罪刑结构，依其不同性质而分解成几个罪，如把投机倒把罪按所违反的不同法规为标准，分设几罪，相应地分别设立不同的法定刑，是能够办到的。

二 罪刑结构的内部组成

分则条文罪刑结构的内部组成，是指一个分则条文内部以什么样的方式组合罪与刑的各种对应关系。

(一) 一罪一条款式与一罪多款（项）式

国外刑法较普遍地采用一罪多款（项）式的罪刑对应结构，在一个条文中按照一定的标准将某种犯罪分设成几个款项，再分别设定轻重不等的法定刑。特别是对常见性犯罪采用分解式罪刑结构，对一般性犯罪则采用多款项式结构。有些国家虽然没有大范围采用分解式结构，但都普遍地采用一罪多款（项）式结构。例如苏联刑法按照诽谤行为的不同性质设了三个条款：（1）故意散布足以中伤他人的虚构流言的，处1年以下剥夺自由刑……（2）用印刷品或其他方法复制的作品诽谤他人或者以前犯诽谤罪而有前科再犯诽谤罪的，处3年以下剥夺自由刑……（3）诽谤他人犯有国事罪或其他严重罪行者，处5年以下的剥夺自由刑。尽管这个罪的法定刑不算很高，可仍然设置了三个条款，限定了三个处刑幅度。1988年1月全国人大常委会颁布的《关于惩治走私罪的补充规定》，也是按照一罪多款式的结构来编排各种走私犯罪及其相应刑罚之间的对应关系，这在平衡处刑方面起到了积极的作用。

一罪多款式结构可以具体限定同罪中各种行为的法定刑界限，在立法上进一步明确不同罪行的罪责，切实限制司法上的处刑自由权。而一罪一款式结构则因罪行与法定刑的对应比例甚为笼统，缺少法定刑的档次，从而难以在法律上直接明确同罪中各种行为的不同责任，相应地增大了司法上的处刑自由权。[①]

(二) 罪刑结构的等级排列

任何犯罪都有轻与重的不同等级，与其相应的法定刑自然也有轻重不等的层次，或者是刑种有轻重之分，或者在刑度上有差别。这就要求立法者在设立分则条文时必须合理地安排罪刑对应的各个层次，不论是采用一罪多款式结构，还是采用一罪一款式的结构，都必须加以考虑。

通观各国立法例，主要有两种排列方式。一种是直接按照行为作用的对象、行为在客观方面的各种表现形式，或者行为出于什么样的恶意，或者所造成的不同危害后果等排列罪刑对应的各个层次。如苏联刑法第144条将盗窃罪分成三个罪刑对应层次：①秘密窃取公民个人财产的，处2年以下的劳动改造；②再犯盗窃，或结伙预先通谋实施，或使用技术手段实

---

① 薛进展：《刑法分则罪刑结构的立法完善》，《法学》1991年第12期。

施偷窃，或给被害人致成重大损失的，处5年以下的剥夺自由；③特别危险的累犯实施偷窃的，处4年以上10年以下的剥夺自由。另一种是以行为方式结合危害程度排列等级层次。即把行为作为排列罪刑对应层次的基本框架，然后再以危害大小分设罪刑对应的等级层次。如《瑞士刑法典》第134条规定的虐待儿童罪设有三个层次，第一层次为虐待不满16岁儿童致其健康或精神发育受害或发生重大危险者，处1个月以上轻惩役；第二层次为虐待儿童因而致重伤，且为行为人所能预见者，处10年以下重惩役或6个月以上轻惩役；第三层次为虐待儿童死亡，且系行为人可预见其发生者，处重惩役。上述两种排列方式把罪刑对应层次排列得更细，使特定行为所适用的刑罚被限制在一定幅度以内，从而在客观上避免了处刑的过大差异。这两种排列方式在各国刑法中多交替使用。[①]我国刑法也有以行为方式结合危害程度来编排罪刑对应的层次，限制处刑幅度的立法例，如《刑法》第152条关于走私淫秽物品罪的规定。

三 罪刑适用规则

除犯罪设定规范与刑罚配置规范之外，刑法分则中还存在一些罪刑适用方面的引导性规定。从功能上看，这些引导性规定属于纯粹的裁判规范而非行为规范。引导性规定依其性质可以划分为注意规定、特别规定和拟制规定，依照其内容可分为适用特别法的引导性规定、转化犯的引导性规定、共犯的引导性规定、数罪并罚的引导性规定，以及从重处罚的引导性规定五种。[②]

特别法的引导性规定指刑法分则里"刑法另有规定的依照规定"的表述。《刑法》第233条过失致人死亡罪、第234条故意伤害罪、第235条过失致人重伤罪、第266条诈骗罪、第397条滥用职权玩忽职守罪的规定里都有该种表述，是关于法条竞合处理规则的特别指示。

转化犯的引导性规定是指在犯某个罪的过程中出现了一个比较重的情节，法律规定按照另外一种罪加以处罚的情形。转化犯的引导性规定在所有的引导性规定中所占比例最大。《刑法》第253条规定："邮政工作人员私自开拆或者隐匿、毁弃邮件、电报的，处二年以下有期徒刑或者拘

---

① 薛进展：《刑法分则罪刑结构的立法完善》，《法学》1991年第12期。
② 陈兴良：《刑法各论的理论建构》，《北方法学》2007年第1期。

役。犯前款罪而窃取财物的，依照本法第二百六十四条的规定定罪从重处罚。"《刑法》第 144 条规定："在生产、销售的食品中掺入有毒、有害的非食品原料的，或者销售明知掺有有毒、有害的非食品原料的食品的，处五年以下有期徒刑或者拘役；致人死亡或者对人体健康造成特别严重危害的，依照本法第一百四十一条的规定处罚。"《刑法》第 157 条规定："武装掩护走私的，依照本法第一百五十一条第一款、第四款的规定从重处罚。"《刑法》第 241 条第 5 款规定："收买被拐卖的妇女、儿童又出卖的，依照本法第二百四十条的规定定罪处罚。"《刑法》第 247 条规定："司法工作人员对犯罪嫌疑人、被告人实行刑讯逼供或者使用暴力逼取证人证言的，处三年以下有期徒刑或者拘役。致人伤残、死亡的，依照本法第二百三十四条、第二百三十二条的规定定罪从重处罚。"《刑法》第 248 条规定："监狱、拘留所、看守所等监管机构的监管人员对被监管人进行殴打或者体罚虐待，情节严重的，处三年以下有期徒刑或者拘役；情节特别严重的，处三年以上十年以下有期徒刑。致人伤残、死亡的，依照本法第二百三十四条、第二百三十二条的规定定罪从重处罚。"《刑法》第 259 条规定："明知是现役军人的配偶而与之同居或者结婚的，处三年以下有期徒刑或者拘役。利用职权、从属关系，以胁迫手段奸淫现役军人妻子的，依照本法第二百三十六条的规定定罪处罚。"《刑法》第 267 条规定："抢夺公私财物，数额较大的，处三年以下有期徒刑、拘役或者管制，并处或者单处罚金；数额巨大或者有其他严重情节的，处三年以上十年以下有期徒刑，并处罚金；数额特别巨大或者有其他特别严重情节的，处十年以上有期徒刑或者无期徒刑，并处罚金或者没收财产。携带凶器抢夺的，依照本法第二百六十三条的规定定罪处罚。"《刑法》第 269 条规定："犯盗窃、诈骗、抢夺罪，为窝藏赃物、抗拒抓捕或者毁灭罪证而当场使用暴力或者以暴力相威胁的，依照本法第二百六十三条的规定定罪处罚。"《刑法》第 292 条第 2 款规定："聚众斗殴，致人重伤、死亡的，依照本法第二百三十四条、第二百三十二条的规定定罪处罚。"《刑法》第 300 条第 3 款规定："组织和利用会道门、邪教组织或者利用迷信奸淫妇女、诈骗财物的，分别依照本法第二百三十六条、第二百六十六条的规定定罪处罚。"

共犯的引导性规定主要有：《刑法》第 156 条规定："与走私罪犯通谋，为其提供贷款、资金、账号、发票、证明，或者为其提供运输、保管、邮寄或者其他方便的，以走私罪的共犯论处。"《刑法》第 198 条第 4 款规定："保险事故的鉴定人、证明人、财产评估人故意提供虚假的证明文件，为他人诈骗提供条件的，以保险诈骗的共犯论处。"《刑法》第 310 条第 2 款规定："犯前款罪，事前通谋的，以共同犯罪论处。"《刑法》第 349 条第 3 款规定："犯前两款罪，事先通谋的，以走私、贩卖、运输、制造毒品罪的共犯论处。"《刑法》第 382 条第 3 款规定："与前两款所列人员勾结，伙同贪污的，以共犯论处。"

数罪并罚的引导性规定主要有：《刑法》第 120 条第 2 款规定："犯前款罪并实施杀人、爆炸、绑架等犯罪的，依照数罪并罚的规定处罚。"《刑法》第 157 条第 2 款规定："以暴力、威胁方法抗拒缉私的，以走私罪和本法第二百七十七条规定的阻碍国家机关工作人员依法执行职务罪，依照数罪并罚的规定处罚。"《刑法》第 198 条第 2 款规定："有前款第四项、第五项所列行为，同时构成其他犯罪的，依照数罪并罚的规定处罚。"《刑法》第 241 条第 4 款规定："收买被拐卖的妇女、儿童，并有第二款、第三款规定的犯罪行为的，依照数罪并罚的规定处罚。"《刑法》第 294 条第 3 款规定："犯前两款罪又有其他犯罪行为的，依照数罪并罚的规定处罚。"《刑法》第 318 条第 2 款规定："犯前款罪，对被组织人有杀害、伤害、强奸、拐卖等犯罪行为，或者对检查人员有杀害、伤害等犯罪行为的，依照数罪并罚的规定处罚。"《刑法》第 321 条第 3 款规定："犯前两款罪，对被运送人有杀害、伤害、强奸、拐卖等犯罪行为，或者对检查人员有杀害、伤害等犯罪行为的，依照数罪并罚的规定处罚。"

从重处罚的引导性规定主要有：《刑法》第 104 条第 2 款规定："策动、胁迫、勾引、收买国家机关工作人员、武装部队人员、人民警察、民兵进行武装叛乱或者武装暴乱的，依照前款的规定从重处罚。"《刑法》第 106 条规定："与境外机构、组织、个人相勾结，实施本章第一百零三条、第一百○四条、第一百○五条规定之罪的，依照各该条的规定从重处罚。"《刑法》第 109 条规定："国家机关工作人员在履行公务期间，擅离岗位，叛逃境外或者在境外叛逃，危害中华人民共和国国家安全的，处五年以下有期徒刑、拘役、管制或者剥夺政治权利；情节严重的，处五年以上十年以下有期徒刑。掌握国家秘密的国家工作人员犯前款罪的，依照前款的规定从重处罚。"《刑法》第 243 条第 2 款规定："国家机关工作人员犯诬告陷害罪的从重处罚。"

有论者认为，上述引导性规定中关于共犯以及数罪并罚的规定，属于司法适用性解释或操作细则，像是写给法官的适用法律的办案指南，将其列入刑法典分则正文，显得重复累赘，实在没有必要，因为每一位法官凭借基本的刑法理论，都应当知晓这些规则。①

———————

① 范忠信：《再论新刑法的局限与缺陷》，《法学》1999 年第 6 期。

第七章

中西方刑法分则体系概况及比较

第一节 中国刑法分则体系及其沿革

一 中国历史上的刑法分则体系

（一）犯罪分类

中国古代的犯罪分类存在一个从"以刑统罪"到"以罪定刑"的演变过程。最初，对犯罪按照刑罚进行归类，处以同样刑罚的犯罪归为一类。《周礼》记载："司刑掌五刑之法，以丽万民之罪，墨罪五百，劓罪五百，宫罪五百，刖罪五百。"① 直到春秋时期，李悝著《法经》开始以犯罪本身的性质和特征对犯罪进行分类。《法经》共有六篇：《盗法》《贼法》《囚法》《捕法》《杂法》和《具法》。除《具法》以外，前五类都是对犯罪的分类。《盗法》规定的是侵犯财产的犯罪，《贼法》是侵犯人身的犯罪，《囚法》是关于关押犯人的犯罪，《捕法》是捕获犯人的犯罪，无法归入到以上四篇的罪名都归入《杂法》。汉代在《法经》六篇的基础上，参照秦律，增加户律（主要规定户籍、赋税和婚姻之事）、兴律（主要规定征发徭役、城防守备之事）、厩律（主要规定牛马畜牧和驿传之事）三篇，合为九篇，即《九章律》，构成汉律的核心和骨干。②

《唐律》代表了中国封建立法技术的最高成就。《唐律》由篇和条两个层次构成，共计502条，将犯罪划分为11大类，分别由11篇加以规定，基本上都是以罪名作篇名，每一篇中都包含着两类以上性质相近似的犯罪种类。《卫禁律》是有关警卫宫殿和关津要塞的规定。宫殿是皇帝居住和与朝臣议政的场所，边防关卡及城镇墙垣事关国家主权和城镇的安

---

① 《周礼·司寇·刑官之职》。
② 叶孝信：《中国法制史》，北京大学出版社1989年版，第92页。

全，都具有特殊的重要意义，是法律重点保护的对象。该篇设有阑入宫殿太庙、向宫殿射箭、冲撞皇帝车驾、私度关津、走私禁物等罪名。《职制律》是关于惩治官吏违法失职的法律。唐朝建立了较为完备的行政法律制度，从机构设置、官吏职责，到行政程序、公文递送，都有明确的法律规定。对于违反行政法律制度的官吏，轻者予以行政上的处罚，重者则以刑罚制裁。该篇列有置官过限、贡举非其人、上书奏事误等罪名。同时，对于行政官吏的非职务性犯罪，也作了相应的规定。《户婚律》规定了对违反户籍、土地、赋税及婚姻家庭制度行为的处罚。包括脱漏户口、逃避赋役、盗耕种公私田、违律为婚、立嫡违法等。《厩库律》是有关公私牲畜饲养、管理和官府仓库管理方面的规定。在农业社会中，马牛等牲畜既是生产工具，又是重要的运输工具，因此故杀官私马牛、乘官畜损伤或载私物以及损败仓库物品都要受到刑罚处罚。《擅兴律》是对违法兴造工程、差遣丁夫等行为进行处罚的规定。擅为擅发兵，兴为兴造。军队的控制与指挥，事关政权的巩固与社会的安定，擅自调兵遣将、兵马粮草和军事装备供应不足等，都属于违法犯罪行为；兴造工程，差遣丁夫，关系到整个社会人力物力的消耗，对违法兴造进行处罚，是为了避免社会矛盾激化。《贼盗律》是关于惩治侵犯封建政权和人身、财产等方面犯罪的法律规定。《法经》即以"王者之政，莫急于盗贼"为立法宗旨。盗与贼是历朝法律的重点打击对象，唐代也不例外。《贼盗律》明确规定了对谋反、谋大逆、谋叛、造妖书妖言等政治性犯罪的处罚。同时，还规定了对谋杀、杀害、强盗、窃盗等重大刑事犯罪的处罚。《斗讼律》是关于殴斗伤人和控告申诉方面的法律。斗殴类包括斗殴致伤、斗殴致死、不同身份者相斗殴致伤害及几种杀伤罪；告讼类包括一般性起诉程序及对于特定犯罪、特定身份人的起诉禁令。《诈伪律》是关于惩治伪造和诈骗的法律。伪即伪造，诈似诈骗。前者限于对于皇权或政权产生直接危害的行为，包括伪造皇帝御玺及各级官印，伪造宫殿门符和发兵符等；后者涉及某些特定的欺骗行为，包括身份性欺骗和行为性欺骗。《杂律》是无法归入上述类别的其他罪名，主要包括涉及市场管理、债权债务、犯奸失火以及其他一些轻微危害社会秩序和经济关系的行为规范。《捕亡律》是有关捕捉逃亡罪犯和其他逃亡者的规定。其他逃亡者包括：出征在营的兵士、服役的丁夫杂匠、入籍的官户官奴婢，甚至也包括无故私逃的现任各级行政官员。《断狱律》是关于司法审判和狱政方面的法律。包括审判原则、法官责任、拷讯囚犯、刑罚执行以及监狱管理等方面的规定。① 唐太宗在制定《贞观律》时曾强调立法应简约，要求立法者认真总结古代立法经验，深入研究社会上出现的形形色色的犯罪现象，寻找其中的共同之处，将同一类型或相类似的犯罪行为归入一篇，在每一篇中又进行类似的组合。如此一来，篇与篇之间，条与条之间严谨有序，再也没有"盗律有贼伤之例，贼律有盗章之文，兴律有上狱之法，厩律有逮捕之事"的现象。② 之后宋、元、明、清等历代刑律大体沿用此种犯罪分类格局。

（二）犯罪排列

《法经》将侵犯财产罪置于侵犯人身罪之前，这种排列顺序与现代刑法典的观念有所不同，其理由耐人寻味。《唐律》的犯罪排列方法则基本上体现了先国家和社会法益后个人法益、先人身法益后财产法益、先普通犯罪后军事犯罪、先实体法益后程序法益的立法理念。为了便于使用，《唐律》在编排上亦注意将同类或相类似的犯罪行为的条文排列在一起，形成一个个相对独立的单位。十二篇的排列次序上以对封建皇权危害的大小逐一排列。在同一篇目中亦严格遵循这一规律，即将危害皇权的犯罪行为排列在同一类犯罪行为之首，形成了自己内在的逻辑性。通过上述努力，使唐律散而不乱，在精神上形成了统一的整体。③《名例律》相当于现代的刑法总则，置于最前面。捕亡和断狱相当于现代的程序法，置于最后，以示与其他篇目的区别。中间的九篇则是根据犯罪行为所侵犯的社会关系在整个社会关系中的地位来排列的。如《卫禁律》紧接《名例律》之后，在其他篇目之前，其理由是"敬上防非，于事尤重，故次《名例》下，居诸篇之首"。维护封建国家统治，除皇帝以外国家机器中最重要的就是官吏，所以《职制律》排在第三篇。土地、赋税与家庭是封建时代国家赖以生存的基础和条件，故《户婚律》排在其后。可见唐律的篇目是以维护皇权、维护封建国家统治为中心的原则来排列的，而各篇目内的律条也按这一原则排列。如《名例律》中专列一条"十恶"，明确法律重点打击的对象；《卫禁律》把"阑入"皇家陵园和宫殿的犯罪放在前面；《职制律》把官吏编制任用上妨碍皇权行使的非法设编超员的犯罪放在前面；《擅兴律》把在调兵遣将上妨碍皇权行使的擅自发给兵员物资的犯罪

---

① 参见张晋藩《中国法制史》，高等教育出版社2007年第2版，第134—136页。
② 张晋藩：《中国法制史》，高等教育出版社2007年第2版，第136页。
③ 侯欣一：《唐律与明律立法技术比较研究》，《法律科学》1996年第2期。

放在前面;《贼盗律》把直接侵害皇帝人身及统治权的反、逆、叛罪放在前面;《诈伪律》把伪造代表皇帝权力印信的犯罪放在前面。[①] 不过对于某些犯罪而言,《唐律》的分类标准不是十分的统一。例如,谋杀规定在《贼盗律》中,而故杀、斗杀、戏杀、过失杀人等则规定在《斗讼律》之中。[②]

二 中国当代刑法分则体系的沿革与现状

(一) 1979 年刑法典的分则体系

1979 年刑法典的分则体系基本是在模仿苏俄刑法典的基础上形成的,各种类罪的排列以社会危害性程度为依据,同时也考虑其他特殊情况。该刑法典第二编分则将犯罪依次划分为反革命罪,危害公共安全罪,破坏社会主义经济秩序罪,侵犯公民人身权利、民主权利罪,侵犯财产罪,妨害社会管理秩序罪,妨害婚姻家庭罪,渎职罪八大类,每一类犯罪设置一章。反革命罪是最危险的犯罪,在刑法分则体系中被放在各类犯罪的首位;危害公共安全罪往往涉及不特定多数人的生命、健康和公共财产,具有公共危险的性质,在普通刑事犯罪中危害性最大,所以放在反革命罪之后,其他各类犯罪之首;破坏社会主义经济秩序罪和侵犯公民人身权利、民主权利罪,都是危害性质很大的犯罪,因而放在危害公共安全罪之后,其他各类犯罪之前。这样的排列顺序强调对国家和社会利益的重点保护。

(二) 1979—1997 年的特别刑法

1979 年旧刑法实施之后、1997 年新刑法实施之前,立法机关一共颁布过 23 个单行刑法。单行刑法使用过三个不同的名称,即"条例""决定"和"补充规定"。唯一一个使用"条例"名称的是 1981 年《军人违反职责罪暂行条例》。使用"决定"名称的共计 14 个,分别是《关于处理逃跑或者重新犯罪的劳改犯和劳教人员的决定》《关于严惩严重破坏经济的罪犯的决定》《关于严惩严重危害社会治安的犯罪分子的决定》《关于惩治侮辱中华人民共和国国旗国徽罪的决定》《关于惩治劫持航空器犯罪分子的决定》《关于惩治生产、销售伪劣商品犯罪的决定》《关于惩治侵犯著作权犯罪的决定》《关于惩治违反公司法的犯罪的决定》《关于禁

[①] 张晋藩:《中国法制史》,高等教育出版社 2007 年第 2 版,第 136—137 页。
[②] 陈兴良:《刑法各论的理论建构》,《北方法学》2007 年第 1 期。

毒的决定》《关于惩治走私、制作、贩卖、传播淫秽物品的犯罪分子的决定》《关于严惩拐卖、绑架妇女、儿童的犯罪分子的决定》《关于严禁卖淫、嫖娼的决定》《关于惩治破坏金融秩序犯罪的决定》《关于惩治虚开、伪造和非法出售增值税专用发票犯罪的决定》。使用"补充规定"名称的共计8个，分别是《关于惩治走私罪的补充规定》《关于惩治贪污罪贿赂罪的补充规定》《关于惩治泄漏国家秘密犯罪的补充规定》《关于惩治捕杀国家重点保护的珍贵、濒危野生动物犯罪的补充规定》《关于惩治盗掘古文化遗址古墓葬犯罪的补充规定》《关于惩治假冒注册商标犯罪的补充规定》《关于惩治偷税、抗税犯罪的补充规定》《关于严惩组织、运送他人偷越国（边）境犯罪的补充规定》。

（三）1997年刑法典的分则体系

1997年修订后的刑法典第二编分则将犯罪依次划为危害国家安全罪，危害公共安全罪，破坏社会主义市场经济秩序罪，侵犯公民人身权利、民主权利罪，侵犯财产罪，妨害社会管理秩序罪，危害国防利益罪，贪污贿赂罪，渎职罪，军人违反职责罪十大类，每一大类设置一章。其中，第三章破坏社会主义市场经济秩序罪之内依次又划分为生产、销售伪劣商品罪，走私罪，妨害对公司、企业的管理秩序罪，破坏金融管理秩序罪，金融诈骗罪，危害税收征管罪，侵犯知识产权罪，扰乱市场秩序罪八节；第六章妨害社会管理秩序罪之内又依次划分为扰乱公共秩序罪，妨害司法罪，妨害国（边）境管理罪，妨害文物管理罪，危害公共卫生罪，破坏环境资源保护罪，走私、贩卖、运输、制造毒品罪，组织、强迫、引诱、容留、介绍卖淫罪，制作、贩卖、传播淫秽物品罪九节。

1997年新刑法实施之后，全国人大常委会通过了一个单行刑法，即1998年12月29日通过并公布的《关于惩治骗购外汇、逃汇和非法买卖外汇犯罪的决定》。

第二节 西方国家刑法分则体系概况

一 大陆法系国家刑法分则体系概况

（一）德国

《德国刑法典》中文译本主要有两个版本：一个是冯军译本，另一个是徐久生、庄敬华译本。前者的注重文本的原始风貌，偏向于直译；后者注重结合国内习惯，采用学界通用术语。根据冯军译本，现行《德国刑法典》[①] 分则分为三十章。第一章背叛和平、内乱和危害民主的法治国家，包含背叛和平、内乱、危害民主的法治国家，共同规定四节；第二章背叛国家和危害外部安全；第三章针对外国的犯罪行为；第四章针对宪法机构及在选举和表决时的犯罪行为；第五章针对国家防卫的犯罪行为；第六章抵抗国家权力；第七章针对公共秩序的犯罪行为；第八章金钱和有价票证的伪造；第九章虚假的未宣誓的陈述和伪誓；第十章虚假的怀疑；第十一章与宗教和世界观相联系的犯罪行为；第十二章针对身份、婚姻和家庭的犯罪行为；第十三章针对性的自我决定的犯罪行为；第十四章侮辱；第十五章个人生活和秘密领域的侵害；第十六章针对生命的犯罪行为；第十七章针对身体的完好性的犯罪行为；第十八章针对个人自由的犯罪行为；第十九章盗窃和侵占；第二十章抢劫和勒索；第二十一章庇护和窝赃；第二十二章诈骗和背任；第二十三章伪造文书；第二十四章破产犯罪行为；第二十五章可罚的谋取私利；第二十六章针对竞争的犯罪行为；第二十七章物品损坏；第二十八章公共危险的犯罪行为；第二十九章针对环境的犯罪行为；第三十章职务中的犯罪行为。

该法典在犯罪分类和排列顺序上，大致体现了国家法益、公共法益和个人法益的排列顺序，但存在若干例外。第一，将危害国家法益的犯罪置于首位，并将其明确划分为内部安全、外部安全、外交利益（针对外国的犯罪）、宪法和选举秩序、国防利益、国家权力六类犯罪。第二，将公共危险的犯罪行为、针对环境的犯罪行为以及职务中的犯罪行为等危害公共法益和国家法益的犯罪置于分则末尾。第三，在侵犯个人法益的犯罪中，将针对性的自我决定的犯罪行为、侮辱、个人生活和秘密领域的侵害等犯罪置于侵犯生命、身体和人身自由的犯罪之前。在编排体例上，该法典基本采用小章制，除第一章划分为四节之外，其余各章均未分节。

（二）意大利

现行《意大利刑法典》[②] 第二编重罪分则采用章节制，共分十三章。第一章国事罪包含危害国家的国际地位的犯罪，危害国家内部制度的犯罪，侵犯公民政治权利的犯罪，侵犯外国、外国首脑及其代表的犯罪，一

[①] 冯军译：《德国刑法典》，中国政法大学出版社2000年版。

[②] 黄风译：《最新意大利刑法典》，法律出版社2007年版。

般规定和前几节的共同规定五节；第二章侵犯公共管理罪包含公务员侵犯公共管理的犯罪、私人侵犯公共管理的犯罪、本章各节的共同规定三节；第三章侵犯司法管理罪包含妨害司法活动的犯罪、侵犯司法裁决的权威的犯罪、擅自捍卫私人要求三节；第四章侵犯宗教感情和对死者怜悯罪包含侵犯宗教信仰的犯罪、侵犯对死者的怜悯的犯罪两节；第五章危害公共秩序罪；第六章危害公共安全罪包含以暴力造成公共危险的犯罪、以欺诈造成公共危险的犯罪、造成公共危险的过失犯罪三节；第七章侵犯公共信义罪包含伪造货币、公共信用票据和印花的犯罪，伪造印章或者用于认证、证明或承认的证书或标记，文书作假，人身作假四节；第八章妨害公共经济、工业和贸易罪包含妨害公共经济的犯罪、妨害工业贸易的犯罪、本章各节的共同规定三节；第九章侵犯公共道德和善良风俗罪包含侵犯性自由的犯罪、侵犯贞操或性名誉的犯罪、本章各节的共同规定三节；第九章侵犯对动物的感情罪；第十章危害血统健全罪；第十一章妨害家庭罪包含妨害婚姻的犯罪、侵犯家庭道德的犯罪、妨害家庭户籍管理的犯罪、妨害家庭扶助的犯罪四节；第十二章侵犯人身罪包含侵犯个人生命和健康的犯罪、侵犯名誉的犯罪、侵犯个人自由的犯罪三节，第三节又依次划分为侵犯个人人格的犯罪、侵犯人身自由的犯罪、侵犯精神自由的犯罪、侵犯住宅的犯罪、侵犯秘密的犯罪五目；第十三章侵犯财产罪包含以对物或人的暴力侵犯财产的犯罪、以欺诈方式侵犯财产的犯罪、本章各节的共同规定三节。

该法典在犯罪分类和排列顺序上具有如下特点：第一，完全体现了国家法益、公共法益和个人法益的排列顺序；第二，将侵犯公民政治权利的犯罪归入国事罪；第三，将妨害家庭罪单列，且置于侵犯人身罪之前。在编排体例上，该法典主要采用章节制，除第五章危害公共秩序罪、第九章侵犯对动物的感情罪和第十章危害血统健全罪三章之外，其余各章均有分节；第十二章侵犯人身罪第三节侵犯个人自由的犯罪还进一步细分为侵犯个人人格、人身自由、精神自由、住宅、秘密五个目。

（三）日本

现行《日本刑法典》[①] 第二编属分则，其名称为"罪"，采用小章制，共分为四十章。第一章已删除；第二章内乱罪；第三章外患罪；第四

[①] 张明楷译：《日本刑法典》，法律出版社2006年版。

章有关国交的犯罪；第五章妨害执行公务罪；第六章脱逃罪；第七章藏匿犯人和隐灭证据罪；第八章骚乱罪；第九章放火和失火罪；第十章有关决水和水利的犯罪；第十一章妨害交通罪；第十二章侵犯居住罪；第十三章侵犯秘密罪；第十四章鸦片烟罪；第十五章有关饮用水的犯罪；第十六章伪造货币罪；第十七章伪造文书罪；第十八章伪造有价证券罪；第十八章之二有关支付用磁卡电磁记录的犯罪；第十九章伪造印章罪；第二十章伪证罪；第二十一章诬告罪；第二十二章猥亵、奸淫和重婚罪；第二十三章赌博和彩票罪；第二十四章有关礼拜场所和坟墓的犯罪；第二十五章渎职罪；第二十六章杀人罪；第二十七章伤害罪；第二十八章过失伤害罪；第二十九章堕胎罪；第三十章遗弃罪；第三十一章逮捕和监禁罪；第三十二章胁迫罪；第三十三章略取和诱拐罪；第三十四章对名誉的犯罪；第三十五章对信用和业务的犯罪；第三十六章盗窃和强盗罪；第三十七章诈骗和恐吓罪；第三十八章侵占罪；第三十九章赃物罪；第四十章毁弃和隐匿罪。

该法典在犯罪分类和排列顺序上，完全体现了国家法益、公共法益、人身法益和财产法益的排列顺序，在编排体例上，采用小章制，各章均不分节。由于在该法典制定的当时，日本刑法学界对法益的研究还不成熟，加上制定日本宪法所导致的价值观的转换，因此不可能按照刑法的篇章顺序对法益进行分类。①

（四）法国

现行《法国刑法典》② 第二卷至第五卷为分则的主体内容。第二卷为侵犯人身之重罪与轻罪，第三卷为侵犯财产之重罪与轻罪，第四卷为危害民族、国家及公共安宁之重罪与轻罪，第四副卷为战争之重罪与轻罪，第五卷为其他重罪与轻罪。第二卷侵犯人身之重罪与轻罪依次包含反人类及人种之重罪和侵犯人身罪两编。第一编又分为反人类之重罪和反人种之重罪两个副编，前者包含种族灭绝罪、其他反人类之重罪、共同规定三章，后者包含优生及克隆繁殖之重罪、共同规定两章；第二编共分为七章，依次为伤害人之生命罪、伤害人之身体或精神罪、置人与危险罪、侵犯人身自由罪、侵犯人之尊严罪、侵犯人格罪、侵害未成年人罪和危害家庭罪，

---

① ［日］大谷实：《刑法讲义各论》（新版第2版），黎宏译，中国人民大学出版社2008年版，第2页。

② 朱琳译：《最新法国刑法典》，法律出版社2016年版。

各章又划分为若干节，分别规定各种具体犯罪。第三卷侵犯财产之重罪与轻罪依次包含欺诈据有财产罪和其他侵犯财产罪两编。第一编依次划分为盗窃罪、敲诈勒索罪、诈骗及相近犯罪、侵吞财产罪四章；第二编依次划分为窝藏赃物罪、被视为窝藏赃物罪之罪及相近犯罪，毁坏、破坏、损坏财产罪，侵犯数据自动处理系统罪，以及洗钱罪四章；各章进一步根据各种具体犯罪划分为若干节。第四卷危害民族、国家及公共安宁之重罪与轻罪依次包含危害国家基本利益罪、恐怖主义罪、危害国家权威罪、妨害公共信任罪、参加坏人结社罪五编。第一编危害国家基本利益罪依次划分为叛国罪与间谍罪、其他危害共和国制度或国家领土完整罪、其他危害国防罪、特殊条款四章；第二编恐怖主义罪划分为恐怖主义行为罪和特殊条款两章；第三编危害国家权威罪依次划分为危害公共安宁罪，公职人员危害公共行政管理罪，个人妨害公共行政管理罪，妨害司法罪，妨害欧洲共同体、欧盟成员国、其他外国与国际公共组织之公共管理和司法行动罪，参与雇佣活动罪六章；第四编妨害公共信任罪依次划分为伪造文书罪、伪造货币罪、伪造公共机关发行的证券或其他信用证券罪、伪造权力机关标志罪、贿赂非公职人员罪、违反公共场所营业管理规定罪六章；各编大多数章进一步根据各种具体犯罪划分为若干节。第五卷其他重罪和轻罪包含公共卫生领域之犯罪和其他条款两编。前者包含生物医学伦理领域之犯罪一章，下设保护人之种类、保护人体、保护人之胚胎，其他条款，适用于自然人之附加刑及法人责任四节；后者包含严重虐待动物罪或对动物施以暴行罪单章。

该法典在犯罪分类和排列顺序上，充分体现了人身法益、财产法益、国家法益、公共法益的排列顺序；在编排体例上，统一采用卷、编、章、节的多层次编排方式，针对某些类罪如战争罪、反人类及人种罪还额外增加了副卷、副编等层次。

（五）西班牙

现行《西班牙刑法典》[①] 卷二和卷三属于分则的内容。卷二"犯罪及其刑罚"划分为二十四编，依次为第一编杀人罪，第二编堕胎罪，第三编伤害罪，第四编伤害婴儿罪，第五编与基因操作相关的犯罪，第六编侵犯自由罪，第七编实施精神摧残罪，第七编之一贩卖人口罪，第八编侵

[①] 潘灯译：《西班牙刑法典（截至2015年）》，中国检察出版社2015年版。

犯性自由及贞操罪，第九编不作为援助义务罪，第十编侵犯隐私、公开隐私和侵入住宅罪，第十一编侵犯名誉罪，第十二编触犯家庭关系罪，第十三编侵犯财产和扰乱社会经济秩序罪，第十四编侵犯国家财政和社会保障罪，第十五编侵犯劳动者权利罪，第十五编之一侵犯外国公民权利罪，第十六编破坏国土资源、城市规划、历史遗产和环境罪，第十七编危害公共安全罪，第十八编伪造罪，第十九编破坏公共管理罪，第二十编违反司法管理罪，第二十一编违反宪法罪，第二十二编破坏公共秩序罪，第二十三编叛国和危害国家和平、独立罪、与国防相关罪，第二十四编侵犯国际社会罪。卷三"过失及其处罚"包含过失侵犯他人、过失侵犯财产、过失侵犯公共利益、过失侵犯公共秩序、过失罪的共同规定五编，各编之下直接设置条文，不划分章节。

卷二第六编侵犯自由罪进一步划分为非法拘禁和监禁罪、威胁罪、强制罪三章。第八编侵犯性自由及贞操罪划分为性侵犯罪，迷奸和骗奸犯罪，对十三岁以下未成年人实施迷奸和骗奸犯罪、性侵犯、性骚扰罪，性暴露及性挑逗罪，诱使少女卖淫罪，以上各章的共同规定等七章。第十编侵犯隐私、公开隐私和侵入住宅罪分为发现及泄露别人隐私，侵犯住宅、法人及公共机构驻地两章。第十一编侵犯名誉罪分为诬告陷害罪、侮辱罪、共同规定三章。第十二编触犯家庭关系罪分为非法婚姻，虚报出生婴儿、伪造新生儿亲子关系和出生状况，违反家庭权利义务罪三章；后者进一步划分为不履行家庭权利、诱拐未成年人离开家庭，非法带走未成年人，遗弃家庭、未成年人或无行为能力人三节。第十三编侵犯财产和扰乱社会经济秩序罪分为盗窃罪，抢劫罪，强迫交易罪，利用盗窃或抢劫的方式使用交通工具罪，侵占不动产罪，欺诈罪，不履行债务，改变公开债权人大会或拍卖物品价格，毁坏财物罪，上述诸章的共同规定，与著作权、工业产权、市场与消费者相关的犯罪，损害具有社会或文化价值的特殊物品，与社团相关的犯罪，窝藏罪和洗钱罪十四章；其中，第六章又划分为诈骗、不法侵占、盗用电流三节，第十一章与著作权、工业产权、市场与消费者相关的犯罪分为与著作权相关的犯罪、与工业产权相关的犯罪、与市场和消费者相关的犯罪、特定人之间的腐败、以上诸节的共同规定五节。第十六编破坏国土资源、城市规划、历史遗产和环境罪分为违反国土资源与城市规划罪，破坏历史遗产罪，破坏自然资源和环境罪，残害植物、动物、家禽罪，以及共同规定五章。第十七编危害公共安全罪分为灾难性危险罪、火灾、违反公共卫生罪、违反道路安全罪四章；其中，第一章又划分为核辐射及离子辐射和灾害两节，第二章分为放火罪、烧毁树林罪、烧毁植被、烧毁自己财产、共同规定五节。第十八编伪造罪分为伪造货币和邮票、税票罪，伪造文书罪，共同规定，侵夺他人民事地位，侵夺公务员地位或非法执业五章；其中第二章伪造文书罪又划分为伪造公共、官方、商业及电讯文书，伪造私人文书，伪造证明文书，伪造信用卡、借记卡和旅行支票四节。第十九编破坏公共管理罪分为公务员失职及其他不法行为，擅离职守和不履行追捕责任，不服从及拒绝援助，保管公文不忠与泄密，贿赂，对公务员施加影响，贪污和挪用公款，欺诈或勒索，公务员不得从事的行为、活动和滥用职权，国际贸易中的腐败十章。第二十编违反司法管理罪分为枉法裁判罪，不履行制止犯罪的义务或助长迫害罪，窝藏罪，滥用私权，诬告和陷害他人犯罪，伪证，妨害司法及不履行司法职责，不履行处罚，违反国际刑事法院司法罪，国际贸易中的腐败十章。第二十一编违反宪法罪分为叛乱罪，对抗君权罪，侵犯国家组织和权力划分罪，侵犯基本权利和公共自由的犯罪，公务员侵犯宪法保障的权利罪五章；其中第三章侵犯国家组织和权力划分罪又划分为侵犯国家组织罪和超越职权罪两节，第四章侵犯基本权利和公共自由的犯罪又划分为基本权利和宪法所保障的公共自由的犯罪、侵犯信仰自由和对死者不尊罪两节，第五章公务员侵犯宪法保障的权利罪又划分为公务员侵犯个人自由罪、公务员侵犯住宅或其他受保护的隐私罪、公务员侵犯其他个人权利罪、侮辱国家罪四节。第二十二编破坏公共秩序罪分为叛乱罪，反抗政府当局及其人员、公务员罪，抗命、不遵守命令罪，扰乱公共秩序罪，以上各章的共同规定，持有、买卖或储存武器、军需品或爆炸品罪，犯罪组织与犯罪团伙，恐怖组织、恐怖团伙和恐怖犯罪七章；后者又分为恐怖组织和恐怖团伙，以及恐怖犯罪两节。第二十三编叛国和危害国家和平、独立罪、与国防相关罪分为叛国罪，危害和平和国家独立罪，披露和公开与国防相关的秘密和信息罪三章；后者又分为披露和公开与国防相关的秘密和信息罪和拒绝服兵役罪两节。第二十四编侵犯国际社会罪分为侵犯人权罪，灭绝种族罪，危害人类罪，武装冲突中侵犯应收保护的人和财产的犯罪，共同规定，劫持船舶、航空器罪六章。

《西班牙刑法典》分则最大的特点是将全部犯罪划分为故意罪和过失罪两卷，对故意罪做详尽细致的规定，对过失罪做粗略的规定。在犯罪分类和排序上，该法典大致体现了人身法益、财产法益、公共法益、国家法益、国际法益的模式，在编排体例上采取卷、编、章、节的方式。

（六）俄罗斯

现行《俄罗斯联邦刑法典》① 分则共分为六篇，依次为侵害人身的犯罪、经济领域的犯罪、危害公共安全和社会秩序的犯罪、反对国家政权的犯罪、军职罪、破坏人类和平和安全的犯罪。侵害人身的犯罪包含五章，依次是侵害生命与健康的犯罪，侵害自由、名誉和人格的犯罪，侵害性不受侵犯权和个人性自由的犯罪，侵害人和公民的宪法权利与自由的犯罪，侵害家庭和未成年人的犯罪；经济领域的犯罪包含三章，依次是侵犯财产的犯罪，经济活动领域的犯罪，商业组织和其他组织中侵犯服务利益的犯罪；危害公共安全和社会秩序的犯罪包含五章，依次是危害公共安全的犯罪，危害居民健康和公共道德的犯罪，生态犯罪，危害交通安全和交通运输运营安全的犯罪，计算机信息领域的犯罪；反对国家政权的犯罪包含四章，依次是侵害宪法制度基本原则和国家安全的犯罪，侵害国家政权、国家公务利益和地方自治机关公务利益的犯罪，违反公正审判的犯罪，妨碍管理秩序的犯罪；军职罪和破坏人类和平和安全的犯罪两篇各包含同名犯罪一章。

该法典在犯罪分类和排列顺序上，体现了人身法益、财产法益、公共法益、国家法益、国际法益的排列顺序，尤其突出的一个特点是将财产犯罪和经济犯罪归入同一篇之中；在体例上采用篇章制，各章不分节，且总则和分则的篇章连续编号。

二 英美刑法中具体犯罪的归类

历史上，英美法系国家并无统一的刑事法典（code）。自19世纪以来，两大法系各国的立法者在相互影响和作用之下，均采取了较为开放务实的态度。英美法系国家积极学习和研究大陆法系国家成文法的立法经验，不仅制定了越来越多的单行刑法，而且在许多非刑事法律中以附属刑法规范的形式对相关犯罪与刑罚做出具体规定。当今英美法系各国，其成文刑法正在刑事司法中发挥着越来越重要的作用。英美刑事制定法不同于大陆法系的刑法典，它是所有包含犯罪与刑事责任以及刑事

---

① 黄道秀译：《俄罗斯联邦刑法典》，北京大学出版社2008年版。

诉讼程序内容的成文法令、法规的总和，其内容与形式极为复杂。这种复杂性集中体现在以下方面：（1）单行性。英美刑法中的制定法绝大多数是单行（特别）刑法，或者涉及某一类犯罪的成文性规定。（2）附属性。英美刑法中的制定法还有相当数量的附属刑法规范。这些附属刑法规范散见于各种非刑事法律、法规中。（3）久远性。英美刑法的连续性和稳定性使其具有相当的久远性。（4）混合性。英美刑事制定法明显地体现了实体与程序的混合性。[①] 但是，这并不意味着它们没有对具体犯罪进行法定的分类。相对于大陆法系各国刑法而言，英美刑法仿佛是支离破碎的。但是，作为一个具有自己特色的古老的法律体系，其理论、其内容是成熟的、完备的、合理的，甚至可以说是务实的、科学的，足资其他各国法制借鉴。[②]

（一）英国刑法

英国的制定法（enacted law），是指依据立法程序提出立法议案，经国会上、下两院讨论通过后，再由女王陛下批准颁布施行的成文法律（令）。当代英国刑法主要由一系列的单行法（Act）组成，依主题汇集的单行法通常被称为狭义的法律（Statute）。比较常见的单行法有《1861年侵犯人身罪法》（*Offences Against the Person Act* 1861）、《1968年盗窃罪法》（*Theft Act* 1968）、《1971年刑事损害法》（*Criminal Damage Act* 1971）、《2006年欺诈罪法》（*Fraud Act* 2006）。由史密斯（Smith）与霍根（Hogan）编写的英国当代最具影响力的刑法教科书《刑法》第5版对具体犯罪的归类和排列如下：杀人罪、非致命性人身侵害罪、性犯罪、道路交通犯罪、盗窃罪及相关犯罪、伪造罪、损害财产罪、危害公共道德罪、妨害司法罪、危害公共秩序罪、危害国家安全罪。[③] 该教科书当前最新版本第14版细化了杀人罪和财产犯罪，增加了对新型犯罪的介绍，省去了对危害国家犯罪的探讨，其结构如下：谋杀罪、杀人罪、其他杀人罪、非致命性人身侵害罪、性犯罪、盗窃罪、抢劫罪、临时侵占罪、拒不支付罪、欺诈罪、其他有关欺诈的犯罪、勒索及相关犯罪、夜盗罪及相关犯罪、赃物罪及相关犯罪、伪造罪、毁损财物罪、计算机滥用犯罪、传播出

---

① 参见谢望原等译《英国刑事制定法精要》，中国人民公安大学出版2003年版，代译序。

② 李兴安：《英国刑法的渊源述评》，《前沿》1999年第7期。

③ J. C. Smith, *Smith and Hogan on Criminal Law*, 5th ed. Butterworths, 1983.

版淫秽物品罪、危害公共秩序罪、道路交通犯罪等。①

(二) 美国刑法

《美国法典》(*United States Code*) 第 18 卷 (Title 18) 大致可视为联邦刑法典。它对于各种具体犯罪,没有依据其内容归类,而是按照首字母排序。由美国法学会 (American Law Institute) 起草的《模范刑法典》(*Model Penal Code*) 虽然不具有法律效力,但对各州刑法典的制定具有极大的影响。该法典对刑法分则大致采取了类似大陆法系的三分法,其第二编"具体犯罪的界定"(Part II. Definition of Specific Crimes) 依次包括下列犯罪:危害人身的犯罪 (Offenses Involving Danger to the Person)、侵犯财产的犯罪 (Offenses Against Property)、危害家庭的犯罪 (Offenses Against the Family)、危害公共管理的犯罪 (Offenses Against Public Administration) 以及危害公共秩序及公共道德的犯罪 (Offenses Against Public Order and Decency);危害人身的犯罪主要划分为杀人罪 (Criminal Homicide)、殴打罪 (Assault)、致人危险罪 (Reckless Endangering)、威胁罪 (Threats)、绑架罪 (Kidnapping)、强制罪 (Coercion)、性侵罪 (Sexual Offenses) 等;侵犯财产的犯罪 (Offenses Against Property) 分为纵火罪 (Arson) 及其他毁坏财物罪、夜盗罪 (Burglary) 及其他非法入侵罪、抢劫罪 (Robbery)、盗窃罪 (Theft)、伪造文书罪 (Forgery) 及欺诈罪 (Fraudulent Practices) 等。危害家庭 (Offenses Against the Family) 的犯罪仅含一个条文;危害公共管理 (Offenses Against Public Administration) 的犯罪分为贿赂罪 (Bribery)、伪证罪 (Perjury)、妨害公务罪 (Obstructing Governmental Operations)、脱逃罪 (Escapes)、滥用职权罪 (Abuse of Office) 等;危害公共秩序及公共道德罪 (Offenses Against Public Order and Decency) 包含骚乱罪 (Riot) 与有伤风化罪 (Public Indecency) 两个法条。各州刑法典分则的结构大多与之类似,如《伊利诺伊州刑法典》《加利福尼亚州刑法典》等。

美国刑法学者保罗·罗宾逊 (Paul Robinson) 主张刑法典应当区分行为犯罪和裁判法,其起草的行为法草案对分则的设计与上述模范刑法典类似,其具体方案如下:侵犯人身罪、侵犯家庭罪、侵犯财产罪、违反公共

---

① David Ormerod, Karl Laird, *Smith and Hogan's Criminal Law*, 14th ed., Oxford: Oxford University Press 2015.

秩序或者风化罪、妨害行政管理罪。①

第三节 中西方刑法分则体系简要比较

一 基本理念比较

西方刑法分则体系的基本理念主要围绕两个方面的问题展开，一是法益的二分法与三分法的选择，二是国家法益优先与个人法益优先的选择。近代刑法关于犯罪的分类始于意大利著名刑法学家贝卡里亚的刑法思想。贝卡里亚根据犯罪所侵害的法益将犯罪分为以下三类：第一类是直接侵害社会或社会的代表的犯罪，即侵害国家法益的犯罪；第二类是侵犯私人安全的犯罪，包括侵犯人身、财物的犯罪，即侵害个人法益的犯罪；第三类是扰乱公共秩序和公民安宁的犯罪，即侵害社会法益的犯罪。② 在贝卡里亚思想的影响下，1810年《法国刑法典》对犯罪分类采用的是二分法，即侵害国家法益的犯罪与侵害个人法益的犯罪，并且将侵害国家法益的犯罪列于侵害个人法益的犯罪之前，以体现对国家法益的重点保护。当时国家法益和社会法益还没有很明确的区分，都属于公法益。1871年《德国刑法典》则对犯罪分类采用三分法：侵害国家法益的犯罪，侵害社会法益的犯罪和侵害个人法益的犯罪。在三大类犯罪下面又分别划分了很多小类，使得刑法分则体系逐渐地完善起来。明确地把侵害国家法益的犯罪和侵害个人法益的犯罪加以区分的做法，体现了市民社会和政治国家的二元区分的观念。

关于国家法益优先与个人法益优先的选择问题，各国各时期也有所不同。在第二次世界大战以后，由于强调人权保障，刑法分则中犯罪的排列顺序发生了相应的变化。侵害个人法益的犯罪被排在最前面，其次是侵害社会法益的犯罪，最后才是侵害国家法益的犯罪。1994年《法国刑法典》对犯罪就按以下顺序排列：侵犯人身之重罪、轻罪，侵犯财产之重罪与轻罪，危害民族、国家及公共安宁罪，其他重罪与轻罪。1996年《俄罗斯

---

① 参见［美］保罗·罗宾逊《刑法的结构与功能》，何秉松、王桂萍译，中国民主法制出版社2005年版，第209—250页。

② 参见［意］贝卡里亚《论犯罪与刑罚》，黄风译，中国大百科全书出版社1993年版，第69页。

联邦刑法典》也把侵害人身的犯罪排在分则的最前面,其后依次是经济领域的犯罪、危害公共安全和社会秩序的犯罪、反对国家政权的犯罪、军职罪和破坏人类和平和安全的犯罪。有些国家的刑法典在排列顺序上并没有做出变动。例如,《德国刑法典》还是当时1959年的《德国联邦刑法典》,《日本刑法典》也没有变化,还是沿用1907年的刑法典。但是在刑法理论上,这些国家的学者往往不是按照刑法典的排列顺序,而是按照从个人到国家的顺序来对刑法分则的具体犯罪进行理论阐述。如日本学者大塚仁在论及应该怎样安排刑法各论的叙述顺序时指出:重视日本宪法中尊重个人的原理,同时考虑到讲学上的便利,其《刑法概说(各论)》一书按照针对个人法益的犯罪到针对国家法益的犯罪这种顺序来叙述。[①]

总体而言,德国、意大利、日本三国的刑法分则体系具有更多的相似性,呈现出先国家法益后个人法益的特点;而法国、西班牙、俄罗斯三国则具有更多的相似性,呈现出先个人法益后国家法益的特点。在妨害婚姻家庭罪和危害公共管理罪的归类上,各国也存在一定的差异。

中国刑法分则体系以犯罪客体为主要分类标准,以社会危害性为主要排序标准,但是这些标准贯彻得并不彻底。由于犯罪客体的内容长期以来被界定为社会关系,而社会关系本身无法反映其归属的主体性,因此犯罪分类的层次性不够明显。同时,作为排序标准的社会危害性本身过于模糊,主观色彩较强,使得犯罪排序不够严谨。法益的概念既可以表明其主体归属,又可以区分基本类型和派生类型,表明各种类型的发展过程及其内在联系。从法益的角度看,中国刑法分则大体上以国家法益和社会法益为先,个人法益次之,但是没有完全按照法益归属排列各类犯罪。

二 特色内容比较

西方刑法分则中较有特色的内容主要是侵犯人身罪、危害公共管理罪、危害公共信用罪(伪造文书罪)、危害公共安宁罪以及危害国家利益罪的设置。中国刑法分则的特色则体现在危害国家安全罪、危害公共安全罪、妨害社会管理秩序罪、渎职罪等。

---

① 参见[日]大塚仁《刑法概说(各论)》(第三版),冯军译,中国人民大学出版社2003年版,第19页。

(一) 侵犯人身权利罪

1. 杀人罪

大陆法系刑法通常将杀人罪细分若干类型。例如,《德国刑法典》规定了谋杀罪（Mord）、故意杀人罪（Tötschlag）、基于承诺的杀人罪（Tötung auf Verlangen）、堕胎罪（Schwangerschaftsabbruch）、谋杀民众罪（Völkermord）、过失杀人罪（Fahrlässige Tötung）等。英美刑法与此类似,主要规定了谋杀罪（murder）、故意杀人罪（voluntary-manslaughter）和过失杀人罪（involuntary-manslaughter）等。我国刑法中侵犯生命的犯罪只有两个罪名,即故意杀人罪与过失致人死亡罪,相比之下,显得有些粗糙。

2. 威胁罪与殴打罪

威胁罪（assault）与殴打罪（battery）是英美刑法的一大特色。过去,威胁罪是一个概括的名称,将殴打罪包括在内；但是根据英国《1988年刑事司法法》（Criminal Justice Act 1988）的规定,威胁罪与殴打罪是两个不同的罪名。该法第39条规定："普通的威胁罪与殴打罪系简审罪,犯有其中任一罪行的,处5等以下罚金,或6个月以下监禁,或两者并科。"根据最新版的《1861年侵犯人身罪法》（Offences Against the Person Act 1861）第47条规定："致人身体伤害的威胁罪（含殴打罪,笔者注）经普通程序审理并被宣告有罪者,处劳役。"

威胁罪传统上被定义为"任何蓄意或轻率地造成他人对遭受立即的非法人身暴力的担忧的行为",而殴打罪则指对他人施加实际的非法身体暴力,暴力的程度至少是未经许可的身体接触。① 威胁罪与殴打罪分为普通威胁罪与殴打罪以及加重威胁罪与殴打罪。普通的威胁罪与殴打罪并不需要对被害人造成实际的身体伤害。在没有得到被害人同意（明示的或暗示的）的前提下,被告人仅仅接触他人甚至他人衣服的行为（能够被对方感知的情况下）就足以构成殴打罪。殴打罪大多数是直接接触他人,但也可以是间接的,如挖陷阱使他人掉进去的情形。加重的威胁罪与殴打罪指引起他人实际身体伤害的情形（occasioning actual bodily harm）。实际上的身体伤害,指一切有损被害人身体健康和舒适的伤痛,包括精神损

---

① [英] 罗杰·吉里:《刑法基础》（第二版影印版）,武汉大学出版社2004年版,第73、76页。

伤，但不包括单纯的情感伤害如畏惧、悲痛、惊慌等。①

《日本刑法典》第 27 章规定的伤害类犯罪，具体罪名包括第 204 条伤害罪、第 205 条伤害致死罪、第 206 条对于伤害的现场助势罪、第 207 条同时伤害的特例，以及第 208 条的暴行罪。所谓暴行罪，是指对他人施加暴行而未致人伤害的犯罪。第 208 条规定："实施暴行而没有伤害他人的，处 2 年以下惩役、30 万日元以下的罚金或者拘留或者科料。"暴行罪只要求存在对他人的暴行侵犯就构成犯罪，无明显的结果或程度的起点，而且没有结果加重的规定。在虽然施加了暴行却未至伤害人时，成立暴行罪，包括以暴行的意思实施了暴行的场合和以伤害的意思实施了暴行的场合，但是都需要未伤害被害人；伤害了被害人时，则成立伤害罪。以伤害的意思而止于暴行时，理论上虽然是伤害罪的未遂，但是因为日本刑法不处罚伤害罪的未遂，所以成立暴行罪。暴行罪的保护法益是人身的不可侵犯性与身体安全，没有导致身体伤害后果的不法侵犯行为正是暴行罪处罚的对象，设置该罪的目的在于避免较低程度的侵犯行为演变为较为严重的身体伤害。对他人的身体不法使用物理力量，就是暴行罪中的暴行。②

我国刑法中没有与英国刑法中的威胁罪与殴打罪，以及日本刑法中的暴行罪相对应的罪名。刑法的最终目的是通过惩罚犯罪来预防犯罪，威胁罪与殴打罪的设置与刑法预防犯罪的功能相一致；即便其在司法实践中没有广泛应用，但其规定会深刻地影响公众的日常生活，进而避免更严重违法犯罪行为的发生。英国刑法中的威胁罪、殴打罪、伤害罪、严重侵害人身罪等非致命人身伤害的罪名呈现出一种循序渐进的刑事立法模式，可以很好地预防更严重犯罪的发生。这种立法模式对我国刑事立法的罪名设定有极大的借鉴意义。③

3. 遗弃罪：人身权利抑或家庭关系

1979 年的刑法典将遗弃罪规定在"妨害婚姻家庭罪"一章，遗弃罪的对象限于没有独立生活能力的家庭成员，其保护法益是被害人在家庭中受抚养的权利。新刑法对遗弃罪罪状没作任何文字修改，但遗弃罪的位置

---

① [英] 罗杰·吉里：《刑法基础》（第二版影印版），武汉大学出版社 2004 年版，第 73、77 页。

② 孙运梁：《我国刑法中应当设立"暴行罪"》，《法律科学》2013 年第 3 期。

③ 刘涛涛、韩德亮：《对英国刑法中普通威胁罪和殴打罪的思考》，《河南司法警官职业学院学报》2009 年第 3 期。

调整到了侵犯公民人身权利、民主权利罪一章，保护法益不再限于家庭成员的受扶养的权利，而是需要扶助的人的受扶助的权利；遗弃罪的对象不再限于家庭成员，而是年老、年幼、患病或者其他没有独立生活能力的需要扶助的人。① 旧刑法条文的法益受妨害婚姻家庭罪类罪名的限定，但新的刑法条文无此限定，法条本身也没有规定遗弃罪的对象是家庭成员。法条中"负有扶养义务而拒绝扶养"的规定，并不仅限于家庭成员之间。"扶"乃扶助、扶持，"扶养"，乃扶持、养活，对需要救助的人进行帮助，均可称为扶养。《婚姻法》第 20 条规定夫妻有互相扶养的义务，如果对上述规定做狭隘的理解，则扶养仅限于夫妻间的扶养，遗弃罪仅限于夫妻之间。如果立法的本意确是限于家庭成员的话，应当直接规定"对于年老、年幼、患病或者其他没有独立生活能力的家庭成员，负有扶养义务而拒绝扶养……"②

《德国刑法典》将遗弃罪规定在"侵犯他人生命的犯罪"一章中，并将遗弃罪分为两种。一种是不作为的遗弃，另一种是作为形式的移置，即将他人置于无援状态。具有保护责任的人，其遗弃行为可以是上述任何一种；没有保护责任的人，只在后一种情况下成立遗弃罪。无论哪种情形，都不要求行为人与被害人属于家庭成员关系。遗弃罪与杀人罪的区别在于，前者给被害人的生命造成危险，后者剥夺被害人的生命。日本刑法的规定与德国刑法类似。《日本刑法典》第 217 条规定，遗弃因年老、年幼、身体障碍或者疾病而需要扶助的人的，处一年以下惩役；第 218 条规定，对于老年人、幼年人、身体障碍或者病人负有保护责任而将其遗弃，或者对其生存不进行必要保护的，处三个月以上五年以下惩役；第 219 条规定，犯前两条之罪，因而致人死伤的，与伤害罪比较，依照较重的刑罚处断。上述规定与我国刑法没有大的不同，但在日本，没有人把遗弃罪的对象理解为仅限于家庭成员，凡是年老、年幼、疾病、身体障碍需要扶助的人均是遗弃罪的对象。

从法理上讲，遗弃罪可以划分为两大类，一类是传统的遗弃家庭成员罪，另一类是遗弃特定对象罪。前者应归入妨害婚姻家庭罪，后者应归入侵犯人身罪。遗弃罪中的扶养义务的范围不可随意扩大，不可将持续性的

---

① 温文治、陈洪兵：《对重婚罪的重新解读——兼对妨害婚姻、家庭罪整体搬迁之利弊分析》，《安徽大学学报》（哲学社会科学版）2005 年第 1 期。

② 张明楷：《法益初论》，中国政法大学出版社 2000 年版，第 229—233 页。

扶养义务等同于一次性的救助义务。例如，在某甲交通肇事撞伤被害人后，拦下一辆出租车假装要送被害人到医院救治，中途肇事者借口溜掉，独自将被害人留在别人的出租车上，出租车司机发现被人利用后，将被害人搬下车后迅速独自离去，致使被害人因得不到及时救治而死亡的情形中，有论者认为，出租车行业是公共行业，出租车司机发现处于其车上的被害者奄奄一息时，负有救助义务而不救助，应构成遗弃罪。类似情形还包括，过错完全在于行人的交通事故中，行人受伤，司机逃走导致受伤者延误治疗，应以遗弃罪追究司机的刑事责任；医生仅因病人交不起就诊费而将其拒之门外，导致病人因延误治疗而死亡的情况下，也成立遗弃罪。笔者认为，这些情形属于一般的不作为犯罪，显然不能认定为具有特殊作为义务的遗弃罪。同理，虐待罪也应做此种划分，虐待家庭成员与虐待被监管人员分属妨害婚姻家庭罪和妨害司法罪，虐待被监护、看护人罪则属于侵犯人身权利罪。

（二）侵犯财产罪

1. 侵占罪

《日本刑法典》第38章规定的侵占罪包括三种类型，即第252条普通侵占（侵占自己占有的他人的财物）、第253条业务侵占（侵占在业务上由自己占有的他人的财物）以及第254条侵占脱离占有物（侵占遗失物、漂流物或者其他脱离占有的他人的财物）。在《德国刑法典》中，侵占罪首先是作为对盗窃罪等财产犯罪的补充而存在。该法第246条第1款规定，"行为人使自己或者第三者违法地占有他人可移动的物品的，处三年以下的自由刑或者金钱刑，如果该行为没有在其他的规定中被用更重的刑罚加以威吓的话"。侵占罪自身所固有的特点，则在该条第2款的规定中得以充分体现："如果在第1款的情形中物品是被委托给行为人的，那么，处五年以下的自由刑或者金钱刑。"《法国刑法典》没有侵占罪的名称，但其第四章"侵吞财产罪"第一节"滥用他人信任罪"包含了侵占罪的内容，即"某人损害他人利益，侵吞交付其手中以及接受并负责予以归还、送返或派作特定用途之资金、有价证券或者其他任何财物的行为"。可见，在西方刑法中，狭义的侵占罪最显著的特征是侵吞已处于自己占有之下的他人财物；广义的侵占罪即侵占型犯罪，则由普通侵占罪、业务侵占罪及公务侵占罪等行为特征相似的具体犯罪组成。按照行为人对财物持有的原因，侵占罪通常被分为信托侵占罪、业务侵占罪、公务侵占罪和侵占遗失物、埋藏物、漂流物等罪。

中国大陆刑法中的侵占型犯罪包括（1）普通侵占罪，即侵占罪（第270条第1款）；（2）侵占脱离占有物罪，即侵占遗忘物、埋藏物罪（第270条第2款）；（3）特殊侵占罪，即职务侵占罪（第271条）及贪污罪（第382条）。《澳门刑法典》深受大陆法系的影响，侵占型犯罪规定在分则第2编"侵犯财产罪"第2章"侵犯所有权罪"和第5编"妨害本地区罪"第5章"执行公共职务时所犯之罪"第3节"公务上之侵占"中，具体包括：（1）普通侵占罪，即侵占动产罪（第199条第1—4款）及侵占不动产罪（第209条）；（2）侵占脱离占有物罪，即侵占拾得物、发现物罪（第200条第2款）；（3）侵占意外获取物罪（第200条第1款）；（4）特殊侵占罪，即业务侵占罪（第199条第5款）及公务侵占罪（第340条）。从犯罪分类上看，我国澳门地区刑法与大陆地区刑法有相似之处，都将侵占型犯罪分为侵犯财产犯罪和职务犯罪两类。普通侵占罪和业务侵占罪都被归入侵犯财产犯罪一类，公务侵占罪或贪污罪被归入职务犯罪，采用的是客体（法益）分类法而非行为分类法。从行为特征看，澳门地区刑法中各种侵占型犯罪具有更多的相似性，属于典型的、真正意义上的"侵占"，而大陆地区刑法中的职务侵占罪和贪污罪在行为方式上除包括侵吞（即侵占）外，还有窃取、骗取以及其他手段，与侵占的含义不完全一致。[①]

2. 赃物罪

赃物罪，通常是指对财产犯罪中所获取的财物予以收受、转移、寄藏、故意买卖的行为，但各国对赃物罪的意图和对象的规定不尽相同。《法国刑法典》第321-1条规定，"窝藏赃物罪是指明知物品为犯重罪或轻罪所得而隐匿、持有或转移该物，或者充当中间人转移该物之行为。无论采取任何手段，知情而故意从重罪或轻罪所得产物中获取利益之行为，亦构成窝藏赃物罪。"《德国刑法典》第259条规定，窝赃罪指行为人为了使自己或者第三者获利，购买或者使自己或者第三者得到、销售或者帮助销售他人盗窃的或者其他通过对他人的财产所实施的违法行为所获得的物品的行为。《日本刑法典》第256条的规定，赃物罪指无偿收受盗窃的

[①] 余高能：《澳门与大陆侵占型犯罪立法比较》，《云南大学学报》（法学版）2001年第2期。

物品或其他财产犯罪行为所得之物,以及搬运、保管、有偿收受上述物品,或者就该物的有偿处分进行斡旋的行为。

赃物罪最初被视为财产犯罪的事后共犯,近代以来才被作为独立的犯罪类型加以规定。赃物罪与财产犯罪相伴而生,正是赃物罪的存在,使得财产犯罪能够更加便捷地实施。基于赃物罪这种附属于财产犯罪的特点,西方刑法大多将其归入侵犯财产罪。例如,《法国刑法典》将赃物罪归入第三卷"侵犯财产之重罪与轻罪"第二编"其他侵犯财产罪"之中;《德国刑法典》将其归入第21章"庇护和窝赃",紧随"抢劫和勒索"而先于"诈骗和背任"。关于赃物犯罪的本质,大陆法系国家主要有追求权说和违法状态维持说两种学说。前者以造成所有者对物品实现追求权的困难,或者使被害人难以或无法行使返还请求权为重点;[①] 后者则认为,赃物罪是维持本犯的行为所造成的违法财产状态的犯罪,其保护法益是适法的财产状态。[②]

在中国刑法中,赃物罪主要指掩饰、隐瞒犯罪所得、犯罪所得收益罪。与西方刑法不同,中国刑法将掩饰、隐瞒犯罪所得、犯罪所得收益罪归入"妨害社会管理秩序罪"中的"妨害司法罪"中,认为该罪侵害的主要客体是司法活动。这尽管没有否认该罪侵犯财产权利的本质,但显然将后者视为次要的保护客体。《俄罗斯联邦刑法典》则将赃物罪归入第22章"经济活动领域的犯罪",将其本质视为对正常经济秩序的破坏。

(三) 妨害社会管理秩序罪

妨害社会管理秩序罪是中国刑法分则的一大特色,该章像个大口袋,将其他各章难以包容的犯罪尽收其中。由于该章罪的名称过于笼统空泛,对于构成要件的解释缺乏指导意义。该章包含了各种各样犯罪的客体,这些客体之间的相互关系并不密切,导致自身结构体系的紊乱。首先,各节侵犯的法益相差悬殊,缺乏共通性。第一节的犯罪客体,既有国家执法权力、国家机关威信,又有社会公共秩序、政治活动秩序和社会风尚;第二节的犯罪客体主要是司法机关正常活动,但也包含监管行为;第三节的犯罪客体仅包括国(边)境管理;第四节的犯罪客体主要是公共卫生;第五节的犯罪客体是国家资源保护;第六节的犯罪客体是对毒品的管制;第

---

① [日] 木村龟二:《刑法学词典》,顾肖荣译,上海翻译出版公司1991年版,第736页。
② 张明楷:《外国刑法纲要》,清华大学出版社1999年版,第658页。

七节和第八节的犯罪客体是社会风俗以及性健康。这当中既有社会法益又有国家法益，罪名之间缺乏密切的内在联系。其次，该章将根据客体的性质可以分解到其他类罪的犯罪作为同一类型吸纳进来，显得十分混乱。①

妨害社会管理秩序罪通常被界定为妨害国家机关对社会的管理活动，破坏社会秩序、情节严重的行为。这种定义存在两大不足：（1）该定义不能完全涵盖其内容。不能将妨害国家机关对社会的管理活动与破坏社会秩序理解为因果关系，而应理解为平行关系，否则，就模糊了国家权力运行与社会秩序的关系。任何社会秩序都必须依赖于国家权力的介入，对社会秩序的理解，应立足于它原本的含义。此外，国家司法机关的活动既不属于一般社会秩序的范畴，也不属于国家机关对社会的管理活动。对社会秩序的管理功能，是国家权力机关赋予行政机关的职能的发挥；司法机关独立于行政机关，不具有管理社会的功能。（2）该定义本身具有模糊性。社会秩序是一个含义极其丰富的术语，广义的社会秩序包括国家政治秩序、经济秩序、生活秩序、生产秩序、教学和科研秩序等，可以认为刑法的目的就在于维护广义的社会秩序的稳定性。狭义的社会秩序则不包括政治秩序、经济秩序，但它仍然具有丰富的含义，包容的内容极广泛。刑法保护的重心应置于社会秩序本身，而非对于社会秩序的管理活动，社会秩序的管理活动是维持社会秩序的手段，具有强制推行的权力，具有与社会秩序不相一致的特性，一个属于国家法益，一个属于社会法益。将针对管理主体的直接妨害行为纳入该章是存在问题的。妨害公务罪、煽动暴力抗拒法律实施罪、招摇撞骗罪、聚众冲击国家机关罪等针对社会秩序管理的犯罪，不宜纳入本类罪中。②

"社会管理的基本任务包括协调社会关系、规范社会行为、解决社会问题、化解社会矛盾、促进社会公正、应对社会风险、保持社会稳定等方面。"③ 但是，"社会管理"的概念极少在法规范意义上得以解析。法规范中的社会管理概念是在狭义上使用，具有弱经济性、弱政治性乃至非经济性、非政治性的特征，主要是在消极语境中使用，管制色彩浓厚；法规范

---

① 张胜前、童德华：《论妨害社会管理秩序类罪立法结构存在的问题》，《江西公安专科学校学报》2001年第1期。

② 同上。

③ 邓联繁：《〈社会管理概念的法规范分析〉续篇——以比较为重点》，《法学论坛》2013年第1期。

中的社会管理概念与社会管理创新语境下的社会管理概念有较大差别，不同法规范中的社会管理概念也有差异。社会管理法治化是社会管理创新的必由之路，它呼唤认真对待作为法律概念的社会管理。①

西方刑法中没有中国刑法中所谓的妨害社会管理秩序罪，只有含义相对明确的危害公共管理罪。危害公共管理罪主要包括两大类，一类是普通人危害公共管理的犯罪，如妨害公务罪等；另一类是公职人员危害公共管理的犯罪，如贿赂罪以及其他渎职罪。从立法技术与立法价值的融通性、连贯性角度考虑，有必要对妨害司法罪、危害公共卫生罪、破坏环境资源罪等在刑法中的位置予以检讨。国外立法将国家的司法权视为国家权力，一般多集中规定在妨害国家权力犯罪的章节中；将国家权力置于社会管理权力中，虽然使其具体化，但明显削弱了它作为国家权力的意义。危害公共卫生罪危害到不特定的对象，将其规定在妨害社会管理秩序罪中也似有不妥。②

（四）危害公共信用罪

伪造货币、伪造文书等伪造型犯罪在西方刑法中被视为危害公共信用的犯罪，而在我国刑法分则中没有危害公共信用这一立法类型，伪造货币的行为被归入破坏经济秩序罪，而伪造文书的犯罪被归入妨害社会管理秩序罪。我国刑法理论认为伪造公文罪的客体是"国在机关的正常管理活动和信誉"，但"国家机关的正常管理活动"的内容既抽象又宽泛，需要具体化。经济秩序的概念则过于笼统、抽象，与之相比，公共信用的概念更为准确具体。

危害公共信用犯罪的立法模式主要有集中式、相对集中式和分散式三种。③ 集中式是指刑法典将伪造类犯罪集中规定在刑法分则的某一部分，这种立法模式又可分三种情况。第一种是以法益为归类基础的集中式立法模式，如《意大利刑法典》在重罪分则第7章规定了"侵犯公共信义罪"，包括伪造货币、公共信用票据和印花的犯罪，伪造印章或者用于认证、证明或承认的证书或标记，文书作假及人身作假；《法国刑法典》在第4卷第4编中规定了"妨害公众信任罪"，包括伪造文书罪、伪造货币

---

① 邓联繁：《社会管理概念的法规范分析》，《中国法学》2012年第2期。

② 张胜前、童德华：《论妨害社会管理秩序类罪立法结构存在的问题》，《江西公安专科学校学报》2001年第1期。

③ 罗开卷：《市场信用的刑法保护研究》，博士学位论文，吉林大学，2008年。

罪、伪造公共机关发行的证券或其他有价信用证券罪及伪造权力机关之标志罪。第二种是以伪造行为作为归类基础的集中式立法模式，如《瑞典刑法典》第14章以伪造罪为标题规定的伪造文书罪、伪造签名罪、伪造货币罪、伪造印记罪、伪造固定标记罪和非法经销伪造物罪；《澳门刑法典》第4编第2章以伪造罪为标题规定的伪造文件类犯罪，伪造货币、债权证券及印花票证类犯罪，伪造压印、条码及相关物件类犯罪。第三种是简单地将几类伪造类犯罪集中地规定于刑法分则某一部分的集中式立法模式，如《日本刑法典》第16—19章连续规定的伪造货币罪、伪造文书罪、伪造有价证券罪、有关支付用磁卡电磁记录的犯罪及伪造印章罪；《奥地利刑法典》第12章"伪造文书和证据的应受刑罚处罚的行为"和第13章"针对金钱交易、有价证券和有价票证的应受刑罚处罚的行为"；《瑞士刑法典》第10章"伪造货币、官方之有价证券、官方标志、度量衡的犯罪"以及第11章"伪造文书的犯罪"；《挪威刑法典》在重罪部分规定的伪造货币的犯罪（第17章）、伪造文件的犯罪（第18章）；《韩国刑法典》第18—21章规定的妨害通货罪，妨害有价证券、邮票与印花罪，妨害文书罪及妨害印章罪；我国台湾地区"刑法典"第12章规定的伪造货币罪、第13章规定的伪造有价证券罪、第14章规定的伪造度量衡罪、第15章规定的伪造文书印文罪，等等。

相对集中式是先将伪造类犯罪分为几类，然后根据每类伪造犯罪所体现的客体或所侵害的法益不同而置于刑法分则不同位置的立法模式。这种立法模式以《德国刑法典》为代表，其将伪造货币和有价证券罪置于分则的第8章，而将伪造文书罪置于第23章。在英国刑法中，伪造文书罪（Forgery）具有特定的含义：根据英国1981年《伪造文书罪法》第1条的规定，伪造罪是指以行为人或第三人将要使用的意图制作虚假文书，并诱使他人作为真实版本予以接受，使他人因该接受行为而实施或不实施某种行为，从而损害接受者本人或其他人利益的行为。伪造文书与伪造货币或商品（Counterfeiting）属于不同的罪名，两者不容混淆。

分散式是指刑法典没有将伪造类犯罪进行集中或相对集中的规定，而是将各种不同的伪造犯罪分别置于刑法分则的不同位置的立法模式。这种模式以俄罗斯刑法和我国刑法为代表。《俄罗斯联邦刑法典》第19章"侵犯公民与个人的宪法权利和自由罪"中的伪造选举证、公民投票证罪（第142条），第22章"经济领域活动罪"中的破坏国家检验标识的制作与使用规定罪（第181条）、制造或销售伪造的钱币（假币）或有价证券罪（第186条）、制造或销售伪造的信用卡或结算卡或其他支付凭证罪（第187条），第30章"侵害国家权力、国家公职利益和地方自治机关公职利益罪"中的职务性造假罪（第292条），第32章"违反管理秩序罪"中的伪造或毁灭交通运输工具识别码罪（第326条）、伪造、制作或者销售假造证件、国家奖励物品、图鉴、印章、票据表格罪（第327条）、制作、销售或者使用伪造的消费税税票、专有标志或相应标识罪（第327条副1条）均属伪造类犯罪。我国刑法第3章"破坏社会主义市场经济秩序罪"中的伪造货币罪，出售、购买、运输假币罪，金融工作人员购买假币、以假币换取货币罪，持有、使用假币罪，变造货币罪，伪造、变造、转让金融机构经营许可证罪，伪造、变造金融票证罪，伪造、变造国家有价证券罪，伪造、变造股票、公司、企业债券罪，伪造、出售伪造的增值税专用发票罪，非法购买增值税专用发票、购买伪造的增值税专用发票罪，非法制造、销售非法制造的注册商标标识罪，伪造、倒卖伪造的有价票证罪；第6章"妨害社会管理秩序罪"中的伪造、变造、买卖国家机关公文、证件、印章罪，伪造公司、企业、事业单位、人民团体印章罪，伪造、变造居民身份证罪，伪造证据罪，提供伪造、变造的出入境证件罪；第7章"危害国防利益罪"中的伪造、变造、买卖武装部队公文、证件、印章罪等也属于伪造类的犯罪。

  在以上三种立法模式中，集中式立法模式侧重于保护公共信用与交易安全，强调所有伪造类犯罪都侵犯了公共信用这一法益。这种立法模式，注意到了伪造类犯罪的共同性质，给人一目了然之感，为司法实践提供了科学应用的指南。相对集中式立法模式一方面注重到伪造类犯罪一些共同特质而将相关的伪造犯罪集中规定在一起，另一方面又侧重伪造类犯罪所侵犯的其他法益而将不同类型的伪造犯罪分别置于刑法分则的不同位置。相对集中式立法模式力图两者兼顾，但将具有共同特质的伪造类犯罪人为地割裂开来予以分别规定，破坏了该类犯罪的整体性。分散式立法模式，仅仅是各种具体伪造犯罪不同行为客体所体现出来的具体社会关系即所侵犯的法益，这种法益并不被理解为社会的公共信用与交易安全，而是被理解为国家的某种经济秩序或管理秩序。分散式立法模式的不合理之处有三：一是没有在立法中揭示伪造类犯罪的共性——共同侵犯了社会的公共信用与交易安全，二是以国家为本位的刑法观忽视了社会权利在刑事立法中的基础性作用，三是不便于理论上的研究和司法实践的正确适用。①

我国刑法虽然对危害公共信用的货币、有价证券、文书等犯罪做出了规定，但是其立法设置不尽合理。主要表现在以下六个方面：一是立法规定不集中，显得非常凌乱。分散式立法方式，全然不顾伪造类犯罪的共性，将其掺杂规定于其他犯罪中，不利于刑法理论研究和刑事司法实践。二是犯罪客体的定位不准确。传统刑法理论认为公共信用犯罪侵害的是国家的金融管理秩序或社会管理秩序，而忽视被伪造对象在社会生活和交易安全方面的公共信用，表明我国刑法仍然是以国家为本位，忽视社会权利在刑事立法中的基础性作用。三是行为客体不周延。我国刑法没有规定伪造度量衡等欺诈消费者的犯罪。四是没有突出主观目的因素。世界上大多数国家和地区刑法将伪造类犯罪规定为目的犯，有的以流通为目的、有的以行使为目的、有的以欺骗为目的等，我国刑法有必要增加此因素，以减少理论和实践中不必要的纷争。五是对域外行为客体缺乏一同适用的明确规定。无论是伪造本国的还是外国的公共信用物品，都会引起严重的社会危害性，明确规定对域外行为客体的伪造同样适用我国刑法规定，这样不仅与国际接轨而且符合国际社会共同打击伪造犯罪的需要。六是一些罪名的设置还存在缺陷，例如购买伪造货币罪中的"购买"，应借鉴域外刑法，以"取得"加以替代，等等。②

（五）赌博罪：道德秩序抑或国家利益

关于赌博罪的保护法益，传统理论主要有两种观点，第一种观点认为赌博罪侵犯的是社会法益。一方面，赌博败坏了社会的善良风俗，助长了不劳而获的思想和侥幸心理，破坏勤奋或者通过劳动取得财产的健全生活方式，降低了人们的劳动愿望，极大地损害了勤劳致富的经济风俗乃至一国健全的经济机能；另一方面，赌博容易诱发盗窃、抢劫、诈欺、伤害甚至杀人等行为，导致"二次犯罪"，破坏社会安全或社会管理。第二种观点认为赌博罪侵犯的法益是个人财产安全。一方面，赌博原本只是处分自己的财产，但是纵赌容易使人沉迷忘返、挥霍无度；另一方面，开设赌场或参与赌博都是意欲损害他人而使自己获利，会制造一种使他人失去财产的危险。赌博的举办者制造了一个使赌博参与者失去财产的危险；而赌博

---

① 罗开卷：《市场信用的刑法保护研究》，博士学位论文，吉林大学，2008年。

② 同上

参与者则制造了一个使其他参与者失去财产的危险（而不是造成对于自己的危险）。①

上述观点值得商榷。首先，纯粹违反道德的行为所侵害的不是法益。勤奋的或者健全的国民生活方式，属于道德或经济伦理的范畴，缺乏客观的衡量标准，不能构成刑法所承认的法益。② 法律并不禁止任何人获得利益，只是禁止通过损害他人而获得利益。赌博在本质上属于个人依其意志处分私有财产的行为，在赌博中获利并不会对他人法益造成侵害。如通过在赌博中使诈取胜，非法获取他人财物，应以诈骗罪论处，而不是处罚赌博的行为。其次，"二次犯罪"说经不起推敲。赌博行为与其所引发的二次犯罪之间并不存在必然的因果关系，与其说赌博犯罪有可能诱发其他犯罪，不如说这是大部分犯罪行为都具有的共同特征。刑法不能以未然的事实为评价对象，对某种犯罪行为科以刑罚，只能以该行为实际造成的法益侵害或危险的程度作为处罚的标准。对赌博行为和"二次犯罪"行为应分别评价，不应该把后一个犯罪行为和赌博行为混为一谈。即便基于两者之间的盖然性而考虑刑法前置化，但是赌博连二次犯罪的预备犯都够不上。最后，赌博侵犯个人财产的观点也难以成立。基于自我负责原则，参与赌博的人对于赌博的射幸性与风险有所了解仍决定参与，应自己承担该风险。

英国、澳门等实行"赌博合法化"的国家和地区也设有赌博罪，但其设立的赌博罪不是刑事犯，而是行政犯。英国视赌博为休闲活动，但对于未经许可的赌博则以刑法典之外的《赌博法》（Gambling Act 2005）来处罚。在这些国家和地区，赌博罪惩罚的重点不是"赌博"，而是形式上的法律不服从，即侵害了行政上的"许可"制度。赌博罪的保护法益是国家对博彩业的专营权，属国家法益。规定赌博罪的直接目的是国家要控制赌博，具有警察法或秩序法的性质。③ 国家基于什么样的理由"许可"或"不许可"赌博，不再基于伦理非难，而是从一定的行政管理目标出发，其中最主要的是为了增加政府的财政收入。鉴于国家法益具有权威主

---

① 贾学胜：《赌博罪的法益求证》，《法治论坛》2007年第3期。
② 曹菲：《赌博罪保护法益新探与罪名重构》，载李洁主编《和谐社会的刑法现实问题：中国刑法学年会文集（2007年度）》（下卷），中国人民公安大学出版社2007年版，第1697—1706页。
③ 黄河：《大陆法系国家赌博罪之比较》，《云南大学学报》（法学版）2003年第4期。

义的性质，设立行政犯赌博罪必须注意其与个人法益和社会法益的关系。国家法益必须能具体还原为个人法益的保护，因"许可"赌博而获得财政收入必须"用之于民"才能最终具备合法性。

（六）危害国家利益罪：二分法与三分法

西方刑法一般将针对国家法益的犯罪分为两类，即针对国家存立的犯罪和针对国家作用的犯罪。前者主要包括内乱罪、外患罪以及妨害国家关系的犯罪；后者包括一般国民从外部侵害国家作用的犯罪与公务员从内部侵害国家作用的犯罪。[1] 针对国家存立的犯罪可以分为针对国家内部秩序的犯罪和针对国家外部秩序的犯罪。针对国家内部秩序的犯罪，是指以非法的方法，推翻政府、危害宪政秩序或割据领土、分裂国家等破坏国家内部统治秩序的行为，其侵害的法益是国家内部安全与宪法秩序以及领土完整；针对国家外部秩序的犯罪，是指破坏国家外部存在条件，危及国家在国际政治社会上独立自主地位的犯罪行为，可大致分为军事外患罪（狭义的外患罪）、有关国防秘密之外患罪、有关外交之外患罪。针对国家作用的犯罪在各国刑法中都有规定，但由于立法技术以及习惯等不同而在罪刑设计上存在一定差异。根据德国、日本、意大利、法国、瑞士、奥地利、韩国等国的立法例，可将这类犯罪分为四种，即妨害选举与侵害立法机关的犯罪、妨害公务的犯罪、妨害司法的犯罪和渎职罪。[2]

中国刑法中所规定的侵犯国家法益的犯罪主要有危害国家安全罪、危害国防利益罪和军人违反职责罪三大类，分别涉及国家安全、国防利益与军事利益。危害国家安全罪、危害国防利益罪和军人违反职责罪三章并未连续规定在一起，也未做进一步的分类，缺乏体系性和层次性。其中的危害国家安全罪，指故意实施危害中华人民共和国国家利益、安全和生存的行为，包括12个具体罪名。《德国刑法典》没有"危害国家安全罪"这一类罪名，相应的犯罪被划分为危害国家存在、安全与宪法原则三类，包含23个具体罪名，分别规定在分则第一章"危害和平、叛乱、危害民主法治国家的犯罪"与第二章"叛国罪和外患罪"中。中德两国刑法关于危害国家安全犯罪立法规定的不同点表现为两个方面：首先，对法益分类的粗细不同。中国刑法对危害国家安全犯罪分类比较粗略，只归纳为一大

---

[1] 张明楷：《外国刑法纲要》，清华大学出版社1999年版，第738页。
[2] 参见赵秉志《外国刑法各论（大陆法系）》，中国人民大学出版社2006年版，第406、412页。

类犯罪；《德国刑法典》则划分得比较细致。其次，对类罪名的设置不同。中国刑法将这类危害国家存在与发展的最根本利益的犯罪称为"危害国家安全罪"；德国刑法将这类危害国家存在与发展的犯罪概称为危害和平、叛乱、危害民主法治国家的犯罪，叛国罪和外患罪三个类罪名。中德刑法不仅在危害国家安全罪的分类及类罪名上有差异，在具体罪名的设置上，德国刑法也比中国刑法细致得多。德国刑法确立的"危害和平罪"与"危害民主法治国家罪"两个罪名，值得中国刑法借鉴；中国刑法将侮辱、诽谤国家领导人及国旗、国徽的行为予以普通刑事化评价，德国刑法则将此类行为视为危害国家利益的犯罪，在法律评价上显得更为合适。[①] 与此同时，两国刑法在对危害国家安全罪的分类方面具有两点相同之处：首先，犯罪分类的依据大体相同。中国刑法对犯罪的分类主要根据犯罪行为所侵犯的客体，德国刑法中犯罪分类的主要依据是犯罪行为所侵犯的法益。其次，犯罪排列的顺序大体相同。中国刑法将危害国家安全罪列于10大类犯罪的首位，德国刑法也将上述两类罪排列在各类犯罪的首位。

三 立法技术比较

在立法模式上，西方刑法大多采用特别刑法与普通刑法分立的方式，军事犯罪及国际犯罪大多单独立法，不包含在刑法典之中。就军事犯罪而言，德国和意大利制定有专门的军事刑法典，法国将军事犯罪规定在军事法之中，俄罗斯则在刑法典中设专章加以规定。就国际犯罪而言，法国、俄罗斯等国在刑法典分则直接规定了具体罪名；德国与意大利则在刑法典总则中加以明确；中国刑法则采用统一模式，刑法典包罗万象，面面俱到。

在立法体例上，中西方刑法分则也存在一些明显的差别。（1）篇章设置的多层次结构与单一结构。《法国刑法典》是采用多层次结构的典型，在编排体例上，统一采用卷、编、章、节的多层次编排方式，针对某些类罪如战争罪、反人类及人种罪还额外增加了副卷、副编等层次。我国刑法典分则基本上属于单一结构，除第三章和第六章之外，其余各章均分

[①] 阮方民：《中德危害国家安全犯罪比较研究》，《浙江大学学报》（人文社会科学版）2005年第2期。

节。(2) 大章制与小章制。西方刑法多采用小章制,《日本刑法典》是采用小章制的典型,我国刑法典分则明显采用大章制。(3) 立法明示式罪名、司法解释式罪名与司法推理式罪名。西方刑法大多采用立法明示式罪名。一般在分则各条之首设置标题,简要概括本条所规定的犯罪名称或主要内容。1997 年修订刑法典之前,中国刑法采用司法推理式罪名,新刑法则采用司法解释式罪名。

在刑法分则的微观层面上,德国刑法中构成要件群的设置颇具特色。构成要件群通过区分基本犯（Grunddelikt）、变形犯（Abwandlung）及独立犯（eigenständiges Delikt）来理顺某些较为复杂的犯罪如盗窃罪、杀人罪以及贿赂罪等犯罪内部的各种不同情形。[1] 基本犯的构成要件是原始的构成要件,变形犯指加重犯的加重构成（qualifizierende Tatbestand）和减轻犯的减轻构成（privilegierende Tatbestand）,属于非独立的变形（unselbstständige Abwandlung）,而独立犯则属于独立的变形（verselbstständigte Abwandlung）。对于盗窃罪而言,《德国刑法典》第 242 条规定的是盗窃罪基本犯的构成;第 243 条规定的是基本犯情节特别严重的各种情形;第 244 条及第 244a 条规定的是加重犯的构成,包括携带凶器盗窃、结伙盗窃、侵入住宅盗窃,以及严重的结伙盗窃;第 247 条及第 248a 条规定的是减轻犯的构成,包括家庭内的盗窃及价值很小的物品的盗窃;第 252 条及第 248c 条的规定则属于独立犯,包括盗窃后使用暴力抗拒抓捕及盗用电力。[2] 对于故意杀人罪而言,第 212 条规定的是基本犯;第 213 条规定的是基本犯的减轻情节;第 211 条规定的是加重犯,即谋杀罪;第 216 条规定的是减轻犯,即受嘱托杀人罪;第 222 条规定的过失杀人则属于独立犯。对于贿赂罪而言,作案次数、犯罪数额、特定对象、特定事项、所造成的社会影响或经济损失等因素可以作为贿赂犯罪的严重情节加以规定,而是否接受请托及违背职责等则应作为变形犯加以规定。至于法官等司法人员身份,法国刑法和意大利刑法因此设置了独立的罪名,德国刑法则将其作为加重法定刑的情节对待。

---

[1] 参见 [德] 汉斯·海因里希·耶赛克、托马斯·魏根特《德国刑法教科书》,徐久生译,中国法制出版社 2001 年版,第 326—328 页。

[2] Wessels/Beulke, Strafrecht Allgemeiner Teil, 41. Auflage, 2011, C. F. Müller, S. 42.

第八章

中国刑法分则体系的问题与缺陷

第一节 刑法观念问题

一 权力强制过度，权益保障不足

我国的刑事立法长期受权力中心主义的传统刑法观的支配，其显著特征是刑法工具论和刑法万能论。刑法工具论将刑法的宗旨定位于维护国家（或统治者）的利益，"刀把子"刑法观念是刑法工具论的突出表现，它片面强调打击犯罪，淡化甚至忽视权利保护，使刑法沦为阶级专政、惩罚犯罪人的工具，其实质是刑法功能的单一化。刑法工具论弱化了刑法的人权保障功能，国家关注的是怎样通过刑法来约束公民的行为，保障社会的安定有序和统治秩序的稳定，至于国家在行使刑罚权时，应受什么样的约束，如何保障公民个人权利不受国家侵犯，则不被重视。刑法万能论则导致刑罚权的过度扩张，只要社会生活中出现新的危害行为，立法的第一反应就是予以犯罪化，给予沉重打击，使得刑法的适用范围不断扩大。[①]

在传统刑法观念的影响下，近些年我国刑事立法中犯罪化占据了绝对主流的位置，犯罪圈不断扩大，主要表现为罪名的增加和罪状的扩展。《关于惩治骗购外汇、逃汇和非法买卖外汇犯罪的决定》增设了1个罪名；《刑法修正案》增加了5个罪名，《刑法修正案（二）》将非法占用耕地罪修改为非法占用农用地罪，把原有的"耕地"扩大为"耕地、林地等农用地"，扩大了犯罪处罚的范围；《刑法修正案（三）》增加了资助恐怖活动罪、投放虚假危险物质罪，并在盗窃、抢夺枪支、弹药、爆炸物罪中增加了危险物质，罪名变更为"盗窃、抢夺枪支、弹药、爆炸物、

[①] 宋茂荣、刘再辉：《和谐之美的刑法底蕴——论刑法观念的转变与构建和谐社会的关系》，《重庆工商大学学报》（社会科学版）2006年第3期。

危险物质罪",在抢劫枪支、弹药、爆炸物罪中增加了危险物质,罪名也相应变更为"抢劫枪支、弹药、爆炸物、危险物质罪",将"非法买卖、运输核材料罪"改为"非法制造、买卖、运输、储存危险物质罪",犯罪对象增加,犯罪圈扩大;《刑法修正案(四)》将走私固体废物罪改为"走私废物罪",非法采伐、毁坏珍贵树木罪改为"非法采伐、毁坏国家重点保护植物罪",非法收购盗伐、滥伐的林木罪改为"非法收购、运输盗伐、滥伐的林木罪",并增加了4个罪名;《刑法修正案(五)》增加了3个罪名;《刑法修正案(六)》增加了20个罪名,取消了8个罪名;《刑法修正案(七)》新增13个罪名,取消了4个罪名;《刑法修正案(八)》新增10个罪名,取消了3个罪名;《刑法修正案(九)》新增20个罪名;《刑法修正案(十)》新增1个罪名。

尽管我国正处于社会转型期,复杂多变的社会形势导致许多时候国家不得不以增设罪名加大打击力度的方式应付复杂的社会形势,但不能忽视的是,权力与权利体现的都是社会资源的控制能力,特定时期社会资源的总量是有限的,权力和权利的总量也是有限的,两者的发展呈现的是一种反比关系,公权的增加意味着私权的减少。刑法体现的是国家公权力,其主要手段是剥夺或限制犯罪人的人身自由,立法每确定一种行为为犯罪行为,公民就丧失一部分行动自由。在和谐社会里,公权和私权应当形成合理界分,政府的权威应被限制在共同体的利益所必需的范围内。刑法只应在其他调控手段失灵,不将某种行为规定为犯罪行为就不足以保护社会整体利益的情况下采用。以刑法强化经济管理和社会管理秩序的传统刑法观,导致刑法的不断扩张,使刑法的实效大打折扣。

二 强调管理秩序,轻视目标秩序

刑法分则在对法益的保护中,过于强调对管理秩序的保护,而轻视了对目标秩序的保障。

这突出表现在妨害社会管理秩序罪一章的设置以及其中的妨害公司、企业的管理秩序罪,破坏金融管理秩序罪,危害税收征管罪,妨害国(边)境管理罪,妨害文物管理罪等类罪和扰乱无线电通讯管理秩序等个罪的设置上。

构建环境行政管理秩序属于手段行为,其目的在于保护环境法益,违反环境保护管理秩序只是侵害环境法益的一种方式而非唯一方式。单纯强调对环境管理秩序的维护，缺乏对环境法益的独立诉求。环境管理制度仅是环境犯罪的外部社会关系，环境法益只能在人类与环境之间的互动关系上得到反映，即使是合乎行政管理秩序的活动，也存在侵害环境法益的可能性，需要在认识层面突破传统环境刑法的狭隘理解，提倡独立的环境法益观。"环境刑法不是只为了保障环境行政法，不是只关系着管理、分配与秩序问题，而是将人类自然生活空间里的种种生态形态，如水、空气、风景区以及动植物世界等，视为应予保护的法益。"① 生态环境是一种独立的社会法益，不能简单地或笼统地被概括为社会管理秩序。例如，重大环境污染事故罪直接侵害的对象是土地、水体和大气，保护的法益是国家、社会组织和个人享有的良好质量的土地、水体和大气带来的物质和精神利益，而不是国家对土地、水体和大气保护管理的正常运作状态；非法猎捕、杀害珍贵、濒危野生动物罪所侵害的对象是珍贵、濒危野生动物，保护的法益是当代及后代人因生物多样性的保持而带来的生态利益。如果仅仅是对管理秩序的破坏，不可能设置如此严厉的惩罚。

　　刑法分则将文物犯罪规定在第六章妨害社会管理秩序罪第四节妨害文物管理罪，显然是对该类犯罪的保护法益的片面与狭隘理解，因为文物犯罪侵犯的法益主要是一国甚至全人类的文化遗产，而非文物管理活动。同样，毒品犯罪被规定在妨害社会管理秩序罪之中。但是，将毒品犯罪所侵害法益归结为国家的毒品管理秩序的观点是一种毫无意义的形式主义的解读。按照这种思路，可以把杀人罪的法益界定为国家对杀人行为的管制，因为国家允许一些情况下的杀人行为，如执行死刑；国家也允许一些情况下的贩卖毒品行为，如国家低价向上瘾者提供美沙酮作为海洛因的替代品；甚至可以将盗窃罪的法益界定为国家对财产转移的管制，而财产的合法转移和取得方式则由一般民法规定；这样貌似合乎逻辑但无任何意义的结论，不能揭示犯罪的法益侵害实质。② 这是一种对毒品犯罪行为本质的形式上的认识，即贩卖毒品罪之所以为犯罪，在于其违反国家的禁止性规范；而形式上的违法性不能揭示犯罪行为的本质，犯罪本质的命题是要探究刑事违法性背后的根源或者实质；如果所有犯罪本质问题都通过揭示其形式上的不法以正立的话，就会使刑法陷入正当性危机。把对国家毒品的

---

　　① ［德］叶瑟：《环境保护——一个对刑法的挑战》，国际刑法学编《环境刑法国际学术研讨会论文辑》1992年版，第27页。

　　② 高巍：《贩卖毒品罪研究》，中国人民公安大学出版社，2007年版，第51页。

管制制度作为贩卖毒品罪的法益，是一种预设了国家具有超越个人性和优于个人性前提思想的延伸。侵害管制说或者破坏毒品管理秩序说折射出我国刑法理论中仍然存在着"义务违反说"的犯罪本质观。

管理只是手段，其目的在于维护某种特定的秩序，管理秩序并不等于特定秩序本身；强调管理秩序，实质上还是强调国家权力。特定的秩序主要地是由反映事物自身规律的内部规则而非表现为国家管理权的外部规则来调整的。要形成并维持某种良好的秩序，仅仅靠管理是远远不够的，最主要的是要保障各方主体拥有一定程度的自由和机会。保护法益的侵害管制说或者破坏管理秩序说折射出义务违反说的犯罪本质观。义务违法说是一种强调国家利益、漠视个人利益的犯罪本质论，容易与国家主义和权威主义相结合而扩大刑法权。义务违反说建立在这样一种理论基础上："国家不再表现为构成国家之个体的算术式集合，而是表现为个体、团体和阶级的结果、综合和联合，他们都具有自己的生命、自己的目的、自己的需求和利益，而根据其广度和长度，所有这些个体又超越了个体、团体和阶级的生命。而且扩展延伸至过去、现在和未来的世世代代的人身上。"[①]但是，"一切法律均是为了人的缘故制定的。制定法律的宗旨就是为了保护人们的生存利益"[②]。任何刑法都是对个人权利或者自由的剥夺或者限制，必须有充分的理由和严格的限制，不然刑法就会沦为压制工具。刑法必须从保护个人权利和自由的角度出发，与义务违反说这种以极权主义做支撑的犯罪本质理论划清界限。

三 主动防控不足，整体意识微弱

刑法分则对于法益的选择和犯罪的设置，缺乏整体观念和合理预见意识，总是头痛医头、脚痛医脚，其结果是导致刑事立法内部冲突不断、前后不一频繁、交叉重叠甚多。例如，贿赂犯罪经过刑法修正案（六）、（七）、（八）、（九）连续多次的频繁修订，每次都是被动的、局部的，缺乏系统性考量。再如，如果立法者稍有整体意识和预见性，走私固体废物罪［《刑法修正案（四）》修改为走私废物罪］，操纵证券、期货交易价格罪［《刑法修正案（六）》修改为操纵证券、期货市场罪］，走私珍

---

① ［德］拉德布鲁赫：《法哲学》，王朴译，法律出版社2005年版，第166页。
② ［德］李斯特：《德国刑法教科书》，徐久生译，法律出版社2000年版，第3页。

稀植物、珍稀植物制品罪［《刑法修正案（七）》修改为走私国家禁止进出口的货物、物品罪］，强制猥亵、侮辱妇女罪［《刑法修正案（九）》修改为强制猥亵、侮辱罪］，出售、非法提供公民个人信息罪和非法获取公民个人信息罪［《刑法修正案（九）》修改合并为侵犯公民个人信息罪］，走私制毒物品罪和非法买卖制毒物品罪［《刑法修正案（九）》修改合并为非法生产、买卖、运输制毒物品、走私制毒物品罪］等罪保护范围狭窄的缺陷，从一开始就可以避免。

　　从立法进程来看，发票犯罪的刑事立法与迅猛发展的税收违法犯罪行为相比，显得滞后与无力。常常是出现了新问题、新情况，才发现法律空白或漏洞，立法明显充当着救火队的作用，缺乏预测性和前瞻性。例如，出口退税制度实行后，大量涌现骗取出口退税违法税收行为，刑法于是设立骗取出口退税罪加以规制；1994年税制改革确立以增值税为主体的税收法律体系后，围绕增值税又产生了一批新的税收违法行为，如虚开、伪造、倒卖增值税专用发票的行为，国家针对该类犯罪发布一些刑事司法解释性文件作为权宜之计，如1994年《关于开展打击伪造、倒卖、盗窃发票专项斗争的通知》和1995年的《关于惩治虚开、伪造和非法出售增值税专用发票犯罪的决定》，增设了8种与增值税专用发票有关的新罪，并在1997年的刑法修订中予以吸收；面对普通发票的制假、售假、代开等活动对国家税收收入严重侵蚀的情况下，《刑法修正案（八）》新增虚开发票罪、持有伪造的发票罪两个罪名，将原本不受重视的虚开普通发票的行为也纳入刑法规制的范围。上述立法轨迹显示出我国目前的税收犯罪规范体系基本上处于一种被动应付的尴尬局面。① 随着电子发票的出现，改变了以往发票需要在空白票样上开具发票的传统，无论是增值税发票还是普通发票，都是在白纸上打印即可，无须税务机关统一印制票样，更无须税务机关统一发售发票，而税款抵扣、出口退税的发票审核也都会在网络后台自动比对完成。如果电子发票全面推行，伪造发票罪、持有伪造发票罪、徇私舞弊发售发票罪等将面临被虚置的可能。②

---

　　① 张书琴：《发票犯罪的立法完善探究——以〈刑法修正案（八）〉为基点》，《中国刑事法杂志》2011年第12期。
　　② 王佩芬：《伪造发票犯罪立法评析与完善》，《上海政法学院学报》（法治论丛）2018年第6期。

第二节　内容与技术缺陷

一　类罪标准不一，个罪归类不当

（一）类罪划分标准不统一，分类不彻底

刑法典分则以犯罪侵犯的同类客体为标准进行章节划分，但这一标准执行得很不彻底。1997年修订刑法时将数量众多的单行刑法整体性地移入了刑法典，但是未进行体系性协调，移入的多数法条要么突兀要么重叠，整部法典里充斥着强烈的排斥反应。[1]

经济刑法的体系没有贯彻犯罪分类的法益标准，导致破坏经济秩序罪过于宽泛。首先，走私罪一节仅关注到海关监管秩序而忽略了走私武器、弹药、核材料等危险物品的行为所具有的侵害公共安全属性，不恰当地将缺乏经济因素的行为纳入经济刑法。其次，作为经济犯罪的生产、销售伪劣商品犯罪，立法所规制的应当是滥用市场权利的生产与销售行为，以保障市场有序的竞争和消费者利益；而诸如假药，有毒、有害食品等具有生命与健康权益损害性的特殊产品的生产与销售，已超出市场经济系统的范围，食品药品安全犯罪所侵害的主要法益是公众健康而非经济秩序，也不应归入经济犯罪。有学者认为，食品安全犯罪绝不仅仅是破坏了经济秩序，不应仅将其看作经济犯罪，而应将其归入危害公共安全犯罪中。[2] 本书认为，公共卫生或公众健康并不属于公共安全，不宜将公共安全的范围任意扩大，将食品安全犯罪归入危害公共卫生罪更为恰当。再次，妨害税收征管罪侵害的法益是国家的税收制度，主要影响国家的财政收入和社会财富的再分配，妨害了国家利益和公共事务的管理，归入妨害公共管理罪更为妥当。而且，将发票犯罪完全置于危害税收征管罪之下不尽合理，除虚开发票犯罪在立法初期主要表现为涉税犯罪之外，发票犯罪的其他个罪与税收犯罪并不直接相关。伪造发票属于伪造票证类的犯罪，持有伪造的发票属于持有类犯罪，非法买卖发票属于危害管理秩序的犯罪，盗窃诈骗发票属于侵犯财产类犯罪。[3] 从域外的相关立法经验也可以看出，对于伪

---

[1] 晋涛：《论罪名的系统性调整》，《时代法学》2017年第5期。
[2] 田禾：《论中国刑事法中的食品安全犯罪及其制裁》，《江海学刊》2009年第6期。
[3] 王佩芬：《发票犯罪立法研究》，博士学位论文，华东政法大学，2015年。

造发票的犯罪,绝大多数国家都是笼统概括地通过"伪造票证罪"或"伪造文书罪"进行惩治,鲜见专门针对伪造发票进行单独设立罪名的立法例,更何况分设多个罪名。美国仅规定了"伪造文书罪"一罪,对文书概念作广义理解,不仅包括各种有价证券、取货凭证、抵押票据、飞机票、火车票等,还包括遗嘱、结婚证书、毕业文凭、推荐信、查封令、拘留状等。① 日本、德国、法国等国刑法典关于伪造类犯罪,也都规定了广义的伪造对象。我国伪造发票犯罪的频繁立法,既制造了理解与适用上的诸多分歧,又浪费了有限的立法资源。② 最后,妨害公司企业管理秩序罪一节所规定的犯罪中,既涉及公司利益又涉及行政管理,既有财产罪又有破坏经济秩序罪。将它们规定到一起,不符合法益分类的标准。

妨害婚姻家庭罪、侵犯公民民主权利罪与侵犯公民人身权利罪属于三类不同的犯罪,混杂于一章极不合理。当时的立法者出于体例上的考虑,认为妨害婚姻家庭罪作为独立的一章罪名太少,与其他各章相比显得过于单薄,将妨害婚姻、家庭罪置于侵犯公民人身权利、民主权利罪一章之中,但没有考虑到三者在法益保护上的差异。此外,将旧刑法第七章妨害婚姻、家庭罪整体搬迁至侵犯公民人身权利、民主权利罪一章中,对于除遗弃罪外的其余个罪来说均缺乏合理性。虐待罪侵犯的主要是家庭成员的平等权利;暴力干涉婚姻自由罪侵犯的是婚姻自主权;拐骗儿童罪侵犯的主要是家长的监护权;至于重婚罪,包括破坏军婚罪,根据各国的通例,其保护法益是一夫一妻制,属于典型的社会法益而非个人法益,配偶相对方的同意不能阻止本罪的成立。新刑法典的规定与世界各国所公认的重婚罪保护法益为一夫一妻制的婚姻关系相悖。设立重婚罪的主要的目的不在于保护配偶的权利,而是保护一夫一妻的婚姻制度。在重婚者的配偶出于维持家庭、有利于子女成长或者过于依赖重婚者等方面的考虑接受重婚的事实,甚至与重婚者过上了一夫多妻或者是一妻多夫的生活的情况下,如果认为重婚罪的保护法益是配偶权,重婚者就不构成重婚罪,显然与重婚罪的初衷相违背。在1979年刑法典中,重婚罪被归入第七章妨害婚姻家庭罪,其保护侵犯法益是一夫一妻制的婚姻关系。1997年修改刑法之后,该罪被归入第四章侵犯公民人身权利、民主权利罪一章之中,其保护法益

---

① 参见储槐植《美国刑法》(第3版),北京大学出版社2005年版,第190页。
② 王佩芬:《伪造发票犯罪立法评析与完善》,《上海政法学院学报》(法治论丛)2018年第6期。

不再是一夫一妻制的婚姻关系，或者说主要法益不是一夫一妻制的婚姻关系，而应是公民的人身权利。从重婚罪的法定最高刑只有二年来看，该罪的法益并不具有特别的重要性，认为可以承诺放弃，并不会严重违反法秩序和普通民众的法感情。根据2001年4月28日修订的《婚姻法》第4条关于"夫妻应当互相忠实"的规定，重婚罪所侵犯的法益是配偶要求对方在夫妻关系中忠实于自己的权利。根据《刑事诉讼法》和最高司法机关的司法解释，重婚案属于被害人有证据证明的轻微刑事案件，被害人可以直接向法院提起自诉。可以认为，由于重婚罪的主要法益是配偶在夫妻关系中要求对方忠实于自己的权利，该法益属于个人法益，被害人可以承诺放弃。配偶一方承诺对方重婚的，不构成重婚，尽管应该根据《婚姻法》第10条的规定宣告所重的婚姻无效。

破坏环境资源罪一节中规定的犯罪依据其所保护的法益包括两大类：一类以环境法益为保护目标，旨在保护生态环境的犯罪，如《刑法》第341条规定的非法猎捕、杀害珍贵、濒危野生动物罪，非法收购、运输、出售珍贵、濒危野生动物制品罪，非法狩猎罪，第344条规定的非法采伐、毁坏珍贵树木罪；另一类将人身或财产损害作为犯罪的结果要件，以财产或人身法益作为保护目标，在保护人身和财产的同时间接地保护环境法益，如第338条重大环境污染事故罪，第345条盗伐、滥伐林木罪等。将环境犯罪定位于保护个人法益及社会管理秩序，背离了保护环境法益的立法目的，实属舍本逐末。基于对个人法益之过度重视，导致不区分法益侵害逻辑顺序，不考虑不同环境要素的差别；基于对管理秩序的强烈偏好，导致与前置法之间的界限模糊，出现重合性条款、与环境法益保护无关之条款以及不当限制打击范围的条款。以保护个人法益及社会管理秩序为出发点，还导致对犯罪模式的认识走入两个极端：一是从个人法益的角度，直接以实害结果作为犯罪既遂条件，造成刑法介入滞后，风险预防功能难以发挥；二是从社会管理秩序的角度，直接将严重的行政不法行为犯罪化，忽视作为行为犯与实害犯中间地带的具体危险犯，导致符合具体危险犯条件的污染环境行为转向处罚更为严厉的投放危险物质罪或以危险方法危害公共安全罪，造成实质相同的污染环境行为产生迥异的刑事处断结果，有损法律的公平性。[①]

---

① 钱小平：《环境法益与环境犯罪司法解释之应然立场》，《社会科学》2014年第8期。

妨害社会管理秩序罪中的第八节和第九节没有以法益为标准，而是以行为方式为标准进行的分类，此两节所侵害的法益均为性风俗，应予合并。贪污贿赂罪属于渎职类犯罪，基于经济体制和政治体制等历史惯性，中国刑法中渎职犯罪采取二元立法模式，引发了无数的司法困惑。贪污贿赂罪独立成章，还割裂了与相应犯罪的关系。贪污贿赂犯罪一章与侵犯财产罪和破坏社会主义市场经济秩序罪中的许多犯罪存在归类关系或者补充关系，如贪污罪与职务侵占罪、受贿罪与非国家工作人员受贿罪。

国家安全法与刑法对危害国家安全行为的不同规定，导致理论上的争议和司法实践的困惑。1993年《国家安全法》第4条规定了危害国家安全的行为，1997年刑法分则第一章规定了危害国家安全罪，但是国家安全法中规定的危害国家安全行为与刑法中规定的危害国家安全罪在内涵和外延上有很大不同。国家安全法中规定的某些危害国家安全的行为，在刑法中却不属于危害国家安全罪，而属于妨碍社会管理罪或者渎职罪。①

军事犯罪的范围过于宽泛，且缺乏应有的体系。新刑法对军事犯罪的规定采用"并重主义"，军事犯主义得到广泛运用，导致非军人承担军事罪责的范围超出军事必要的限度。这种军事犯罪体系，不仅容易引起普通公民的恐惧心理，而且也不利于我国树立法治国家、人权保障的形象。②刑法典在第七章和第十章分别规定了危害国防利益罪和军人违反职责罪，但是缺少总体上的概括，各个具体罪名的规定中也没有体现出军事犯罪的显著特点；危害国防利益罪与军人违反职责罪中的罪名有诸多类似之处，在实践中容易引起诸多问题。③

（二）个罪归类不当

破坏广播电视设施、公用电信设施罪的罪状中虽有"危害公共安全"的用语，但是这种破坏行为不直接导致对生命、身体安全的危害，其直接后果是正常电信功能的障碍，进而影响到人们的正常生活，该罪处罚的是造成了人们正常生活混乱的行为。其所谓的"公共安全"是另外一种意义上的公共安全，即日常生活的平稳，与危害公共安全罪相去甚远。

利用极端主义破坏法律实施罪，强制穿戴宣扬恐怖主义、极端主义服

---

① 吴庆荣：《法律上国家安全概念探析》，《中国法学》2006年第4期。
② 田友方：《军事刑法若干问题的理论探讨》，《当代法学》2004年第5期。
③ 戴然：《国内外军事犯罪的立法现状梳理及对我国军事犯罪的立法建议》，《法制博览》2013年第10期。

饰、标志罪，非法持有宣扬恐怖主义、极端主义物品罪等罪也不应规定在危害公共安全罪中。这三种犯罪并不会产生危害公共安全的直接后果，即使将其视为危害公共安全罪的抽象危险犯罪也极为勉强，因这它们与公共安全不具备直接的因果关联。

刑讯逼供罪、暴力取证罪侵害的主要法益是司法秩序和司法公信力，而不是公民人身权利。对于刑讯逼供罪、暴力取证罪而言，不应当以该二罪转化后的故意伤害罪、故意杀人罪侵害的法益作为章节归类的依据。刑讯逼供、暴力取证致人伤残、死亡的，依照故意伤害罪、故意杀人罪定罪从重处罚的规定，属于转化犯的规定，即只有当刑讯逼供、暴力取证犯罪使用暴力程度升级，导致伤残、死亡结果时，才以故意伤害罪、故意杀人罪定罪并从重处罚。刑讯逼供罪、暴力取证罪本身对公民人身的伤害仅限于伤残以下。刑讯逼供罪、暴力取证罪的直接后果不仅在于侵犯公民人身权利，给犯罪嫌疑人或被告人肉体上、精神上造成伤害，更背弃和践踏了法律，败坏了司法机关的形象和声誉，极易造成冤假错案。一个冤案对公民造成的伤害可能是几年、几十年人身自由的剥夺甚至生命的丧失，其对程序公正的破坏及对司法公信力的损害无可估量，危害性远远大于对一个公民造成的伤残以下的身体伤害。

洗钱罪侵犯的法益主要是司法机关活动的正常秩序，间接侵犯了金融管理秩序，刑法将洗钱罪归入破坏金融管理秩序罪不尽妥当。[①] 对国家和社会来说，洗钱最大的危害在于，洗钱使不同的犯罪之间产生相乘效应，使犯罪得以进一步繁殖。对上游犯罪而言，洗钱是前一次犯罪的结果，同时又刺激着进一步的犯罪，为更多的犯罪提供了条件。从各国刑事立法趋势看，控制洗钱犯罪的范围逐步扩大，控制洗钱成为打击国际犯罪、跨国犯罪和有组织犯罪的重要战略措施。该罪的危害结果，主要是给司法机关对上游犯罪的打击造成障碍。对上述犯罪具有查处职责的不是金融机构，金融机构没有义务审查客户资金的来源是否合法，只要工作人员不违反操作规则，金融机构就可以认为是尽到了监督管理职责。行为人明知是上述犯罪所得及其收益而恶意为犯罪分子洗钱的，破坏的主要不是金融管理秩序，而是司法秩序。而且，该犯罪的主观方面也是为了包庇犯罪，使上游

---

① 党忠民：《试论洗钱罪在刑法分则体系中的位置》，《贵州警官职业学院学报》2003年第4期。

犯罪分子逃避刑事追究。

　　刑法分则第四章所列举的通信自由、宗教信仰自由、少数民族风俗习惯自由、选举权与被选举权四种民主权利中，前三种其实都是公民的人身权利；其中通信自由属于隐私权（个人生活秘密权），另两种自由属于人身权概念之下的精神性自由人格权，并非是在参加国家管理政治活动时才具有的一种民主权利。至于选举权与被选举权，虽然是一种民主权利，但与其将侵犯这种权利的犯罪规定在侵犯公民民主权利罪中，还不如视其为妨害国家选举活动的犯罪，将它与其他破坏选举活动的犯罪（如贿选罪）共同规定在妨害国家秩序罪之中的做法在外国刑法中较为常见。①

　　煽动民族仇恨、民族歧视罪的客体是各民族的平等和民族和睦关系，是社会秩序、民族利益和国家安全。民族仇恨、民族歧视的目的，就是要破坏民族大团结，在各民族间挑起争端，使不同民族之间相互为敌，进而引发民族冲突，最终实现民族分裂的阴谋。而民族分裂必然破坏社会稳定，危及国家安全。煽动民族仇恨、民族歧视罪侵害的对象是某个民族，民族是和国家、社会相并列的集合概念，公民只是个体概念。煽动民族仇恨、民族歧视罪，伤害的不是具体的某个民族中的个体，而是某个民族的整体感情。其带来的危害可能是对某个民族的仇恨、歧视，而不是针对某个公民的仇恨、歧视。将该罪归入侵犯人身权和民主权利罪一章是对该罪保护法益的错误理解。

　　将破坏生产经营罪归入侵犯财产罪没有贯彻法益分类标准。第一，破坏生产经营罪的罪名表述已经鲜明体现了其保护法益是生产经营活动的正常进行。毁坏机器设备、残害耕畜只是行为人破坏生产经营的手段，不是目的。第二，破坏生产经营犯罪虽然多数情况下是通过毁坏机器设备、残害耕畜等破坏财产的方式实施，但这并不是破坏生产经营的唯一方式。第三，经营权在本质上是一种经济性权利，经营秩序是市场经济秩序的重要组成部分。② 破坏生产经营罪是通过毁坏机器设备、残害耕畜或者以其他方法破坏生产经营，如果认为本罪属于侵犯财产罪，则本罪与故意毁坏财物罪行为内容一致、法定刑相同，就是完全一致的罪名。

---

　　① 李培泽：《刑法分则体系的反思与重构》，《现代法学》1996 年第 3 期。
　　② 熊红文：《刑法分则个罪分类立法完善研究》，《法治论丛》2010 年第 5 期。

引诱未成年人聚众淫乱罪、强迫卖淫罪、引诱幼女卖淫罪侵害社会善良的性风俗，但是它们不同于其他破坏性风俗罪的地方，是它们更主要地侵犯了他人的性自主权。强迫卖淫罪违背他人的真实意愿，侵犯他人的性自主权，应将它们作为强奸罪、强制猥亵、侮辱罪、猥亵儿童罪的特殊罪名放在侵犯公民人身权利罪一章中。以下三类犯罪在法益保护方面具有较大的相似性：第一类是强奸罪、强制猥亵罪，第二类是通奸罪、乱伦罪、重婚罪、骗婚罪等，第三类是传播淫秽物品罪、淫媒罪。然而，三者的差别不容忽视。第一类犯罪的保护法益更侧重于个人的性自主权，故应归入侵害个人法益的犯罪；第二类犯罪的保护法益更侧重于婚姻家庭关系；第三类则侵害到健全的性风俗，属于公共道德的范畴。① 性自主权利、婚姻家庭关系与性风俗三类法益不容混淆。

将抢夺、窃取国有档案罪与擅自出卖、转让国有档案罪规定在妨害文物管理罪一节中并不恰当。根据《档案法》第2条、第12条以及第17条的规定，档案与文物虽具有交叉但并不是一个范畴的概念，认定两者的法律依据也不相同。国有档案并不全都是文物，抢夺、窃取国有档案罪和擅自出卖、转让国有档案罪不一定妨害到了文物管理，应将它们归入危害国家利益的犯罪。

作为侵犯国家机关正常活动的犯罪，渎职罪以主体特殊而单列一章，而挪用特定款物的渎职罪却规定在破坏经济秩序罪那一章，显然分类标准不一致。迷信诈骗所侵犯的具体社会关系应当是公私财产所有权，而却将其规定在妨害管理秩序罪一章中，强调对迷信职业的打击而忽略了它仅仅是侵犯财产所有权的手段不同而已。②

将诽谤国家领导人以及侮辱国旗、国徽的行为归属于危害国家安全罪之外的普通刑事犯罪，弱化了这两种危害行为的性质及危害程度。国家领导人具有双重身份，一方面是普通公民，另一方面又是国家的象征与代表。国旗、国徽也具有双重属性，一方面具有普通物的属性，另一方面又是特定物，即国家的标志物。不以损害国家威望、声誉与利益的目的实施诽谤国家领导人或者毁损国旗、国徽的行为极为罕见，而且即使诽谤行为或者毁损行为不是出于上述特定目的，该行为也具有使国家利益受损的客

---

① 赵秉志：《外国刑法各论（大陆法系）》，中国人民大学出版社2006年版，第366页。
② 李培泽：《刑法分则体系的反思与重构》，《现代法学》1996年第3期。

观效果。①

破坏永久性测量标志罪放在妨害国（边）管理秩序罪中有所不妥。永久性测量标志是指国家测绘单位在全国各地进行测绘工作所建设的地上、地下或者水上的各种测量标志物，包括各等级的三角点、基线点、导线点、军用控制点、重力点、天文点、水准点的木质规标、钢质规标和标石标志，全球卫星定位控制点以及用于地形、工程和形变测量的各种固定标志和海底大地点设施等。永久性测量标志既包括国边境上的永久性标志，也包括非国边境线上的永久性标志。如果认为本罪的保护法益是国（边）境上的永久性测量标志，那就无视了永久性测量标志的多样性。

二 法网不够严密，立法漏洞明显

（一）体系漏洞

1. 遗漏侵犯人身权利的轻型暴力犯罪

侵犯人身权利的轻型暴力犯罪主要指英美刑法中规定的威胁罪与殴打罪，以及日本刑法中的暴行罪。我国刑法中没有威胁罪和殴打罪的规定，类似殴打罪的行为规定在《治安管理处罚法》中。该法第43条规定，"殴打他人的，或者故意伤害他人身体的……"此处的"殴打他人"要求具有人身的实质损害，不包括英国刑法所谓的直接触碰他人的衣服所可能构成的殴打罪，而"故意伤害他人身体"也是指对人身造成"轻微伤以上"的损害，这也有别于英国刑法对殴打罪仅有直接接触被害人身体的要求，而不要求提出非法暴力造成被害人伤害的证明。针对英国刑法威胁罪所表现的客观行为，我国法律并没有相应的规定；对于殴打行为，《治安管理处罚法》中也只是行政处罚而非刑事处罚。刑法具有保护合法权益不受犯罪侵害与威胁的机能，最终目的是通过惩罚犯罪来预防犯罪；刑事立法在设置个罪时不能只关注重罪而忽视轻罪，忽视重罪与轻罪之间的联系。我国刑法中侵犯人身权利罪缺乏对人身法益的全面保护，重惩罚轻预防的倾向较为明显。

2. 对公民政治权利、经济社会文化权利保护的不足

我国宪法赋予了公民广泛的权利与自由，刑法对其中的大部分权利与

---

① 阮方民：《中德危害国家安全犯罪比较研究》，《浙江大学学报》（人文社会科学版）2005年第2期。

自由都提供了充分保护,但对小部分权利与自由,现行刑法要么根本没有保护,要么保护得不够。从内容上看,保护公民民主权利的罪名和条文过少,导致公民的民主权利不能得到全面保护。如,《宪法》第 35 条规定:"中华人民共和国公民有言论、出版、集会、结社、游行、示威的自由。"对于公民享有的这部分自由,我国现行《刑法》只是在第 296—298 条对有关集会、游行、示威的行为进行了规范,而对言论、出版、结社等诸项自由未置一词,从体系的角度看,存在明显法律漏洞。

刑法对宗教信仰自由的保护也不够全面。《宪法》第 36 条规定:"中华人民共和国公民有宗教信仰自由。"其下又包含了非常丰富的内容:"任何国家机关、社会团体和个人不得强制公民信仰宗教或者不信仰宗教,不得歧视信仰宗教的公民和不信仰宗教的公民。国家保护正常的宗教活动。任何人不得利用宗教进行破坏社会秩序、损害公民身体健康、妨碍国家教育制度的活动。宗教团体和宗教事务不受外国势力的支配。"与之相关的刑法规定是:"国家机关工作人员非法剥夺公民的宗教信仰自由和侵犯少数民族风俗习惯,情节严重的,处二年以下有期徒刑或者拘役。"比较宪法与刑法的规定会发现:第一,宪法里说的是任何国家机关、社会团体和个人都不得剥夺公民的信教自由,只要这一宗教在我国是合法的;而刑法强调的是国家机关工作人员不得非法剥夺公民的宗教信仰自由,似乎蕴涵国家机关工作人员可合法剥夺公民的宗教信仰自由,这显然与宪法相冲突。第二,国家机关工作人员以外的人员如果严重妨害并侵犯了公民的宗教信仰自由,团体或个人发布了不当言论,辱骂宗教教义、宗教团体,或者以行动扰乱宗教活动、破坏宗教场所,宗教团体违反宪法,与境外宗教团体相勾结,而又不违反《刑法》第 106 条的规定,诸如此类的情况刑法都没有涉及。除此以外,我国刑法对破坏民族团结、妨碍民族自治的行为也规定得不全面。[1]

3. 性犯罪不完整

我国刑法没有规定乱伦、露阴、公然发生性行为等罪,似嫌惩罚不足。更为严重的是,我国刑法未专门规定滥用信任地位的性侵犯罪,法益保护明显不足。而聚众淫乱罪的规定则带有风俗刑法的残余,应该通过合理的刑法解释学予以限制,以避免惩罚过度。只有公开发生的聚众性行为

---

[1] 陈锐:《我国现行刑法的体系性问题及解决》,《政法论丛》2015 年第 3 期。

才可能造成对他人的视觉强制和听觉强制,腐蚀未成年人,侵害公共法益,才有惩罚之必要。①

4. 对国家利益的保护不全面

危害国家安全罪共涉及 12 个罪名,从其规定可以看出,刑法重在防范与惩罚本国公民针对我国内部安全的犯罪,而对外国公民破坏我国内部安全以及各种组织或个人破坏我国外部安全的犯罪惩罚得不够,并且缺乏对于危害国家交往方面的犯罪的规定。此外,军事犯罪在内容上缺乏全面性,主要表现在有关战争犯罪的条款不全面,涉及紧急状态的内容空缺,涉及战争时期和战时环境的规定过于原则,缺乏可操作性,没有吸纳武装冲突法中关于人道主义法的罪名。②

5. 国际犯罪体系不完整

中国已加入的国际条约中规定的侵略罪、反和平罪、反人道罪、非法使用武器罪、灭绝种族罪、种族歧视罪、种族隔离罪、海盗罪和扣留人质罪等国际犯罪,在中国刑法中没有专门加以规定。立法主要是考虑到中国在国际交往中一贯奉行和平共处五项原则,坚持国际社会公认的人权保护准则,绝不会对别国发动侵略战争,更不会使用禁用武器;在国内政策上一贯主张各民族不论大小一律平等,不会出现任何灭绝种族或种族隔离的罪行。但是,这种考虑不应当妨碍按照国际公约的要求在国内刑法中规定有关犯罪的承诺:首先,中国不对外推行战争政策,不对内实行种族歧视政策,并不意味着中国的任何个人都不会实施这方面的犯罪,不排除这类犯罪发生的可能性;其次,在刑法中规定此类犯罪,可以为中国制裁其他国家或个人对我国实施此类犯罪提供国内法上的依据;最后,在刑法中规定此类犯罪,可以表明中国切实履行对国际犯罪行使普遍管辖权义务的决心。③

对于发生在中国境内的上述犯罪行为,即使勉强将上述行为作为杀人、放火、决水、贩毒、爆炸、伤害、抢劫、劫机、绑架、非法拘禁等犯罪适用中国刑法进行追究,亦有罚不当罪之虞,与这些犯罪的严重危害性远不相称,因为上述国际罪行的内涵远非这些国内刑法中的罪名所能涵

---

① 罗翔:《从风俗到法益——性刑法的惩罚边界》,《暨南学报》(哲学社会科学版) 2012 年第 1 期。

② 曹莹:《军事刑事立法的现状与发展趋势》,《西安政治学院学报》2002 年第 6 期。

③ 张智辉:《国际刑法通论》(增补本),中国政法大学出版社 1999 年版,第 420 页。

盖。有些国际犯罪如灭绝种族罪、种族歧视罪、种族隔离罪等则无法归入现有的国内犯罪中。

(二) 规范漏洞

1. 遗漏行为及其对象

破坏交通工具罪列出了火车、汽车、电车、船只、航空器等交通工具,但《刑法》第121条、第122条却只规定了劫持航空器罪,劫持船只、汽车罪,对于劫持电车、火车的行为没有规定。丢失枪支不报罪规定:"依法配备公务用枪的人员,丢失枪支不及时报告,造成严重后果的,处……"此条遗漏了"弹药、爆炸物以及毒害性、放射性、传染病病原体等危险物质",因为配备了枪支的人员同时还会配备弹药,这些弹药流失在社会上也可能产生严重后果,丢失弹药也应及时报告;与此同理,丢失毒害性、放射性、传染病病原体等危险物质,也应及时报告。非法处置进口的固体废物罪规定:"违反国家规定,将境外的固体废物进境倾倒、堆放、处置的,处……"该条中的"固体废物"外延过于狭窄,无法包含非法处置进口的液体废物、气体废物而造成重大环境污染的情形。隐瞒境外存款罪规定:"国家工作人员在境外的存款,应当依照国家规定申报。数额较大、隐瞒不报的,处……",而上述人员隐瞒境外房地产、股票以及其他投资,数额较大甚至巨大,却没有被规定为犯罪。以上漏洞大多与不正确分类有关,如果立法者遵守分类的逻辑规则,即可避免。

《刑法》第205—209条是涉及发票犯罪的规定,它将发票分为增值税专用发票,用于出口退税、折抵税款的发票与其他普通发票三种,将行为方式分为虚开、非法出售、伪造或出售伪造、非法购买四种,两相组合,共有12种情形,但刑法只规定了10情形,遗漏了非法购买用于出口退税折抵税款的发票和非法购买普通发票两种情形。侵犯知识产权犯罪的立法中,未将反向假冒注册商标、冒充专利、非法实施他人专利以及非法出租侵权复制品等行为犯罪化;未将服务商标纳入保护范围,且对行为方式的规定不够全面;侵犯著作权罪在主观方面要求过于苛刻,客观方面行为方式的规定偏窄;各罪定罪标准,尤其是犯罪数额的规定不尽合理且缺乏统一性。[①]

[①] 余高能:《对我国侵犯知识产权犯罪刑事立法系统性的考量》,《知识产权》2013年第12期。

强奸罪，拐卖妇女、儿童罪，收买被拐卖的妇女、儿童罪等带有性别特征的犯罪都忽略了对男性的人身与自由权利的保护。拐卖妇女、儿童罪，拐骗儿童罪，组织残疾人、儿童乞讨罪等都将不满14周岁的儿童列为重点保护对象，却遗漏了那些同样需要特殊保护的人，如老年人。

刑法中经常出现"情节严重""情节特别严重""数额较大""数额巨大""数额特别巨大""情节恶劣""情节特别恶劣"等语词，法定刑幅度随之增加。但是在某些条文中，只规定了较轻的情形，而没有规定较重的情形，且法定刑幅度没有达到无期徒刑、死刑。例如，盗伐林木罪分别针对"数量较大""数量巨大""数量特别巨大"的情形做了规定，但在滥伐林木罪中，却只规定了"数量较大""数量巨大"两种情形，没有规定"数量特别巨大"的情形。由于两罪对"数量较大"及"数量巨大"的法定刑幅度的规定完全相同，可知两种行为的社会危害性相当，因而在滥伐林木罪中遗漏"数量特别巨大"的情形实属不妥。类似情形还见之于《刑法》第341条第1款与第2款关于非法狩猎罪的规定。

2. 遗漏行为主体

刑法对于保护国有利益不遗余力，但对于保护个人或非国有利益则相形见绌。非法经营同类营业罪的主体被限定为"国有公司、企业的董事、经理"，为亲友非法牟利罪的主体被限定为"国有公司、企业、事业单位的工作人员"。然而，非国有公司的上述人实施上述行为也应犯罪化。报复陷害罪的主体将非国有的公司、企业、事业单位、机关、团体的领导人排除在外，然而，现实生活中这些人同样可能滥用职权，对控告人、申诉人、批评人、举报人实行报复陷害。

由于社会的发展，立法者在立法时对于一些难以预见的新现象没有规定。例如，私自开拆、隐匿、毁弃邮件、电报罪规定，"邮政工作人员私自开拆或者隐匿、毁弃邮件、电报的，处……"此条的本意是保障公民的通信自由，但在现代社会，邮政业务不再为国家所垄断，很多快递公司分担了部分投递业务，这些公司的从业人员如果实施了上述行为，也应犯罪化。

按照现行刑法规定，妇女除了可能成为强奸罪的教唆犯、帮助犯以及间接正犯以外，不能作为强奸罪的主体。这一规定显然不合理，因为在实际生活中，女性违背男性或女性意志，强行与男性、女性甚至双性人发生性交的情形客观存在，此种行为与男性强迫女性具有同样的社会危害性。

三 个罪设置混乱，法条竞合严重

（一）个罪设置疏密不均

刑法分则对于严重侵犯人身权利的杀人罪的立法过于简单粗糙。刑法典中涉及杀人罪的只有两个条文，总共只有两个具体罪名，即故意杀人罪和过失致人死亡罪。这两个条文均采用简单罪状的立法方式，不但犯罪构成的要件过于笼统，而且法定刑的刑种与刑度也过于宽泛，缺乏可操作性，与罪刑法定原则所要求的明确性不相符合。在刑法典之外，单行刑法和附属刑法方面，也没有关于杀人罪的规定。最高人民法院的司法解释没有一个涉及杀人罪，我国又不实行判例法。不难想象，司法实践中杀人案件判决结果的差异会有多大。同样是侵犯人身权利的犯罪，关于强奸罪、绑架罪等比杀人罪轻的犯罪都有专门的司法解释，甚至连非法拘禁罪这样的轻罪都有较为详细的司法解释，更不要说那些关于抢劫、盗窃、诈骗、抢夺等侵犯财产犯罪的极为详尽的司法解释。杀人罪固然属于自然犯，但是自然犯的罪状未必就只能是简单罪状。除了杀人罪而外，刑法典对盗窃、诈骗等自然犯也都采用了简单罪状的描述方式，这实际上是我国刑事立法的一个误区。根据法理，刑法规范既是行为规范又是裁判规范，从行为规范的角度看，对于自然犯可以采用简单罪状的立法方式；但是从裁判规范的角度看，情况则正好相反。立法者切不可忘记刑法规范作为裁判规范的意义，而对自然犯的立法简单对待。

现行刑事法律关于杀人罪的规定主要存在以下问题[①]：（1）罪名单一，罪状简单。《刑法》第232条规定：故意杀人的，处死刑、无期徒刑或者10年以上有期徒刑；情节较轻的，处3年以上10年以下有期徒刑。第233条规定，过失致人死亡的，处3年以上7年以下有期徒刑；情节较轻的，处3年以下有期徒刑。本法另有规定的，依照规定。对于杀人罪这样的严重的犯罪，刑法典只用了两个条文来规定，只设置了故意杀人罪和过失致人死亡罪两个具体罪名，而且均采用简单罪状的描述方式，真可谓惜墨如金。罪名设置的简略，反映了犯罪分类的粗浅。（2）犯罪情节过于概括。既然没能发挥罪名的个别化功能，那么就应该通过多种犯罪情节

---

① 余高能：《尊重生命权利、注重生命价值——中国刑法关于杀人罪的立法缺陷及其完善》，《西北大学学报》（哲学社会科学版）2008年第6期。

的设定来区分杀人罪的各种不同情况和类型,然而刑法典又一次失去了这样的机会。《刑法》第232条虽然针对故意杀人罪设置了普通情节和减轻情节,但是普通情节的范围太过宽泛,对于"情节较轻"没有加以界定和描述,也没有任何司法解释对此做进一步的阐释。更为严重的是,没有将加重情节从普通情节中分离出来。(3)法定刑过于宽泛。法定刑的刑种和刑度跨度过大,没有具体明晰的量刑情节,缺乏可操作性。故意杀人罪基本犯罪构成的法定刑为死刑、无期徒刑或者10年以上有期徒刑,其刑种的跨度过大。减轻情节的法定刑为3年以上10年以下有期徒刑,其幅度也过于宽泛。

与侵犯人身犯罪个罪设置则过于粗略形成鲜明对照,某些领域的个罪设置则过于细密。最突出的表现在渎职罪、贪污贿赂罪、经济犯罪、危害公共安全罪等章。在第九章渎职罪所设置的具体犯罪中,第397条所规定的罪名在理论上可以称之为"普通滥用职权罪"和"普通玩忽职守罪",而其他所设之罪均可理解为是对这两个罪的特殊规定或特别规定。设立同类罪的特别刑法条款,一般应考虑定罪上容易引起争议须特别规定,或对某类特别犯罪需特别予以规范,或需要突破普通条款所规定的法定刑予以加重处罚等理由,否则,设立特别条款的意义就不大。刑法分则根据不同的主体和领域,规定了37种具体的渎职型犯罪,过于细化的分类,带来了刑法适用上的选择障碍,模糊了此罪与彼罪之间的界限,导致了司法运行成本的增加。

贿赂犯罪的个罪设置既烦琐又杂乱。依据犯罪主体的范围,受贿犯罪存在三个不同的层次:一是广义的受贿罪,包括自然人受贿罪和单位受贿罪;二是中义的受贿罪,即自然人受贿罪,包括国家工作人员受贿罪和非国家工作人员受贿罪;三是狭义的受贿罪,即国家工作人员受贿罪。[①] 将行贿罪和单位行贿罪、受贿罪和单位受贿罪规定为独立的罪名,没有任何的合理性根据,而且这种设置例外罪名的做法并未在分则第八章中彻底贯彻:《刑法》第391条规定对单位行贿罪的主体既可以是自然人也可以是单位,但并未依照行贿罪和单位行贿罪分立的做法,将其分立为对单位行贿罪和单位对单位行贿罪两个罪名。[②] 此外,在行贿犯罪中根据受贿者是

[①] 莫洪宪、马献钊:《我国受贿罪概念之最新考量》,《国家检察官学院学报》2008年第2期。

[②] 陈志军:《我国贿赂犯罪罪名体系完善之建议》,《中国人民公安大学学报》(社会科学版) 2016年第2期。

自然人还是单位再次分拆罪名，不仅缺乏客观层面的理由（即传统政治体制的历史惯性），也不具备理论层面的理由（连"对合犯"理论都难以解释）。①

(二) 个罪设置逻辑混乱

分则对某些个罪的设置没有考虑到不同性质的行为的罪质差异。例如，《刑法》第 127 条第 1 款和第 2 款规定的盗窃、抢夺枪支、弹药、爆炸物罪［《刑法修正案（三）》第 6 条第 1 款、第 2 款和"两高"《关于执行〈中华人民共和国刑法〉确定罪名的补充规定》将其修改为盗窃、抢夺枪支、弹药、爆炸物、危险物质罪］，第 280 条第 1 款规定的盗窃、抢夺、毁灭国家机关公文、证件、印章罪，第 302 条规定的盗窃、侮辱尸体罪，第 329 条第 1 款规定的抢夺、窃取国有档案罪，第 375 条第 1 款规定的盗窃、抢夺武装部队公文、证件、印章罪，第 438 条规定的盗窃、抢夺武器装备、军用物资罪，就它们的行为本质特征而言，均系罪质不同的数种犯罪，而"两高"的司法解释却均将其作为选择性罪名视为一罪。

分则对某些个罪的规定存在互不协调的问题。例如，最高人民法院《关于执行〈中华人民共和国刑法〉确定罪名的规定》和最高人民检察院《关于适用刑法分则规定的犯罪的罪名的意见》除将《刑法》第 358 条第 1 款的罪名确立为"组织卖淫罪"和"强迫卖淫罪"之外，还将第 3 款单独设立了"协助组织卖淫罪"，而《补充规定（五）》却将《刑法修正案（八）》第 38 条第 2 款规定的"协助强迫劳动"的行为纳入"强迫劳动罪"之中，没有单独设立"协助强迫劳动罪"，从而出现前后罪名规定互不协调的情况。又如，"两高"《关于执行〈中华人民共和国刑法〉确定罪名的补充规定》将《刑法》第 397 条规定的罪名分别确定为滥用职权罪和玩忽职守罪（取消"高检"最高人民检察院《关于适用刑法分则规定的犯罪的罪名的意见》中规定的"国家机关工作人员徇私舞弊罪"），将《刑法》第 168 条（《刑法修正案》第 2 条）规定的罪名确立为国有公司、企业、事业单位人员失职罪和国有公司、企业、事业单位人员滥用职权罪（取消"两高"《关于执行〈中华人民共和国刑法〉确定罪名的补充规定》和最高人民检察院《关于适用刑法分则规定的犯罪的

---

① 于志刚：《中国刑法中贿赂犯罪罪名体系的调整》，《西南民族大学学报》（人文社科版）2009 年第 7 期。

罪名的意见》中规定"徇私舞弊造成破产、亏损罪");最高人民法院《关于执行〈中华人民共和国刑法〉确定罪名的规定》(二)将《刑法》第399条第3款[《刑法修正案(四)》第8条第3款]规定的罪名确立为"执行判决、裁定失职罪"和"执行判决、裁定滥用职权罪",从而将滥用职权的行为和玩忽职守的行为分别设立为两个独立的罪名。然而,"两高"《关于执行〈中华人民共和国刑法〉确定罪名的补充规定》(五)却将《刑法修正案(八)》第49条规定的罪名确立为"食品监管渎职罪",将滥用职权的行为和玩忽职守的行为合为一种罪名,这一罪名的确立同样存在与"两高"的司法解释中其他罪名不相协调的问题。上述罪名存在的互不协调的现象不仅给司法实践部门的具体操作带来人为的困惑,同时对刑事立法本身的严肃性也会造成一定的损害。①

发票犯罪罪名体系叠床架屋,烦琐庞杂,既占用了稀缺的立法资源,又造成个罪理解与适用上的分歧。刑法分则在发票分类的基础上,区分发票的真伪,在涉及发票的各个环节依据行为方式设置了多达13种具体的发票犯罪,且多为选择性罪名。根据法条的规定,发票犯罪的行为手段有虚开、伪造、擅自制造、出售、非法出售、购买、非法购买几种;在发票开具环节设置了"虚开增值税专用发票、用于骗取出口退税、抵扣税款发票罪""虚开发票罪";在制造环节和出售环节设置了"伪造、出售伪造的增值税专用发票罪""非法出售增值税专用发票罪""非法制造、出售非法制造的用于骗取出口退税、抵扣税款发票罪""非法出售用于骗取出口退税、抵扣税款发票罪""非法制造、出售非法制造发票罪""非法出售发票罪";在非法取得环节设置了"非法购买增值税专用发票罪、购买伪造的增值税专用发票罪""盗窃罪""诈骗罪";在持有环节设置了"持有伪造的发票罪";在发售和认证环节设置有"徇私舞弊发售发票、抵扣税款、出口退税罪"。② 上述罪名的设置中,时而采取行为手段标准,时而采取行为对象标准,使简单的事物复杂化。③ 从第205条到第209条仅有5条,其中除了第205条、第208条以行为手段作为犯罪对象归类标

---

① 李永升:《关于"两高"确立的刑法罪名再探讨》,《河南大学学报》(社会科学版)2013年第1期。
② 王佩芬:《发票犯罪立法研究》,博士学位论文,华东政法大学,2015年。
③ 吴郯光、周洪波:《税收刑事立法比较与我国税收刑事立法的完善》,《国家检察官学院学报》2002年第6期。

准外，其余3条以犯罪指向的对象来统辖犯罪手段。第206条"伪造、出售伪造的增值税专用发票……"，第209条"伪造、擅自制造和出售伪造、擅自制造的……"的表述把同一犯罪手段与其指向的犯罪对象统一起来，使得每个条文都出现了相同的犯罪手段，即伪造、出售同时并存，极易陷入混乱。[①] 某些发票犯罪的行为手段和行为对象之间缺乏对应关系，例如，擅自制造骗税发票、普通发票的尚且构成犯罪，而擅自制造增值税专用发票的却不构成犯罪，明显不合理。上述罪名设置对于发票本身的分类也不符合逻辑规则，存在多标准划分、越级划分、多出子项、子项相容等逻辑错误。[②] 增值税专用发票、用于骗取出口退税发票、用于抵扣税款发票和普通发票四个类型的划分并非是在同一个层次上适用同一个标准。从功能上来说，增值税专用发票既可以用于抵扣税款，也可以用于骗取出口退税，也可以作为普通发票使用；"增值税专用发票"和"用于抵扣税款的其他发票"都属于"增值税发票"，虽抵扣税率不同但抵扣税款的功能相同。"用于骗取出口退税发票"的概念极不科学，因为增值税发票可以用于骗取增值税出口退税，普通发票可以用于骗取消费税出口退税，并不存在"不可以用于骗取出口退税的发票"类型。

《刑法》第305—307条规定的三种涉及伪证的具体犯罪存在逻辑混乱、立法目的不明确的问题。第305条已经规定了伪证罪，第306条没有必要将辩护人、诉讼代理人伪造证据的行为单独规定，这样做既不符合逻辑，又违背平等原则。而且，从法定刑设置上看，该罪与伪证罪也完全相同。同理，第307条规定了妨害作证、毁灭证据等行为，主体不特定，第306条也没有必要将辩护人、诉讼代理人妨害作证、毁灭证据的行为单独规定。

（三）某些个罪纯属多余

《刑法》第107条规定的资助危害国家安全活动罪，其本意是为了突出对资助危害国家安全活动的打击，但是"资助"行为本来就属于帮助犯的性质，完全可以按刑法总则有关共同犯罪的相关规定予以定罪处罚，此规定反而给司法实践带来问题。相应的资助行为在《刑法》第102条、第103条、第104条、第105条规定的背叛国家罪，分裂国家罪，煽动分

[①] 张书琴：《发票犯罪的立法完善探究——以〈刑法修正案（八）〉为基点》，《中国刑事法杂志》2011年第12期。

[②] 王佩芬：《发票犯罪立法研究》，博士学位论文，华东政法大学，2015年。

裂国家罪，武装叛乱、暴动罪，颠覆国家政权罪，煽动颠覆国家政权罪中均被配置了较重的法定刑，特别是根据第113条的规定其中背叛国家罪、分裂国家罪和武装叛乱、暴动罪甚至都可以判处死刑，如果有行为人明知他人正在组织实施武装叛乱、暴动的仍予以巨额资助，但其又没有其他参与活动，则会出现本罪的法定刑明显偏轻的情形。

《刑法》第311条规定的拒绝提供间谍犯罪证据罪实际上可以纳入《刑法》第310条的窝藏、包庇罪。后者在客观方面表现为"明知是犯罪的人而为其提供隐藏处所、财物，帮助其逃匿或者作假证明包庇"。第311条所规定的犯罪仅限于"拒绝提供间谍犯罪证据"这一种情形，是一种比较典型的以不作为的形式才能实施的犯罪（如果以暴力、威胁等作为的形式拒绝则应该构成妨害公务罪），但该条还同时要求"情节严重的"才能构罪，实践中"情节严重的"只能表现为使相关的犯罪分子逃脱追捕等恶果，而出现这类恶果则充分说明其行为就是以不作为的形式帮助犯罪分子逃匿或作假证明包庇。窝藏、包庇罪也完全可以以不作为的形式实施，即应属于不纯正不作为犯的范畴。可见，第311条的犯罪规定应该可以为第310条所规定的犯罪所包容。而第310条设计有2个量刑档次，前一档次只要有相应的行为即可构成，后一档次才要求"情节严重的"要件才可构成，且最高可判10年有期徒刑，相比而言，第311条所设计的法定刑反而显得偏轻，导致条文之间法定刑的不平衡。再从本条设置的来源分析，本条内容来源于《国家安全法》第26条的规定，作为安全法特别强调对于"拒绝提供间谍犯罪证据"的行为可比照"窝藏、包庇罪"处理当属自然，但刑法也直接移入作此专门规定便属多余。

《刑法》第358条第3款协助组织卖淫罪对"协助组织卖淫行为"特别做出了规定，但这一规定纯属多余，且在客观上存在无法克服的两个问题。一是协助行为当属典型的帮助犯，通过刑法总则中有关共同犯罪的规定便可定罪处罚，没有必要做出特别规定。二是在本条内部无法平衡，本条第1款实际上设置了两个罪名，即组织卖淫罪和强迫卖淫罪（将此两罪规定在一个条文中是否合适后文还将进一步分析），本条第3款只规定了对协助组织卖淫的行为予以刑罚处罚，而没有规定对协助强迫卖淫的行为予以刑罚处罚。

（四）法条竞合比例过大

据统计，刑法分则中与竞合有涉的法条有120余条，超过整个刑法分则的 1/3。虽说法条竞合不可避免，但竞合比例过大，则不太正常。[①] 刑法分则中法条竞合最严重的是与诈骗罪相关的条文及罪名，其间不仅存在多层次、多种类的竞合，而且存在跨章节的竞合。首先，由于诈骗罪的外延最大，其他罪名不过是诈骗罪这一属概念之下的种概念，因此，第 266 条诈骗罪与其他所有条文竞合。其次，信用证、信用卡、金融票证等都属于"金融凭证"，并且是"有价证券"，因此信用证诈骗罪、信用卡诈骗罪不仅与金融凭证诈骗罪竞合，而且与有价证券诈骗罪相竞合。前述两种竞合是属种关系竞合，在这些法条中还存在多个交叉关系竞合。由于金融凭证是有价证券，金融凭证诈骗罪与有价证券诈骗罪之间有交叉；由于保险诈骗经常关涉保险合同，保险诈骗罪与合同诈骗罪之间也存在交叉关系的竞合。另一个竞合丛生的部分是第三章第一节"生产、销售伪劣商品罪"，属于同一节中相邻条文之间的竞合。生产、销售伪劣产品罪的外延过于宽泛，几乎囊括所有其他罪名。由于"伪"即"假"，"劣"即不符合标准，而药品、食品、保健品都属于"产品"，故而第 140 条与其他各条全都竞合。同时，生产、销售不符合安全标准的产品罪的外延太过广泛，其中"其他不符合保障人身、财产安全的国家标准、行业标准的产品"的规定，使它不仅与第 140 条相交叉，而且与第 146 条、第 147 条、第 148 条产生竞合。

  有论者对我国刑法分则各章内竞合罪名进行了梳理统计。[②] 危害国家安全罪一章共有 12 个罪名，其中分裂国家罪、颠覆国家政权罪分别和煽动分裂国家罪、煽动颠覆国家政权罪属于包容关系，背叛国家罪，分裂国家罪，煽动分裂国家罪，武装叛乱、暴乱罪，颠覆国家政权罪，煽动颠覆国家政权罪和资助危害国家安全犯罪活动罪属于包容关系，背叛国家罪和叛逃罪、投敌叛变罪属于交叉关系，为境外窃取、刺探、收买、非法提供国家秘密、情报罪和间谍罪属于交叉关系，间谍罪和资敌罪属于交叉关系。

  危害公共安全罪一章共有 47 个罪名，其中破坏交通设施罪和破坏电力设备罪、破坏易燃易爆设备罪属于交叉关系，过失损坏交通设施罪和过失损坏电力设备罪、过失损坏易燃易爆设备罪属于交叉关系，破坏交通工

[①] 陈锐：《我国现行刑法的体系性问题及解决》，《政法论丛》2015 年第 3 期。
[②] 王德信：《对我国刑法分则中竞合罪名的梳理》，《河北公安警察职业学院学报》2013 年第 1 期。

具罪和劫持航空器罪属于交叉关系,劫持航空器罪和暴力危及飞行安全罪属于交叉关系,破坏广播电视设施、公用电信设施罪和破坏电力设备罪属于交叉关系,过失损坏广播电视设施、公用电信设施罪和过失损坏电力设备罪属于交叉关系,交通肇事罪和重大飞行事故罪、铁路运营安全事故罪属于包容关系,重大责任事故罪和重大劳动安全事故罪、危险物品肇事罪、工程重大安全事故罪、教育施舍重大安全事故罪、消防责任事故罪、交通肇事罪、重大飞行事故罪、铁路运营安全事故罪属于包容关系,交通肇事罪和危险驾驶罪属于包容关系。

　　破坏市场经济秩序罪一章共有108个罪名,其中生产、销售伪劣产品罪和生产、销售假药罪,生产、销售劣药罪,生产、销售不符合标准的食品罪,生产、销售有毒、有害食品罪,生产、销售不符合标准的医用器材罪,生产、销售不符合安全标准的产品罪,生产、销售伪劣农药、兽药、化肥、种子罪,生产、销售不符合卫生标准的化妆品罪属于包容关系,走私普通货物、物品罪和走私武器、弹药罪,走私核材料罪,走私假币罪,走私文物罪,走私贵重金属罪,走私珍贵动物、珍贵动物制品罪,走私国家禁止进出口的货物、物品罪,走私淫秽物品罪,走私废物罪属于包容关系,走私普通货物、物品罪和逃税罪属于交叉关系,出售、购买、运输假币罪和金融工作人员购买假币、以假币换取货币罪属于交叉关系,伪造货币罪和变造货币罪属于包容关系,伪造、变造国家有价证券罪和伪造、变造金融票证罪,伪造、变造股票、公司、企业债券罪属于包容关系,编造并传播证券、期货交易虚假信息罪和诱骗投资者买卖证券、期货合约罪属于包容关系,侵犯著作权罪和销售侵权复制品罪属于包容关系,非法经营罪和非法转让、倒卖土地使用权罪,销售侵权复制品罪,销售假冒注册商标的商品罪,销售伪劣产品罪,擅自设立金融机构罪属于包容关系。

　　侵犯公民人身权利、民主权利罪一章共有42个罪名,其中强奸罪和过失致人死亡罪、过失重伤罪属于交叉关系,非法拘禁罪和过失致人死亡罪、过失重伤罪属于交叉关系,绑架罪和过失致人死亡罪、故意杀人罪属于交叉关系,拐卖妇女、儿童罪和过失致人死亡罪、过失重伤罪、强奸罪属于交叉关系,侮辱罪和强制猥亵、侮辱妇女罪属于包容关系,刑讯逼供罪和故意伤害罪属于交叉关系,暴力取证罪和故意伤害罪属于交叉关系,虐待被监管人罪和故意伤害罪属于交叉关系,煽动民族仇恨、民族歧视罪和出版歧视、侮辱少数民族作品罪属于交叉关系,侵犯通信自由罪和私自开拆、隐匿、毁弃邮件、电报罪属于包容关系，暴力干涉婚姻自由罪和过失致人死亡罪属于交叉关系，重婚罪和破坏军婚罪属于交叉关系，虐待罪和过失致人死亡罪、过失重伤罪属于交叉关系，遗弃罪和过失致人死亡罪、过失重伤罪属于交叉关系。

侵犯财产罪一章共有13个罪名，其中抢夺罪和聚众哄抢罪属于包容关系，职务侵占罪和盗窃罪、诈骗罪属于交叉关系，破坏生产经营罪和故意毁坏财物罪属于交叉关系，敲诈勒索罪和诈骗罪属于交叉关系。

妨害社会管理秩序罪一章共有125个罪名，其中聚众扰乱社会秩序罪和聚众冲击国家机关罪属于包容关系，妨害公务罪和聚众扰乱公共场所秩序、交通秩序罪属于交叉关系，聚众斗殴罪和聚众扰乱公共场所秩序、交通秩序罪属于交叉关系，寻衅滋事罪和聚众扰乱公共场所秩序、交通秩序罪属于交叉关系，煽动暴力抗拒法律实施罪和组织、利用会道门、邪教组织、利用迷信破坏法律实施罪属于交叉关系，妨害作证罪和辩护人、诉讼代理人毁灭证据、伪造证据、妨害作证罪属于交叉关系，窝藏、包庇罪和帮助毁灭、伪造证据罪，伪证罪，辩护人、诉讼代理人毁灭证据、伪造证据、妨害作证罪属于交叉关系，脱逃罪和组织越狱罪、暴动越狱罪属于包容关系，倒卖文物罪和非法向外国人出售、赠送珍贵文物罪属于交叉关系，非法出售、私赠文物藏品罪和非法向外国人出售、赠送珍贵文物罪属于交叉关系，非法行医罪和非法进行节育手术罪属于包容关系，引诱、容留、介绍卖淫罪和引诱幼女卖淫罪属于包容关系，传播淫秽物品罪和制作、复制、出版、贩卖、传播淫秽物品牟利罪属于交叉关系，组织、利用会道门、邪教组织、利用迷信破坏法律实施罪和聚众扰乱社会秩序罪、聚众冲击国家机关罪属于交叉关系。

贪污贿赂罪一章共有13个罪名，其中私分国有资产罪和私分罚没财物罪属于包容关系。

渎职罪一章共有37个罪名，其中滥用职权罪和徇私枉法罪，民事、行政枉法裁判罪，枉法仲裁罪，执行判决、裁定滥用职权罪，动植物检疫徇私舞弊罪，私放在押人员罪，徇私舞弊不移交刑事案件罪，滥用管理公司、证券职权罪，徇私舞弊减刑、假释、暂予监外执行罪，徇私舞弊不征、少征税款罪，徇私舞弊发售发票、抵扣税款、出口退税罪，违法提供出口退税凭证罪，违法发放林木采伐许可证罪，违法批准征用、占用土地罪，违法低价出让国有土地使用权罪，放纵走私罪，商检徇私舞弊罪，动植物检疫徇私舞弊罪，放纵制售伪劣商品犯罪行为罪，办理偷越国（边）境人员出入境罪，放行偷越国（边）境人员罪，阻碍解救被拐卖、绑架妇女、儿童罪，帮助犯罪分子逃避处罚罪，招收公务员、学生徇私舞弊罪，食品监管渎职罪属于包容关系；玩忽职守罪和过失泄露国家秘密罪，失职致使在押人员脱逃罪，国家机关人员签订、履行合同失职被骗罪，环境监管失职罪，传染病防治失职罪，商检失职罪，不解救被拐卖、绑架妇女、儿童罪，失职造成珍贵文物损毁、流失罪，执行判决、裁定失职罪，动植物检疫失职罪，食品监管渎职罪属于包容关系。

军人违反职责罪一章共有 31 个罪名，其中非法获取军事秘密罪和为境外窃取、刺探、收买、非法提供军事秘密罪属于交叉关系，故意泄露军事秘密罪和为境外窃取、刺探、收买、非法提供军事秘密罪属于交叉关系。

四　体例风格不一，犯罪排序紊乱

（一）分则体例不统一，结构不均衡

分则结构在体例形式上明显存在一些不足。首先，结构层级不统一。十章之中只有第三章和第六章在章之下设节，节下设条，部分条下设款、项；而其余八章没有设节，直接章下设条，条的款下也没有项。第三章和第六章结构层级为章—节—条—款—项，最高 5 个层级，而其他各章多数为章—条—款 3 个层级，章节形式不统一，层级数相差悬殊。其次，各章容量严重失衡。就条文而言，如容量小的第一章、第五章，其条文分别只有 12 条和 14 条；中等的如第二章 26 条，第四章 31 条；但容量大的第三章与第六章分别高达 92 条和 91 条。就涵盖的罪名数而言，最少的第 1 章为 12 个，最多的第 6 章高达 124 个。[①]

（二）法条风格不一致，缺乏系统性

刑法分则存在系统性问题，不符合一个系统应具备的一致性。首先，法条展开次序不一致。刑法分则多数法条都是按照"数额较大""数额巨大""数额特别巨大"三种情形设置定罪量刑的坡度，但某些规定却带有一定的跳跃性，例如非法持有毒品罪。该法条首先规定了"情节特别严重"的情形，即"非法持有鸦片 1000 克以上"诸情形，接着规定了"一

---

① 陈鸿：《论我国现行刑法典的结构缺陷及其克服》，《现代经济信息》2009 年第 22 期。

般情形",即"非法持有鸦片 200 克以上不满 1000 克"诸情形,然后才规定"情节严重"诸情形。① 有些法条风格迥然不同。第 116—118 条首先分别设条,规定了破坏交通工具、交通设施、电力设备、燃气设备、易燃易爆设备等"尚未造成严重后果的"的危险犯如何处罚,然后在第 119 条,对"造成严重后果"的实害犯进行合并规定,造成法律规范的体例不一致。上述差异或许与法条自身特点有关,后者易于合并,前者不易合并。但"破坏金融管理秩序罪"一节中的一些具体罪名如"伪造货币罪""出售、购买、运输假币罪""持有、使用假币罪""变造货币罪"之间的联系非常紧密,而且都是行为犯,性质上相近,处罚幅度相差不大,却没有合并处理。可见,这些形式差异是由于立法在形式方面没有统一要求所致。其次,罪名和术语的表达方式不一致。刑法典中大多数罪名没有定义,只有少数有明确定义,它们分别是贪污罪、挪用公款、受贿罪、行贿罪以及军人违反职责罪。从整个刑法典看,上述几条规定与整个刑法风格不协调,因为其他罪名概念都没有采用定义方法。刑法分则对某些比较重要的专门术语进行了界定,如"假药""劣药""恶意透支""虚开增值税专用发票"等,对于更多的专门术语都没有界定,如"恐怖组织""重大飞行事故""重要信息"等。最后,犯罪数额及罚金数额规定方式不一致。关于犯罪数额规,只有少数条文对犯罪数额予以了明确规定,并根据数额多少定罪量刑,大多数条文都没有规定。为了做到"类似情形类似处理",司法机关会发布按照犯罪数额定罪量刑的内部规定,说明规定犯罪数额的必要性;但司法机关内部规定有悖法律的公开性,而且反衬出少数规定犯罪数额条文的不当。关于罚金数额,很多条文只是笼统提到"单处或并处罚金",对罚金数量幅度没有规定;有些条文虽有明确规定,却规定得五花八门。如对于如何确定罚金的基准,有些条文以销售金额的百分比为基准,如"生产销售伪劣产品罪";有些条文以涉案金额的百分比为基准,如"虚报注册资本罪";有些以"违法所得"的倍数为基准,如"非法经营罪"规定"并处或者单处违法所得一倍以上五倍以下罚金";有些以主刑幅度为基准确定罚金额度;有些条文规定的罚金额度是固定的。

(三) 犯罪排序缺乏明确统一标准

首先,各章节的排序标准不统一。总体上,刑法分则各章大致按照从

---

① 陈锐:《我国现行刑法的体系性问题及解决》,《政法论丛》2015 年第 3 期。

保护国家法益到保障社会法益再到保护个人法益，从一般主体犯罪到特殊主体犯罪这一顺序展开，依据社会危害性从大到小的顺序排列，但这一标准执行不彻底。例如，就整体社会危害性而言，第四章侵犯公民人身权利与民主权利罪要大于第三章破坏社会主义市场经济秩序罪，第七章危害国防利益罪要大于第六章妨害社会管理秩序罪，但是在现行刑法排列中则反其道而行之。原本为了突出保护个人法益的重要性，分则将与社会法益有关的内容分为三部分，即第二章、第三章、第六章，而将与个人法益有关的内容穿插其间，这不仅破坏了原先顺序，也不能突出保护个人法益之意。第三章破坏社会主义市场经济秩序罪与整体不太协调：一方面，它不仅在内容上与第六章有很多交叉，而且在侵犯的客体上与第六章也有诸多重合；另一方面，将它置于个人法益之前，又冲淡了本想突出的个人法益。此外，章罪的排列没有考虑法益的系统性。如危害国防利益罪属于国家法益，并应与危害国家安全罪紧密相接，但刑法典却将两者割裂开来。

其次，个罪的排序标准不一致。在一章之内，根据立法者的标准，个罪应当依据社会危害性从大到小的顺序进行排列，并适当兼顾个罪内在逻辑关系。但实际上，同一章节内部的顺序却不一致。在侵犯人身权利的犯罪中，具体犯罪的排列并未完全按照其社会危害程度大小由重到轻排列，较为混乱。如绑架罪法定最低刑为 10 年有期徒刑，应属于重罪，但由于人身自由相对于生命、健康以及性的自由权利来说，属于较轻权益，故置于其后，无可厚非。但与同属侵犯人身自由权利的非法拘禁罪相比，前罪社会危害明显较重，却列于该罪后，很不协调。诬告陷害罪与刑讯逼供罪、暴力取证罪、虐待被监管人罪均属借助国家权力侵犯公民权利的犯罪，但在排列上并未放在一起，显得比较零乱。在侵犯公民民主权利的犯罪中，选举权与被选举权是公民的一项重要的政治权利，对它的侵犯当然属于重罪，1979 年刑法将其置于侵犯公民民主权利犯罪之首，修订后的刑法却将其置于末位，而将侵犯通信自由罪，私自开拆、隐匿、毁弃邮件、电报罪等侵害较轻权益的犯罪列于其前，不符合分则的一般排列标准。出于对两罪危害程度大小及对国家工作人员从严的双重考虑，应将私自开拆、隐匿、毁弃邮件、电报罪列于侵犯通信自由罪之前。[①] 大多数章

[①] 莫洪宪、王明星：《侵犯公民人身权利、民主权利罪之立法反思》，《铁道警官高等专科学校学报》2003 年第 2 期。

节都是按照由一般到特殊这一顺序展开的，但有些章节反其道而行之，如第三章第二节"走私罪"首先规定了一些特殊的走私形式，然后才是走私普通货物、物品。更有一些章节，内容的展开没有明确顺序。例如危害公共安全罪一章内容繁多却未分节，显得十分杂乱。再如第六章的第1个罪名——妨害公务罪，如果说是依据社会危害性的大小顺序，但它后面的罪名的最高处刑大部分高于本罪；如果说顾及罪名之间的逻辑关系，却又看不出其后的煽动暴力抗拒法律实施罪、招摇撞骗罪、伪造变造居民身份证罪等罪名与妨害公务罪的逻辑顺序关系。① 危险驾驶罪与不报、谎报安全事故罪是一组重大责任事故罪中的两个故意犯罪，作为故意犯罪在一组过失犯罪中突然出现，破坏了这一组过失犯罪的和谐。危险驾驶罪不应在这一组过失犯罪中，应将本罪前移，放在以危险方法危害公共安全罪之后。军事犯罪个罪的排列顺序不符合以社会危害程度为依据按由重到轻的顺序进行排列的原则。例如，刑法分则第十章军人违反职责罪中的擅自改变武器装备编配用途罪比盗窃、抢夺武器装备、军用物资罪对军事利益的损害为轻，却排在了重罪的前面。由于缺乏明确的犯罪排列顺序，贯彻军法从严的军事法基本原则的困难可想而知。②

五 罪名脱离法典，表述不够严谨

从形式上看，刑法分则对于个罪没有采取立法明示式罪名，司法解释式的罪名不仅徒增中间环节，而且众多司法解释过于分散，不便于适用。③ 从内容上看，个罪名称还存在逻辑关系混乱、表述不准确、不一致、概况简繁失当、成分多余等诸多问题。

（一）罪名之间逻辑关系混乱

某些类罪名与个罪名未加区分、容易混淆。例如，走私、贩卖、运输、制造毒品罪既是节罪名又是个罪名，如不加以特别说明则不明所指，必然会混淆。节罪名与个罪名相同的规定不仅不便于适用，也不符合逻辑关系，因为具有种属关系的概念不应当在内涵与外延上完全相同。④ 再如，生产、销售伪劣商品罪是节罪名，而生产、销售伪劣产品罪是个罪

---

① 陈鸿：《论我国现行刑法典的结构缺陷及其克服》，《现代经济信息》2009年第22期。
② 周科：《我国军事犯罪罪名的分类研究及其意义》，《法制与社会》2010年第29期。
③ 赵长青：《略论刑法分则条文的立法改革》，《中外法学》1997年第1期。
④ 王文华：《我国刑法分则研究之考察》，《东方法学》2013年第1期。

名，两者一字之差，很容易混淆。

某些罪名之间的逻辑关系没有得到考虑。走私、贩卖、运输、制造毒品罪一节中的许多个罪如非法持有毒品罪，引诱、教唆、欺骗他人吸毒罪，强迫他人吸毒罪等从语义和逻辑上看均难以归入走私、贩卖、运输、制造毒品的范围。"两高"关于确定罪名的司法解释将《刑法》第114条、第115条中规定的以其他危险方法危害公共安全的行为分别确定为"以危险方法危害公共安全罪"和"过失以危险方法危害公共安全罪"，将《刑法》第167条规定的国有公司、企业、事业单位直接负责的主管人员签订、履行合同失职被骗的行为确定为"签订、履行合同失职被骗罪"，将《刑法》第209条第4款规定的非法出售可以用于骗取出口退税、抵扣税款的发票以外的其他发票的行为确定为"非法出售发票罪"，将《刑法》第236条第1款规定的以暴力、胁迫或者其他手段强奸妇女的行为确定为"强奸罪"，将《刑法》第385条规定的国家工作人员受贿的行为确定为"受贿罪"，等等，均存在属种概念不清的问题。《刑法》第114条、第115条中的"以危险方法危害公共安全罪"本是一属概念，它不仅包括以其他危险方法危害公共安全这一法定的犯罪行为，还包括放火、决水、爆炸、投放危险物质这四种法定的犯罪行为，"两高"司法解释以偏概全，将以其他危险方法危害公共安全的行为概括为"以危险方法危害公共安全罪"，严重混淆了两者之间的逻辑关系。《刑法》第209条第4款中所指的"发票"指的是除了增值税专用发票以及用于骗取出口退税、抵扣税款的发票等专用发票以外的普通发票，将该款罪名确定为"非法出售发票罪"明显不妥。徇私枉法罪，民事、行政枉法裁判罪，仲裁枉法裁决罪是徇私枉法的三种表现，徇私枉法罪发生在刑事领域，存在于刑事诉讼至判决做出前的各环节；民事、行政枉法裁判罪发生在民事、行政领域，存在于民事、行政的审判过程中；仲裁枉法罪发生在仲裁领域，存在于仲裁裁决过程中。三个罪名不能起到区分此罪与彼罪的作用，反而平添很多混乱。

（二）罪名的文字表述缺乏统一性与一致性

司法解释将某些大致相同的刑法规定确定为不同的名称，对罪名的表述存在前后不一的现象，导致不必要的混乱，严重影响到刑法罪名的识记与应用。

首先，法条词句相同，罪名体现不同。例如，《刑法》第160条规定的"欺诈发行股票、债券罪"与《刑法》第178条第2款规定的"伪造、变造股票、公司、企业债券罪"以及《刑法》第179条规定的"擅自发行股票、公司、企业债券罪",前者于债券之前没有标明"公司、企业"字样,而后两者则均有此字样,但是上述刑法条文统一使用了"股票或者公司、企业债券"的表述。根据罪名概括性原则,应将这三个罪名统一拟定为:欺诈发行股票、债券罪,伪造、变造股票、债券罪,擅自发行股票、债券罪。再如,伪造、变造国家有价证券罪与有价证券诈骗罪两个犯罪中,有价证券自身的内涵完全一样,罪名中对有价证券的表述却不完全一致。可能罪名制定者在"伪造、变造国家有价证券罪"中对有价证券增加限定词是为了突出伪造、变造必须是国家的有价证券,但是这种限制完全没有必要,因为罪名不等于罪状,它只需突显犯罪的本质特征,并不能描述犯罪的所有特征,罪名不是犯罪的类型化。为保持罪名之间的一致,避免罪名成分的多余,应将第178条的罪名确定为伪造、变造有价证券罪。[①] 又如,最高人民法院的《关于执行〈中华人民共和国刑法〉确定罪名的规定》将《刑法》第167条规定为"签订、履行合同失职被骗罪",而将《刑法》第406条规定为"国家机关工作人员签订、履行合同失职罪",在罪名中缺少"被骗"二字。本属于同一性质的犯罪行为,而前后两罪的罪名表述却有所出入,这种确定罪名的随意性行为应当注意避免。值得一提的是,最高人民检察院的《关于适用刑法分则规定的犯罪的罪名的意见》在这一问题上有所注意,因而对此二罪未出现前后罪名表述不一的现象,而"两高"《关于执行〈中华人民共和国刑法〉确定罪名的补充规定》中终于就此罪名达成一致,将其确定为"国家机关工作人员签订、履行合同失职被骗罪"。

其次,罪名中使用的术语与罪状不一致。罪名制定者并没有严格区分"非法、违法、违规、擅自",只求达到反映行为违法的效果。在非法携带武器、管制刀具、爆炸物参加集会、游行、示威罪,非法向外国人出售、赠送珍贵文物罪,非法出售、私赠文物藏品罪,非法捕捞水产品罪,非法采矿罪中,罪名使用的是"非法",法条罪状却是"违法",可见,在这里"非法"等于"违法";非法处置进口的固体废物罪,非法提供麻醉药品、精神药品罪两个犯罪中,罪名使用的是"非法",法条罪状却是

[①] 晋涛:《罪名杂乱和虚化研究》,《广西政法管理干部学院学报》2010年第6期。

"违规",可见,在这里"非法"等于"违规";非法进行节育手术罪、非法采矿罪两个犯罪中,罪名使用的是"非法",法条罪状却是"擅自",可见,在这里"非法"等于"擅自"。

最后,法条内容相似,罪名差异较大。《刑法》第 131—139 条规定的是造成重大责任事故类的犯罪,除不报、谎报安全事故罪外,全是违反规定或者不作为,过失导致危害公共安全的责任事故发生。这类犯罪全是相关人员因业务过失导致责任事故或者安全事故发生,相同类型的责任事故犯罪,罪名却各不相同:重大飞行事故罪,铁路运营安全事故罪,交通肇事罪,生产、作业责任事故罪,强令违章冒险作业罪,重大劳动安全事故罪,大型群众性活动重大安全事故罪,危险物品肇事罪,工程重大安全事故罪,教育设施重大安全事故罪,消防责任事故罪。这些罪名都为业务过失犯罪,它们之间存在一个逻辑关系,即生产、作业责任事故罪是一般罪名,剩余 10 个罪名是生产、作业责任事故罪的特殊罪名,它们是生产、作业责任事故罪在特定领域、特定活动或者特定设施、条件、工程方面的表现。因此,可以将上述罪名统一拟定为飞行事故罪、铁路事故罪、交通事故罪、作业事故罪、强令作业事故罪、劳动安全事故罪、大型活动事故罪、危险物品事故罪、工程事故罪、教育设施事故罪和消防事故罪。将安全责任类过失犯罪统一拟定为事故类犯罪,还可以得到采集、供应血液、制作、供应血液制品事故罪,医疗事故罪,重大环境污染事故罪的印证。根据上述罪名提炼的原则,可以将采集、供应血液、制作、供应血液制品事故罪和重大环境污染事故罪简化为血液、血液制品事故罪,环境污染事故罪。此外,传染病菌种、毒种扩散罪也属于事故类犯罪,但从罪名中没有体现出事故类犯罪的特征,故应改为传染病菌种、毒种事故罪。

(三)*表述不够准确*

刑法分则中某些个罪名表述不够准确。丢失枪支不报告罪的罪状是"依法配备公务用枪的人员,丢失枪支不及时报告,造成严重后果的"。本罪不仅处罚不报告的行为,还处罚不及时报告的行为,故本罪应为丢失枪支不及时报告罪。妨害传染病防治罪,传染病菌种、毒种扩散罪和为他人提供书号出版淫秽书刊罪等过失犯罪的罪名中缺乏过失识别标志。资敌罪、违令作战消极罪、拒不救援友邻部队罪和遗弃伤病军人罪等战时才能构成的犯罪的罪名中缺少"战时犯罪"的识别标志。非法拘禁罪的罪状是"非法拘禁他人或者以其他方法非法剥夺他人人身自由",虽然以非法拘禁方式剥夺他人自由是常见方式，但还存在以其他方式剥夺他人自由的行为，故本罪名应为非法剥夺人身自由罪。扰乱无线电通讯管理秩序罪的罪状为"违反国家规定，擅自设置、使用无线电台（站），或者擅自占用频率，经责令停止使用后拒不停止使用，干扰无线电通讯正常进行，造成严重后果的"，从罪状可以看出本罪的法益是"无线电通讯正常进行"，故本罪应拟定为扰乱无线电通讯罪。非法处置进口的固体废物罪应为处置进境的固体废物罪，因为本罪罪状中使用的是"进境"，在罪名中却被表述为"进口"，"进境"和"进口"含义显然有别。

（四）概括简繁失当

某些罪名过于冗长，不够精练。例如，最高人民法院《关于执行〈中华人民共和国刑法〉确定罪名的规定》和最高人民检察院《关于适用刑法分则规定的犯罪的罪名的意见》将《刑法》第130条规定的罪名确立为非法携带枪支、弹药、管制刀具、危险物品危及公共安全罪，将《刑法》第229条规定的罪名确立为中介组织人员提供虚假证明文件罪、中介组织人员出具证明文件重大失实罪，将《刑法》第297条规定的罪名确立为非法携带武器、管制刀具、爆炸物参加集会、游行、示威罪，将《刑法》第306条规定的罪名确立为辩护人、诉讼代理人毁灭证据、伪造证据、妨害作证罪，将《刑法》第363条第1款的罪名确立为制作、复制、出版、贩卖、传播淫秽物品牟利罪；《关于执行〈中华人民共和国刑法〉确定罪名的补充规定》将《刑法修正案》第1条规定的罪名确立为隐匿、故意销毁会计凭证、会计账簿、财务会计报告罪，将《刑法修正案（三）》第6条第1款、第2款规定的罪名确立为盗窃、抢夺枪支、弹药、爆炸物、危险物质罪和抢劫枪支、弹药、爆炸物、危险物质罪，等等。[①] 某些罪名中的行为只有列举，没有概括，造成罪名语言冗长，包容狭窄。例如《刑法》第167条"伪造、变造、盗窃、抢夺、毁灭公文、证件、印章罪"，其中的行为多达五种，对象有三种，实际上可以有十五种具体犯罪，各行为表现不一，社会危害性亦有差别，都归入同一罪名，在使用中极为不当。而且，实际侵害公文证件印章的行为还有多种，例如非法使用、抢劫等，没有理由不是犯罪。[②]

[①] 李永升：《关于"两高"确立的刑法罪名再探讨》，《河南大学学报》（社会科学版）2013年第1期。

[②] 陈强：《我国刑法罪名的结构模式探讨》，《法律科学》1994年第4期。

某些罪名中的行为过于抽象，含义过于宽泛。"扰乱社会秩序罪""侵犯公民通信自由罪""侵犯宗教自由罪"，这些客体式罪名用作具体罪名，包容过多，而且没有说明其客观行为，很难确定范围，在实践中难以把握。① "聚众打砸抢罪"，其中的"打砸抢"含义十分宽泛，既可以有殴打他人、抢劫财物、破坏公私财物等行为，也可以有放火、破坏交通设备、通信设备、运输工具等行为，都笼统命名之"聚众打砸抢"，明显不当。

（五）罪名成分多余

某些罪名中存在多余的成分，有损罪名简洁性，去掉这些成分并不影响对犯罪本质特征的揭示。非法持有、私藏枪支、弹药罪（第128条第1款）的条文将"持有"和"私藏"作了区分。其罪状表述为"违反枪支管理规定，非法持有、私藏枪支、弹药的"。从法理上看，完全没有必要将两者区分。"持有"是行为人对物的现实的和实力的控制，既包括自己直接对物携带、放置、掌控，也包括通过他人实现对物的实际控制。持有不要求行为人将物时刻带在身上或者跟在身旁，只要行为人想控制且能控制就可以认定为持有。"私藏"是在自己势力控制之下将物隐藏起来，尽量不为他人知悉的行为。"持有"包括"私藏"，"私藏"是秘密持有，持有包括公开持有和私藏。因此，该罪名应当确定为非法持有枪支、弹药罪。

强制猥亵、侮辱妇女罪的罪状中将猥亵和侮辱并列，但两者不应有实质的区别，否则无法与侮辱罪保持协调。强制猥亵、侮辱妇女罪中的"侮辱"就是侵犯妇女性的羞耻心的行为，也就是猥亵行为，对妇女的猥亵就是对妇女的侮辱。强制猥亵、侮辱妇女罪中的"侮辱"与侮辱罪中的"侮辱"不是被包容与包容的关系。侮辱妇女性的羞耻心以外的人格构成侮辱罪，侮辱行为侵犯了妇女性的羞耻心的构成强制猥亵、侮辱妇女罪。

战时临阵脱逃罪中的"战时"二字属于多余，因为临阵已经足以表明时间是在战时，罪名中没有必要同义反复地出现"战时"一词。"临阵"是指"在战场上或在战争状态下，部队已受领作战任务，正待命出发之时"。只要在战时，部队、军人正待命出发、已经出发、已在战场或

---

① 陈强：《我国刑法罪名的结构模式探讨》，《法律科学》1994年第4期。

者特定场所以及部队和军人按照职责应当坚守的岗位都是临阵。

在组织活动型犯罪和强迫型犯罪中,"组织"和"强迫"的概念本身意味着组织、强迫的对象是"他人",所以罪名中没有必要包含"他人"二字,除非被组织被强迫的对象小于他人的范围,比如组织残疾人、儿童乞讨罪、组织未成年人进行违反治安管理活动罪、强迫职工劳动罪。以下罪名中的"他人"应予删除:组织他人偷越国(边)境罪,运送他人偷越国(边)境罪,引诱、教唆、欺骗他人吸毒罪,强迫他人吸毒罪,容留他人吸毒罪。某些犯罪的法条中使用了"他人",但罪名中并没有出现"他人",例如非法组织卖血罪,强迫卖血罪,组织卖淫罪,强迫卖淫罪,协助组织卖淫罪,引诱、容留、介绍卖淫罪等。

刑法分则第四章标题中出现"公民"字样,反映出立法者看待自然人诸项权利之视角相对失准。[①] 基于属地原则,各国刑法保护其境内所有自然人的合法权益,并不要求具有公民身份,无论将"公民"作何种扩大性解释,都不可能包括中国境内的外籍或无国籍人士。人身权利人人皆有且无关国籍,而民主权利只能公民享有,得用国籍限缩。"公民"字样出现在刑法分则共6处。其中分则第四章有4处,一是该章标题"侵犯公民人身权利、民主权利罪",二是第251条"公民之宗教信仰自由",三是第252条"公民通信自由权利",四是第253条之一"公民个人信息"。此四处的"公民"均是利益或权利主体之泛称,有共通性,但题目中的"公民"则既指已有"公民"字样的条文,亦指未出现"公民"字样的本章其他条文,相对范围较大。第251条之"公民的宗教信仰自由"中的"公民"一词应当删除。

六 法条不够简明,用语不够规范

(一) 个罪与条文对应关系复杂,罪刑对应层次少

按照法理与记忆认知规律,条文与罪名应该呈现规范的一一对应关系,但是分则在总计440余个罪名与相应350个条文中,除了侵犯财产罪一章中的个罪与条文呈现规范的一一对应关系外,其他各章尤其是第三章、第六章、第七章,其条文与罪名的对应形式多达四种类型:一对一、一对多、多对一。同一条文中,一款一对一,另一款一对多,明显不利于

---

① 熊建明:《刑法分则第四章中"公民"解析》,《东方法学》2013年第6期。

法条的理解与记忆。此外，罪刑对应的层次较少。绝大多数分则条文的罪刑对应层次只有一个或两个，少数条文才有三个层次。我国刑法中不论是多罪一条文，还是一罪一条文，除极少像强奸、抢劫等刑罚跨度较大的严重犯罪按危害程度的不同分设了几款外，大多数条文采用一罪一条款的罪刑结构。如诽谤罪的刑法第145条规定："……捏造事实诽谤他人，情节严重的，处三年以下有期徒刑、拘役或者剥夺政治权利。"

（二）罪刑设置过于笼统粗糙

刑法分则在设置构成要件等级和量刑档次方面存在的主要问题是：(1) 罪与刑均缺乏明确性和具体性。不但罪状极为笼统，通常以"情节严重""情节特别严重"和"造成重大危害后果"等不确定语词来表示，而且与之对应的法定刑也很概括，常用"三年"或"五年以下有期徒刑、拘役或者管制"和"七年"或"十年以上有期徒刑、无期徒刑或者死刑"来表示，既涉及多个刑种，又跨越多个刑度。这种罪刑对应层次使执法部门很难掌握。[①] 基本构成要件、加重构成要件和减轻构成要件在总体上都过于概括、简约，多数情节具有很大的弹性和模糊性，有的则以偏概全，单纯以数额确定量刑档次，规定既明确具体又轻重有别、层次分明的量刑情节的条文数量极其有限。修订后的刑法典虽有很大改善，但并没有根本解决量刑情节的内涵不确定、外延不分明的痼疾，量刑情节与量刑档次发生错位的可能性仍然难以避免。(2) 多数罪种的具体量刑档次仍然幅度过大。尽管新刑法典在个罪量刑档次的完善方面取得了重要进展，但仍有许多条文规定分解后的量刑档次为拘役至5年徒刑、2年至7年徒刑、3年至10年徒刑、5年至15年徒刑、7年至15年徒刑、7年以上徒刑或无期徒刑、10年以上徒刑或者无期徒刑、10年以上徒刑或无期徒刑或死刑、死刑或无期徒刑或10年以上徒刑。这些量刑档次几乎相当于罪种法定刑罚幅度过大与否的临界点，以至于在许多条文中，对属于同一量刑情节的同种犯罪行为，即可以判处拘，也可以判处5年徒刑；甚至既可以判处10年徒刑，也可以合法地判处死刑。如果再因量刑情节的弹性和模糊性而发生量刑档次适用上的错位，量刑的畸轻畸重就难以避免。[②]

---

① 薛进展：《刑法分则罪刑结构的立法完善》，《法学》1991年第12期。
② 储槐植、梁根林：《论法定刑结构的优化》，《中外法学》1999年第6期。

(三) 引证罪状指称不明、逻辑混乱

刑法分则关于罪的引用上存在指称不明、逻辑混乱的问题。① (1) 要素界位冲突。当前款已对罪状做出描述时，后款因主体、主观罪过等不同情况的要素的加入，打破了前款罪的构成要件，引用的前款罪实际上已被分裂为单独的要素，与加入的要素一同组成新的构成要件。此时使用"（犯）前款罪"的表述，实际上是用"罪"与"要素"去结合，不仅降低了"罪"本身的位阶，更违背了要素与要素结合组成要件的逻辑规律。(2) 罪名与罪状外延冲突。使用"犯前款罪"的字眼，表明引用的是前款的罪状，但刑法典中规定的并不都是罪状。例如《刑法》第 102 条第 2 款规定："与境外的机构、组织、个人相勾结，犯前款罪的，依照前款的规定处罚。"这种情形既不属于加重结构又不再是基本罪状，因为它改变了犯罪对象，增加了"与境外的机构、组织个人相勾结"这一内容。这样的情况只能理解为援引前款的罪名而非罪状，即无论是与外国勾结还是与境外的机构、组织个人相勾结，实施危害中华人民共和国的主权、领土完整和安全的行为的，都定背叛国家罪。(3) 被引证的罪状范围缺乏明确性。如《刑法》第 124 条第 2 款规定，过失犯前款罪的，处 3 年以上 7 年以下有期徒刑；情节较轻的，处 3 年以下有期徒刑或者拘役。而前款的规定是："破坏广播电视设施、公用电信设施，危害公共安全的，处 3 年以上 7 年以下有期徒刑；造成严重后果的，处 7 年以上有期徒刑。"且不说过失犯前款故意罪这种表述在文字上的矛盾，第 2 款规定的"过失犯前款罪"到底指的是过失犯前款基本罪还是过失犯前款的加重结构的罪，指称并不明确。从条文的字面含义理解，此处援引的应该是前款的基本罪，它是完整的罪状结构，能够被称为"罪"；但从立法逻辑的角度分析，援引的应该是前款后半段的加重结构。如果第 2 款援引的对象被理解为是前款的基本罪，那么它们的法定刑是一样的，显然不是立法的本意。

在行为的援引方面也存在两类缺陷。② (1) 所援引的行为内容含混不清。《刑法》第 163 条第 1 款规定："公司、企业或者其他单位的工

---

① 楼伯坤：《"犯前款罪"立法与引证罪状理论的冲突与协调——以立法技术为视角》，《法治研究》2011 年第 6 期。

② 同上。

作人员利用职务上的便利，索取他人财物或者非法收受他人财物，为他人谋取利益，数额较大的，处……"第 2 款规定："公司、企业或者其他单位的工作人员在经济往来中，利用职务上的便利，违反国家规定，收受各种名义的回扣、手续费，归个人所有的，依照前款的规定处罚。"第 3 款规定："国有公司、企业或者其他国有单位中从事公务的人员和国有公司、企业或者其他国有单位委派到非国有公司、企业以及其他单位从事公务的人员有前两款行为的，依照本法第 385 条、第 386 条的规定定罪处罚。"上述法条中援引的行为内容存在出入：在公司、企业人员受贿罪中，"为他人谋取利益"是必备条件，仅索取或收受他人财物而没有为他人谋取利益的，不能构成犯罪；而在受贿罪中，索贿行为并不要求为他人谋取利益。两罪中行为的具体内容并不一致，援引"有前两款行为"不够妥当。（2）所援引的行为要素不统一。在援引前款行为时，是仅仅指行为本身还是包括数额等其他要素，法条表述不统一。如《刑法》第 271 条规定：国有公司、企业或者其他国有单位中从事公务的人员和国有公司、企业或者其他国有单位委派到非国有公司、企业以及其他单位从事公务的人员有前款行为的，征依照本法第 382 条、第 383 条规定定罪处罚。刑法分则中所述的"行为"指狭义的行为，有别于犯罪特定的时间、地点、数额等其他客观要素。《刑法》第 271 条被引用的行为仅指"利用职务上的便利，将本单位财物非法占为己有"，不包括数额。但是用这样的思路来理解《刑法》第 272 条则存在问题。《刑法》第 272 条第 2 款规定，国有公司、企业或者其他国有单位中从事公务的人员和国有公司、企业或者其他国有单位委派到非国有公司、企业以及其他单位从事公务的人员有前款行为的，依照本法第 384 条的规定定罪处罚。根据《刑法》第 384 条，挪用公款罪的成立，除进行非法活动外，其他都有数额要求，而《刑法》第 272 条第 2 款中只有前款行为的引用，没有涉及数额，此时的行为是与数额相独立的，如果按第 384 条定罪处罚，则有失偏颇。

（四）重复性规定与多余立法

刑法分则条文中存在不少重复性规定和多余立法现象。某些语句显得重复、累赘；某些条文的内容可以根据总则条文的规定从其他分则条文中获得；某些条文的设立从立法本意来说是为了强调或突出对相应犯罪的惩处，但没有实际意义甚至实际效果不好。这种多余的立法往往给理论研究设置障碍，给实务操作带来麻烦。①

1. 重复性语词与多余的文字表述

有些语词外延相同，放在一起纯属重复。如《刑法》第 140 条将掺杂、掺假、以假充真、以次充好、以不合格产品冒充合格产品等行为并列，就不恰当，因为"以次充好"不过是"以不合格产品冒充合格产品"的通俗说法，两者并无区别，属同语反复。有些语词之间呈属种关系，不宜并列使用。如"非法持有、私藏枪支、弹药罪"中，"私藏"不过是"非法持有"的一种情形；"走私普通货物、物品罪"中的"货物"与"物品"也不能并列使用。②

某些分则条文中存在多余的文字表述。《刑法》第 230 条逃避商检罪中，前面已经交代"违反进出口商品检验法的规定，逃避商品检验"，后面又说"将必须经商检机构检验的进口商品未报经检验而擅自销售、使用"，其实有前半句的交代就意味着"擅自销售、使用"的进口商品肯定是应"检"而未"检"，故应改为"违反进出口商品检验法的规定，逃避商品检验，擅自销售、使用进口商品，或者擅自出口商品，情节严重的，处 3 年以下有期徒刑或者拘役，并处或者单处罚金"。《刑法》第 351 条非法种植毒品原植物罪第 1 款中，"一律强制铲除"属于行政强制措施，不应该由刑法予以规定。《刑法》第 395 条第 1 款巨额财产来源不明罪中的"责令说明来源"属行政强制措施或纪律强制措施，不宜由刑法予以规定；第 2 款中的"应当依照国家规定申报"，属于一种规劝或纪律规定，也不宜由刑法予以规定。

某些分则条文中的部分文字表述之间因存在矛盾而成为多余。例如，《刑法》第 123 条暴力危及飞行安全罪中，"危及飞行安全"对于飞行中的航空器来说，本身就是一种"严重后果"，再将"危及飞行安全"区分为"尚未造成严重后果"与"造成严重后果"是矛盾的。在飞行中的航空器上，所谓"严重后果"只能理解为"危及飞行安全"，如果认为只有造成机毁人亡的后果才是"造成严重后果"，则本条立法就没有意义。因为一旦出现了这样的后果，一般情况下行为人也必定死亡，不存在可以追究刑事责任的主体。即使出现特殊情形，行为人侥幸得以生还，也完全可

---

① 徐文斌：《论刑法条文设置的科学性》，博士学位论文，华东政法大学，2008 年。
② 陈锐：《我国现行刑法的体系性问题及解决》，《政法论丛》2015 年第 3 期。

以按爆炸罪等其他罪名予以惩治。本条的修改方案有两个，一是删去"危及飞行安全"，可以保留原有的条文结构和法定刑设置，但不符合立法原意；二是删去并取消"尚未造成严重后果的""造成严重后果的"的表述，则必须重新设置法定刑。

《刑法》第290条聚众扰乱社会秩序罪、聚众冲击国家机关罪中，"致使工作、生产、营业和教学、科研无法进行"与"造成严重损失"以及"致使国家机关工作无法进行"与"造成严重损失"，都具有重叠性，"致使工作、生产、营业和教学、科研无法进行"和"致使国家机关工作无法进行"本身就是该两罪的危害结果，也是设定该两罪并对之追究刑事责任的立法理由。在"致使工作、生产、营业和教学、科研无法进行"和"致使国家机关工作无法进行"之外，添加上一个"造成严重损失"，不仅显得多余，而且使聚众扰乱社会秩序和聚众冲击国家机关的行为"致使工作、生产、营业和教学、科研无法进行"和"致使国家机关工作无法进行"而对直接损失无法评估时是否构成犯罪，处于不确定的状态。因此，本条中前后两款中的"造成严重损失"均应删除。

《刑法》第338条重大环境污染事故罪、第339条非法处置进口的固体废物罪、擅自进口固体废物罪中，"造成重大环境污染事故"与"致使公私财产遭受重大损失或者严重危害人体健康"属于双重结果的规定，"造成重大环境污染事故"，必然"致使公私财产遭受重大损失或者严重危害人体健康"，否则就不是"造成重大环境污染事故"，而实施本条所规定的行为"致使公私财产遭受重大损失或者严重危害人体健康"的，必定造成了"重大环境污染事故"。这种具有包容性的危害结果，只要规定其中之一，就足以达到立法的目的。

2. 列举中使用模糊用语

在法律中使用必要的模糊用语不可避免，但在使用模糊用语时出现矛盾则属不当。在刑法分则条文中出现"以其他方法……"来表示相应的犯罪客观方面本来并无不当，但条文中已有短句"有下列情形之一的，……，处……"引导的情况下，再将"以其他方法……"作为列举的情形之一则使"列举"本身失去意义。例如，《刑法》第224条合同诈骗罪规定："有下列情形之一，以非法占有为目的，在签订、履行合同过程中，骗取对方当事人财物，数额较大的，处……（5）以其他方法骗取对方当事人财物的。"该条在明确列举了利用合同诈骗的4种情形之后，又将"以其他方法骗取对方当事人财物的"作为其中之一，实属不当。列举式罪状的目的在于追求条文的明确性，而在列举中使用模糊用语在客观上就如同没有列举。类似情形还包括《刑法》第182条操纵证券、期货市场罪，第191条洗钱罪，第193条贷款诈骗罪，第195条信用证诈骗罪。

同理，在刑法分则条文中出现"有其他特别严重情节的"来表示相应的犯罪客观方面本来并无不当，但在条文中已有短句"有下列情形之一的，处……"引导的情况下，再将"有其他特别严重情节的"作为列举的情形之一会使列举本身失去意义。例如，《刑法》第318条组织他人偷越国（边）境罪第2款规定："有下列情形之一的，处……（7）有其他特别严重情节的。"类似的条文还包括《刑法》第170条伪造货币罪、第321条运送他人偷越国（边）境罪。

3. 重复性规定与多余的条款

《刑法》第93条对"国家工作人员"的范围进行了规定，同时规定，某些人员以国家工作人员论。这一规定出现在总则之中，其作用涵盖所有分则条文，但《刑法》第163条、第184条以及第271条、第272条中再次出现此内容，属于重复性规定，完全没有必要。

《刑法》第163条规定的是非国家工作人员受贿罪，如果没有第3款，根据该条前两款的规定，结合刑法第92条第2款，可以当然地得出本款规定的内容。本款属于多余。因有刑法第92条第2款的规定而显得多余的条款，还包括以下各条款：第183条第2款、第184条第2款、第185条第2款、第271条第2款、第272条第2款。

《刑法》第277条规定，妨害公务罪是"以暴力、威胁方法阻碍国家机关工作人员依法执行职务的"行为，而第242条中规定的"国家机关工作人员解救被收买的妇女、儿童"的行为无疑也属于第277条所保护的公务活动，可见第242条第1款"以暴力、威胁方法阻碍国家机关工作人员解救被收买的妇女、儿童的，依照本法第277条的规定定罪处罚"的规定实无必要。考察本款立法的来源，当属1997年对刑法修订时将原单行立法中规定的刑法条文移入法典所致，作为单行刑法作这样的规定或有其道理，但既已统一纳入刑法典则显属不当。

从《刑法》第306条辩护人、诉讼代理人毁灭证据伪造证据、妨害作证罪第1款的规定中不难发现，该款规定的"辩护人、诉讼代理人毁灭证据、伪造证据、妨害作证罪"只能由故意才能构成，所以，辩护人、诉讼代理人按照正常程序收集、提供、出示、引用证人证言或者其他证据失实，自然不属于该款所规定的犯罪行为，本条第 2 款的说明当属多余。

《刑法》第 347 条走私、贩卖、运输、制造毒品罪第 1 款"走私、贩卖、运输、制造毒品，无论数量多少，都应当追究刑事责任，予以刑事处罚"的规定带有明显的法律宣示的意图，但由于同条第 4 款对"走私、贩卖、运输、制造……其他少量毒品"已设置了相应的法定刑，使第 1 款的规定显得重复。第 347 条第 6 款"利用、教唆未成年人走私、贩卖运输、制造毒品……从重处罚"的规定属于多余，因为结合刑法总则第 29 条关于教唆未成年人犯罪从重处罚的规定以及考虑未成年人犯罪具有减轻刑事责任的规定，该项前半段的规定并没有多少实际的意义。由于刑法总则关于共同犯罪的规定已极其明了，第 349 条第 3 款"犯前两款罪，事先通谋的，以走私、贩卖、运输、制造毒品罪的共犯论处"的规定便显属多余。第 347 条第 1 款规定的窝藏、转移、隐藏毒品、毒赃罪和包庇毒品犯罪分子罪，同第 310 条的窝藏包庇罪在犯罪的性质上完全相同，若着眼于加重刑罚而设另罪，尚属可取，但前两罪与后一罪的法定刑完全相同，使前条的规定失去了普通法条与特别法条设置的基础。

《刑法》第 358 条、第 359 条规定的组织卖淫罪、强迫卖淫罪、协助组织卖淫罪、引诱、容留、介绍卖淫罪、引诱幼女卖淫罪等罪都是一般主体，《刑法》第 361 条再专门列举旅馆业、饮食服务业、文化娱乐业、出租汽车业等单位的人员等特定的主体，这种规定是对立法资源的浪费。究其原因，乃是从单行刑法中移入时未加审核所致。

（五）用语不规范，前后不统一

刑法分则中某些用语不够恰当准确，某些用语较为混乱，缺乏统一性，容易引起歧义，给理论研究工作、司法实际工作、教学和法制宣传工作带来困难。

首先，用语不够严谨，缺乏准确性。（1）不当使用"论""论处"和"处罚"。从严格意义上来理解，"论"指定罪，"论处"指定罪和处罚。刑法分则某些条文对这三个用语的使用不够准确。例如，第 155 条规定"下列行为，以走私论处，依照本节的有关规定处罚：……"，该句中的"论处"应该是"论"；第 204 条第 2 款规定"依照前款的规定处罚"，第 211 条规定"依照各该条的规定处罚"，第 248 条第 2 款规定"……依照前款的规定处罚",此三处均应使用"论处"而非"处罚",因为其立法本意是既依照该条款定罪,又以该条款的法定刑处刑。(2)不恰当地将犯罪主体称为"犯罪分子"。《刑法》共有48次使用"犯罪分子"一词,其中涉及分则的是第349条、第362条及第417条。"犯罪分子"的使用带有一定的人格歧视,不是准确的法律用语。在涉及其他刑事诉讼法律关系主体时,一般都用"人"这个概念,例如被害人、证人、辩护人以及鉴定人等,因为法律只有在承认各类诉讼参与人享有基本人格的时候,才能客观公正地对待他们。犯罪人也是人,他们也享有法律赋予"人"的某些最基本的权利。在刑法用语上把"犯罪分子"排除在"人"之外,在司法实践中就很容易剥夺所谓"犯罪分子"的基本人权。[①](3)误用"信用卡"一词。信用卡诈骗罪中的信用卡实际上不限于信用卡,而指具有电子支付功能的各种银行卡。

其次,用语不尽规范,缺乏统一性。法律条文不是文学作品,在使用同一个概念或术语可以清楚地表达立法意图的情况下,没有必要刻意变换使用不同的概念或术语。在同一部法律中,描述同类事物的用语应当尽量保持一致,否则有损法律的统一性与权威性。[②](1)随意使用同义词与近义词。第91条、第92条分别对"公共财产"及"公民私人所有财产"做了界定,但在随后的刑法条文中,又出现了"财物""公私财物""本单位财物""私人财物"等未经界定的概念,这些概念与前述概念在内涵与外延上有很大交叉,甚至同一。第125条、第127条称"毒害性、放射性、传染病病原体等物质",但第130条却称"爆炸性、易燃性、毒害性、腐蚀性物品"。"未成年人"是一个有着明确内涵与外延的法律概念,但刑法典在某些条文中却弃之不用,在多处使用"幼女""儿童"等非法律概念。[③]"贩卖"与"倒卖"、"设备"与"装备"、"图书"与"书刊"、"毁坏""损坏""破坏"与"损害"、"虚假"与"虚构"、"造成"与"致使"、"残疾"与"伤残"等词语的使用也缺乏统一性。(2)混用"情节严重"与"情节恶劣"。刑法规定有的行为必须"情节严重"才构成犯罪,有的行为则以"情节恶劣"作为定罪标准。后者如打击报复会

---

① 谢唯营:《我国刑事立法中存在的若干技术问题》,《南京师大学报》(社会科学版)2002年第3期。

② 同上。

③ 陈锐:《我国现行刑法的体系性问题及解决》,《政法论丛》2015年第3期。

计统计人员罪、虐待罪、遗弃罪、聚众斗殴罪、寻衅滋事罪、虐待部属罪、战时遗弃伤病军人罪及虐待俘虏罪。规定"情节恶劣"的犯罪并非只限于轻罪，如聚众斗殴的首要分子和其他积极参加人员，可以处3年以上10年以下有期徒刑，而非法捕捞、非法狩猎，情节严重的才定为犯罪，处3年以下有期徒刑、拘役管制或者罚金；同样是寻衅滋事罪，第293条第1—2项以"情节恶劣"为标准，第3项则以"情节严重"为标准，而其法定刑却完全一样。

第九章

中国刑法分则体系的更新与完善

第一节 刑法观念的更新

一 从国权刑法到民权刑法

国权主义刑法以国家为出发点而以国民为对象，其所要限制的是国民的行为，而保护国家的利益；与此相反，民权主义刑法以保护国民的利益为出发点，而限制国家行为的刑法，其对象是国家。[①] 科学的刑法价值观要求实现从国权主义刑法向民权主义刑法的转变，因为刑法的扩张会时时带来刑罚泛滥的潜在危险，唯有民权刑法才能降低这种风险并保护公民的个人权益，才能在权利维系和社会底层的接触中受到越来越多人的尊敬，也才能在获得更多正当性的同时，最大限度地实现预期目标。只要我们仍然依赖法治作为社会管理创新与秩序重构的重要手段，作为"善治"的刑事法治的首要之选就是民权刑法。[②] 民权主义刑法是当代刑法罪刑法定原则的核心所在，也是国家的社会管理职能日益凸显的结果，应当从"国权刑法"向"民权刑法"的方向进行渐进转移。应当扭转权力中心主义的传统刑法观，把理性立法之下的权利保障作为民权刑法观的应有之义。

刑事立法以权利保障为主导的意识是未来立法变革的主导。改革刑法必须以权利发展为主线，以权利发展为主导，而不是以权力强制来推动。从国权主义刑法向民权主义刑法的转变，对刑法分则体系的构建提出三点要求。首先，应当将对个人法益的保护置于首位，社会法益和国家法益依次跟随。其次，"就公共的法益而言，只要认为刑法是为了保护国民的利

[①] 参见李海东《刑法原理入门（犯罪论基础）》，法律出版社1998年版，第5—6页。
[②] 陈伟：《刑事立法的政策导向与技术制衡》，《中国法学》2013年第3期。

益而存在的，就应当考虑把它尽量还原为个人的法益"①。最后，要清醒地认识到刑法的谦抑性，并将其实实在在地贯彻落实到刑事立法中。

社会结构形态是影响刑事立法性质的重要因素。在一元结构的社会中，无论是国家权力还是国家观念都是高度发达的。随着政治国家与市民社会的二元分立，我国社会结构逐渐从一元过渡到二元，市场经济逐渐迈向成熟，与之相应的经济犯罪和行政犯罪的立法现代化进程在公共治理等理论兴起之后步伐愈加放快，应当及时调整对经济犯罪和行政犯罪的认知。刑事立法应当从传统国家管理工具模式向社会主体权益保障模式转型，刑法不能继续像过去那样作为纯粹的国家工具，而应该以社会主体权益保护为价值追求；刑法应当抑制国家的刑罚权，保障社会主体相关权益，不可因社会形势的变化而任意扩张国家权力侵害公民权益。② 2015 年公司法修订之后，虚报注册资本罪、虚假出资罪以及抽逃出资罪成立范围的急剧缩小，充分体现了公司法在弱化管理色彩之后对刑法分则所产生的影响。

公共服务的概念正在逐渐取代主权的概念而成为公法的基础，而公共服务是指那些政府有义务实施的行为。③ 必须转变传统行政法观念，从国家行政观念转变为包括国家行政和社会行政的公共行政观念，顺应公共管理的社会化、市场化取向，顺应行政主体多元化和行政行为、方式非权力化趋势，补充、丰富和发展行政法的内容。④ 公共管理是以政府为核心的公共组织通过整合社会资源和运用政治的、法律的、行政的和经济的手段而对与公共利益实现相关的广泛的社会事务的管理，其目标是促进社会发展和实现社会公平，保障全体社会成员共享社会发展的成就。公共管理的主体是包括政府在内的广泛的具有公共性的组织，一切不以营利为目的而围绕着社会事务开展活动的组织都属于公共管理主体的范畴。非政府组织和广泛的社会自治力量都是公共管理主体的重要构成部分，它们通过与政府合作等方式去开展公共事务的管理工作，直接地以公共利益的实现为目的。

---

① ［日］西原春夫：《刑法的根基与哲学》，顾肖荣译，法律出版社 2004 年版，第 96 页。
② 徐汉明、申政：《论经济犯罪立法模式的现代化》，《湖北警官学院学报》2017 年第 1 期。
③ ［法］莱昂·狄骥：《公法的变迁》，郑戈译，辽海出版社 1999 年版，第 40 页。
④ 夏军：《公共管理的兴起与行政法的发展》，《厦门特区党校学报》2003 年第 1 期。

当代中国社会因巨大的社会变迁已经进入"风险社会"。在各种社会矛盾层出不穷因而需要着力倡扬社会管理创新的转型时代，以行政法律强化行政机关对市场经济风险管理的责任意识和以经济法律消除经济犯罪的成因，才是治本之道。刑法应当将重点转向对行政监管失当的责任追究，并将其作为控制经济犯罪的一道重要防线。为了保障自由，社会必须创造出一个安全的环境，法律与政府管理都是一种安全产业。现代社会发展与风险并存，面对风险的不可知性，应注意发展的远程效应，即若对一个决定要负责任，则此责任不仅考虑行为的直接、立即后果，也应一并考虑行为间接的远程效应。风险—决定—责任之间的因果相连，为风险中心主义提供了一种实然基础，也为刑法和其他法律介入组织体或个人的风险制造行为并预防风险提供了理论诠释。①

刑法观可以划分为决断论、规则论和秩序论三种基本类型，而规则、决断和秩序"三位一体"的刑法观应当成为当代刑法的首选。②"决断论"的刑法观以惩罚犯罪为向度，以刑罚权国家专有原则为支撑，以政治学为学科基础；"规则论"的刑法观以限制刑罚权为向度，以罪刑法定和有罪必罚原则为支撑，以法学为学科基础；"秩序论"的刑法观主张刑法以社会共同体秩序为核心而展开，强调以解决问题为向度，在刑法规范供给与社会需求之间建立良好的对应关系，以法益保护原则为支撑，以文化与社会人类学为学科基础，重视非正式制度的社会意义及其与刑法之间的互动关系。对刑法作政治学的诠释实质上就是为扩张刑罚权寻求政治上的根据，"决断论"的刑法观本身蕴涵着滥用刑罚权的危险，并且在前近代社会的实践中也得到了证实；"规则论"的刑法观缺乏以社会事实为参照来检视规则本身的视角与方法，以致出现刑法学理论异常发达而犯罪率居高不下的尴尬局面；而规则、决断和秩序"三位一体"的刑法观首先强调规则的至上性，其次把规则的产生及运行的力量诉诸国家，同时将规则及其运行的合理性诉诸社会共同体秩序，具有最大的合理性。

刑法被赋予了参与社会控制的基本使命，如果完全撇开刑法的工具属性，保障和实现自由的价值可能落空。刑法的工具主义观念或工具法制属性是自然形成的，虽然刑法以其最严厉的法律制裁为基础，以恶制恶必然

---

① 姜涛：《社会管理创新与经济刑法双重体系建构》，《政治与法律》2012年第6期。
② 齐文远：《社会治理现代化与刑法观的调整——兼评苏永生教授新著〈区域刑事法治的经验与逻辑〉》，《法商研究》2014年第3期。

引发"工具化"的担忧，但是我们不可能舍弃刑法的治理功能，使其进入"无法作为"的消极状态，关键是合理排除刑法的自带危险，将其控制在法治的"底线"范围内。①

二 从管理秩序到目标秩序

人类不仅对于未来世界的认识十分匮乏，即使对于过去和当前世界的认识也是极其有限的。试图以预期的至善至美的社会秩序去限制或者调整人们的自由，即使集中所有的哲学家、政治学家、经济学家和法学家，也不会解决问题，更何况知识永远不可能只掌握在政府或者一个人手中。而如果保持一个人的个人自由，那么他取得的成就往往会超过任何理性所设计或预见的成果。以个人自由为刑法之优先选择，有利于个人自由的极大发展，从而促进社会的物质与精神总财富的极大增加，社会秩序也就能够得以自动地生成并健康地发展，后者又会促使个人自由的不断增长，最终促进整个社会的进步与发展；反之，则会导致社会秩序的僵化与个人自由的匮乏。②

在合理构建刑法分则体系时，要准确理解秩序的内涵，避免以偏概全。秩序既包含理性建构的秩序，也包含自生自发的秩序，刑法对于秩序法益保护不能忽视后者。正如哈耶克所指出，"人类活动的有效合作，并不需要某个有权下达命令的人进行刻意的组织。经济学理论的诸多成就中的一项成就，便是解释了市场以什么样的方式促进个人自生自发的活动彼此相适应、相磨合的，当然，其条件乃是存在着人人都知道的对每个个人之控制领域的界定"③。很多情况下，"我们能够为社会秩序的型构创造一些条件，但是我们却无力为各种社会要素安排一个确定的方式，以使它们在恰当的条件下有序地调适它们自己。从这个意义上讲，立法者的任务并不是建立某种特定的秩序，而只是创造一些条件，在这些条件下，一个有序的安排得以自生自发地型构起来并得以不断地重构"④。

科学的刑法价值观要求增强权利意识，弱化管理意识，实现从管理秩

---

① 高铭暄、孙道萃：《预防性刑法观及其教义学思考》，《中国法学》2018年1期。
② 曲新久：《刑法的精神与范畴》，中国政法大学出版社2000年5月版，第66—67页。
③ ［英］弗里德里希·冯·哈耶克：《自由秩序原理》，邓正来译，生活·读书·新知三联书店1997年版，第199页。
④ 同上书，第201页。

序向目标秩序的转变。在对秩序法益的保护中应当弱化对管理因素的过分强调，因为管理只是手段而非目的，刑法所要保护的法益是秩序本身，而非作为维护秩序的手段的管理活动。经济秩序不等于经济管理秩序，社会秩序也不等于社会管理秩序。应当分解破坏社会主义市场经济秩序罪和妨害社会管理秩序罪，将妨害对公司、企业的管理秩序罪改为破坏企业秩序罪，将破坏金融管理秩序罪改为破坏金融秩序罪，将危害税收征管罪改为妨害税收罪，将妨害文物管理罪改为危害文物罪，将妨害国（边）境管理罪改为妨害国（边）境安全罪，将破坏环境资源保护罪改为破坏环境资源罪，将扰乱无线电通讯管理秩序罪改为扰乱无线电通讯秩序罪。

三 从被动滞后到合理预见

刑法典应当兼具稳定性与适时性。首先，刑法典作为维护国家系统运行的主要法律工具，应该具有一定的稳定性。如果频繁修改，势必影响刑法的权威性，导致司法实践中的诸多不便。不仅如此，频繁的修改会使刑法的系统性受到损害，造成立法在逻辑体系上的不协调，引起一系列问题。[①] 同时，刑法也应当与社会的发展变化相适应。"法律必须稳定，但又不能静止不变。"[②] 世界上不存在永恒不变的法律，刑法应当立足社会现实，反映时代的要求，适应社会政治经济、意识形态的发展需要，顺应社会价值理念的转变，克服自身所固有的滞后性，并具有一定的预见性，以获得长久的生命力。

立法是现实社会状况的系统化和理论化的反映，它的活动受制于两个方面。一方面，立法是现实的反映，它由已经出现的犯罪现象决定。立法者的使命更多的是作为自然科学工作者，去认识社会和反映社会现象，而不是随意创造法律。另一方面，立法又受理论的先导，它应当具有一定的预见性，与社会发展规律相符合。因此，在理论迅猛发展而立法规范仍需要保持其相对稳定性的时候，冲突的存在是不可避免的。实际上，冲突的形成是历史传统和文化积淀的反映，立法规范表现出来的只是这种历史和文化的意向。要正确协调两者的关系必须结合社会实际来理解立法规范。否则，不管这种规范有多么先进和完善，脱离了它制定的那一刻，都会被

[①] 刘文霞：《刑法类罪体系优化研究》，硕士学位论文，中国政法大学，2008年。
[②] ［美］罗斯科·庞德：《法律史解释》，曹玉堂、杨知译，华夏出版社1989年版，第1页。

认为是滞后的。①

有论者阐述了经验理性与建构理性的关系并倡导沟通理性,② 但是本书认为，刑事立法不可能只建立在经验理性的基础上，也不可能只建立在建构理性的基础上，而是两者的融合。任何一部刑法都不可能是凭空产生的，它必定是在继承之前的立法的基础上，针对社会现实而制定的，而之前的立法包含无数立法和司法实践经验的积累。

第二节 内容与技术的完善

一 完善类罪划分，调整个罪归类

建议刑法分则依据法益归属，将全部犯罪划分为侵犯个人法益、社会法益、国家法益以及国际法益的犯罪四大类，每一大类之中，统一依据法益的内容进行章罪和节罪的划分。

（一）根据法益标准调整类罪

将刑法分则原第四章侵犯公民人身权利、民主权利罪拆分为三个各自独立的罪章，即侵犯人身权利罪、侵犯公民政治权利与经济社会权利罪，以及妨害婚姻家庭罪，将妨害婚姻、家庭的犯罪单独作为一章，归入危害社会法益罪。

设置法益突出、层次分明的危害公共利益罪。分解破坏社会主义市场经济秩序罪和妨害社会管理秩序罪，确立危害公共利益罪的九大类：危害公共安全罪、危害公共卫生罪、扰乱公共秩序罪、危害公共信用罪、破坏经济秩序罪、妨害婚姻家庭罪、破坏环境资源罪、危害文化遗产罪、危害公共道德与善良风俗罪；完善危害公共安全罪内部结构，将其划分为以危险方法危害公共安全罪，恐怖活动罪，妨害武器、弹药、核材料管理罪，妨害交通罪以及重大责任事故罪五节；设置危害公众健康罪专章，在保留原危害公共卫生罪一节之外，将走私、贩卖、运输、制造毒品罪一节归入其中，将生产、销售假药罪，生产、销售劣药罪，生产、销售有毒有害食品罪，生产、销售不符合卫生标准食品罪，生产、销售不符合标准的医用

---

① 楼伯坤：《"犯前款罪"立法与引证罪状理论的冲突与协调——以立法技术为视角》，《法治研究》2011 年第 6 期。

② 参见田宏杰《中国刑法现代化研究》，中国方正出版社 2000 年版，第 176—185 页。

器材罪，生产、销售不符合标准的化妆品罪从破坏社会主义市场经济秩序罪转入卫生犯罪中。① 食品安全犯罪不应限于生产与销售这两个环节，而是在涉及食品安全的整个过程里可能对食品安全造成危害的行为，刑法应当延展食品犯罪的打击环节，增加规制行为的表现形式，将"生产、销售"修改为"生产、经营"，以实现与《食品安全法》的统一。②

现有的经济犯罪范围过于宽泛，结构过于松散，应以法益为标准调整其体系结构，予以清理收缩，将一些主要法益不属于经济秩序的犯罪划出经济犯罪，与经济法的结构体系相对应，经济犯罪应划分为主体法、行为法等。根据我国实际情况，可做如下设计：第一节破坏企业秩序罪（原第三章第三节），第二节扰乱市场秩序罪（原第三章第一、八节），部分走私罪（原第三章第二节），第三节破坏金融秩序罪（原第三章第四节），第四节侵犯知识产权罪（原第三章第七节）。同时，应将其他章节中具有经济犯罪性质的罪名移入破坏经济秩序罪，将职务侵占罪移至破坏企业秩序罪，将破坏生产经营罪移至扰乱市场秩序罪。取消生产、销售伪劣商品罪一节，根据侵害的法益，在破坏经济秩序罪中保留生产、销售伪劣产品罪，生产销售伪劣农药、兽药、化肥、种子罪；将生产销售假药罪、生产销售劣药罪，生产销售不符合安全标准的食品罪，生产销售有毒、有害食品罪，生产销售不符合标准的医用器材罪，生产销售不符合卫生标准的化妆品罪归入危害公共卫生罪；将生产销售不符合安全标准的产品罪归入危害公共安全罪。取消走私罪一节，根据侵害的法益，将走私普通物品罪、走私贵重金属罪归入危害税收罪；将走私武器、弹药罪、走私核材料罪归入危害公共安全罪；走私假币罪归入危害公共信用罪；走私文物罪归入危害文化遗产罪；走私废物罪、走私珍贵动物罪、走私珍贵动物制品罪归入破坏环境资源罪；走私淫秽物品罪归入危害公共道德罪。

将原来的扰乱公共秩序罪一节改为独立的一章，并依据保护法益将扰乱公共秩序罪划分为两节：第一节扰乱社会基本秩序罪，包括聚众扰乱工作秩序罪，聚众扰乱公共场所秩序、交通秩序罪，非法侵入计算机信息系统罪，非法获取计算机信息系统数据、非法控制计算机信息系统罪，提供侵入、非法控制计算机信息系统程序、工具罪，破坏计算机信息系统罪，

---

① 刘远、景年红：《卫生犯罪立法浅议》，《法学》2004 年第 3 期。
② 刘伟：《风险社会语境下我国危害食品安全犯罪刑事立法的转型》，《中国刑事法杂志》2011 年第 11 期。

拒不履行信息网络安全管理义务罪、非法利用信息网络罪、帮助信息网络犯罪活动罪、扰乱无线电通讯管理秩序罪、聚众斗殴罪、寻衅滋事罪、非法集会、游行、示威罪、黑社会犯罪等；第二节打扰公众生活罪，包括破坏公用媒体及电信设施罪、非法生产、销售间谍专用器材、窃听、窃照专用器材罪、非法使用窃听、窃照专用器材罪、投放虚假危险物质罪、编造、传播虚假恐怖信息罪、编造、故意传播虚假信息罪等。调整妨害文物管理罪一节，将其归入增设的危害文化遗产罪专章。组织、引诱、容留、介绍卖淫罪和制作、贩卖、传播淫秽物品罪都是针对性风俗的犯罪，两者在保护法益上具有一致性，应将两节合并为侵犯性风俗罪一节，归入危害公共道德罪。

将危害国家利益的犯罪划分为危害国家内部安全罪、危害国家外部安全罪、危害公共管理罪以及妨害司法罪四章，集中在一编之中加以规定。将原来的危害国家安全罪改为危害国家内部安全罪，进一步划分为危害国家统一与国家政权罪、危害国家秘密罪以及危害国家权威罪三节。危害国家外部安全罪进一步划分为军人违反职责罪、危害国防利益罪以及妨害国家关系罪三节；对原来的军人违反职责罪和危害国防利益罪加以整合，修改或者合并类似的罪名，删除其中不合适的罪名，使军事犯罪有一个完整的体系。危害公共管理罪一章下设妨害公务罪、妨害税收罪（原第三章第七节）、违反廉洁义务罪（贪污贿赂罪）、渎职罪四节；妨害司法罪进一步划分为妨害刑事侦查罪、妨害法庭审判罪以及妨害裁判及执行罪三节。

贪污贿赂罪是单行刑法整体移入刑法典之后形成的一章，有必要打破现存的分类，重新编排它们之间的关系，更好地实现刑法的逻辑性和规范性。该章要么依据行为方式予以扩充，将非国家工作人员贿赂犯罪、职务侵占罪以及挪用资金罪纳入其中；① 要么依据所侵害法益将贪污罪、挪用公款罪、私分国有资产罪、私分罚没财物罪、巨额财产来源不明罪、隐瞒境外存款罪、受贿罪、单位受贿罪、利用影响力受贿罪、行贿罪、对有影响力者行贿罪、对单位行贿罪、单位行贿罪、介绍贿赂罪等罪压缩合并后与删减后的渎职罪合并成危害公共管理罪一章。渎职罪一章应删除 37 个

---

① 孟庆华、李佳芮：《重构我国刑法分则体系若干问题探讨》，《河北师范大学学报》（哲学社会科学版）2012 年第 1 期。

罪名中的所有特殊渎职行为，只保留滥用职权罪、玩忽职守罪以及徇私舞弊罪，并与贪污贿赂罪一起归入危害公共管理罪一章。

(二) 根据法益标准调整个罪的归类

基于本书第八章第二节的论述，建议根据保护法益调整某些个罪的章节归类。破坏广播电视设施、公用电信设施罪不直接导致生命、身体安全的危害，其直接后果是正常电信功能的障碍，进而影响到人们的正常生活，应将该罪由危害公共安全罪转入扰乱公共秩序罪。利用极端主义破坏法律实施罪，强制穿戴宣扬恐怖主义、极端主义服饰、标志罪，非法持有宣扬恐怖主义、极端主义物品罪等罪不会产生危害公共安全的直接后果，应将强制穿戴宣扬恐怖主义、极端主义服饰、标志罪归入侵犯人身权利罪；将利用极端主义破坏法律实施罪、非法持有宣扬恐怖主义、极端主义物品罪归入危害公共管理罪。

应将原来属于扰乱公共秩序罪一节中的某些犯罪归类作如下调整：将妨害公务罪，煽动暴力抗拒法律实施罪，招摇撞骗罪，非法生产、买卖警用装备罪，组织考试作弊罪，非法出售、提供试题答案罪，代替考试罪等归入危害公共管理罪；将伪造、变造、买卖国家机关公文、证件、印章罪，盗窃、抢夺、毁灭国家机关公文、证件、印章罪，伪造公司、企业、事业单位、人民团体印章罪，伪造、变造、买卖身份证件罪，使用虚假身份证件、盗用身份证件罪等归入危害公共信用罪。

引诱未成年人聚众淫乱罪、强迫卖淫罪、引诱幼女卖淫罪侵犯的主要法益是性自主权，故应归入侵犯人身权利罪；重婚罪、暴力干涉婚姻自由罪、拐骗儿童罪、虐待罪均重新应归入妨害婚姻家庭罪一章。重婚罪不是侵犯公民人身权利的犯罪，而是危害社会法益的犯罪，该罪的保护法益是一夫一妻的婚姻制度而非配偶的权利，配偶的同意不能阻却其违法性。暴力干涉婚姻自由罪侵犯的是婚姻自主权，虐待罪侵犯的主要是家庭成员的平等权利，拐骗儿童罪侵犯的主要是家长的监护权。破坏生产经营罪应归入破坏经济秩序罪。聚众淫乱罪侵犯的法益是社会良好的性风俗，应归入危害公共道德罪。

建议将非法获取国家秘密罪，非法持有国家绝密、机密文件、资料、物品罪，抢夺、窃取国有档案罪，擅自出卖、转让国有档案罪归入危害国家秘密罪，侮辱国旗、国徽罪以及妨害国(边)境管理罪归入危害国家权威罪；煽动民族仇恨、民族歧视罪等归入危害国家统一与国家政权罪；

将挪用特定款物罪归入危害公共管理罪；将刑讯逼供罪、暴力取证罪和洗钱罪归入妨害司法罪。

二 严密刑事法网，弥补立法漏洞

(一) 健全类罪体系，弥补体系漏洞

1. 增设暴行罪

为了全面打击暴力犯罪，严密保护自然人的人身权利，应借鉴英美刑法以及日本刑法的立法理念及法律规定，参照威胁罪、殴打罪、暴行罪的立法，增设暴行罪，把《治安管理处罚法》第43条规定的"殴打他人或者故意伤害他人身体的"的情形纳入刑法中来，将以殴打或其他暴行侵犯他人身体的行为规定为犯罪。暴行罪在条文设定上可以表述为："以殴打或者其他暴行侵犯他人身体的，处拘役、管制，并处或者单处罚金。"这样可以与《刑法》第234条故意伤害罪的罪名与刑罚相衔接。暴行罪的构成要件为：其一，法益是他人的人身安全；其二，行为是殴打或者其他方式的暴行，造成他人人身的轻微伤害或者没有造成伤害；其三，犯罪主体是已满16周岁的人；其四，主观罪过是故意，即故意殴打他人人身或者实施其他暴行侵犯他人人身。①

增设暴行罪具有多方面的意义。首先，可以构筑保护人身权利的严密刑事法网。我国刑法的犯罪圈较小，法网不够严密；犯罪成立的起点较高，整体上对于犯罪配置的法定刑比较重；增设暴行罪，有利于实现我国刑法从"厉而不严"到"严而不厉"的转变。我国刑法虽然对许多涉及暴力的犯罪设置了罪名和法定刑，但却没有将暴行作为一个单独的犯罪进行处罚。《刑法》第234条只以两款条文规定了故意伤害罪，而且成立故意伤害罪要求造成轻伤及以上的后果。布莱克斯通说："每个人的人身都是神圣不可侵犯的，任何人无权以最微弱的方式触及他人。"② 为了全面打击暴力犯罪，严密保护公民的人身权利，有必要设立暴行罪，用来规制一些轻微的暴力行为或者不具备其他涉暴犯罪的构成要件而实质上对他人产生一定侵害的施暴行为。其次，可以解决故意伤害未遂的处置难题。故意伤害罪不存在犯罪未遂的形态，有些伤害行为，因为没有造成伤害后

---

① 孙运梁：《我国刑法中应当设立"暴行罪"》，《法律科学》2013年第3期。

② 转引自［英］J. C. 史密斯、B. 霍根《英国刑法》，马清升等译，法律出版社2000年版，第447页。

果，就不能以犯罪论处，至多由公安机关处以15日的行政拘留，这样对人身权益的保护力度是不够的。如果增设了暴行罪，上述情形完全可以认定为暴行罪，最高处以6个月拘役。最后，能够有效引导社会公众，遏制和预防严重暴力犯罪的发生。设立暴行罪的最终目的不是惩罚暴行这种犯罪行为，而是期望通过惩罚犯罪达到预防暴行发生的目的。刑法典中规定暴行罪，会对公众产生引导、警示作用，潜移默化地影响了公众的价值观念和行为习惯。英美刑法中普通威胁罪、殴打罪、伤害罪、严重侵害人身罪由轻到重依次排列，体现出一种阶梯式、循序渐进式的样态，能够引导社会公众的行为方式，阻遏严重犯罪的发生，很好地发挥了刑罚的预防功能。

2. 创设全面而独立的侵犯公民政治权利及经济社会权利罪

建议在刑法分则中用公民政治权利与经济社会权利取代公民民主权利，创设全面而独立的侵犯公民政治权利与经济社会权利罪专章。鉴于其与人身权利密切相关，该章应紧随侵犯人身权利罪一章。根据一般的理解，公民政治权利与经济社会权利主要包括选举和被选举权、民主管理权、监督权、控告权和申诉权、言论、通信、出版、集会、结社、游行、示威、罢工的自由，宗教信仰自由，通信自由与通信秘密权、劳动权等。相应地，侵犯公民政治权利与经济社会权利罪应当包括破坏选举罪，破坏集会、游行、示威罪，煽动民族仇恨、民族歧视罪，出版歧视、侮辱少数民族作品罪，侵犯少数民族风俗习惯罪，报复陷害罪，打击报复会计、统计人员罪，强迫劳动罪，雇用童工从事危重劳动罪，以及拒不支付劳动报酬罪。

3. 健全性犯罪

增设乱伦罪以保护家庭伦理，增设露阴罪、公然发生性行为罪等以保护善良的性风俗。

4. 健全危害国家利益罪

首先，完善危害国家利益罪的罪名体系。在危害国家安全罪之外，纳入危害国防利益罪、军人违反职责罪、妨害司法罪、渎职罪和贿赂罪等类罪；新设危害公共管理罪，归入并分设妨害公务罪、妨害税收罪、贪污贿赂罪、渎职罪四节；将妨害文物管理罪一节中的盗窃、抢夺国有档案罪，擅自出卖、转让国有档案罪归入危害国家利益罪。其次，在危害国家安全罪中增设破坏国家声誉罪，妨害国交罪，侵犯外国领导人、使节及外国利益罪等。最后，严格限制非军人承担军事罪责的范围。参酌先进国家"相对的军人犯主义"的成功经验，应当对军事犯罪的概念重新予以界定。在平时，对于刑法第七章中绝大部分与普通犯罪竞合的军事犯罪，作"一般化"处理，如可将"冒充军人招摇撞骗罪"转化为"冒充国家工作人员招摇撞骗罪"。而对于该章中无对应普通犯罪的军事犯罪，则可作"除罪化"处理，即将其转化为一般的行政违法行为，如可将"非法生产、买卖军用标志罪"转化为一般的触犯行政法规的行为。在战时，对于刑法第七章规定的那些与作战利益无直接关联的，或者对作战利益无现实危害的行为，作"一般化"或"除罪化"处理。例如，对于非军人战时为逃离部队的军人提供居所予以窝藏的情形，直接危害作战利益的是军人逃离部队的行为，而非窝藏行为，故对窝藏行为可依据普通刑法有关窝藏罪的规定来处理；又如，对于战时非军人拒绝军事征用的情形，由于征用机关出于军事目的有权对其实行强制征用，因而，被征用人的不配合甚至反对，并不会影响军事征用的实际效果，即该行为对作战利益不致产生现实的危害结果，故对此行为也可不作为战时犯罪处理，但仍可追究其相应的行政责任。①

5. 完善国际犯罪的罪名体系

完善刑法典分则中的国际犯罪，建议采用转化模式。可以综合参照俄罗斯、法国等国的做法，一方面，在刑法典总则中规定"普遍管辖原则"和"凡中国缔结或者加入的国际条约中规定的国际犯罪，在中国国内法中尚未规定的，应参照国际条约的有关规定来处理"等内容；另一方面，在刑法典分则中对国际犯罪专设一编进行集中规定，建立惩治国际犯罪完整的国内法律体系。对于已有相应的国内犯罪罪名的，应援引相关法条，无须做重复性规定，但是仍需在国际犯罪的专门章节中列明；对于某些需要加重法定刑的，亦应在此做出明确规定。在国际犯罪一编之中，应依据保护法益划分为若干章节，将个罪予以归类，使之条理化、系统化。

在具体犯罪方面，建议增设如下罪名：（1）酷刑罪。中国于1988年参加了《禁止酷刑和其他残忍、不人道或有辱人格的待遇或处罚公约》，中国刑法应增设酷刑罪。（2）灭绝种族罪。中国于1983年加入了《防止及惩办灭绝种族罪公约》，中国刑法应增设灭绝种族罪以体现上述公约的

---

① 田友方：《军事刑法若干问题的理论探讨》，《当代法学》2004年第5期。

有关内容。(3) 种族隔离罪。中国于1983年加入了《禁止并惩治种族隔离罪行国际公约》，应将种族隔离罪规定在国内刑法之中。(4) 种族歧视罪。中国于1982年加入了《消除一切形式种族歧视国际公约》，中国刑法应根据公约的规定增设种族歧视罪。(5) 非法获取和使用核材料罪。中国于1989年加入了《核材料实物保护公约》。中国1997年《刑法》第125条规定了非法买卖、运输核材料罪，但该规定没有涵盖上述公约的所有内容。因此，中国刑法应增设非法获取和使用核材料罪。(6) 其他有关的国际罪行。中国刑法还应根据1991年中国参加的《万国邮政公约》增设非法使用邮件罪，根据1996年批准的《联合国海洋法公约》增设海盗罪，根据1987年参加的《关于防止和惩处应受国际保护人员包括外交代表的罪行公约》增设暴力侵害受国际保护人员罪，根据1992年参加的《制止危及海上航行安全非法行为公约》增设危害海上安全罪，根据1992年参加的《制止危及大陆架固定平台安全非法行为议定书》增设危害大陆架固定平台安全罪。[①]

(二) 弥补规范漏洞

1. 完善对行为及其对象的规定

劫持船只、汽车罪应修改为"劫持交通工具罪"，在劫持船只、汽车之外，将劫持电车、火车的行为也纳入其中；丢失枪支不报罪应修改为"丢失枪支、弹药、爆炸物不报罪"，将弹药、爆炸物以及毒害性、放射性、传染病病原体等危险物质等纳入其中；在滥伐林木罪中，应增加规定"数量特别巨大"情形；在非法狩猎罪中，应增加规定"情节特别严重"的情形；非法处置进口的固体废物罪应修改为"非法处置进口废物罪"，以便将非法处置进口的液体废物、气体废物而造成重大环境污染的行为纳入本罪；隐瞒境外存款罪应当修改为"隐瞒境外资产罪"，将行为人隐瞒境外房地产、股票以及其他投资，数额较大甚至巨大的情形纳入本罪。在有关发票的系列犯罪中，应增加规定非法购买用于出口退税折抵税款的发票、非法购买普通发票两种情形；在侵犯知识产权犯罪中，将反向假冒注册商标、冒充专利、非法实施他人专利以及非法出租权复制品等行为犯罪化，将服务商标纳入保护范围，并完善各罪对行为方式的规定；应当在强奸罪，拐卖妇女、儿童罪，收买被拐卖的妇女、儿童罪等带有性别特征

[①] 赵秉志、黄芳：《论中国刑法典中的国际刑法规范》，《法学》2003年第9期。

的个罪中增加对男性的保护，在拐卖妇女、儿童罪，拐骗儿童罪，组织残疾人、儿童乞讨罪等个罪中增加对老年人的保护。

2. 完善对行为主体的规定

应将非法经营同类营业罪的主体扩大为"公司、企业的董事、经理"，将为亲友非法牟利罪的主体扩大为"公司、企业、事业单位的工作人员"；将报复陷害罪的主体扩大为国家机关工作人员、公司、企业、事业单位、机关、团体的领导人员；将私自开拆、隐匿、毁弃邮件、电报罪的主体扩大为邮政工作人员以及快递公司工作人员；扩大强奸罪的主体，将女性包括其中。

三　合理设置个罪，减少法条竞合

（一）保持个罪设置的疏密适度

1. 细化杀人罪，构建杀人罪的罪名体系

借鉴国外立法经验，可以考虑将侵犯公民人身权利罪一章分节，在第一节侵犯生命的犯罪中设立谋杀罪、故意杀人罪、杀婴罪、激愤杀人罪、经同意杀人罪、教唆或者帮助自杀罪、防卫过当或超过拘捕犯罪人所必需的方法杀人罪、过失致人死亡罪等系列罪名，并针对每个罪名分别设置相应的法定刑。对于谋杀罪，应当给予详细描述，主要包括下列情形：杀害未成年人，杀害因年龄、疾病、残障、怀孕、身体或精神缺陷明显极易攻击者，杀害正在履行职务且身份极为明显之公职人员，杀害证人或对方当事人，以特别残忍手段杀人或杀人后碎尸、焚尸的，杀人动机特别恶劣的，杀害多人或多次杀人的，杀害直系尊亲属或直系卑亲属等情形，并规定谋杀罪的法定刑为无期徒刑或死刑。从谋杀罪的历史演变看，其实质就是故意杀人罪当中情节最为恶劣的各种情形的总称，其法定刑为死刑，在废除死刑的国家，则为无期徒刑或者最长期限的有期徒刑。设置这一罪名的必要性在于，将故意杀人罪加以细化，实行区别对待，从而有利于减少死刑的适用。杀婴罪的设立则是基于其犯罪对象的特殊性，司法实践当中，许多杀婴的行为没有受到追究，在刑法中明确规定这类杀人行为的类型及其刑事责任，有利于减少此类行为的发生；激愤杀人罪因其主观恶性较之谋杀罪小，加之被害人自身又有重大过错，所以应当减轻其刑事责任；多数国家的刑法中对此都有规定；教唆或者帮助他人自杀罪的设立则是对我国刑法中间接正犯之缺失的弥补；由于自杀行为本身不能构成犯罪，教唆或者帮助自杀的行为无法按照自杀的共同犯罪对待，但其具有一定的社会危害性，因而有必要将其独立成罪。①

2. 个罪的拆分

应将包含多个独立行为、本应拟定为多个罪名的一个罪名予以分解，将被误解为一个犯罪的多个犯罪还原其本来面目。② 首先，依据行为类型加以拆分。一条（款）一罪名是立法理想状态，立法也基本上按照这一目标展开，但刑法中还存在一条（款）中有多个犯罪的规定。有些犯罪的罪状已为人们所熟知（自然犯），没有必要在条文中展开；有些虽然是不同的犯罪，但犯罪之间的关系密切，不易分开规定；出于节约立法条文和处理犯罪关系的考量，有些条文规定了两个以上的独立类型，应将它们拟定为独立的罪名。（1）故意犯罪和过失犯罪有着严格的区分并且被视为不同的类型。故意犯和过失犯的不同只在责任要素，在构成要件和违法性层面，基本没有区别，如果客观结果发生、因果关系确认，就需要谈论作为责任要素的过失的有无。刑法中使用了表明故意和过失的字眼，虽然它们在同一条文中也显然是不同的类型，应作为两个类型。（2）侵害犯与危险犯也属于不同的类型，应为不同的犯罪。（3）刑法分则条文中的排列式罪名是性质各不相同的犯罪，其行为手段不相联系，或者行为对象在性质上不具有相似性，立法时只是为了简化法律条文而把它们合并为一条。但它们都是独立的犯罪，应单独确定罪名。（4）根据行为类型，交通事故罪应当拆分为交通事故罪（过失）、交通肇事逃逸罪（故意）、交通肇事逃逸致人死亡罪（故意），食品监管渎职罪应当拆分为食品监管滥用职权罪和食品监管玩忽职守罪，擅离、玩忽军事职守罪应当拆分为擅离军事职守罪和玩忽军事职守罪。其次，依据条款位置加以拆分。根据一条（款）一罪名的罪名分拆。非法出租、出借枪支罪应拆分为公务用枪人员出租、出借枪支罪，配置枪支人员出租、出借枪支罪。侵占罪应拆分为侵占罪（第270条第1款），侵占脱离占有物罪（第270条第2款）。妨害公务罪拆分为妨害公务罪（第277条第1款），阻碍人大代表执行职务罪（第277条第2款），阻碍红十字会人员履行职责罪（第277条第3款），阻碍执行国家安全工作任务罪（第277条第4款）。有些法条有多个款，

---

① 余高能：《尊重生命权利、注重生命价值——中国刑法关于杀人罪的立法缺陷及其完善》，《西北大学学报》（哲学社会科学版）2008年第6期。

② 晋涛：《论罪名的系统性调整》，《时代法学》2017年第5期。

每款规定的行为类型并不相同，司法解释却错误地将其拟定为一个罪名。此外，一条（款）一罪名是判定罪名数的标准，有些司法罪名将处于不同款中的类型视为一个罪名，但它们之间并不存在特殊的类型关系。除非有特定的理由诸如两者存在包含关系、相应条款只具有提示作用等，否则不能将不同款规定的罪状拟定为一个罪名。

3. 个罪的合并

有些个罪的构成要件要素如犯罪方法、犯罪对象、犯罪时间、犯罪地点、犯罪主体、犯罪的故意、过失等大多数要素一致，仅个别因素有异，如果保护法益一致，且差异之处没有质的区分，则应当将其合并为一罪。有些条文存在不同的罪刑条款，司法解释按照一条（款）一罪名的标准拟定了罪名，但这些条款规定的犯罪类型存在一般与特殊的关系，特别条款的内容是对上一条款的细化；还有些法条中存在两个以上独立类型的款，但是这两个看似独立的犯罪类型实质上是一个整体类型，后款只不过是对前款的注意性规定或者特别规定，但却被司法罪名认定为了两个罪名，[①] 对这些个罪，也应予以合并。对于合并后的个罪，可以根据不同情形可确定几个不同的法定刑。通过合并，可以大大减少刑法典个罪的数量。

票据诈骗罪、金融凭证诈骗罪应合并为金融票证诈骗罪。根据《刑法》177 条规定的内容以及司法解释对其拟定的罪名，票据和金融凭证都是金融票证，立法出于表述的清晰性将票据诈骗进行了展开描述，不得已才将金融凭证放在了后一款，但这并不能否认两者都是金融票证诈骗罪的罪状。强制猥亵、侮辱罪、猥亵儿童罪应合并为猥亵罪。强制猥亵罪是针对成年人实施的猥亵行为，侮辱是对猥亵的同义反复，不具有独立的存在价值。猥亵儿童罪是对未满 14 周岁的人的性权益的侵犯。从类型上来看，两者同属于猥亵罪的范畴，猥亵儿童是一个注意规定，注意规定不应成立独立的罪名，这可以从取消奸淫幼女罪中得到印证。将第 237 条拟定为强制猥亵罪，可以与强奸罪形成完整的对应。私分国有资产罪、私分罚没财物罪应合并为私分国有资产罪，因为根据《刑法》规定第 91 条对公共财产的定义，罚没物也是国有资产的一种。从法条的逻辑关系看，第 396 条第 1 款与第 2 款之间并非平行并列的关系，而是前款对后款的包容关系，

[①] 晋涛：《论罪名的系统性调整》，《时代法学》2017 年第 5 期。

是一般与特殊的关系，此种立法方式是为了突出某些需要重点调整的犯罪行为。私分罚没物不过是私分国有资产罪的一个类型，两者存在包含与被包含的关系，故应将两罪合并为私分国有资产罪一罪。遵循合并单位和个人贿赂罪的思路，公务贿赂罪的八个罪名可以压缩为受贿罪、利用影响力受贿罪、行贿罪、对有影响力的人行贿罪4个罪名。应将分裂国家罪与煽动分裂国家罪两个罪名合并统一为分裂国家罪；将《刑法》第151—155条规定的10种具体犯罪合并为走私罪1个具体犯罪；将第205—209条规定的8种具体犯罪合并为妨害发票罪1个具体犯罪；将第305—307规定的4种具体犯罪合并为妨害作证罪1个具体犯罪；将第186条第1款和第2款的两罪种合并为"违法发放贷款罪"；将第280条第1款、第2款规定的4个罪种和第375条第1款规定的两个罪种合并为"妨害公文、证件、印章罪"；将第279条、第372条的两个罪种合并为"招摇撞骗罪"；将第301条第1款、第2款的两罪种合并为"聚众淫乱罪"。

4. 精简渎职罪的个罪数量

刑法分则第九章渎职罪中的以下罪名应予删除：[①]（1）第403条滥用管理公司、证券职权罪。新《公司法》已基本采用准则设立主义，即普通公司只要符合法定条件即可申请登记，登记机关并不对申请文件进行实质性审查。这种情况下针对公司的设立、登记，本罪是否有必要保留都成问题了，而有关股票、债券发行、上市申请方面，本罪规定的行为完全可以由第397条进行调整。（2）第406条国家机关工作人员签订、履行合同失职被骗罪。本条规定与我国实际情况尤其是对公务员经商的严格限制不相符，按照有关政策规定，国家机关的工作人员不可直接参与签订、履行合同，签订、履行合同不应该成为国家机关工作人员的职责。虽然在政府采购中有这种可能，但完全可以由第397条的玩忽职守罪予以调整。（3）第410条非法批准征用、占用土地罪，非法低价出让国有土地使用权罪，第412条商检徇私舞弊罪、商检失职罪，第413条动植物检疫徇私舞弊罪、动植物检疫失职罪，第414条放纵制售伪劣商品犯罪行为罪，第415条办理偷越国（边）境人员出入境证件罪、放行偷越国（边）境人员罪，第416条不解救被拐卖、绑架妇女、儿童罪，阻碍解救被拐卖、绑架妇女、儿童罪，以及第417条帮助犯罪分子逃避处罚罪均属没有明显争

[①] 徐文斌：《论刑法条文设置的科学性》，博士学位论文，华东政法大学，2008年。

议的滥用职权或玩忽职守行为，完全可以被第 397 条所涵盖。同时，这些犯罪行为往往还伴随有受贿等其他性质更为严重的渎职犯罪，司法实践中可按牵连犯的原则予以处罚，删除这些罪名不影响对这些犯罪的处理。

（二）保持个罪设置的目的明确、逻辑清晰

针对《刑法》第 305—307 条规定的三种具体犯罪存在逻辑混乱、立法目的不明确的问题，建议对上述三个法条作如下修改：（1）扩大第 305 条伪证罪的主体范围，取消特定主体限制，将辩护人、诉讼代理人等其他任何诉讼参与人包括在内；（2）第 306 条规定妨害作证罪；（3）第 307 条规定毁灭证据罪；（4）取消辩护人、诉讼代理人毁灭证据、伪造证据、妨害作证罪，将相应行为分别归入上述伪证罪、妨害作证罪和毁灭证据罪。（5）在伪证罪、妨害作证罪和毁灭证据罪中区分刑事诉讼和非刑事诉讼，分别设置不同的法定刑，并对司法工作人员做从重处罚的规定，对帮助行为做提示性规定（共犯）。

对于发票犯罪的个罪设置，可以采取行为方式标准，不区分真假发票；无须将增值税专用发票和普通发票分别设置。与《发票管理办法》中发票的印制、领购、使用和保管的管理环节相对应，应将发票犯罪归为四类：第一类是非法制造发票方面的犯罪；第二类是非法出售发票方面的犯罪；第三类是非法购买发票方面的犯罪；第四类是非法使用发票方面的犯罪。每个条文以一种犯罪手段统辖一个犯罪对象，既明晰又简单。第一类非法制造发票方面的犯罪，不应分伪造、擅自制造、变造，而应概括规定为"非法制造"。这里的发票外延应包括所有发票。第二类非法出售发票方面的犯罪，也只需规定一个非法出售发票罪，涵盖出售伪造的增值税专用发票，出售真的增值税专用发票，出售伪造的、擅自制造的可以用来骗取出口退税、抵扣税款的其他发票，或者出售伪造、擅自制造的可以用来骗取出口退税、抵扣税款的其他发票，或者出售伪造、擅自制造的可以用来骗出口退税、抵扣税款的其他发票，或者出售伪造、擅自制造的普通发票等行为。其余三四类犯罪如此规定，只作排除性规定或者直接规定，如第三类排除普通发票的购买；第四类规定专用发票类的使用即可。[①] 对于非法制造发票的犯罪，无须设立几个罪名。只需统一规定一个非法制造

[①] 张书琴：《发票犯罪的立法完善探究——以〈刑法修正案（八）〉为基点》，《中国刑事法杂志》2011 年第 12 期。

发票罪,然后交由司法解释针对各种对象确立不同的定罪量刑标准,以避免烦琐。① 对虚开增值税发票的行为,以偷税罪处罚足已。

(三) 删除无效性法条竞合

有些特殊罪名因与刑法总则关于共犯的规定重合,完全没有独立存在的必要。具体而言,下列罪名应予删除:资助危害国家安全活动罪、拒绝提供间谍犯罪证据罪、违规制造、销售枪支罪,金融工作人员购买假币、以假币换取货币罪、变造货币罪、逃避追缴欠税罪、骗取出口退税罪、聚众阻碍解救被收买的妇女、儿童罪、虐待被监护、看护人罪、聚众哄抢罪、煽动暴力抗拒法律实施罪、聚众扰乱公共场所秩序、交通秩序罪、传授犯罪方法罪、非法处置查封、扣押、冻结的财产罪、协助组织卖淫罪、挪用公款罪、私分国有资产罪、私分罚没财物罪、单位受贿罪、对单位行贿罪、单位行贿罪、介绍贿赂罪、徇私舞弊减刑、假释、暂予监外执行罪。

为了确保刑法典个罪数量的合理性、必要性和经济性,可将法条竞合的条文仅作为一个罪种予以规定。② 对于属于同一个罪种的法条,在立法上,可以将这些竞合的法条作为一小节,其节罪名即为其具体罪名。例如,刑法分则第三章的第一节生产、销售伪劣商品罪,第140条分别与第141—149条竞合,这些竞合的条文共同构成了生产、销售伪劣商品罪这一罪种,其罪名为"生产、销售伪劣商品罪"。又如,第134条重大责任事故罪分别与第135—139条以及第131条、第132条竞合,这些条文可归为一小节,共同构成重大责任事故罪这一罪种,其罪名为"重大责任事故罪"。如果法条竞合属于完全包容式,应当将竞合的条文作为一个罪种看待;如果法条竞合属于交叉包容式,那么,在有些情况下也可以将其作为两个或两个以上的罪种予以规定。例如,《刑法》第266条规定的诈骗罪与第279条规定的招摇撞骗罪,就可以作为两个罪种予以对待。

四 统一体例风格,恰当排列犯罪

(一) 统一分则体例与法条风格

在分则体系方面,建议统一采用编、章、节、条的多层次编排体例。

---

① 陈洪兵、安文录:《发票犯罪处罚空隙探究》,《中国刑事法杂志》2005年第1期。

② 欧锦雄:《罪名、罪种的合理数量及其立法反思》,《国家检察官学院学报》2001年第1期。

首先，对应于法益归属，将分则划分为侵犯个人法益、社会法益、国家法益以及国际法益的犯罪四编。其次，对应于同类法益，各编内设置各章。最后，各章内依亚类法益或行为特征统一设节。与人身法益相比，财产法益属于非专属法益，因为它既可以归属于个人，也可以归属于集体和国家。但是考虑到国家的财产法益和社会的财产法益与个人的财产法益相比，并无显著的特殊性，为避免重复，无须在侵害社会法益和国家法益的编罪中再做专门规定。鉴于刑法典内容庞大、篇幅较长，为查阅方便，建议在刑法典中编制章节目录。

在法条风格方面，应在以下三个方面加以完善：首先，统一法条的展开次序。对于罪状的描述，统一采用犯罪数额由小到大或犯罪情节由轻到重的次序进行。对于性质相近的犯罪是否在法条中予以合并描述，也应保持统一的标准。其次，统一罪名和术语的表述方式。对于具体罪名，不宜在法条中直接给出完整定义；对于个别重要或专门术语的定义，应该持审慎态度且由总则加以规定。最后，对于相似情形的犯罪，应当统一犯罪数额和罚金数额的确定方式。

（二）合理排列类罪与个罪

应当摒弃社会危害性标准，确立与犯罪分类层次相适应的多元化犯罪排序标准。编罪应考虑法益的进化形态及其归属、法益的重要性，章罪及节罪应根据法益的重要性、法益间的相关性及部门法的内部结构；个罪应在考虑法益重要性的同时兼顾行为间的内在联系。具体而言，编罪应当按照侵犯个人法益罪、危害社会法益罪、危害国家法益罪以及危害国际法益罪的顺序排列，章罪和节罪的排列顺序详见本章第三节"章节设置方案"。

五　立法明示罪名，力求简洁准确

（一）严格遵循罪名设置的基本原则

应采用立法明示式罪名，以体现罪名的权威性和统一性，具体可采用标题明示式罪名。取消推理式罪名，采用明示式罪名的立法模式，科学地、准确地确定各种具体犯罪的罪名，既能反映一个国家的立法水平，又能为准确执法创造良好的前提条件。[①] 应注重罪名的体系化和层次化，慎

---

① 赵长青：《略论刑法分则条文的立法改革》，《中外法学》1997年第1期。

用选择性罪名。

(二) 若干具体罪名的修正与完善

根据确定罪名的原则要求和一般规律，应对现行司法解释确立的罪名做进一步的完善。第一，将少数较为冗长的罪名概括得更为简洁、精练一些。最高人民法院、最高人民检察院历年颁布的司法解释中确定的某些罪名不符合概括性原则，应予简化。对于刑法第130条、第223条和《刑法修正案（三）》第6条第1款、第2款，根据行为人所携带和盗窃、抢夺的物品的性质，可将"枪支、弹药、管制刀具、危险物品""武器、管制刀具、爆炸物"和"枪支、弹药、爆炸物、危险物质"抽象概括为"治安管制物品"，这样对上述三罪即可提炼为"非法携带治安管制物品危及公共安全罪""非法携带治安管制物品参加集会、游行、示威罪"和"盗窃、抢夺治安管制物品罪"。对《刑法》第306条中所规定的"毁灭证据、伪造证据、妨害作证"的行为，根据其行为方式所共有的性质，可以将其统一概括为"妨害证据、作证"的行为，从而可以将本罪提炼为"辩护人、诉讼代理人妨害证据、作证罪"。对《刑法》第312条第1款中所规定的"制作、复制、出版"的行为，根据其行为性质相近的特点，将其统一概括为"制造"的行为，从而可以将本罪提炼为"制造、贩卖、传播淫秽物品牟利罪"。对于《刑法修正案》第1条规定的"会计凭证、会计账簿、财务会计报告"，根据其犯罪对象的性质相近的特点，可以将其概括为"会计凭据"，从而可以将本罪提炼为"隐匿、故意销毁会计凭据罪"。[1]《刑法》第124条第1款破坏广播电视设施、公用电信设施罪和第2款过失损坏广播电视设施、公用电信设施罪，可以简化为破坏公用设施罪、过失损坏公用设施罪。

第344条非法采伐、毁坏国家重点保护植物罪与非法收购、运输、加工、出售国家重点保护植物、国家重点保护植物制品罪应合并为一罪，并将罪名简化为"破坏重要植物及其制品罪"。第285条第2款非法获取计算机信息系统数据、非法控制计算机信息系统罪可改为"侵犯计算机信息系统罪"；第375条第3款伪造、盗窃、买卖、非法提供、非法使用武装部队专用标志罪可简化为"侵犯武装部队专用标志罪"。《刑法》第

---

[1] 李永升：《关于"两高"确立的刑法罪名再探讨》，《河南大学学报》（社会科学版）2013年第1期。

308 条之一第 1 款泄露不应公开的案件信息罪可简化为"泄露案件信息罪",因为"泄露"一词本身已包含不应公开的意思。第 126 条违规制造、销售枪支罪可简化为"违规制售枪支罪"。第 128 条第 1 款非法持有、私藏枪支、弹药罪应简化为"非法持有枪弹罪",因为私藏也属于非法持有,枪支、弹药合称枪弹也不会产生歧义。第 143 条生产、销售不符合安全标准的食品罪应简化为"制售不安全食品罪"。第 147 条生产、销售伪劣农药、兽药、化肥、种子罪应简化为"制售伪劣农用物资罪"。走私普通货物、物品罪可简化为"走私普通物品罪",因为货物也属于物品。走私固体废弃物罪可简化为"走私废弃物罪",以增强罪名的涵盖性。生产、销售伪劣农药、兽药、化肥、种子罪可简化为"生产、销售伪劣农用物资罪"。第 177 条之一第 2 款窃取、收买、非法提供信用卡信息罪应简化为"侵犯信用卡信息罪"。第 280 条第伪造、变造、买卖国家机关公文、证件、印章罪和盗窃、抢夺、毁灭国家机关公文、证件、印章罪应简化为"伪造、买卖国家文书罪"和"盗窃、抢夺、毁灭国家文书罪",第 2 款伪造公司、企业、事业单位、人民团体印章罪应简化为"伪造企事业文书罪"。从广义上看,文书包括公文、证件、印章在内,伪造也包括变造在内,变造是一种特殊形式的伪造;因此,从罪名上可以将两者概括在一起,而在认定时基于罪状的进一步明确规定也不会产生遗漏。

  掩饰、隐瞒非法所得、非法所得收益罪的罪名当中,非法所得以及非法所得收益完全可以用赃物二字概括,掩饰和隐瞒词义大体相似,可以用一个词加以概括;原来的窝赃、销赃罪虽有瑕疵但比现有罪名简洁许多,可命名为"瞒赃罪"。窝藏、包庇罪的罪名当中,包庇不但可以涵盖窝藏犯罪人的行为,而且明确指的是人而非物,故可以将该罪直接命名为"包庇罪"。打击报复证人罪的罪名显得啰唆,因为打击就是为了报复,直接称为"报复证人罪"即可。非法处置查封、扣押、冻结的财产罪可以简化为"非法处置涉案财物罪",因为罪名没有必要等同于罪状,罪名中的概括性用语可以在罪状中得到明确。同理,破坏永久性测量标志罪可以简化为"破坏测量标志罪"。

  第二,准确界定选择性罪名的范围,对不同罪质的犯罪行为应当分别设置独立的罪名。盗窃罪与抢夺罪是两个不同罪质的犯罪,行为人若先后实施这两种犯罪行为,绝不可能将其视为选择性罪名定为盗窃、抢夺罪。对《刑法》第 127 条第 1 款、第 2 款和《刑法修正案(三)》第 6 条第 1

款、第2款规定的盗窃、抢夺治安管制物品罪，应当分别定为"盗窃治安管制物品罪"和"抢夺治安管制物品罪"；对《刑法》第280条第1款规定的盗窃、抢夺、毁灭国家机关公文、证件、印章罪，应当分别定为"盗窃、毁灭国家机关公文、证件、印章罪"和"抢夺、毁灭国家机关公文、证件、印章罪"；对《刑法》第302条规定的盗窃、侮辱尸体罪，应当分别定为"盗窃尸体罪"和"侮辱尸体罪"；对《刑法》第329条第1款规定的抢夺、窃取国有档案罪，应当分别定为"抢夺国有档案罪"和"窃取国有档案罪"；对《刑法》第375条第1款规定的盗窃、抢夺武装部队公文、证件、印章罪，应当分别定为"盗窃武装部队公文、证件、印章罪"和"抢夺武装部队公文、证件、印章罪"；对《刑法》第438条规定的盗窃、抢夺武器装备、军用物资罪，应当分别定为"盗窃武器装备、军用物资罪"和"抢夺武器装备、军用物资罪"。只有这样，才能完全符合确定罪名的原则，并在司法实践中做到罪刑相适应。

第三，弄清具体罪名之间的逻辑关系，避免属种概念错位现象。对《刑法》第114条、第115条中规定的以危险方法危害公共安全罪和过失以危险方法危害公共安全罪，应分别改为"以其他危险方法危害公共安全罪"和"过失以其他危险方法危害公共安全罪"，这里面的道理已如前所述。对《刑法》第167条规定的签订、履行合同失职被骗罪，应当改为"国有公司、企业、事业单位主管人员签订、履行合同失职被骗罪"。"签订、履行合同失职被骗罪"是一个上位概念，若将其作为具体罪名，实际上它就包含了《刑法》第406条规定的国家机关工作人员签订、履行合同失职被骗罪。但是，刑法对这两种犯罪的规定却各有其特定的主体范围，后者并不能为前者所取代。为避免两者发生矛盾，在确定罪名时还是以其下位概念作为具体罪名更为科学。与此同理，《刑法》第109条规定的叛逃罪、《刑法》第385条规定的受贿罪与《刑法》第389条规定的行贿罪均系属概念的范畴，将它们作为具体罪名，则与《刑法》第430条军人叛逃罪、《刑法修正案（六）》第7条规定的非国家工作人员受贿罪和《刑法修正案（六）》第8条规定的对非国家工作人员行贿罪之间发生属种概念的错位问题。因此，以上罪名应改为"国家机关工作人员叛逃罪""国家工作人员受贿罪"和"对国家工作人员行贿罪"。《刑法》第209条第4款规定的非法出售发票罪所称的发票指专用发票以外的普通发票，故应改为"非法出售普通发票罪"。同理，徇私枉法罪（第399条第1款)、民事、行政枉法裁判罪（第399条第2款），仲裁枉法裁决罪（第399条之一）应改为刑事枉法罪、民事、行政枉法裁判罪和仲裁枉法裁决罪。

危害公共安全罪一章中关于责任事故的多个罪名中，没有明确而统一地反映立法对安全事故与责任事故的区分。安全事故罪中的责任主体是从事一线工作的行为人本人，而责任事故罪中的责任主体是管理者，这种差异在上述法条的罪状中可以清楚地看出。事实上，仅有某些罪名如铁路运营安全事故罪、消防责任事故罪等对此有所反映。第134条第1款重大责任事故罪这一罪名过于笼统，无法与其他更为具体的罪名相区分。从其内容看，尤其是其与该条第2款的规定（强令违章冒险作业罪）对比来看，该罪实际上规定的是因行为人自己违章作业而造成安全事故的情形。所以，该罪的准确名称应当是"违章作业安全事故罪"。

第四，对某些特定的犯罪应当加上便于识别的标志，以便司法操作和辨认。对《刑法》第330条规定的妨害传染病防治罪，第331条规定的传染病菌种、毒种扩散罪和第363条第2款规定的为他人提供书号出版淫秽书刊罪，应分别修改为"过失造成传染病传播罪""过失造成传染病菌种、毒种扩散罪"和"过失为他人提供书号出版淫秽书刊罪"，从而排除该类犯罪在主观上由故意构成的可能性；对《刑法》第112条规定的资敌罪、第428条规定的违令作战消极罪、第429条规定的拒不救援友邻部队罪和第444条规定的遗弃伤病军人罪，应分别修改为"战时资敌罪""战时违令作战消极罪""战时拒不救援友邻部队罪"和"战时遗弃伤病军人罪"，从而排除平时构成该类犯罪的可能性。丢失枪支不报告罪（第129条）的罪状是"依法配备公务用枪的人员，丢失枪支不及时报告，造成严重后果的"，该罪不仅处罚不报告的行为，还处罚不及时报告的行为，故本罪名应改为"丢失枪支不及时报告罪"。

第五，保持刑法规定的同种性质的犯罪在称谓上的前后一致性。为使《刑法》第160条规定的罪名与第178条第2款和第179条规定的罪名相一致，可以将第160条规定的罪名修改为"欺诈发行股票、公司、企业债券罪"；亦可保持第160条的罪名不变，而将第178条第2款和第179条规定的罪名分别修改为"伪造、变造股票、债券罪"和"擅自发行股票、债券罪"。又如，为使《刑法》第167条规定的罪名与第406条规定的罪名相一致，可将第167条规定的罪名修改为"国有公司、企业、事业单位主管人员签订、履行合同失职被骗罪",将第406条规定的罪名修改为"国家机关工作人员签订、履行合同失职被骗罪"。

第六,保持司法部门所作解释之间的协调统一性。最高人民法院、最高人民检察院《关于执行〈中华人民共和国刑法〉确定罪名的补充规定(五)》将《刑法修正案(八)》第38条第2款规定的"协助强迫劳动"的行为纳入强迫劳动罪之中,与《刑法》第358条第3款单独设立的协助组织卖淫罪相形见绌。为保持"两高"前后罪名解释的一致性,应将"协助强迫劳动"的行为单独设立罪名,增设"协助强迫劳动罪"。最高人民法院、最高人民检察院《关于执行〈中华人民共和国刑法〉确定罪名的补充规定(五)》将《刑法修正案(八)》第49条规定的罪名确立为食品监管渎职罪,将滥用职权的行为和玩忽职守的行为合为一种罪名,这一罪名与"两高"对《刑法》第397条的解释以及对《刑法修正案》第2条规定的罪名十分不协调。因为《刑法修正案(八)》第49条规定的内容与前面所述两罪无论在客观表现形式还是主观罪过形式方面都十分接近,而前两者是以两个罪名来规定的。建议对于《刑法修正案(八)》第49条规定的犯罪,分别确定为"食品监管失职罪"和"食品监管滥用职权罪"。这样不仅使该条规定的罪名与"两高"以前所确定的罪名保持一致,而且还有利于司法机关正确地处理这一方面的犯罪。

六 规范法条结构,统一分则用语

(一) 法条的规范化与标准化

应坚持罪名的立法化以保持法条的完整性,注重罪状及法定刑结构的标准化以体现其规范性。对于引证罪状中"犯前款罪"的设置应当注意三个方面。从观念层面讲,引证罪状的设立是为了简化文字表达,而不应该导致含义的变化。因此,当立法设置遇到文字简化与含义表达相冲突的时候,必须服从后者。这是立法应坚守的最后底线。从理论层面讲,协调两者冲突需要在立法时体现确定性和明确性的要求。在援用前款的表述中,必须严格区分引用的是构成要件还是构成要件的要素,否则必然导致构成要件层次上的紊乱和逻辑上的矛盾。厘清"犯前款罪"表述是罪状设置明确性要求与罪刑法定原则的体现。如果条文款项间的过渡或罪状间的引用含混不清、模棱两可或者相互矛盾时,刑法的确定性、安全性也荡然无存。从技术层面讲,对援引的要件或要素需要科学表述。建议将罪的引用中的第（1）至（3）项改为对前款具体要素的引用，即"有前款行为（或主体或罪过等）"。基本理由如下：第一，这是援用"前款"必要性的体现。将"犯前款罪"的表述改为"有前款行为（或主体或罪过等）"，不仅满足了简明、扼要的立法技术要求，而且符合我国暗示式罪名立法模式的需要。第二，这是援用"前款"可行性的实现。由"有前款行为（或主体或罪过等）"表述构成的后款不仅是引证罪状，而且更加具体地证明了前后款项间逻辑上的可引用性。第三，这有助于体现设立"犯前款罪"的真正意义。将"犯前款罪"改为"有前款行为（或主体或罪过等）"结束了罪与要素混用的不合理状态，使两者各自归位，发挥功效，真正实现了前后款项间的过渡。对"前款（项）行为"的引用，建议按具体情况进行修正。如对《刑法》第198条的"有前款第4项、第5项所列行为"，可以作如下表述："犯前款罪并有前款第4项、第5项所列行为。"这样既符合立法本意，又满足了数罪并罚的条件。又如对《刑法》第272条的"有前款行为"，根据数额这一特殊要素，可改为"有前款行为"或"有前款行为及数额"，诸如此类。[①]

（二）保持法条的简洁性

应减少重复和多余的文字表述。鉴于《刑法》第93条已作统一规定，建议删除第163条、第184条以及第271条、第272条中"以国家工作人员论"的重复性规定。生产、销售伪劣产品罪中的"以次充好"不过是"以不合格产品冒充合格产品"的通俗说法，建议删除；非法持有、私藏枪支、弹药罪中，"私藏"不过是"非法持有"的一种情形；走私普通货物、物品罪中的"货物"与"物品"也不能并列使用，建议均予以删除。第230条逃避商检罪建议改为："违反进出口商品检验法的规定，逃避商品检验，擅自销售、使用进口商品，或者擅自出口商品，情节严重的，处3年以下有期徒刑或者拘役，并处或者单处罚金。"第351条非法种植毒品原植物罪第1款中，"一律强制铲除"属于行政强制措施，第395条第1款巨额财产来源不明罪中的"责令说明来源"，属行政强制措施或纪律强制措施，第2款中的"应当依照国家规定申报"，属于规劝或纪律规定，均不宜由刑法条文来规定，应予删除。

---

① 楼伯坤：《"犯前款罪"立法与引证罪状理论的冲突与协调——以立法技术为视角》，《法治研究》2011年第6期。

建议删除以下多余的条款：(1) 第163条第3款、第183条第2款、第184条第2款、第185条第2款、第271条第2款、第272条第2款。上述各款皆因第92条第2款的规定而属多余。(2) 第242条第1款"以暴力、威胁方法阻碍国家机关工作人员解救被收买的妇女、儿童的，依照本法第277条的规定定罪处罚"的规定。(3) 第306条第2款关于辩护人、诉讼代理人按照正常程序收集、提供、出示、引用证人证言或者其他证据失实不属于伪造证据的规定。(4) 第347条第1款"走私、贩卖、运输、制造毒品，无论数量多少，都应当追究刑事责任，予以刑事处罚"的规定。(5) 第361条关于组织卖淫罪，强迫卖淫罪，协助组织卖淫罪，引诱、容留、介绍卖淫罪，引诱幼女卖淫罪犯罪主体的列举性规定和"依照本法第358条、第359条的规定定罪处罚"的提示性规定。

建议删除以下矛盾的文字表述：(1) 第123条暴力危及飞行安全罪中的"危及飞行安全"。(2) 第290条聚众扰乱社会秩序罪、聚众冲击国家机关罪前后两款中的"造成严重损失"。(3) 第338条重大环境污染事故罪和第339条非法处置进口的固体废物罪、擅自进口固体废物罪中的"造成重大环境污染事故"与"致使公私财产遭受重大损失或者严重危害人体健康"，须删除其中之一。

建议删除以下使用不当的模糊用语：(1) 第224条合同诈骗罪中列举的"以其他方法骗取对方当事人财物的"，以及第182条操纵证券、期货市场罪，第191条洗钱罪，第193条贷款诈骗罪，第195条信用证诈骗罪中类似的模糊用语。(2) 第318条组织他人偷越国（边）境罪中列举的"有其他特别严重情节的"，以及第170条伪造货币罪及第321条运送他人偷越国（边）境罪的类似列举。

(三) 分则用语的统一化与规范化

首先，应当注重分则用语的普遍化，处理好分则与总则的分工与衔接。分则中某些术语的使用范围较为广泛，并不局限于本条甚至本章节，分则条文对于这些术语的解释性规定，应当归入刑法总则。比如第357条关于"毒品"、第367条关于"淫秽物品"、第450条关于"军人"、第451条关于"战时"的解释性规定。

其次，应当注重分则用语的规范化，避免产生不必要的分歧。刑法分则条文中的用语直接关系到司法实际部门的定罪量刑工作，因此必须要求严谨准确、规范统一。(1) 准确使用"论""论处"和"处罚"。将《刑法》第 155 条中的"论处"一词改为"论";第 204 条第 2 款"依照前款的规定处罚",第 211 条"依照各该条的规定处罚"以及第 248 条第 2 款"……依照前款的规定处罚"中的"处罚"一词改为"论处"。(2)以"犯罪人"代替"犯罪分子",消除对犯罪人的人格歧视。(3)将信用卡诈骗罪改为银行卡诈骗罪,并将《刑法》第 196 条中的"信用卡"一词改为"银行卡"。如此一来,可以使刑法与相关法律部门统一法律用语,减少不必要的误解。(4)尽量统一"财产"与"财物","未成年人"与"儿童""幼女","贩卖"与"倒卖","设备"与"装备","图书"与"书刊","毁坏""损坏""破坏"与"损害","虚假"与"虚构","造成"与"致使","残疾"与"伤残"等术语的使用,避免不必要的分歧。(5)一律使用"情节严重"代替"情节恶劣"。从法律意义上说,"情节严重"比"情节恶劣"更为客观,使用更为广泛。

第三节 章节设置方案

一 章节设置及个罪归类

建议刑法分则采取编、章、节、条的多层次编排体例,将全部犯罪依据侵害法益的归属划分为四编:第一编危害个人利益罪,第二编危害社会利益罪,第三编危害国家利益罪,第四编危害国际社会及全人类共同利益罪。

第一编危害个人利益罪共分三章:第一章侵犯人身权利罪,第二章侵犯公民政治权利与经济社会权利罪,第三章侵犯财产权利罪。第一章侵犯人身权利罪划分为五节:第一节侵害生命罪,包括谋杀罪、故意杀人罪、杀婴罪、激愤杀人罪、经同意杀人罪、教唆或者帮助自杀罪、防卫过当或超过拘捕犯罪人所必需的方法杀人罪、过失致人死亡罪等;第二节侵害身体与精神罪,包括暴行罪、故意伤害罪、组织出卖人体器官罪、遗弃特定对象罪、虐待被监护、看护人员罪等;第三节侵犯性自主权利罪,包括强奸罪、猥亵罪、强迫卖淫罪、引诱幼女卖淫罪、引诱未成年人聚众淫乱罪等;第四节侵犯人身自由罪,包括非法拘禁罪、绑架罪、拐卖妇女、儿童罪、收买被拐卖的妇女、儿童罪等;第五节侵害名誉及隐私罪,包括侮辱罪、诽谤罪、诬告陷害罪、侵犯个人信息罪、非法侵入住宅罪等。第二章侵犯公民政治权利与经济社会权利罪划分为两节:第一节侵犯公民政治权利罪，包括破坏选举罪，破坏集会、游行、示威罪，报复陷害罪、打击报复会计、统计人员罪等；第二节侵犯公民经济社会权利罪，包括侵犯通信自由罪，私自开拆、隐匿、毁弃邮件、电报罪，非法剥夺公民宗教信仰自由罪，强迫劳动罪，雇用童工从事危重劳动罪，恶意欠薪罪，出版歧视、侮辱少数民族作品罪，侵犯少数民族风俗习惯罪等。第三章侵犯财产权利罪划分为五节：第一节暴力占有罪，包括抢劫罪、抢夺罪、聚众哄抢罪等；第二节盗窃罪；第三节欺诈罪，包括诈骗罪、敲诈勒索罪等；第四节背信占有罪，包括普通侵占罪、职务侵占罪、挪用资金罪等；第五节毁坏罪，包括故意毁坏财物罪等。

第二编危害社会利益罪共分九章。第一章危害公共安全罪划分为五节：第一节以危险方法危害公共安全罪；第二节恐怖活动罪；第三节妨害武器、弹药、核材料管理罪；第四节妨害交通罪；第五节重大责任事故罪。第二章危害公共卫生罪划分为三节：第一节危害食品、药品安全罪；第二节医事罪；第三节毒品犯罪。第三章扰乱公共秩序罪划分为两节：第一节扰乱社会基本秩序罪，包括聚众扰乱工作秩序罪，聚众扰乱公共场所秩序、交通秩序罪，非法侵入计算机信息系统罪，非法获取计算机信息系统数据、非法控制计算机信息系统罪，提供侵入、非法控制计算机信息系统程序、工具罪，破坏计算机信息系统罪，拒不履行信息网络安全管理义务罪，非法利用信息网络罪，帮助信息网络犯罪活动罪，扰乱无线电通讯管理秩序罪，聚众斗殴罪，寻衅滋事罪，非法集会、游行、示威罪，黑社会犯罪等；第二节打扰公众生活罪，包括破坏公用媒体及电信设施罪，非法生产、销售间谍专用器材、窃听、窃照专用器材罪，非法使用窃听、窃照专用器材罪，投放虚假危险物质罪，编造、传播虚假恐怖信息罪，编造、故意传播虚假信息罪等。第四章危害公共信用罪划分为三节：第一节伪造货币及有价证券罪，包括伪造货币罪、使用假币罪、伪造金融票证罪、伪造发票罪、伪造国家有价证券罪等；第二节伪造文书、印章罪，包括伪造国家公文罪，伪造印章罪（原伪造、变造、买卖国家机关公文、证件、印章罪），伪造公司、企业、事业单位、人民团体印章罪，伪造、变造、买卖身份证件罪，使用虚假身份证件、盗用身份证件罪等；第三节经济诈骗罪，包括金融诈骗罪、合同诈骗罪等。第五章破坏经济秩序罪划分为四节：第一节破坏企业秩序罪，包括原第三章第三节的大部分犯罪；第二节扰乱市场秩序罪，包括生产、销售伪劣产品罪，虚假广告罪，非法经营罪、串通投标罪、强迫交易罪、破坏生产经营罪、商业贿赂罪等；第三节破坏金融秩序罪，包括原第三章第四节除伪造货币类犯罪之外的其他犯罪，以及走私假币罪；第四节侵犯知识产权罪。第六章破坏环境资源罪（原第六章第六节）划分为两节：第一节污染环境罪；第二节破坏自然资源罪。第七章危害文化遗产罪划分为两节：第一节危害文物罪，包含原妨害文物管理罪（原第六章第四节）以及走私文物罪；第二节危害古建筑、古文化遗址罪，包括故意损毁名胜古迹罪，盗掘古文化遗址、古墓葬罪、盗掘古人类化石、古脊椎动物化石罪等。第八章妨害婚姻家庭罪划分为两节：第一节妨害婚姻罪，包括暴力干涉婚姻自由罪、重婚罪、破坏军婚罪等；第二节妨害家庭罪，包括虐待家庭成员罪、遗弃家庭成员罪、拐骗儿童罪、乱伦罪等。第九章危害公共道德罪划分为三节：第一节破坏性风俗罪，包括组织卖淫罪、引诱、容留、介绍卖淫罪，传播性病罪，聚众淫乱罪，露阴罪，公然发生性行为罪等，以及原第九节制作、贩卖、传播淫秽物品罪；第二节破坏经济风俗罪，包括赌博罪、开设赌场罪等；第三节侵犯对死者的感情罪，包括盗窃、侮辱、故意毁坏尸体、尸骨、骨灰罪，盗掘坟墓罪等。

　　第三编危害国家利益罪共分四章。第一章危害国家内部安全罪，划分为三节：第一节危害国家统一与国家政权罪，包括背叛国家罪，分裂国家罪，煽动分裂国家罪，煽动民族仇恨、民族歧视罪，武装叛乱、暴乱罪，颠覆国家政权罪，煽动颠覆国家政权罪，资助危害国家安全犯罪活动罪，投敌叛变罪，叛逃罪，间谍罪，资敌罪等；第二节危害国家秘密罪，包括为境外窃取、刺探、收买、非法提供国家秘密、情报罪，泄露国家秘密罪，非法获取国家秘密罪，非法持有国家绝密、机密文件、资料、物品罪，抢夺、窃取国有档案罪，擅自出卖、转让国有档案罪等；第三节危害国家权威罪，包括侮辱国旗、国徽罪，妨害国（边）境管理罪等。第二章危害国家外部安全罪，包括三节：第一节危害国防利益罪；第二节军人违反职责罪；第三节妨害国家关系罪，包括妨害国交罪，破坏国家声誉罪，侵犯外国领导人、使节及外国利益罪等。第三章妨害公共管理罪划分为四节：第一节妨害公务罪，包括暴力抗拒执法罪（原妨害公务罪），煽动暴力抗拒法律实施罪，聚众阻碍解救被收买的妇女、儿童罪，聚众冲击国家机关罪，组织利用会道门邪教组织、利用迷信破坏法律实施罪，招摇撞骗罪，挪用特定款物罪，破坏永久性测量标志罪，非法生产、买卖警用装备罪,组织考试作弊罪,非法出售、提供试题、答案罪,代替考试罪等;第二节妨害税收罪,包括税收犯罪、走私普通物品罪等;第三节违反廉洁义务罪,包括贪污罪、私分国有资产罪、挪用公款罪、贿赂犯罪等;第四节渎职罪,包括滥用职权罪、徇私舞弊罪、玩忽职守罪、故意延误投递罪等。第四章妨害司法罪划分为三节:第一节妨害刑事侦查罪,包括刑讯逼供罪,暴力逼取证言罪,非法搜查罪、窝藏、包庇罪,瞒赃罪(原掩饰、隐瞒犯罪所得、犯罪所得收益罪),洗钱罪等;第二节妨害法庭审判罪,包括虚假诉讼罪、伪证罪、妨害作证罪、打击报复证人罪、拒绝提供间谍犯罪、恐怖主义犯罪、极端主义犯罪证据罪、扰乱法庭秩序罪、泄露不应公开的案件信息罪等;第三节妨害裁判执行罪,包括拒不执行判决、裁定罪,非法处置查封、扣押、冻结的财产罪,破坏监管罪,脱逃罪,劫夺被押解人员罪,组织越狱罪,暴动越狱罪,聚众持械劫狱罪,虐待被监管人罪等。

第四编危害国际社会及全人类共同利益罪共分四章。第一章危害国际社会公共利益罪划分为五节:第一节危害国际交往罪,包括暴力侵害受国际保护人员罪等;第二节危害国际航空、海上安全罪,包括劫持航空器罪、暴力危及飞行安全罪,海盗罪、危害海上安全罪、危害大陆架固定平台安全罪等;第三节妨害国家货币罪;第四节危害国际邮政罪,包括非法使用邮件罪等;第五节国际贿赂罪,包括收受外国人贿赂罪,对外国公职人员、国际公共组织官员行贿罪,贿赂外国商业组织人员罪等。第二章侵犯基本人权罪划分为三节:第一节种族隔离与歧视罪;第二节酷刑罪与劫持人质罪;第三节国际贩卖人口罪、贩卖和使用奴隶罪。第三章危害人类生存与发展罪划分为四节:第一节国际环境犯罪,包括分则第六章第六节的"破坏环境资源保护罪"规定的重大环境污染事故罪、非法处置进口的固体废物罪、擅自进口固体废物罪等;第二节破坏世界文化遗产罪,包括毁坏、盗窃、非法转移珍贵文物罪等;第三节国际毒品犯罪,包括第347—357条规定的犯罪;第四节非法人体实验与反人种罪,包括非法人体实验罪、反人种罪(优生、克隆繁殖)等。第四章危害人类和平与安全罪划分为三节:第一节侵略罪与战争罪,包括侵略罪,遗弃伤病军人罪,战时拒不救治伤病军人罪,战时残害居民、掠夺居民财物罪,虐待俘虏罪,非法使用禁用武器罪等;第二节反人道罪与种族灭绝罪;第三节国际恐怖犯罪,包括非法买卖、获取、运输、使用武器、核材料罪,组织、领导、参加恐怖组织罪，资助恐怖活动罪，编造、传播恐怖信息罪，绑架罪，组织、领导、参加黑社会性质组织罪，包庇、纵容黑社会性质组织罪等。

二 章节目录建议稿

第一编 危害个人利益罪

第一章 侵犯人身权利罪

  第一节 侵害生命罪

  第二节 侵害身体和精神罪

  第三节 侵犯性自主权利罪

  第四节 侵犯人身自由罪

  第五节 侵害名誉及隐私罪

第二章 侵犯公民政治权利与经济社会权利罪

  第一节 侵犯公民政治权利罪

  第二节 侵犯公民经济社会权利罪

第三章 侵犯财产权利罪

  第一节 暴力占有罪

  第二节 盗窃罪

  第三节 欺诈罪

  第四节 背信占有罪

  第五节 毁坏罪

第二编 危害社会利益罪

第一章 危害公共安全罪

  第一节 以危险方法危害公共安全罪

  第二节 恐怖活动罪

  第三节 妨害武器、弹药、核材料管理罪

  第四节 妨害交通罪

  第五节 重大责任事故罪

第二章 危害公共卫生罪

  第一节 危害食品、药品安全罪

  第二节 医事罪

  第三节 毒品犯罪

第三章 扰乱公共秩序罪

第一节　扰乱社会基本秩序罪
第二节　打扰公众生活罪

第四章　危害公共信用罪

第一节　伪造货币及有价证券罪
第二节　伪造文书、印章罪
第三节　经济诈骗罪

第五章　破坏经济秩序罪

第一节　破坏企业秩序罪
第二节　扰乱市场秩序罪
第三节　破坏金融秩序罪
第四节　侵犯知识产权罪

第六章　破坏环境资源罪

第一节　污染环境罪
第二节　破坏自然资源罪

第七章　危害文化遗产罪

第一节　危害文物罪
第二节　危害古建筑、古文化遗址罪

第八章　妨害婚姻家庭罪

第一节　妨害婚姻罪
第二节　妨害家庭罪

第九章　危害公共道德与善良风俗罪

第一节　破坏性风俗罪
第二节　破坏经济风俗罪
第三节　侵犯对死者的感情罪

第三编　危害国家利益罪

第一章　危害国家内部安全罪

第一节　危害国家统一与国家政权罪
第二节　危害国家秘密罪
第三节　危害国家权威罪

第二章　危害国家外部安全罪

第一节　危害国防利益罪
第二节　军人违反职责罪

第三节　妨害国家关系罪

第三章　妨害公共管理罪

第一节　妨害公务罪

第二节　妨害税收罪

第三节　违反廉洁义务罪

第四节　渎职罪

第四章　妨害司法罪

第一节　妨害刑事侦查罪

第二节　妨害法庭审判罪

第三节　妨害裁判执行罪

第四编　危害国际社会及全人类共同利益罪

第一章　危害国际社会公共利益罪

第一节　危害国际交往罪

第二节　危害国际航空、海上安全罪

第三节　妨害国家货币罪

第四节　危害国际邮政罪

第五节　国际贿赂罪

第二章　侵犯基本人权罪

第一节　种族隔离与歧视罪

第二节　酷刑罪与劫持人质罪

第三节　国际贩卖人口罪、贩卖和使用奴隶罪

第三章　危害人类生存与发展罪

第一节　国际环境犯罪

第二节　破坏世界文化遗产罪

第三节　国际毒品犯罪

第四节　非法人体实验罪与反人种罪

第四章　危害人类和平与安全罪

第一节　侵略罪与战争罪

第二节　反人道罪与种族灭绝罪

第三节　国际恐怖犯罪

参 考 文 献

一 著作类

陈兴良:《刑法哲学》,中国政法大学出版社1997年版。

陈兴良主编:《刑事法评论》(第1卷),中国政法大学出版社1997年版。

陈志龙:《法益与刑事立法》,法律出版社1997年版。

陈志龙:《法益与刑事立法》,台湾大学丛书编辑委员会1992年版。

陈忠林:《意大利刑法学原理》,法律出版社1998年版。

陈忠林:《意大利刑法纲要》,中国人民大学出版社1999年版。

陈忠林主编:《刑法学》(下),法律出版社2006年版。

程继隆主编:《社会学大辞典》,中国人事出版社1995年版。

程燎原、王人博:《赢得神圣——权利及其救济通论》,山东人民出版社1993年版。

邓正来编:《国家与市民社会——一种社会理论的研究路径》,中央编译出版社1999年版。

丁后盾:《刑法法益原理》,中国方正出版社2000年版。

董保华:《社会法原论》,中国政法大学出版社2001年版。

冯亚东:《理性主义与刑法模式》,中国政法大学出版社1999年版。

甘雨沛、高格:《国际刑法学新体系》,北京大学出版社2000年版。

高铭暄:《刑法学原理》(第1卷),中国人民大学出版社1993年版。

高铭暄、马克昌主编:《刑法学》,北京大学出版社2005年版。

高铭暄、马克昌主编:《刑法学》,北京大学出版社、高等教育出版社2016年版。

高巍:《贩卖毒品罪研究》,中国人民公安大学出版社2007年版。

韩忠谟:《刑法原理》,台湾雨利美术印刷有限公司1981年版。

何秉松：《刑法教科书》，中国法制出版社1995年版。
胡志民：《经济法》，上海财经大学出版社2006年版。
黄风：《贝卡利亚及其刑法思想》，中国政法大学出版社1987年版。
黄芳：《国际犯罪国内立法研究》，中国方正出版社2001年版。
黄茂荣：《法学方法与现代民法》，中国政法大学出版社2000年版。
姬今铎：《韦伯传》，河北人民出版社1998年版。
李德顺主编：《价值学大辞典》，中国人民大学出版社1995年版。
李德顺：《价值论》，中国人民大学出版社1987年版。
李海东：《刑法原理入门（犯罪论基础）》，法律出版社1998年版。
梁慧星：《法律解释学》，中国政法大学出版社2000年版。
林山田：《刑法特论》（上册），三民书局1978年版。
刘大生：《法律层次论》，天津人民出版社1993年版。
刘生荣：《犯罪构成原理》，法律出版社1997年版。
刘树德：《空白罪状——界定追问解读》，人民法院出版社2002年版。
刘跃进：《为国家安全立学》，吉林大学出版社2014年版。
卢云主编：《法学基础理论》，中国政法大学出版社1994年版。
吕世伦：《法哲学论》，中国人民大学出版社1999年版。
马克昌：《刑法学全书》，上海科学技术文献出版社1993年版。
马克昌：《近代西方刑法学说史略》，中国检察出版社1996年版。
马克昌主编：《犯罪通论》，武汉大学出版社1991年版。
庞树奇、范明林：《普通社会学理论新编》，上海大学出版社1998年版。
曲新久：《刑法的精神与范畴》，中国政法大学出版社2000年版。
沈宗灵主编：《法理学研究》，上海人民出版社1989年版。
苏宏章：《利益论》，辽宁大学出版社1991年版。
孙国华：《人权：走向自由的标尺》，山东人民出版社1993年版。
田宏杰：《中国刑法现代化研究》，中国方正出版社2000年版。
王世洲：《德国经济犯罪与经济刑法研究》，北京大学出版社1999年版。
王作富：《中国刑法研究》，中国人民大学出版社1988年版。
谢晖：《法学范畴的矛盾思辨》，山东人民出版社1999年版。

谢邦宇：《行为法学》，法律出版社1993年版。

谢望原等译：《英国刑事制定法精要》，中国人民公安大学出版2003年版。

薛瑞麟：《俄罗斯刑法研究》，中国政法大学出版社2000年版。

严存生：《新编西方法律思想史》，陕西人民教育出版社1989年版。

杨春洗主编：《刑法基础论》，北京大学出版社1999年版。

杨凯：《刑法规范的结构与配置》，法律出版社2004年版。

余高能：《比较法视野下中国反贿赂犯罪刑事立法之完善》，中国社会科学出版社2017年版。

俞可平：《权利政治与公益政治》，社会科学文献出版社2000年版。

张晋藩：《中国法制史》，高等教育出版社2007年版。

张俊浩：《民法学原理》，中国政法大学出版社2000年版。

张明楷：《外国刑法纲要》，清华大学出版社1999年版。

张明楷：《刑法分则的解释原理》，中国人民大学出版社2004年版。

张明楷：《法益初论》，中国政法大学出版社2000年版。

张明楷：《刑法学》（下），法律出版社2016年版。

张乃根：《西方法哲学史纲》，中国政法大学出版社1993年版。

张绍谦：《刑法因果关系研究》，中国检察出版社1998年版。

张文显：《法哲学范畴研究》（修订版），中国政法大学出版社2001年版。

张智辉：《国际刑法通论》（增补本），中国政法大学出版社1999年版。

赵秉志主编：《全国刑法硕士论文荟萃》，中国人民公安大学出版社1989年版。

赵秉志：《外国刑法各论（大陆法系）》，中国人民大学出版社2006年版。

宗建文：《刑法机制研究》，中国方正出版社2000年版。

周光权：《法定刑研究——罪刑均衡的建构与实现》中国方正出版社2000年版。

周旺生、张建华：《立法技术手册》，中国法制出版社1999年版。

《辞海》（缩印本），上海辞书出版社1989年版。

［奥］凯尔森：《法与国家的一般理论》，沈宗灵译，中国大百科全书

出版社 1996 年版。

[德] 阿图尔·考夫曼、温弗里德·哈斯默尔：《当代法哲学和法律理论导论》，郑永流译，法律出版社 2002 年版。

[德] 埃里克·希尔根多夫：《德国刑法学——从传统到现代》，江溯等译，北京大学出版社 2015 年版。

[德] 汉斯·海因里希·耶赛克、托马斯·魏根特：《德国刑法教科书》，徐久生译，中国法制出版社 2001 年版。

[德] 卡尔·拉伦茨：《法学方法论》，陈爱娥译，商务印书馆 2003 年版。

[德] 克劳斯·罗克辛：《德国刑法学总论》（第 1 卷），王世洲译，法律出版社 2005 年版。

[德] 马克斯·韦伯：《法律社会学》，康乐、简惠美译，广西师范大学出版社 2005 年版。

[德] 马克斯·韦伯：《论经济与社会中的法律》，张乃根译，中国大百科全书出版社 1998 年版。

[德] 古斯塔夫·拉德布鲁赫：《法学导论》，米健、朱林译，中国大百科全书出版社 1997 年版。

[德] 古斯塔夫·拉德布鲁赫：《法哲学》，王朴译，法律出版社 2005 年版。

[德] 李斯特：《德国刑法教科书》，徐久生译，法律出版社 2000 年版。

[德] 亚图·考夫曼：《类型与"事物本质"——兼论类型理论》，吴从周译，台湾学林文化事业有限公司 1999 年版。

[法] 莱昂·狄骥：《公法的变迁》，郑戈译，辽海出版社 1999 年版。

[法] 莱昂·狄骥：《〈拿破仑法典〉以来私法的普遍变迁》，徐砥平译，中国政法大学出版社 2003 年版。

[法] 卢梭：《社会契约论》，何兆武译，红旗出版社 1997 年版。

[法] 孟德斯鸠：《论法的精神》（下册），张雁深译，商务印书馆 1961 年版。

[美] 艾伦·沃森：《民法法系的演变及形成》，李静冰、姚新华译，中国政法大学出版社 1992 年版。

[美] 保罗·罗宾逊：《刑法的结构与功能》，何秉松、王桂萍译，中

国民主法制出版社2005年版。

［美］博登海默：《法理学——法律哲学与法律方法》，邓正来译，中国政法大学出版社1999年版。

［美］罗斯科·庞德：《通过法律的社会控制》，沈宗灵、董世忠译，商务印书馆1984年版。

［美］罗斯科·庞德：《法律史解释》，曹玉堂、杨知译，华夏出版社1989年版。

［美］罗斯科·庞德：《普通法的精神》，唐前宏、庄湘文、高雪原译，法律出版社2001年版。

［美］洛伊斯·N.玛格纳：《生命科学史》，李难等译，百花文艺出版社2002年版。

［美］M. W. 瓦托夫斯基：《科学思想的概念基础——科学的哲学导论》，求实出版社1982年版。

［日］木村龟二主编：《刑法学词典》，顾肖荣译，上海翻译出版公司1991年版。

［日］伊东研祐：《法益概念史研究》，秦一禾译，中国人民大学出版社出版2014年版。

［日］大谷实：《刑法讲义各论》（新版第2版），黎宏译，中国人民大学出版社2008年版。

［日］大塚仁：《刑法概说（各论）》（第三版），冯军译，中国人民大学出版社2003年版。

［日］大塚仁：《犯罪论的基本问题》冯军译，中国政法大学出版社1993年版。

［日］西原春夫：《刑法的根基与哲学》，顾肖荣译，法律出版社2004年版。

［日］西田典之：《日本刑法各论》（第6版），王昭武、刘明祥译，法律出版社2013年版。

［意］贝卡里亚：《论犯罪与刑罚》，黄风译，中国大百科全书出版社1993年版。

［意］杜里奥·帕多瓦尼：《意大利刑法学原理》，陈忠林译，法律出版社1998年版。

［意］恩里科·菲利：《实证派犯罪学》，张彬译，中国政法大学出版

社 1987 年版。

［意］贝卡利亚：《论犯罪与刑罚》，黄风译，北京大学出版社 2008 年版。

［英］A. J. M. 米尔恩：《人的权利与人的多样性——人权哲学》，夏勇、张志铭译，中国大百科全书出版社 1995 年版。

［英］弗里德里希·冯·哈耶克：《自由秩序原理》，邓正来译，生活·读书·新知三联书店 1997 年版。

［英］弗里德利希·冯·哈耶克：《法律、立法与自由》（第 1 卷），中国大百科全书出版社 2000 年版。

［英］弗里德利希·冯·哈耶克：《法律、立法与自由》（第二、三卷），邓正来等译，中国大百科全书出版社 2000 年版。

［英］罗杰·吉里：《刑法基础》（第二版），武汉大学出版社 2004 年版。

［英］马克·布劳格：《经济学方法论》，黎明星译，北京大学出版社 1990 年版。

［英］J. C. 史密斯、B. 霍根：《英国刑法》，马清升等译，法律出版社 2000 年版。

J. C. Smith, *Smith and Hogan on Criminal Law*, 5th ed., Butterworths, 1983.

David Ormerod, Karl Laird, *Smith and Hogan's Criminal Law*, 14th ed., Oxford: Oxford University Press, 2015.

Frederic S. Person and J. Martin Rochester, *International Relations*, 4th edition, New York: McGraw-Hill, 1998.

Claus Roxin, Strafrecht Allgemeiner Teil Band 1, 4. Auflage, 2006, Verlag C. H. Beck München.

Wessels/Beulke, Strafrecht Allgemeiner Teil, 41. Auflage, 2011, C. F. Müller.

Wessels/Hettinger, Strafrecht Besonderer Teil 1, 35. Auflage, 2011, C. F. Müller.

Wessels/Hillenkamp, Strafrecht Besonderer Teil 2, 34. Auflage, 2011, C. F. Müller.

二 一般论文类

毕金平:《论财税法法益的层级类型》,《学术界》(月刊) 2015 年第 7 期。

蔡桂生:《刑法中侵犯财产罪保护客体的务实选择》,《政治与法律》 2016 年第 12 期。

曹菲:《赌博罪保护法益新探与罪名重构》,载李洁主编《和谐社会的刑法现实问题:中国刑法学年会文集(2007 年度)》(下卷),中国人民公安大学出版社 2007 年版。

曹莹:《军事刑事立法的现状与发展趋势》,《西安政治学院学报》 2002 年第 6 期。

陈鸿:《论我国现行刑法典的结构缺陷及其克服》,《现代经济信息》 2009 年第 22 期。

陈洪兵:《准抽象危险犯概念之提倡》,《法学研究》2015 年第 5 期。

陈洪兵:《选择性罪名若干问题探究》,《法商研究》2015 年 6 期。

陈洪兵、安文录:《发票犯罪处罚空隙探究》,《中国刑事法杂志》 2005 年第 1 期。

陈金钊:《法典的意蕴》,《法律科学》1995 年第 1 期。

陈强:《我国刑法罪名的结构模式探讨》,《法律科学》1994 年第 4 期。

陈庆云、刘小康、曾军荣:《论公共管理中的社会利益》,《中国行政管理》2005 年第 9 期。

陈锐:《我国现行刑法的体系性问题及解决》,《政法论丛》2015 年第 3 期。

陈兴良:《刑法各论的理论建构》,《北方法学》2007 年第 1 期。

陈兴良:《社会危害性理论——一个反思性检讨》,《法学研究》2000 年第 1 期。

陈兴良:《刑法修改的双重使命:价值转换与体例调整》,《中外法学》1997 年第 1 期。

陈伟:《刑事立法的政策导向与技术制衡》,《中国法学》2013 年第 3 期。

陈勇:《国际法中的全人类共同利益》,《国际经贸探索》2004 年第

3 期。

陈志军：《我国贿赂犯罪罪名体系完善之建议》，《中国人民公安大学学报》（社会科学版）2016 年第 2 期。

丛中笑：《涉税犯罪客体新论》，《社会科学战线》2007 年第 1 期。

储槐植、梁根林：《论法定刑结构的优化》，《中外法学》1999 年第 6 期。

戴然：《国内外军事犯罪的立法现状梳理及对我国军事犯罪的立法建议》，《法制博览》2013 年第 10 期。

党忠民：《试论洗钱罪在刑法分则体系中的位置》，《贵州警官职业学院学报》2003 年第 4 期。

邓联繁：《社会管理概念的法规范分析》，《中国法学》2012 年第 2 期。

邓联繁：《〈社会管理概念的法规范分析〉续篇——以比较为重点》，《法学论坛》2013 年第 1 期。

丁泽芸：《刑法法益学说论略》，载吕忠梅主编、北京大学《刑事法学论要》编写组编《刑事法学要论》，法律出版社 1998 年版。

杜万平：《论环境刑法的法益》，载吕忠梅主编《环境资源法论丛》（第 4 卷），法律出版社 2004 年版。

范忠信：《再论新刑法的局限与缺陷》，《法学》1999 年第 6 期。

高岚君：《"全人类共同利益"与国际法》，《河北法学》2009 年第 1 期。

高铭暄、孙道萃：《预防性刑法观及其教义学思考》，《中国法学》2018 年 1 期。

高翼飞：《侵犯财产罪保护法益再探究——为本权说辩护》，《中国刑事法杂志》2013 年第 7 期。

龚大春：《刑法的独立性与刑事政策刑法化路径》，《江苏警官学院学报》2012 年第 5 期。

桂炉：《我国军事刑法的现状、不足及完善》，《法制与社会》2007 年第 7 期。

韩丹：《公共管理本质特征及时代性分析》，《人才资源开发》2016 年第 11 期。

韩兆柱：《行政、行政管理、公共行政和公共管理的词义辨析》，《中国社会科学研究论丛》2014 卷第 4 辑。

何明波：《罪名的概括性及其程度的选择》，《福建警察学院学报》2010年第4期。

贺云翱：《文化遗产学初论》，《南京大学学报》（哲学·人文科学·社会科学）2007年第3期。

侯刚、杜国伟：《社会危害性中法益侵害的刑法蕴意》，《中国刑事法杂志》2010年第10期。

侯欣一：《唐律与明律立法技术比较研究》，《法律科学》1996年第2期。

胡波：《风俗犯罪正当化初论》，《河南大学学报》（社会科学版），2017年第3期。

胡诚军：《共同利益：国际法本质的基石》，《时代法学》2004年第4期。

胡东飞：《论刑法意义上的"公共安全"》，《中国刑事法杂志》2007年第2期。

黄河：《大陆法系国家赌博罪之比较》，《云南大学学报》（法学版）2003年第4期。

黄华平、梁晟源：《试论刑法修正案的立法模式》，《中国人民公安大学学报》（社会科学版）2005年第3期。

黄京平、彭辅顺：《刑法修正案的若干思考》，《政法论丛》2004年第3期。

黄柳东：《新公共管理理论与传统公共管理理论的比较分析研究》，《现代经济信息》2018年第4期。

贾学胜：《赌博罪的法益求证》，《法治论坛》2007年第3期。

姜敏：《英美刑法中的"危害原则"研究——兼与"社会危害性"比较》，《比较法研究》2016年第4期。

姜涛：《社会管理创新与经济刑法双重体系建构》，《政治与法律》2012年第6期。

焦健：《论国家利益概念及其判定标准》，《欧洲》1999年第2期。

焦艳鹏：《法益解释机能的司法实现——以污染环境罪的司法判定为线索》，《现代法学》2014年第1期。

晋涛：《罪名杂乱和虚化研究》，《广西政法管理干部学院学报》2010年第6期。

晋涛：《论罪名的系统性调整》，《时代法学》2017 年第 5 期。

劳东燕：《危害性原则的当代命运》，《中外法学》2008 年第 3 期。

李功胜、伍玉联：《浅论毒品犯罪所侵害的法益》，《西部法学评论》2009 年第 2 期。

李海东：《社会危害性与危险性：中、德、日刑法学体系的一个比较》，载陈兴良主编《刑事法评论》第 4 卷，中国政法大学出版社 1999 年版。

黎宏、赵兰学：《论法条竞合的成立范围、类型与处罚规则》，《中国刑事法杂志》2013 年第 5 期。

李慧：《公共卫生内涵解读——兼论刑法视域下的公共卫生》，《南方论刊》2011 年第 6 期。

李洁：《论犯罪客体与犯罪对象的统一》，载陈兴良主编《刑事法评论》第 1 卷，中国政法大学出版社 1997 年版。

李可：《类型思维及其法学方法论的意义——以传统抽象思维作为参照》，《金陵法律评论》2003 年秋季卷。

李培泽：《刑法分则体系的反思与重构》，《现代法学》1996 年第 3 期。

李少军：《论国家利益》，《世界经济与政治》2003 年 1 期。

李颂银：《刑法调整对象新说》，《法商研究》1999 年第 4 期。

李顺万：《法律完全性悖论及其解决》，《江西社会科学》2009 年第 4 期。

李晓明：《论刑法与行政刑法的并立》，《法学杂志》2017 年第 2 期。

李永升：《犯罪分类问题研究》，《犯罪与改造研究》2003 年第 4 期。

李永升：《关于"两高"确立的刑法罪名再探讨》，《河南大学学报》（社会科学版）2013 年第 1 期。

李翔：《论刑法修订的体系化》，《学术月刊》2016 年第 2 期。

李兴安：《英国刑法的渊源述评》，《前沿》1999 年第 7 期。

李岩：《民事法益的界定》，《当代法学》2008 年第 3 期。

李岩：《民事法益的证成——以有限理性为视角》，《西南政法大学学报》2008 年第 1 期。

蔺春来、郭玉梅：《制定独立的军事刑法是军事刑法发展的最佳选择》，《西安政治学院学报》2006 年第 2 期。

刘贵萍、许永强：《论刑事法律关系"三元结构模式"的建立》，《国家检察官学院学报》2003年第3期。

刘明祥：《德日刑法学中的财产罪保护法益问题之比较》，《华中理工大学学报》（社会科学版）2000年第1期。

刘霜：《刑法调整对象新论》，《云南大学学报》（法学版）2005年第6期。

刘四新、郭自力：《法益是什么——法社会学与法经济学的解答》，《浙江大学学报》（人文社会科学版），2008年第6期。

刘树德：《罪状之辨析与界定》，《国家检察官学院学报》1999年第4期。

刘树德：《空白罪状之"梳"议》，《国家检察官学院学报》2002年第4期。

刘涛涛、韩德亮：《对英国刑法中普通威胁罪和殴打罪的思考》，《河南司法警官职业学院学报》2009年第3期。

刘旺洪：《国家与社会：法哲学研究范式的批判与重建》，《法学研究》2002年第6期。

刘伟：《风险社会语境下我国危害食品安全犯罪刑事立法的转型》，《中国刑事法杂志》2011年第11期。

刘文：《我国刑事立法技术的反思与完善》，《黑龙江社会科学》2009年第1期。

刘艳红：《社会危害性理论之辨正》，《中国法学》2002年第2期。

刘艳红：《情节犯新论》，《现代法学》2002年第5期。

刘艳红：《行政犯罪分类理论反思与重构》，《法律科学》2008年第4期。

刘远、曹希国：《论刑法分则的价值构造》，《中国刑事法杂志》2005年第3期。

刘远、景年红：《卫生犯罪立法浅议》，《法学》2004年第3期。

刘跃进：《政治安全的内容及在国家安全体系中的地位》，《国际安全研究》2016年第6期。

刘志芳、杨海蛟：《略论国家的社会管理职能》，《山西师大学报》（社会科学版）1986年第4期。

刘志欣：《新公共管理对中国行政法的影响———一个框架性的认识》，

《中南民族大学学报》（人文社会科学版）2006年第6期。

刘之雄：《单一法典化的刑法立法模式反思》，《中南民族大学学报》（人文社会科学版）2009年第1期。

楼伯坤：《"犯前款罪"立法与引证罪状理论的冲突与协调——以立法技术为视角》，《法治研究》2011年第6期。

罗翔：《从风俗到法益——性刑法的惩罚边界》，《暨南学报》（哲学社会科学版）2012年第1期。

马长山：《市民社会与政治国家：法治的基础和界限》，《法学研究》2001年第3期。

马荣春：《论刑法的独立性、权威性与自足性——基于刑法真善美的新阐述》，《江西警察学院学报》2012年第2期。

孟庆华、李佳芮：《重构我国刑法分则体系若干问题探讨》，《河北师范大学学报》（哲学社会科学版）2012年第1期。

莫洪宪、马献钊：《我国受贿罪概念之最新考量》，《国家检察官学院学报》2008年第2期。

莫洪宪、王明星：《侵犯公民人身权利、民主权利罪之立法反思》，《铁道警官高等专科学校学报》2003年第2期。

欧锦雄：《罪名、罪种的合理数量及其立法反思》，《国家检察官学院学报》2001年第1期。

庞仕平、韩霖：《论国家安全视野中的"政治犯罪"》，《国际关系学院学报》2006年第1期。

齐文远：《社会治理现代化与刑法观的调整——兼评苏永生教授新著〈区域刑事法治的经验与逻辑〉》，《法商研究》2014年第3期。

钱小平：《环境法益与环境犯罪司法解释之应然立场》，《社会科学》2014年第8期。

钱叶芳：《"社会法法域说"证成——大陆法系和英美法系融合的一个例证》，《法学》2017年第4期。

曲新久：《犯罪概念之解析》，载陈兴良主编《刑事法评论》第5卷，中国政法大学出版社2000年版。

饶龙飞：《政治权利概念的多维解读》，《北方法学》2008年第5期。

阮方民：《中德危害国家安全犯罪比较研究》，《浙江大学学报》（人文社会科学版）2005年第2期。

申剑、白庆华：《从法律的角度看新公共管理》，《成都理工大学学报》（社会科学版）2005年第4期。

沈宗灵：《对霍菲尔德法律概念学说的比较研究》，《中国社会科学》1990年第1期。

史浩明：《论身份权》，《苏州大学学报》（哲学社会科学版）2001年第4期。

史玉成：《环境利益、环境权利与环境权力的分层建构——基于法益分析方法的思考》，《法商研究》2013年第5期。

石磊：《侵犯公民民主权利罪是什么》，《国家检察官学院学报》2012年第5期。

宋振武：《犯罪客体论》，《烟台大学学报》（哲学版）1999年第1期。

孙国华：《论法与利益之关系》，《中国法学》1994年第4期。

孙国华、黄全华：《论法律上的利益选择》，《法律科学》1995年第4期。

孙运梁：《我国刑法中应当设立"暴行罪"》，《法律科学》2013年第3期。

田禾：《论中国刑事法中的食品安全犯罪及其制裁》，《江海学刊》2009年第6期。

田友方：《军事刑法若干问题的理论探讨》，《当代法学》2004年第5期。

童伟华、武良军：《刑法中社会危害性概念的机能分析》，《时代法学》2011年第4期。

王德信：《对我国刑法分则中竞合罪名的梳理》，《河北公安警察职业学院学报》2013年第1期。

王景斌：《论公共利益之界定——一个公法学基石性范畴的法理学分析》，《法制与社会发展》2005年第1期。

王骏：《违法性判断必须一元吗？——以刑民实体关系为视角》，《法学家》2013年第5期。

王良顺：《保护法益视角下经济刑法的规制范围》，《政治与法律》2017年第6期。

王林：《选择性罪名的存在价值和缺陷》，《河南公安高等专科学校学报》2005 年第 4 期。

王佩芬:《伪造发票犯罪立法评析与完善》,《上海政法学院学报》(法治论丛) 2018 年第 6 期。

王强军:《对危险驾驶罪罪名的一点质疑——兼论罪名确定的原则》,《河北法学》2012 年第 2 期。

王全兴、管斌:《经济法与社会法关系初探》,《现代法学》2003 年第 2 期。

王伟光:《论利益范畴》,《北京社会科学》1997 年第 1 期。

王文华:《我国刑法分则研究之考察》,《东方法学》2013 年第 1 期。

王永茜:《论集体法益的刑法保护》,《环球法律评论》2013 年第 4 期。

王昭武:《法秩序统一性视野下违法判断的相对性》,《中外法学》2015 年第 1 期。

魏昌东:《中国经济刑法法益追问与立法选择》,《政法论坛》2016 年第 6 期。

文海林:《刑法分则结构及其理论基础》,《法学研究》1996 年第 4 期。

温世扬:《略论人格权的类型体系》,《现代法学》2012 年第 4 期。

温文治、陈洪兵:《对重婚罪的重新解读——兼对妨害婚姻、家庭罪整体搬迁之利弊分析》,《安徽大学学报》(哲学社会科学版) 2005 年第 1 期。

吴邡光、周洪波:《税收刑事立法比较与我国税收刑事立法的完善》,《国家检察官学院学报》2002 年第 6 期。

吴鹏、范学臣:《公共管理与行政法的变革》,《中国行政管理》2003 年第 12 期。

吴庆荣:《法律上国家安全概念探析》,《中国法学》2006 年第 4 期。

夏军:《公共管理的兴起与行政法的发展》,《厦门特区党校学报》2003 年第 1 期。

夏沁:《婚姻家庭本质与民法体系中的婚姻家庭法》,《四川理工学院学报》(社会科学版) 2018 年第 1 期。

谢唯营:《我国刑事立法中存在的若干技术问题》,《南京师大学报》(社会科学版) 2002 年第 3 期。

熊建明：《刑法分则第四章中"公民"解析》，《东方法学》2013年第6期。

熊红文：《刑法分则个罪分类立法完善研究》，《法治论丛》2010年第5期。

薛进展：《刑法分则罪刑结构的立法完善》，《法学》1991年第12期。

薛瑞麟：《完善我国刑法分则体系的构想》，《中外法学》1990年第1期。

徐汉明、申政：《论经济犯罪立法模式的现代化》，《湖北警官学院学报》2017年第1期。

颜运秋、石新中：《论法律中的公共利益》，《中国人民公安大学学报》2004年第4期。

杨春洗、苗生明：《论刑法法益》，《北京大学学报》（哲学社会科学版）1996年第6期。

杨立新、刘召成：《抽象人格权与人格权体系之构建》，《法学研究》2011年第1期。

杨萌：《德国刑法学中法益概念的内涵及其评价》，《暨南学报》（哲学社会科学版）2012年第6期。

杨兴培：《中国刑法领域"法益理论"的深度思考及商榷》，《法学》2015年第9期。

杨志刚：《试谈"遗产"概念及相关观念的变化》，载复旦大学文物与博物馆学系编《文化遗产研究集刊》（第2辑），上海古籍出版社2001年版。

叶俊南：《犯罪对象研究》，《法学研究》1996年第6期。

叶蓬：《利益范畴之我见》，《现代哲学》1999年第3期。

于恩志、唐振刚：《军事犯罪范畴之重构》，《西安政治学院学报》2016年第1期。

余淦才、胡云腾：《论刑法分则体系的革新与重建》，《中外法学》1992年第2期。

余高能：《尊重生命权利、注重生命价值——中国刑法关于杀人罪的立法缺陷及其完善》，《西北大学学报》（哲学社会科学版）2008年第6期。

余高能：《犯罪客体基本问题之反思》，载贾宇主编《刑事司法评论》（第 2 卷），人民法院出版社 2008 年版。

余高能：《澳门与大陆侵占型犯罪立法比较》，《云南大学学报》（法学版）2001 年第 2 期。

余高能：《对我国侵犯知识产权犯罪刑事立法系统性的考量》，《知识产权》2013 年第 12 期。

于佳佳：《违法性之"法"的多元解释》，《河北法学》2008 年第 10 期。

余少祥：《社会法"法域"定位的偏失与理性回归》，《政法论坛》2015 年第 6 期。

于志刚：《中国刑法中贿赂犯罪罪名体系的调整》，《西南民族大学学报》（人文社科版）2009 年第 7 期。

乐岑川：《论国家利益与社会公共利益的关系》，《法制博览》2017 年第 11 期。

张建军、陈玉秀：《立法语言的专业性与通俗性》，《人大研究》2017 年第 5 期。

张康之、李传军：《公共管理是一种新型的社会治理模式》，《行政论坛》2010 年第 3 期。

张明楷：《自然犯与法定犯一体化立法体例下的实质解释》，《法商研究》2013 年第 4 期。

张明楷：《行政刑法辨析》，《中国社会科学》1995 年第 3 期。

张平华：《人格权的利益结构与人格权法定》，《中国法学》2013 年第 2 期。

张胜前、童德华：《论妨害社会管理秩序类罪立法结构存在的问题》，《江西公安专科学校学报》2001 年第 1 期。

张守文：《社会法的调整范围及其理论扩展》，《中国高校社会科学》2013 年第 1 期。

张书琴：《发票犯罪的立法完善探究——以〈刑法修正案（八）〉为基点》，《中国刑事法杂志》2011 年第 12 期。

张义清、曾林翊晨：《法律秩序的"国家—社会"分析路径——基于法学方法论的探讨与反思》，《法治现代化研究》2018 年第 4 期。

赵长青：《略论刑法分则条文的立法改革》，《中外法学》1997 年第

1 期。

赵秉志、黄芳：《论中国刑法典中的国际刑法规范》，《法学》2003年第 9 期。

赵秉志：《当代中国刑法法典化研究》，《法学研究》2014 年第 6 期。

赵秉志、袁彬：《刑法与相关部门法关系的调适》，《法学》2013 年第 9 期。

赵秉志、陈志军：《社会危害性理论之当代中国命运》，《法学家》2011 年第 6 期。

赵秉志、刘志伟：《论扰乱公共秩序罪的基本问题》，《政法论坛》（中国政法大学学报）1999 年第 2 期。

钟国才、张继承：《身份权类型的理论认识与评价——基于类型化思维的思考》，《南昌大学学报》（人文社会科学版）2010 年第 5 期。

周科：《我国军事犯罪罪名的分类研究及其意义》，《法制与社会》2010 年第 29 期。

周佑勇、刘艳红：《行政刑法性质的科学定位（上）——从行政法与刑法的双重视野考察》，《法学评论》2002 年第 2 期。

邹兵建：《论刑法公共安全的多元性》，《中国刑事法杂志》2013 年第 12 期。

邹易材：《我国单行刑法保留的必要性研究——基于〈刑法修正案（九）〉施行时的思考》，《广西大学学报》（哲学社会科学版）2016 年第 4 期。

［俄］М. П. 波克罗夫斯基：《关于分类学体系》，刘伸译，《国外社会科学》2007 年第 2 期。

［德］克劳斯·罗克辛：《对批判立法之法益概念的检视》，陈漩译，《法学评论》2015 年第 1 期。

［德］叶瑟：《环境保护——一个对刑法的挑战》，国际刑法学会编《环境刑法国际学术研讨会论文辑》1992 年版。

［英］安德鲁·冯·赫尔希：《法益概念与"损害原则"》，樊文译，《刑事法评论》2009 年第 1 期。

三 法典类

《最新法国刑法典》，朱琳译，法律出版社 2016 年版。

《西班牙刑法典》，潘灯译，中国检察出版社 2015 年版。
《俄罗斯联邦刑法典》，黄道秀等译，北京大学出版社 2008 年版。
《最新意大利刑法典》，黄风译，法律出版社 2007 年版。
《日本刑法典》，张明楷译，法律出版社 2006 年版。
《德国刑法典》，徐久生、庄敬华译，方正出版社 2004 年版。
《德国刑法典》，冯军译，中国政法大学出版社 2000 年版。
《法国刑法典》，罗结珍译，中国人民公安大学出版社 1995 年版。
萧榕主编：《世界著名法典选编（军事法卷）》，中国民主法制出版社 1997 年版。

四 学位论文类

李岩：《民事法益研究》，博士学位论文，吉林大学，2007 年。

罗开卷：《市场信用的刑法保护研究》，博士学位论文，吉林大学，2008 年。

徐文斌：《论刑法条文设置的科学性》，博士学位论文，华东政法大学，2008 年。

王佩芬：《发票犯罪立法研究》，博士学位论文，华东政法大学，2015 年。

刘文霞：《刑法类罪体系优化研究》，硕士学位论文，中国政法大学，2008 年。

夏春青：《浅谈政治犯罪与危害国家安全罪的辨析》，硕士学位论文，中国政法大学法律，2010 年。

后 记

刑法分则体系的主要问题是犯罪分类与排列，犯罪客体或者法益则如一根红线，提纲挈领。笔者对于犯罪客体的兴趣最初源于工作实践。当时凡遇反贪局（时称经济检察科）或检委会讨论案件，常有人以犯罪客体为由提出反对意见，令初涉刑法领域的笔者对这个"法无明文规定"的定罪要件倍感神秘。攻读研究生期间，笔者对犯罪客体的兴趣与日俱增，最终以其为题撰写硕士论文，对于看似简单实则高深莫测的"法益"概念有了初步接触，但终觉雾里看花。之后18年的教学科研工作中，笔者对于刑法分则体系问题始终念念不忘。本书的写作，正缘起于此。

本书的研究方法以理论分析和立法比较为主，两者均非易事。法益概念的抽象性，以及利益、权利、秩序等概念在社会科学中的根本性地位，要求本书在直面立法和司法实践中的具体问题的同时，具有相当的思辨性和多学科、跨学科属性；而基于各国社会文化制度和价值观念的差异，立法比较需要具有一定的广度和深度，否则极易流于肤浅的法律文本比较。主要的研究难点包括：法益的性质及其内涵，即法益是前实定法的还是实定法的概念，其内容如何确定；法益的种类划分，尤其是社会法益的界定、分类及其与国家法益的关系；权利、秩序、安全等法益核心内容与价值的内涵、主要类型及其相互关系；面对法益归属与归类的多重性，合理而准确地界定各种各类犯罪的保护法益。

本书的研究重点是法益的分类及其归属、刑法分则体系的设计理念，以及中国刑法分则体系的缺陷与完善。具体需要突破以下关键问题：贯通刑法与民法的基本范畴与理念，构建类型化的侵犯人身权利罪新体系；以《世界人权宣言》及相关国际公约为基础，从宪法规定出发，确立侵犯公民政治权利与经济社会权利罪的体系，取代概念不清、范围不明的侵犯公民民主权利罪；将以新公共管理理论为核心的行政理念与行政犯罪建立内在联系，构建逻辑清晰的行政犯罪新体系；从刑法的角度梳理社会公共利益的类型，构建全面系统的危害社会法益罪的类罪体系。

直至定稿之时，笔者仍诚惶诚恐，惴惴不安，深感论题之重大与枝节之众多。然而，出于对刑法学的"执迷不悟"，为了向着理论圆满与立法完善的靠近，笔者仍不揣冒昧，斗胆一试，以献一孔之见，尽绵薄之力。

2018 年国庆于西安